高等院校网络教育法学专业核心课程规划教材

ECONOMIC LAW

经济法

李国海　主编
李敏　佘艺颖　副主编

图书在版编目(CIP)数据

经济法/李国海主编. —长沙：中南大学出版社，2017.3
ISBN 978 - 7 - 5487 - 2740 - 8

Ⅰ.经... Ⅱ.李... Ⅲ.经济法 - 中国 Ⅳ.D922.29

中国版本图书馆 CIP 数据核字(2017)第 048592 号

经 济 法

JINGJIFA

李国海 主编

□**责任编辑** 杨 贝
□**责任印制** 易红卫
□**出版发行** 中南大学出版社
社址：长沙市麓山南路 邮编：410083
发行科电话：0731 - 88876770 传真：0731 - 88710482
□**印 装** 长沙印通印刷有限公司

□**开 本** 720×1000 1/16 □**印张** 22.5 □**字数** 452 千字
□**版 次** 2017 年 3 月第 1 版 □2017 年 3 月第 1 次印刷
□**书 号** ISBN 978 - 7 - 5487 - 2740 - 8
□**定 价** 48.00 元

图书出现印装问题，请与经销商调换

高等院校网络教育法学专业核心课程规划教材
编委会

主　任：廖　耘

副主任：王飞跃　赵　军

编　委：（按姓氏笔画排序）

王飞跃　毛俊响　朱　颖　刘　丽

刘冬梅　刘益灯　李　敏　李国海

杨开湘　佘艺颖　余　彦　余卫明

陈亚芸　陈海嵩　金大宝　周刚志

胡平仁　贺东山　唐东楚　黄先雄

龚　博　彭健俐　蒋言斌　颜运秋

目录

第一章　经济法基本理论

【本章重点】

1. 经济法的概念。
2. 经济法的基本体系。
3. 经济法的调整对象。
4. 经济法的基本特征。
5. 经济法的发展历程。

第一节　经济法的概念、调整对象和经济法体系

一、经济法概念的起源及含义

（一）经济法概念的起源

从语源上来看，“经济法”一词出现得比较早。目前国内法学界公认它最早是由法国空想共产主义者摩莱里在1755年出版的《自然法典》中提出的。在该书第四篇，作者拟制了“合乎自然意图的法制蓝本”，该篇第二部分标题为“分配法或经济法”，内容共有12条。从所含条文内容上看，所谓“分配法或经济法”，是指作者所设想的未来理想的公有制社会用以“调整自然产品或人工产品的分配”的法律规定。在此，“经济法”还没有成为以现实生活为基础的科学概念，还仅仅是语源意义上的“经济法”。

法国另一位空想共产主义者德萨米在1842年出版的《公有法典》一书中也使

用了“经济法”一词。该书第三章标题为“分配法和经济法”。在这里，“经济法”一词的含义与摩莱里的著作里的含义大致相同。实际上，德萨米在分配问题上接受了摩莱里的思想。但德萨米的“经济法”概念包括的内容比摩莱里的更广，涉及各种经济法律制度。也就是说，德萨米所谓的“经济法”泛指各种经济方面的法律，而不是今天人们所特指的调整一定社会经济关系的经济法。而且，德萨米所指的各种经济法也是植根于空想社会主义思想基础上的，尚未贴近现代意义上的经济法概念。所以，学者们认为，德萨米使用的“经济法”一词仍仅具语源意义。

1865 年，法国小资产阶级激进派蒲鲁东在其《工人阶级的政治能力》一书中，也提到“经济法”，并认为“经济法是政治法和民法的补充和必然产物”。尽管蒲鲁东所谓的“经济法”仍未脱离空想的窠臼，但与在他前面的学者相比，已经大大前进了一步，他似乎已经模糊地触及了经济法概念的一些本质属性。①

在 1906 年创刊的《世界经济年鉴》中，德国学者莱特使用了“经济法”一词，其意思是有关世界经济的各种法规。在第一次世界大战期间及战后数年中，德国颁布了一系列新型的法律文件，有的直接以“经济法”冠名，这引起了德国法学家的注意和重视，正式法学学术领域不仅引入了“经济法”这个概念，还对此进行了初步的研究。后来日本、苏联等国家的法学家也开始使用“经济法”的概念。由此推而广之，“经济法”这个概念在世界范围得到了认可和使用。

(二)经济法的定义

在国外，主流观点把“经济法”当作一个独立的部门法，认为它有独特的调整对象，即国家在对社会经济的调节，或曰干预的过程中所形成的社会关系。当然，在国内，对“经济法”也有一些不同的定义。

“经济法”这个概念在我国法学界出现比较晚，大致在 20 世纪 80 年代初，我国国内学者才开始使用并定义“经济法”。对这个概念的理解，一度较为多元，较有分歧。直到 1992 年以后，由于我国确立了建立社会主义市场经济的经济改革目标，法学界对“经济法”的定义才得以逐步趋近，达成一定程度的统一。

我们认为：经济法是调整在国家调节社会经济过程中发生的各种社会关系，促进社会经济实现国家意志预期目标的法律规范的总称。或者简言之，经济法是调整国家经济调节关系的法律规范的总称。经济法由市场规制法、国家投资经营法和宏观引导调控法三大部分组成。这种定义是国内学术界所称“国家调节说”②的学说体系的重要内容之一。

---

① 漆多俊. 经济法基础理论(第三版)[M]. 武汉：武汉大学出版社，2000：89.

② “国家调节说”是漆多俊教授建构起来的。可参见漆多俊. 经济法基础理论(第四版)[M]. 北京：法律出版社，2008.

经济法是部门法的一种，或者说是与民法、刑法等部门法处于同等地位的一类法律，是法律体系的重要组成部分。

定义经济法时，有人将其等同于经济法律，认为凡是调整经济关系的法律都是经济法，或者认为凡是具有经济内容的法律都是经济法。这是不准确的。作为部门法意义上的经济法，是具有特定内容及特定调整对象的一类法律，不能与“经济法律”这个概念划等号。一般而言，经济法律的含义更宽泛，是指与经济有关的法律，或者说是调整社会经济关系的法律。

社会经济关系，是指包括经济内容的社会关系。具体而言，社会经济关系又可以分为三类：一是民事意义上的经济关系，即平等主体之间的财产关系；二是行政管理意义上的经济关系，即经济行政管理关系；三是国家经济调节意义上的经济关系，即国家经济调节关系。调整这三种经济关系的法律各有不同。民事意义上的经济关系由民商法调整，行政管理意义上的经济关系由行政法调整，国家经济调节意义上的经济关系由经济法调整。

所以，可以说，经济法律实际上包括三大块：民商法中与经济有关的法律、行政法中与经济有关的法律、经济法。

即使从狭义角度定义经济法，也有人提出不同主张。

有人认为：经济运行需要国家协调；在国家协调本国经济运行过程中发生的经济关系应该由经济法调整；经济法是调整在国家协调本国经济运行过程中发生的经济关系的法律规范的总称。从上述有特定含义的经济法定义出发，经济法被认为有四个组成部分：企业组织管理法、市场管理法、宏观调控法、社会保障法。这种观点被学术界称为“经济协调关系说”。①

也有人认为：经济法是国家为了克服市场调节的盲目性和局限性而制定的调整需要由国家干预的具有全局性和社会公共性的经济关系的法律规范的总称，笼统地讲，经济法的调整对象是需要由国家干预的经济关系。基于上述定义，以下四个方面的法律被纳入经济法的范围：市场主体规制法律制度、市场秩序规制法律制度、宏观调控和可持续发展保障法律制度、社会分配调控法律制度。这种观点被称为“需要干预经济关系说”。②

最新的一种观点认为：经济法是调整在现代国家进行宏观调控和市场规制的过程中发生的社会关系的法律规范的总称。因此，经济法包括宏观调控法和市场规制法两大构成。③

---

① “经济协调关系说”的主要倡导者是杨紫烜教授，具体主张可参见：杨紫烜. 论新经济法体系[J]. 中外法学，1995(1). 以及：杨紫烜，徐杰. 经济法学(第二版)[M]. 北京：北京大学出版社，1996.

② “需要干预经济关系说”的主要倡导者是李昌麒教授，具体主张可参见：李昌麒. 经济法——国家干预经济的法律形式[M]. 成都：四川人民出版社，1995.

③ 张守文. 经济法学[M]. 北京：高等教育出版社，2016.

本书认同“国家调节说”，不仅在关于经济法的定义方面采用该学说观点，而且在经济法的调整对象、体系构成等诸方面也采用该学说观点。

（三）经济法的基本特征

1. 经济法具有鲜明的经济性

虽然经济法不能等同于经济法律，但毋庸置疑，经济法具有鲜明的经济性特征。经济法所规范的国家调节是指一种经济调节机制，国家经济调节也是现代国家的经济性职能。经济法既作用于社会经济结构，也作用于社会经济运行过程。经济法对社会发挥影响作用，主要是通过对社会经济的调节。超出经济范围的法律不能被列入经济法范围。

我们不能片面地理解经济法的经济性。经济是整个社会生活的基础，同社会其他方面密切相关。经济结构和运行出现问题，其产生的影响往往是全面的，而不限于经济生活领域，例如会妨害社会公平，引起社会不稳定甚至政治动荡等。国家调节和经济法的目的及宗旨诚然首先主要是经济性的，但最终涉及的是整个社会，包括维护和促进社会公平、社会稳定和社会进步的目的在内。经济法虽然首先直接针对经济问题，但其任务和宗旨也在于解决社会公平等其他社会问题。因此，我们应当充分认识经济法对经济和社会的作用，不能片面地认为它只涉及经济领域。

2. 经济法具有社会性

从现代经济法的产生背景和原因而言，经济法是经济社会化的产物。正是经济社会化，才使得市场调节的缺陷被人们重视，促使国家行使调节社会经济的职能，国家调节的出现最终导致现代经济法的产生。因此，经济社会化是经济法产生的社会经济根源。

从经济法所要实现的利益而言，经济法也具有社会性特征。国家调节之所以需要出现，乃是社会公共利益和总体利益的要求，是一种社会意志，国家调节社会经济是一种社会性要求，国家调节实际上是国家代表着全社会进行调节。从这个意义上看，国家调节也可以说就是一种社会调节，体现着社会意志。国家调节是国家意志和社会意志的统一。关于国家调节的经济法，它是国家意志的法律体现，但它同时也应当是社会意志的体现。它维护着国家利益，而这种国家利益已不是指过去那种纯政治性国家的利益，而是社会性国家的利益，实际上是全社会的公共利益和总体利益。所以说，经济法是一种社会性法。

二、经济法的调整对象

(一)经济法调整对象的含义

法律调整是根据一定社会生活的需要，运用一系列专门法律手段，对社会关系施加的规范、组织、控制和调节。法律调整的对象是特定的社会关系，是主体之间的社会关系，即人与人之间的交互行为关系。①

经济法作为国家调节社会经济之法，其调整对象是在国家调节社会经济过程中发生的各种社会关系，可简称为国家经济调节关系。国家经济调节关系，是在国家调节社会经济过程中因国家调节而引起的，以国家(其代表者)为一方主体的社会关系，是一种国家调节与被调节、国家管理与被管理关系。国家经济调节关系是为调节社会经济结构和运行而在国家经济调节过程中发生的一种国家经济调节性管理关系，是一种特定的社会关系，具有特殊的质的规定性。

国家经济调节关系具有经济性内容，属于更广泛的经济关系中的一种。除了国家经济调节关系，经济关系还包括平等主体之间的经济关系以及具有经济内容的行政管理关系。平等主体之间的经济关系是民商法的调整对象，具有经济内容的行政管理关系是行政法的调整对象。对于因国家调节而发生的国家经济调节关系，传统法的体系中其他部门法不能调整，而必须由一个新的部门法即经济法调整。另外，经济法调整国家经济调节关系，并且也只调整这种社会关系，而不调整其他社会关系，其他社会关系应由其他部门法去调整。这就是经济法调整对象的特定性。

经济法所调整的国家经济调节关系既然有其特殊的质的规定性，其外延也就具有确定性，不能随意把别的社会关系也视为经济法的调整对象。

国家经济调节关系在不同国家、不同时期的发达程度是不同的。这主要同国家的经济体制和社会经济运行状况相关。实行市场经济体制或者计划经济体制的国家，其经济调节机制体系明显不同，国家调节的地位和作用程度也不同。即使同为市场经济，各国的模式也不尽一致。这影响到各国的国家经济调节关系的状况。我国原来对国民经济的国家管理既严格又广泛，几乎将整个国民经济都置于国家直接控制之下。经济体制改革后，我国逐步引入市场调节机制，国家对经济的调节管理的方式、程度和范围发生了明显变化。如今中国的经济体制正在向市场经济过渡，国家的干预管理将进一步控制在必要范围内，以满足国家对经济的必要调节为限。因此，中国的国家经济调节关系的内容和范围发生着变化。

---

① 朱景文. 法理学(第二版)[M]. 北京：中国人民大学出版社，2012：87－89.

另外，国民经济运行状况是变动的，有时总体上比较协调、平稳，有时出现结构比例失调、运行阻滞的情况。并且，平衡、协调往往是相对的、暂时的，局部性的不协调和其他问题总会不断出现，积累起来可能影响经济总体和全局。特别是一些非常事件，如战争、大的灾害或者其他人为或非人为因素，会迅速而严重地引发整个社会经济结构和运行状况的变化。此时，国家调节便需要及时采取应对措施，加强力度。如在2007年左右发生的全球性金融危机中，许多国家和地区加强了政府干预，即为例证。有时，某国发生大的政治变革，或推行重大改革，为保障变革或改革，国家也需加强对经济的干预和调节。国家调节加强，国家经济调节关系自然随之发达。

尽管各国各个时期的国家经济调节关系的发达程度和涉及范围有所不同，但现代社会经济都需要国家调节机制，现代国家都十分重视对社会经济的调节。现代社会经济各部门、各环节、各地区密切关联，形成国民经济有机整体，牵一发而动全身。国家调节重在从国民经济总体和全局角度着眼，并需将各种调节措施落实到微观领域，因此必然涉及国民经济的各行业、各方面和各环节。但是，并非对各个方面、各个环节中的所有问题事无巨细都要管，而只要关心其中同国民经济总体和全局(结构和运行)相关，需要国家调节和管理的一些问题，后者才是经济法的调整对象；而国民经济其他方面的问题，由其他部门法，如民法、行政法等去解决。

(二)经济法调整对象的分类

作为经济法调整对象的国家经济调节关系，按照不同标准，可划分为不同的种类。其中，最基本的分类是按照国家调节经济的基本方式，将国家经济调节关系分为市场规制关系、国家投资经营关系和宏观引导调控关系。

市场规制关系，主要是国家对市场竞争中的垄断和限制行为、不正当竞争行为以及其他不公平交易行为，运用国家强制力进行干预所发生的一种国家经济调节关系。国家以自己(它的代表机关)为一方主体，另一方主体主要是实施或可能实施垄断、不正当竞争和其他不公平交易行为的经营者。它们在关于市场竞争和交易行为的调查、处理和制裁等方面发生的社会关系，由市场规制法调整。

国家投资经营关系，是国家参与经济活动，直接投资经营国有企业或从事其他商业或金融活动过程中发生的各种社会关系。它主要包括国家投资决策和实行过程中各有关国家机关之间、国家机关同社会组织之间发生的关系；在国有企业设立、组织与经营管理活动中，国家主管部门相互之间、主管部门同企业之间和企业内部(这主要是指在实行“国营”的情况下)等方面的关系。

宏观引导调控关系，这是国家在对社会经济活动实行引导、约束和促进过程中所发生的社会关系。在国家宏观引导调控中所发生的社会关系，主要包括国家计划的制定和实施过程中，各国家机关，国家机关同企业、事业单位和其他社会组织之间的关系；国家各项经济政策制定和实施中有关各方之间的关系；国家在运用各种政策性工具和经济调节手段过程中有关各方之间的关系。

此外，我们还可以采用其他分类方法来对国家经济调节关系进行分类。例如，按照国家调节经济的目标和任务所主要侧重的方面之不同，可将国家经济调节关系分为经济运行调节关系与经济结构调节关系；按照国家各种经济调节措施所要完成的目标、任务及其最后落实方式之不同，可将国家经济调节关系分为宏观经济调节关系与微观经济管理关系；以国家经济调节实施过程各环节为依据，可将国家经济调节关系分为经济决策关系、组织实施关系、对国家经济调节过程的监督和对于纠纷与违法的调处关系；等等。

三、经济法的体系

（一）经济法的立法内容体系

现代国家调节经济分别采取市场规制、国家直接参与投资经营和对社会经济引导调控三种基本方式；在以上调节活动中分别发生国家对市场规制关系、国家投资经营关系、宏观引导调控关系。因此，规范上述国家经济调节活动，调整上述国家经济调节关系的经济法，便包括以下三个方面的法律：

（1）市场规制法，主要含反垄断法、反不正当竞争法、消费者权益保护法和产品责任法等；

（2）国家投资经营法，主要含国家投资法、国有企业法等；

（3）国家引导调控法，主要含计划法、各种经济政策法及关于各种调节手段运用的法律规定。具体而言，可包括计划法、产业政策法、财政法、税法、金融法、证券法以及价格法等。当然，这些法律很多都是综合性的，除具有经济法内容外，也包含行政法和民商法的内容，我们不可过于武断地认为所有这些法律仅是经济法性质的法律规范。只不过，在这些法律当中，经济法性质的法律规范是主体。

正如我们对经济法的调整对象可以按照多种标准进行分类，对经济法的内容也可按照多种标准来分类。上述分类方法及结果只是其中最重要、最基本的一种。比如：

按照国家调节的目标和任务所主要侧重的方面，国家经济调节可分为对经济运行的调节与对经济结构的调节，发生经济运行调节关系与经济结构调节关系。因此，经济法的立法内容包含经济运行调节法（如经济稳定增长法等）与经济结构调节法（如产业结构政策法等）。

按照国家调节侧重于宏观方面或微观方面，国家经济调节关系可分为宏观经济调节关系与微观经济管理关系。因此，经济法的立法内容也便包含关于宏观经济调节的法律规范与同其相关的微观经济管理的法律规范。

按照国家经济调节实施过程各环节，国家经济调节关系可分为经济调节的决策、组织实施、监督与纠纷和违法调处等方面。国家经济调节关系包含以上各方面社会关系。因此，经济法的内容便包含关于经济调节的决策、组织实施、监督与纠纷和违法调处等方面的立法。

还有必要指出的是，我们在立法内容上将经济法分为市场规制法、国家投资经营法以及国家引导调控法三大部分，并不是说这三大部分在经济法内容体系中同等重要。实际上，经济法的体系构成中有核心内容和非核心内容之区分。资本主义国家的经济法，传统上是以市场规制法为核心的，但当前正在发生转变，开始突出国家引导调控法的作用，国家引导调控法有成为经济法核心的趋势。社会主义国家的经济法，传统上是以国家投资经营法为核心的，自20世纪80年代以来，随着经济改革的进行，国家投资经营法的地位有所下降，国家引导调控法的地位在上升，也表现出了以国家引导调控法为经济法之核心的趋势。可以说，在经济法体系的核心方面，资本主义国家和社会主义国家都正在发生转变，从不同的起点向相同的变化终点迈进。

(二)经济法的法律渊源体系

从效力渊源角度看，经济法的体系可以作如下分类：

1. 宪法

宪法与经济法是根本法与普通法的关系。宪法作为经济法渊源之一，是指经济法立法最根本的法律依据是宪法，经济法总的指导思想、基本原则和基本法律制度，直接源于宪法中的有关规定，经济法的全部规定都必须同宪法相一致而不得抵触。经济法作为现代国家调节社会经济之法，它首先要确认国家有权介入社会经济生活进行调节管理，同时要确定国家实行的基本经济体制和经济管理体制，确定国家调节同市场机制的关系，国家调节的范围、程度和方式，并确定国家调节的基本原则和基本制度。所有这些内容，都是关于国家基本职能和基本制度的重大问题，必须由宪法首先加以明确规定，或作出原则性规定。也就是说，经济法的上述那些内容直接源于宪法有关条款或其原则性规定。

2. 法律

法律有广义和狭义的理解，在这里指的是狭义的理解，即指拥有立法权的国家立法机关制定的法律。法律是经济法的基本法律渊源。其内容关系到国家调节社会经济的各基本方面的重要问题。例如各国的反垄断法和反不正当竞争法，关于国家投资和国有企业的法律，关于国家计划、产业政策、财政税收政策、金融政策等方面的法律等，都是经济法的基本法律，是经济法渊源中的基本和重要的构成部分。

3. 行政法规和行政规章

在我国，行政法规指的是由国务院制定的具有法律效力的规范性文件。经济法领域的行政法规主要是指由国务院制定的属于经济法性质的法律规范性文件。对全国人大及其常委会颁布的法律，其全国性的实施细则也由国务院制定。我国自20世纪70年代末实行改革开放以来，逐渐采用授权立法做法，由全国人大授权国务院制定某些暂行规定或条例。此外，国务院所属各部、各委员会在各自权限内发布的具有规范性的命令、指示和规章，也属于法的渊源，其地位和效力低于国务院行政法规，属于行政规章。

4. 地方性法规、规章

地方性法规主要是指各地方权力机关根据宪法和法律的规定所制定的效力及于所管辖地区的法律规范。此外，地方行政机关颁布的决定、命令、决议，凡具有规范性的，也属于法的渊源。在我国，地方性法规按其内容包括：为全国性的法律及行政法规所发布的实施细则；为实施国家政策而结合本地区情况制定的规范性文件；就本地区特殊情况和特殊需要而发布的规范性文件。此外，我国实行民族区域自治制度。民族自治地方的人民代表大会根据当地特点制定的自治条例和单行条例，属于法的渊源之一。其中，涉及国家对少数民族地区经济予以调节的政策性规定，以及民族区域自治地方政权颁布的有关对本辖区经济实行调节的法律规定，属于经济法渊源。

5. 国际条约

国际条约是指一国同其他国家或地区或国际性组织缔结的双边、多边或全球性条约、协定等。现代国家对本国经济的调节管理，必须考虑国际性因素，一国的经济法广泛地涉及许多国际性立法。因此，有关的国际性立法也是构成本国经济法法律渊源的重要部分。

第二节　经济法的产生与发展

一、经济法的含义及其产生时间

前面我们对经济法的定义，实际上是从一类独立的部门法角度来加以定义的。除此之外，我们还可以从其他角度来理解经济法。例如，把经济法理解为具有经济法属性的经济法律规范；又比如，把经济法理解为经济法性质的法律文件。这三种层次的经济法产生的时间有所不同。

法律规范层次上的经济法产生的时间最早。在我国唐代的《唐律疏议》中有一条关于反垄断的规定，“诸卖买不和，而较固取者；及更出开闭，共限一价；若参市，而规自入者，杖八十。已得赃重者，计利，准盗论”。从该条法律可以看出，至少有四种限制竞争行为被纳入了法律规制的范围：第一，“卖买不和”，即强买强卖；第二，“较固取者”，即强执其市，不许外人买；第三，“更出开闭”，即买卖双方共谋贱买贵卖；第四，“参市”，即安排他人配合抬价蛊惑购买者。类似法律规范也出现在《宋刑统》《大明律》以及《大清律》中。在国外，古罗马公元482年的法律中就有条文禁止包括价格行为在内的市场垄断。①

单行立法文件层次上的经济法，最早可以追溯到英国于1623年颁布的《垄断法》，其后，美国于1887年通过了《州际商业法》，加拿大于1889年制定了《反对结合法》。这些立法文件的主要内容是反垄断，当然也属于经济法性质。

独立的部门法层次上的经济法产生的时间最晚。对其产生的具体时间有不同看法，但大多数学者认为，部门法层次上的经济法产生的时间大致是19世纪末期至20世纪初期。1890年美国制定的《谢尔曼法》是其开端。德国在一战期间及战争结束后的几年内颁布了一系列具有经济法性质的立法文件，使德国的经济法初步具有了部门法的地位，也使得经济法作为一个独立的部门法在世界范围内开始得到人们的承认。

二、资本主义国家经济法的发展历程

（一）美国经济法的发展历程

美国于1890年颁布了《谢尔曼法》，其全称是《反对不法限制和垄断，保护交易和通商的法律》，谢尔曼是提出该法案的参议员，后人为了纪念他，特以其名字来命名这部法律。《谢尔曼法》的制定是世界范围内现代经济法产生的象征性事件，具有重大的历史意义。接着，美国于1914年颁布了《克莱顿法》和《联邦贸易委员会法》，这些都是现代经济法最早的表现形式。美国最早出现的经济法，其立法领域仅限于反垄断和限制竞争，内容较为单一。

美国经济法的大量出现是在“罗斯福新政”的推行过程中。开始于1929年的经济危机使得罗斯福总统大力推行改革，改革举措很多都是以立法的形式出台的，其中又以经济法性质的立法居多。1933年，美国国会授予总统“紧急全权”，

① 李国海.前现代反垄断法研究[M]//漆多俊.经济法论丛（第23卷）.北京：法律出版社，2012.

罗斯福新政如火如荼地开展起来。为配合罗斯福新政的进行，美国共颁布了70多部法令，如《紧急银行条例》《金融改革法案》《产业复兴法案》《农业经济调整和农业信贷法》《公共营造法案》《社会救济条例》等。从1936年到1938年，又颁布了《土壤保护法》《新农业法》《小佃农取得土地贷款法》《国家劳动关系法》《恢复和救济法》等。在这种背景下，美国的经济法体系得以扩充和完善，新的立法文件涵盖了经济法体系的三大构成，即市场规制法、国家投资经营法和国家引导调控法。

罗斯福新政结束后，美国经济法继续发展。其内容主要集中在两个方面：一是完善、细化反托拉斯法，①出台了数个反托拉斯法立法文件，如1974年的《反托拉斯诉讼程序和惩罚法》、1980年的《反托拉斯诉讼程序改进法》等；二是国家引导调控法得到了发展，尤其是2007年开始的金融危机，推动了美国一系列金融调控和金融监管的立法。

（二）德国经济法的发展历程

1896年，德国《反不正当竞争法》全文公布在帝国法律公报上，标志着世界上第一部反不正当竞争单行法律正式诞生。

在第一次世界大战期间和结束后的几年，德国出台了一系列新型立法，即经济法性质的立法，这些立法对经济法在世界范围内的传播和发展产生了重大影响。德国在"一战"期间要调整经济部署和发展生产以支持战争，战后要恢复、重建经济，因而政府大量干预经济，而且在干预经济的过程中十分重视立法。这个时期德国颁布的经济法主要有：1915年的《关于限制契约最高价格的通知》、1916年的《确保战时国民粮食措施令》、1919年的《魏玛宪法》，在奉行"经济自由""契约自由"的同时，确立"社会化"原则，规定许多对私有制实行限制的措施，并授权政府对全国经济生活进行直接干预和管制。在宪法颁布前后，国民会议和联邦国会还制定了一系列"社会化"法律，如1919年颁布的《卡特尔规章法》《煤炭经济法》《钾素经济法》等。1923年，德国又颁布《防止滥用经济力法令》，这主要是关于限制卡特尔的规定。这个时期德国的经济法立法表现出明显的特点：一是量多，经济法性质的法律、法规成批涌现；二是面广，不限于垄断和竞争领域的立法；三是出现许多促进、扶助垄断和国家垄断的立法；四是强行性立法多，许多法规带有浓厚的行政法色彩；五是由于当时所有立法几乎都同战争相关，其经济法的非经济性色彩十分强烈。

在1929年全球性经济危机背景下，德国为调节经济也颁布了许多经济法规。

---

① 在美国，无论是学术界还是实务界，不太使用"经济法"这个概念，与经济法概念最接近的概念是"反托拉斯法"，其核心内容是反垄断法。

于1930年、1932年、1933年几次修改《防止滥用经济力法令》，加强卡特尔。1933年制定《强制卡特尔法》，扶助和强制卡特尔的建立，利用卡特尔来统制市场。1934年还颁布了《经济有机结构条例》。经济危机过后，德国为发动新的战争，进一步强化了国家对经济的统制，继续出台经济法文件，使国家对生产、物资、价格实行全面管制，把国民经济置于战时国家直接统制之下。

"二战"结束以后的德国被分割为两个国家。在美、英、法占领区的联邦德国，根据占领军的指令，颁布《德国经济力过度集中排除令》(即《反卡特尔法》)，禁止卡特尔和康采恩，并对大企业进行分割。1957年，联邦德国通过了《反对限制竞争法》，原则上禁止一切卡特尔，并对价格契约和支配市场等限制竞争的垄断行为予以禁止。于1973年、1976年、1980年对该法作了修改，主要趋势是进一步加强对垄断的限制，维护和促进自由竞争。

自20世纪50年代以来，德国还在国家投资经营法和宏观引导调控法领域颁布了一系列经济法，使经济法体系得以完善，也使经济法去除了战争或危机应对色彩，以一种较为纯粹的形式存在，以保障国家调节社会经济的需要。

(三)日本经济法的发展历程

"一战"后，日本为应对经济危机，将国家干预提到显著地位，颁布了大量经济法。这个阶段的经济法按照立法的任务和内容区分，包括：关于农业危机对策的法；关于重、化工业保护促进对策的法；关于垄断促进政策的法；关于振兴出口和汇兑管理的法。此外，这个时期日本建立了一批国有公司，为此而颁布了《国际电力通信股份公司法》(1925年)、《日本制铁股份公司法》(1933年)、《日本通运股份公司法》(1937年)、《帝国燃料兴业股份公司法》(1937年)、《日本发送电股份公司法》(1938年)、《帝国矿业开发股份公司法》(1939年)、《大日本航空股份公司法》(1939年)等。

1929—1933年世界性经济危机过后，日本作为法西斯国家，为准备发动新的战争，进一步强化了国家对经济的统制，继续推出一系列经济法立法。例如，日本自20世纪30年代后半期开始，国家对经济的干预及经济法立法已具有经济危机对策和战时经济对策双重性。再往后，便完全转入战时经济统制。日本于1938年制定了《国家总动员法》，并以此为中心，制定了《企业整顿令》(1942年)、《工商组合法》(1943年)、《军需公司法》(1943年)等，国家将国民经济完全置于战时国家直接统制之下。

日本"二战"战败和接受波茨坦公告后，进入占领期，经济体制发生重大变革，实行经济非军事化，确立和平经济和民主化经济。经济法立法也围绕这些变革进行。1947年颁布《经济力过度集中排除法》，此外，还颁布了其他一些解散财阀的法令，使大批垄断企业解体。1947年还颁布《禁止私人垄断法》，旨在防止将来垄断组织的复活。1948 年颁布《事业者团体法》，解散战时统制团体，禁止垄断行为。1949 年颁布《中小企业等协同组合法》，排除大企业对中小企业的支配。

日本于 1952 年《旧金山和约》生效后，结束被占领状态。此后不久，日本制定了《禁止私人垄断法》的适用除外规定，缓和对垄断的禁止。1953 年，通过修改《禁止私人垄断法》，废除了禁止不正当地维持事业能力差距的规定。这时还废止了《事业者团体法》。在缓和对垄断的禁止的同时，采取了促进企业合理化措施。1952 年，制定《企业合理化促进法》。1955 年，日本经济开始高速增长，加上当时国际环境和日本被纳入以美国为轴心的战后国际经济秩序，日本转入开放和自由化的经济体制，在对外经济中放宽了国家限制。在国内，提倡企业自主性。这个时期，国家制定了以基本法为主的国民经济各部门法规和企业法，对经济结构和组织体制进行规范。其中重要的有：1963 年制定的《中小企业基本法》、1966 年修正颁布的《中小企业现代化资金促进法》、1963 年制定的《中小企业现代化促进法》和《中小企业指导法》、1967 年制定的《中小企业振兴事业团法》、1961 年制定的《农业基本法》和《农业现代化资金促进法》、1962 年制定的《石油业法》、1963 年制定的《沿海渔业振兴法》、1964 年制定的《林业基本法》。在对外经济方面，这个时期修改了《海外经济协作基金法》(1965 年)、《外国汇兑管理法》(1970 年)，制定了《石油开发公团法》(1969 年)等。1968 年还颁布了《消费者保护基本法》。20 世纪 70 年代以后，日本的经济法立法出现了一些新的变化，1976 年修改《禁止私人垄断法》，加强对垄断的限制。

20 世纪 80 年代以后，日本经济法继续发展变化，多次对《禁止私人垄断法》进行修改，总体方向是强化其实施。同时出台了一些关于国家投资经营尤其是国有企业的立法，也出台了不少国家引导调控立法文件，其中的重点是产业政策法。

(四)英国、法国等其他资本主义国家的经济法发展历程

英国、法国等西欧国家的经济法立法大致是从“二战”结束后才开始的。

英国在 1948 年通过了《垄断与限制性行为(调查与控制)法》，此后又陆续推出了几部分散性的竞争立法文件。英国议会分别于 1998 年和 2002 年通过了《竞争法》和《企业法》，英国的竞争立法实现了现代化改造。在英国经济法体系中国家投资经营法也占有重要地位。英国在 20 世纪 50 年代为了推行国有化，在20 世纪 80 年代为了推行国有企业的私有化改革，出台了一些立法文件。自 20 世纪 80 年代开始，英国也逐步重视国家宏观引导调控法立法，尤其在金融监管和金融调控领域出台了一批立法文件，体现出了较为明显的经济法性质。

法国经济法立法也是从竞争立法开始的。法国于 1945 年发布第 45 - 483 号法令，于 1953 年发布第 53 - 704 号法令，这两个法令均包含有反垄断的内容。此

后陆续发布第 63 – 628 号法令、第 67 – 835 号法令、第 73 – 193 号法令、第 77 – 189 号法令以及第 77 – 806 号法令，完善了竞争法的立法体系。自 20 世纪 50 年代以来，法国还在另外两个方面加大了经济法立法力度：一是为配合采用计划来调节社会经济而制定了大量的经济法规；二是为配合国有化及国有企业的私有化改革而制定了一些法律、法规，从而使法国的经济法立法体系逐步完善起来。

西欧其他资本主义国家的经济法立法过程与英、法两国大致类似，在此不再赘述。

（五）资本主义国家经济法发展的阶段性特征

资本主义国家的经济法发展历程体现出了较为明显的阶段性特征，我们可以将其划分为以下四个阶段：

第一阶段：从 19 世纪末到 20 世纪初，这是经济法的产生阶段。美国和德国出台了最早一批经济法立法文件，标志着现代经济法作为一个部门法得以产生。这个时期的经济法内容较为单一，体系尚不完整。

第二阶段：从 1929 年经济危机爆发至“二战”结束后几年，这是经济法在世界范围内迅速扩展的阶段。在这个阶段，各资本主义国家经济法立法的特点是：各国经济法立法内容和领域大大扩展；政府除大量采用行政和军事强制手段外，还大量直接参与生产经营活动，国家垄断资本主义极度膨胀；政府还运用计划组织和引导经济发展；战后反垄断措施也受到重视。现代经济法体系所包含的各个基本方面的内容都有所涉及。另外，经济法立法多同危机和战争相关，其非经济性因素和行政法色彩依然十分浓厚。

第三阶段：从 20 世纪 50 年代至 20 世纪 80 年代，这是经济法从其立法中逐渐剔除非经济性因素，立法体系趋于完备的阶段。这一阶段资本主义国家经济法发展的主要特点在于：第一，各国经济经过“二战”后的恢复、重建而进入和平发展时期，各国政府把经济发展放在头等重要地位，国家经济管理职能进一步发达，经济法的立法进一步加强而且体系日趋完善；第二，经济法立法的非经济性因素减弱，经济调节性因素突出；第三，国家调节经济的三种基本方式综合运用，作为经济法三个基本渊源的反垄断和限制竞争法、国家投资法和国有企业法以及以计划法和各种经济政策法为核心的对国民经济的宏观调控法，都不断发展和完善。

第四阶段：20 世纪 80 年代至今，这是经济法体系进一步发展完善的阶段。在这个阶段，资本主义国家的经济法发展体现出以下两个特色：一是越来越多的国家制定出了反垄断法，出现了一波制定反垄断法的热潮；二是经济法整体上的内容和体系变得更加完善和科学化。当前经济法的发展还有一个重要趋势，即逐步国际化。这是因为各国的国民经济日益同世界经济接轨，国家经济调节措施日益需要考虑国际因素和有关外国的反应。与此同时，国际性和区域性组织对国际市场的协调作用(即“国际性调节”)也在逐步加强。从经济法立法方面来看，各国国内的经济法越来越多地考虑国际因素，考虑与他国法律的协调，以便尽量地与国际接轨。而且，国际性的经济法立法，如国际性和区域性组织主导的经济法立法也越来越多。①

三、社会主义国家经济法的发展历程

(一)苏联、东欧社会主义国家经济法的发展历程

俄国十月革命胜利后，为了建立社会主义经济基础，苏维埃政府立即颁布了《土地法令》，宣布土地国有。1918 年颁布《工业国有化法令》，将一切大型企业完全收归国有(在以后的实行中，实际上中、小型企业、商店也都被国有化)。1922 年制定了《集体农庄法》和《劳动法》。

自 1926 年进入工业化建设时期以后，苏联的经济法以规范国营企业为核心。早在 1923 年便制定了第一个托拉斯条例，1927 年又制定了新的《国营工业托拉斯条例》，强调了计划原则。此外，这个时期还制定了《农业劳动组合章程》等重要法律。

自 20 世纪 50 年代中期开始，苏联陆续改革其经济管理体制，在继续加强国家控制和计划经济的同时，逐步引入市场调节机制。与此同时，也重视法制建设。这个时期颁布了大量经济法，其中重要的有：1957 年颁布的《关于进一步改进工业和建筑业管理组织法令》和《苏联各经济行政区国民经济委员会条例》，1965 年颁布的《关于改进工业管理系统和改革某些管理机构的决议》《社会主义国营生产企业条例》《苏联各工业部条例》《关于完善工业生产计划和加强经济刺激条例》，1973 年颁布的《关于进一步完善工业管理的若干措施》，还有 1973 年至 1979 年先后颁布的《全苏共和国联合公司总条例》《生产联合公司条例》《生产技术用产品供应条例》《日常消费品供应条例》等重要法规。

20 世纪 80 年代中期以后，苏联大力推行经济体制改革。为此，颁布了一系列经济法规，如：1986 年颁布的《关于进一步完善国家农工综合体经营管理经济机制的决定》《关于完善国营商业和消费合作社的计划、经济刺激与管理的决定》《关于完善对外经济联系管理措施的决定》《苏联个体劳动法》，1987 年颁布的《关于在苏联境内建立苏联和经互会其他成员国的合资企业、国际联合公司和组织及其活动的制度的决定》《关于在苏联境内建立由苏联组织和资本主义国家及

① 漆多俊. 经济法基础理论(第四版)[M]. 北京：法律出版社，2008：45.

发展中国家的公司参加的合资企业及其活动的制度的决定》《根本改革经济管理的基本原则》《苏联国营企业(联合公司)法》等。

1991 年，苏联解体。解体后，俄罗斯及其他独联体国家全面实行市场经济和私有化，并出现严重经济危机。这时它们所颁布的大量经济法规的宗旨主要在于保障向市场经济和私有化过渡，并为反危机制定各种具体措施。

东欧国家的经济法状况，同苏联大同小异。20 世纪 80 年代末以前，它们的经济法以维护国家对国民经济的全面管理，特别是计划管理和公有制经济为其主要任务。企业法，特别是国营企业法构成经济法的中心环节。特别值得提到的是，捷克斯洛伐克还于 1964 年颁布了《经济法典》，这是迄今为止世界上唯一的一部经济法典。这些国家发生剧变以后，其经济法立法围绕经济体制的彻底转变而彻底变革。

(二)我国经济法的发展历程

自中华人民共和国成立至今，我国经济法立法大体分为四个阶段：

第一阶段：1978 年中国共产党十一届三中全会以前。这个时期虽然也曾颁布过一些具有某些经济法性质的法律、法规，但相当不成熟，可以说基本上没有经济法。这个时期，法制未受到足够重视，经济法的立法数量不多，性质同党政文件或行政法区别不大。

第二阶段：自 1978 年至 20 世纪 90 年代初期。这是我国经济法的基本确立阶段。在这个阶段，国家进行经济体制改革，颁布了大量经济法，初步形成了经济法体系。

第三阶段：自 1992 年到 20 世纪末期，我国经济法体系框架渐趋完备。我国于 1992 年决定实行市场经济体制，市场调节的作用日益凸显，国家调节日益理性，经济法立法越来越科学化、合理化。

第四阶段：21 世纪初以来，这是我国经济法体系完备化的阶段。世纪之交及其以后，随着我国加入 WTO 和国家民主法治建设的深入发展，我国经济法在性质、内容和体系上又有了新的发展。

经过梳理，我们特将我国改革开放以来经济法的重要法律文件罗列于下：

第一部分：市场规制法。重要法律文件包括：

(1)国务院：《关于推动经济联合的暂行规定》，1980 年。

(2)国务院：《关于开展和保护社会主义竞争的暂行规定》，1980 年。

(3)国务院：《价格管理条例》，1987 年。

(4)国家体改委、国家经委：《关于组建和发展企业集团的几点意见》，1987 年。

(5)国务院：《重要生产资料和交通运输价格管理暂行规定》，1988 年。

(6)国务院:《关于打破地区间市场封锁进一步搞活商品流通的通知》,1990年。

(7)全国人大:《反不正当竞争法》,1993年。

(8)全国人大常委会:《价格法》,1997年。

(9)全国人大常委会:《招标投标法》,1999年。

(10)全国人大常委会:《产品质量法》,1993年制定,2000年修订。

(11)全国人大常委会:《消费者权益保护法》,1993年制定,2013年修订。

(12)全国人大常委会:《反垄断法》,2007年。

(13)全国人大常委会:《食品安全法》,2009年制定,2014年修订。

第二部分:国家投资经营法。重要法律文件包括:

(1)全国人大:《全民所有制工业企业法》,1988年。

(2)国务院:《全民所有制工业企业转换经营机制条例》,1992年。

(3)全国人大常委会:《企业国有资产管理法》,2008年。

(4)国务院:《关于投资体制改革的决定》,2004年。

第三部分:宏观引导调控法。重要法律文件包括:

(1)全国人大:《个人所得税法》,1980年制定,1993年、1999年、2005年、2007年(两次)、2011年修订。

(2)国务院:《房产税暂行条例》,1986年。

(3)国务院:《城镇土地使用税暂行条例》,1988年制定,2006年修订。

(4)国务院:《印花税暂行条例》,1988年。

(5)全国人大:《外商投资企业及外国企业所得税法》,1991年。(已失效)

(6)国务院:《增值税暂行条例》,1993年制定,2008年修订。

(7)国务院:《营业税暂行条例》,1993年制定,2008年修订。

(8)国务院:《消费税暂行条例》,1993年制定,2008年修订。

(9)国务院:《资源税暂行条例》,1993年制定,2011年修订。

(10)国务院:《土地增值税暂行条例》,1993年。

(11)国务院:《契税暂行条例》,1997年。

(12)国务院:《车辆购置税暂行条例》,2000年。

(13)全国人大常委会:《税收征管法》,2001年。

(14)国务院:《进出口关税条例》,2003年。

(15)国务院:《烟叶税暂行条例》,2006年。

(16)全国人大:《企业所得税法》,2007年。

(17)全国人大常委会:《车船税法》,2011年。

(18)全国人大常委会:《商业银行法》,1995年制定,2003年修订。

(19)全国人大常委会:《中国人民银行法》,1995年制定,2003年修订。

(20)全国人大常委会:《银行业监督管理法》, 2006 年。

(21)全国人大常委会:《证券法》, 1998 年制定, 2004 年、2005 年、2013 年、2014 年修订。

(22)国务院:《外资银行管理条例》, 2006 年。

(23)全国人大常委会:《中小企业促进法》, 2002 年。

(24)全国人大常委会:《预算法》, 1994 年制定, 2014 年修订。

(25)全国人大常委会:《政府采购法》, 2002 年。

【相关知识链接】

1. 经济法网: http://www.cel.cn/。

2. 漆多俊经济法网: http://qiduojun.csu.edu.cn/。

【参考文献】

[1] 漆多俊. 经济法基础理论(第四版)[M]. 北京: 法律出版社, 2008.

[2] 漆多俊. 转变中的法律[M]. 北京: 法律出版社, 2007.

[3] 张守文. 经济法总论[M]. 北京: 中国人民大学出版社, 2009.

[4] 史际春, 邓峰. 经济法总论[M]. 北京: 法律出版社, 2008.

[5] 漆多俊. 论市场经济发展三阶段及其法律保护体系[J]. 法律科学, 1999(2): 88-96.

【思考题】

1. 简述经济法的基本特征。

2. 国内外学者在经济法定义和调整对象上有哪些争论? 如何评价这些争论?

3. 试从理性分析与实证分析两个方面论证经济法体系的三个基本法律构成。

4. 简述我国经济法产生发展的背景。

5. 简述资本主义国家经济法与社会主义国家经济法发展模式的异同。

第二章　反垄断法

【本章重点】

1. 反垄断法的基本制度框架。
2. 反垄断法对垄断协议的规制。
3. 反垄断法对滥用市场支配地位行为的规制。
4. 反垄断法对经营者集中的规制。
5. 反垄断法对行政垄断的规制。
6. 反垄断法的实施机制。

【案例导入】

2015年2月10日，我国国家发改委公布了对全球最大的手机芯片厂商美国高通公司反垄断调查和处罚的结果，责令高通公司停止相关违法行为，处2013年度我国市场销售额8%的罚款，计60.88亿元人民币。对上述结果，高通表示接受，既不申请行政复议，也不提起行政诉讼。

此案创下中国反垄断罚款金额之最，在国内外产生了巨大的反响。

此案经历了一个较长时间的复杂的调查处理过程。2009年，两家美国公司向发改委举报高通公司垄断；2014年8月，一家美国公司举报高通公司，除此之外，亚洲其他国家的企业也向国家发改委进行了举报。在整个调查过程中，国家发改委和高通公司进行了28次沟通。其间，中国通信工业协会也向发改委举报高通公司，并罗列高通公司在中国的“七宗罪”：以整机作为计算许可费的基础、将标准必要专利与非标准必要专利捆绑许可、要求被许可人进行免费反许可、对过期专利继续收费、将专利许可与销售芯片进行捆绑、拒绝对芯片生产企业进行专利许可，以及在专利许可和芯片销售中附加不合理的交易条件等。

国家发改委经调查取证和分析论证，高通公司在CDMA、WCDMA、LTE无线通信标准必要专利许可市场和基带芯片市场具有市场支配地位，实施了滥用市场支配地位的行为，主要表现在三个方面：(1)收取不公平的高价专利许可费；(2)没有正当理由搭售非无线通信标准必要专利许可；(3)在基带芯片销售中附加不合理条件。因此，国家发改委提出，高通公司的行为排除、限制了市场竞争，阻碍和抑制了技术创新和发展，损害了消费者利益，违反了我国《反垄断法》关于禁止具有市场支配地位的经营者以不公平的高价销售商品、没有正当理由搭售商品和在交易时附加不合理交易条件的规定。

【思考】

国家发改委为何能够根据《反垄断法》开出如此巨额的罚单？

(具体分析见本章末尾)

第一节 反垄断法概述

一、垄断与反垄断法的含义

(一)垄断的含义

垄断作为一种经济现象，有时是指一种垄断结构状态，有时是指垄断行为。由于垄断行为同垄断结构状态密切相关，所以在更多情况下，人们使用垄断一词，往往同时把该两者涵盖在内。

作为一种结构状态，垄断是指经济力高度集中，是企业的资本、生产经营规模和市场占有份额的大规模化。结构性的垄断既包括单个企业具有垄断地位，即独占，也包括少数几家企业共同享有垄断地位，即寡占。作为一种行为，垄断主要是指形成垄断状态或谋求形成垄断状态的各种行为，以及凭借垄断结构状态(垄断地位)所实施的各种限制竞争的行为，还包括几家企业通过协议等方式联合限制竞争的行为。

在涉及行为的时候，有些国家的法律较多地使用“垄断行为”这个词，同时也有一些国家在法律上使用“限制竞争行为”这个词，还有部分国家或地区同时使用这两个词。在多数情况下，这两个词是可以互换的，“垄断行为”就是“限制竞争行为”。

(二)反垄断法的含义

反垄断法是调整国家在反对垄断和限制竞争行为过程中发生的社会关系的法

律规范的总称。反垄断法所规范的是国家反垄断主管机关的反垄断(管理)行为及经营者的垄断和限制竞争行为。

反垄断法调整的社会关系是以国家(反垄断主管机关)为一方主体，同实施垄断和限制性行为的经营者之间的一种社会关系，这是一种国家调节、管理同被调节、被管理的关系，不是平等主体之间的关系。反垄断法不是民商法性质的规则，而是国家调节管理之法，是经济法性质的法律规范。由于反垄断法以排除市场缺陷、恢复竞争秩序、维护自由竞争为己任，因此，有着“经济宪法”和“自由企业大宪章”的美誉。

反垄断法在不同的国家有不同的名称：在美国一般被称为“反托拉斯法”；德国立法将其称为“反限制竞争法”，又通称“卡特尔法”；日本立法称其为“禁止私人垄断法”；还有叫“公平交易法”或别的名称的。但总的来说，它们都是以垄断和各种限制竞争行为为规制对象的。

垄断本身具有双重效应。一方面，垄断能够带来消极效应。垄断会消除或限制竞争，从而造成多方面的危害。从微观上来说，它有可能剥夺广大中小经营者进入市场参与公平竞争的机会，侵害他们的正当权益，同时也会损害广大消费者的权益；从宏观上来说，它有可能扭曲价值规律，使市场机制不能充分发挥调节社会经济的作用，严重时，垄断会造成社会供需失衡，甚至引发经济危机，使社会资源严重浪费，社会动荡。从垄断组织本身来讲，当它们取得市场支配地位以后，进取心和创业精神容易减退，不再热心于技术创新和改善管理。垄断组织还可能以社会福利损失为代价维持其垄断利润，从而助长不劳而获的欲望。另一方面，垄断也具有一定的积极效应，某些垄断，特别是作为结构状态存在的垄断，有可能优化经济组织内部的分工协作，促使资源配置更加合理、科学，降低生产或经营成本，提高劳动生产率，从而形成规模经济，这不仅对企业自身具有积极意义，而且对社会整体利益也具有正面意义。①

正因为垄断具有双重效应，反垄断法对垄断并非一概禁止，而是采取灵活的立场。一方面，反垄断法会明确规定需要禁止和取缔的垄断状态或垄断行为，因为这些状态或行为具有较大的负面效应；另一方面，对于那些正面效应较大的垄断状态或垄断行为，法律就不会予以禁止，而是通过适用除外制度或豁免制度将它们排除在禁止或取缔的范围之外，或者说，某些状态或行为虽然也属于垄断和限制竞争行为，但为法律所允许，或者法律不制裁它们。

---

① 漆多俊.经济法学(第三版)[M].北京：高等教育出版社，2014：85.

二、反垄断法的产生和发展

（一）反垄断法在美国及其他国家或地区的产生与发展

在世界上，现代反垄断法最早产生于美国。在美国，反垄断法被称为反托拉斯法。美国国会于 1890 年通过了《谢尔曼法》，它是美国历史上第一部反托拉斯法，也是世界上第一部反垄断法，同时也标志着现代经济法的诞生。由于这部法律条文较少，原则性比较强，相关内容不明确，所以在它出台后的一段时间里，实施效果不佳。为强化对限制竞争行为的规制，美国国会于 1914 年制定了《克莱顿法》和《联邦贸易委员会法》。这两部法律细化了《谢尔曼法》的规定，尤其是增加了不少程序性条款，也补充了不少实体性规定。除了上述三个法律文件以外，美国还制定了其他几项分散的反托拉斯立法文件，如 1974 年的《反托拉斯诉讼程序和惩罚法》、1980 年的《反托拉斯诉讼程序改进法》等。

在美国之后，在世界范围内影响较大的应该是日本的反垄断法。第二次世界大战结束后，美国占领了日本。为铲除支持战争的经济势力，也为防止将来垄断组织复活，在美国的强力影响下，日本于 1947 年制定了《禁止私人垄断法》。由于《禁止私人垄断法》有许多规定不适合日本的国情，随着政治、经济条件的发展变化，日本对该法进行了数次修改，大体是朝着宽松的方向行进。20 世纪 70 年代以后，在国内外诸多因素影响下，日本在反垄断法领域开始转变态度，通过几次修改《禁止私人垄断法》，强化了禁止垄断行为的法律制度，同时在实施过程中也变得更加严厉。

德国的反垄断立法也具有一定的世界影响。1957 年，联邦德国颁布了《反限制竞争法》。该法自 1958 年 1 月 1 日生效以来，曾于 1966 年、1973 年、1976 年、1980 年、1990 年、1998 年作了多次修订，以适应不断变化的客观环境。

在英国，反垄断法与反不正当竞争法混合在一起，统称为竞争法。英国第一部现代竞争法是 1948 年颁布的《垄断与限制性行为（调查与控制）法》。此后，英国又陆续推出了几部分散性的竞争立法文件。在 1998 年之前，英国的竞争立法总体上较为宽松，系统化程度也不高。直到英国议会通过了 1998 年的《竞争法》和 2002 年的《企业法》，英国的竞争立法才实现现代化改造，体现出较高程度的系统化水平。①

此外，在西方其他国家中，法国于 1953 年颁布了《竞争法》，加拿大于 1985 年制定了《竞争法》，瑞士于 1995 年颁布了一部新的竞争法，即《关于卡特尔

---

① 关于英国竞争法的情况可参见：李国海. 英国竞争法研究[M]. 北京：法律出版社，2008.

和其他限制竞争的联邦法律》。

欧盟作为一个地区组织，也制定了统一的竞争法。最早是在1957年，法、德等欧洲六国在罗马签订《欧洲经济共同体条约》，即《罗马条约》，当中包含有少量的关于竞争的规则，尤其是该条约的第八十五条和第八十六条，更是直接规制竞争的条款，这些条款被称为欧洲经济共同体竞争法。1965年，《建立欧洲公共体条约》即《布鲁塞尔条约》签订，欧洲三大共同体统一成为欧洲共同体，前述欧洲经济共同体竞争法也更名为欧洲共同体竞争法。2009年12月1日，《里斯本条约生效》，欧共体正式改称为欧盟，前述《建立欧洲共同体条约》改名为《欧盟运行条约》，在新的条约中，有关竞争规则的条款主要是第一百零一条和第一百零二条。除了一些重要条约的部分条款，欧盟竞争法还体现为欧盟理事会发布的一些条例或通告。①

除发达国家外，在许多新兴国家和发展中国家如韩国、印度、巴基斯坦、墨西哥等，也制定了反垄断和限制竞争法律。

苏联以及东欧国家如匈牙利、南斯拉夫等国过去也曾颁布过反垄断法，但总的来说，这方面的法律制度不够健全。后来，这些国家社会制度发生变革，它们重新制定了垄断和限制竞争政策。俄罗斯于1991年颁布了《关于在商品市场上竞争和限制垄断的法律》，该法律被视为向市场经济体制过渡的奠基石。

据统计，目前世界上颁布了反垄断法的国家和地区已经超过120个。

（二）我国反垄断法的制定

我国最早关于反垄断的规范性文件是1980年7月国务院发布的《关于推动经济联合的暂行规定》，该规定提出要"打破地区封锁，部门分割"。其后，国务院于20世纪80年代又颁布了数个相关的行政法规，在规制垄断方面进行了初步实践。

1992年，我国明确了建立社会主义市场经济的经济改革目标，自此开始，反垄断法的立法步伐有所加快。1993年，全国人大正式通过了《反不正当竞争法》，明确禁止几种危害剧烈的限制竞争行为。以此为依据，国家工商总局发布了《关于禁止公用企业限制竞争行为的若干规定》，更具体地禁止了公用企业限制竞争行为。1997年，全国人大常委会制定了《价格法》，禁止价格卡特尔、低价倾销以及价格歧视等与价格相关的限制竞争行为。1999年，全国人大常委会又制定了《招标投标法》，禁止串通招投标行为，禁止招标人对潜在的投标人的歧视待遇和其他限制投标人竞争的行为。这些立法或行政法规都包含有反垄断的内容，是我国广义的反垄断法的组成部分。

---

① 关于欧盟竞争法的情况可参见：许光耀．欧共体竞争法通论[M]．武汉：武汉大学出版社，2006．

至于狭义层面上的《反垄断法》的制定工作，我国立法机关早在20世纪90年代初期就已着手准备。1994年，反垄断法立法被列入第八届全国人大常委会、立法规划，1998年又被列入第九届全国人大常委会立法规划。

2007年8月30日，第十届全国人大常委会终于通过了《反垄断法》，并决定从2008年8月1日开始施行，这是我国第一部实质意义上的反垄断立法。这部法律共有八章五十七条，内容包括总则、垄断协议、滥用市场支配地位、经营者集中、滥用行政权力排除或限制竞争、对涉嫌垄断行为的调查、法律责任、附则等。

我国《反垄断法》的条文原则性比较强，在实施中需要具体的配套规定。为此，国务院以及国务院有关部门制定了相关的配套性行政法规或部门规章。例如，国务院发布了《关于经营者集中申报标准的规定》，国务院反垄断委员会发布了《关于相关市场界定的指南》，商务部先后制定了《经营者集中申报办法》等六部规章；国家发展改革委员会根据执法工作需要制定了《反价格垄断规定》《反价格垄断行政执法程序规定》等两部规章；国家工商行政管理总局则出台了《工商行政管理机关查处垄断协议、滥用市场支配地位案件程序规定》等五种程序性及实体性规章。

三、反垄断法的基本制度框架

尽管各国反垄断法在立法模式和具体内容上存在某些差异，但是它们在基本制度框架上则是基本相同的。反垄断法的制度框架包括了两大块：反垄断法实体制度以及反垄断法实施制度，它们都包含有一系列具体内容。

(一)反垄断法的实体制度

现代各国反垄断法的实体制度主要涉及对反垄断法规制对象的规定。反垄断法规制对象是指反垄断法所针对的状态或行为，反垄断法对这些行为或状态采取禁止、制裁等措施，在个别情形下也采取容忍的态度，以便使市场竞争达到立法者预期的状态，以维持自由公平的竞争。

从普遍的角度来看，反垄断法的一般规制对象包括垄断协议(或称为联合限制竞争行为)、滥用市场支配地位及经营者集中(或称为企业结合等)等三类行为，这三类行为也被称为反垄断法的三大支柱。个别国家如美国、日本等的反垄断法还包含有垄断状态。在大多数国家的反垄断法中，一个企业具有垄断地位，只要不滥用这种垄断地位，并不构成违法，但在美国、日本的反垄断法中，包含有一种特殊的制度安排，有时候企业具有垄断地位，即使没有滥用这种垄断地位，也构成违法。这就是对垄断状态的规制，或者叫作对垄断结构的规制。如果仅仅规制行为，而不规制垄断结构，我们将这种立法的态度称为行为主义，如果既规制垄断行为，又规制垄断结构，我们就将这种立法态度称为结构主义。

除上述对经济垄断的规制外，少数国家的反垄断法也包含有对行政垄断的规制，行政垄断是反垄断法中的特殊规制对象。我国反垄断法就包含了行政垄断这种特殊规制对象。正是因为行政垄断是一种特殊的规制对象，所以我国《反垄断法》中的垄断行为只包括了垄断协议、滥用市场支配地位及违法的经营者集中这三类行为，而行政垄断不属于垄断行为的组成部分。

在反垄断法的实体制度中，除了上述基本内容，还包含有一些附随性的内容，主要是豁免制度和适用除外制度，它们往往分别附属于前面三个基本制度，构成它们各自的有机组成部分。

（二）反垄断法的实施制度

除实体制度外，反垄断法基本制度框架还包含实施制度，主要包括反垄断法执行机构设置、反垄断法法律责任制度、反垄断法实施程序制度，以及不少国家反垄断法包含的域外适用制度。

实施制度在反垄断法中占有重要地位，发挥着重要的作用。“徒法不足以自行”，法律的功能需要通过实施才能发挥出来，而反垄断法的实施制度就是为保证反垄断法的实施效果而精心设计的。

第二节　垄断协议

一、垄断协议的含义和分类

（一）垄断协议的含义

垄断协议是反垄断法规定的三种规制对象之一，也是我国《反垄断法》规定的三种垄断行为之一。在国外，对于垄断协议还有其他的称呼，例如联合限制竞争行为、卡特尔等。

根据我国《反垄断法》，垄断协议是指排除、限制竞争的协议、决定或者其他协同行为。

在反垄断法中，协议并非仅指具有正式法律约束力的合同。“协议”可以是非正式的安排，不一定非得以书面形式体现出来。它可以是口头约定，也可以是没有语言表示的双方之间的默契。即使是以书面形式体现出来，也不一定非得要以一份文件，或一套文件表示其全部安排，而是可以体现为几份合同、没有约束力的书信或者谅解备忘录，只要它们集中起来可以形成一次单一的交易。

垄断协议定义中的“决定”，主要指行业协会等作出的决议，它们不是由单个经营者出面达成的协议，有时，行业协会的个别成员企业甚至在表决的时候还表示了反对，但一旦形成决议，全体成员企业都要执行，否则会受到行业协会的制裁。因此，行业协会的决议或决定，其效力可等同为所有成员企业达成的协议。如果行业协会的决议或决定中有限制竞争的内容，实际上就会产生垄断协议的类似效果。

垄断协议定义中的“其他协同行为”，是指某几个经营者在定价、市场划分等方面采取了高度一致的协同行动，但却没有书面协议、口头协议或行业协会的决定存在，或者执法机构不能证明存在这样的书面协议、口头协议或行业协会的决定。立法将“其他协同行为”放进垄断协议的定义中，主要是为了减轻执法机构的举证责任，有了这样的定义，就能够使执法机构即使不能证明相关经营者之间存在书面协议、口头协议或行业协会的决定，仅凭在客观上表现出来的相关经营者某类行为的高度的一致性或协同性，就可以认定这些经营者达成了垄断协议。

要构成一个垄断协议，必须具有排除、限制竞争的效果或目的。排除竞争的目的或效果是造就垄断，使得相关市场上不存在竞争，或者不存在实质的竞争，因此，这种情形的危害后果是最严重的。而限制竞争的程度比排除竞争较低。限制竞争的协议是指协议的当事人承担限制相互间竞争的义务，而不是完全排除当事人之间的竞争。

(二) 垄断协议的分类

对于垄断协议，可以有多种分类方法。最常用的分类方法是将垄断协议分为横向垄断协议和纵向垄断协议。横向垄断协议的参与主体存在横向的竞争关系，也就是说，参与垄断协议的各个经营者处于某一种商品生产经营链条的同一个环节或阶段，它们之间存在直接的竞争关系。纵向垄断协议的参与主体则不存在直接的竞争关系，参与垄断协议的各个经营者处于某一种商品生产经营链条的不同环节或阶段，它们之间是上游经营者与下游经营者之间的关系。

尽管在立法条文中没有使用“横向垄断协议”和“纵向垄断协议”的概念，我国《反垄断法》对垄断协议也采取了横向与纵向的分类方法，在第十三条和第十四条中，分别列举了横向垄断协议与纵向垄断协议所包括的各种具体表现形态。这种处理方法与世界上大多数国家的反垄断法是一致的。

根据我国《反垄断法》第十三条的规定，横向垄断协议主要包括以下几种：(1)固定或者变更商品价格；(2)限制商品的生产数量或者销售数量；(3)分割销售市场或者原材料采购市场；(4)限制购买新技术、新设备或者限制开发新技术、新产品；(5)联合抵制交易；(6)国务院反垄断执法机构认定的其他垄断协议。

根据我国《反垄断法》第十四条的规定，纵向垄断协议主要包括：(1)固定向第三人转售商品的价格；(2)限定向第三人转售商品的最低价格；(3)国务院反垄断执法机构认定的其他垄断协议。

根据我国《反垄断法》第十三条和第十四条的规定，结合其他国家或地区的立法或实践，我们可以列举出垄断协议的主要表现形态，其中横向的垄断协议主要包括：价格固定协议，限定销售数量或生产数量的协议，分割销售市场或原材料采购市场的协议，限制购买新技术、新设备或者限制开发新技术、新产品的协议，联合抵制交易的协议，共同采购协议或共同销售协议，以及信息交换协议，等等；纵向垄断协议主要包括：维持转售价格协议、知识产权许可协议、独家交易协议，等等。这些协议形态的大多数在我国《反垄断法》中也有所列举，个别协议形态虽然没有被明确列举，但由于我国《反垄断法》第十三条和第十四条都规定有“国务院反垄断执法机构认定的其他垄断协议”这样的口袋条款，因此，我们可以将一些没有被明确列举的协议形态放进口袋条款中。

二、横向垄断协议

(一)价格固定协议

价格固定协议，是指直接或间接固定买卖价格或其他交易条件的协议、决定或安排。其中，关于“其他交易条件”的协议、决定或安排，根据欧盟竞争法的实践，一般是指企业间关于支付期限或者供货条件达成的协议、决定或安排。

固定价格可以通过多种安排实现，例如：价格卡特尔；两个或两个以上当事人之间系统化的合同、书面的或口头的安排；形成价格协同行动的一家企业对其他企业的定价建议，或信息交流；等等。

价格固定协议是所有的垄断协议中危害最烈的一种。因为它排除、限制了价格竞争，而价格竞争是市场竞争的核心环节。价格竞争是价值规律发挥作用的基本手段，也是激励经营者改进技术和改善管理的重要驱动力，一旦价格受到人为的操控，被固定下来，价格竞争的基本作用就不再能够发挥出来，价值规律的运行机理以及市场配置社会资源的功能受到阻滞，将会影响社会经济的整体运行。同时，由于产品价格被人为固定维持在高水平上，消费者在购买该种产品时须支付额外的价款，这将使消费者蒙受损失。

价格固定协议在整体上是负面的和消极的。因此，各国反垄断法均将价格固定协议看作严重的违法行为，秉持严格禁止的立场。

（二）限制生产数量或销售数量的协议

限制生产数量或销售数量的协议，也叫数量卡特尔。对应于价格固定协议，这种协议也可称为限额固定协议。数量卡特尔既可约定各个参与企业的生产数量，也可约定各个参与企业的销售数量，包括约定进口和出口数量。

数量卡特尔对市场竞争的危害性也是十分显著的。它通过人为地减少市场的供给，达到操纵供给需求关系的目的，甚至人为地制造供不应求的假象。在一个市场中，如果供不应求，商品的价格就会升高。在存在自由竞争的市场中，为了获得更多的利润和市场份额，单个企业总是倾向于扩大生产，增加产品的生产和销售数量，这样就很有可能造成供大于求的局面，推动价格的下降。如果市场上的主要生产商或全部生产商达成协议，划定各个企业的生产限额，则会有效控制产品的供应数量，实现控制产品价格的目的。由此可见，数量卡特尔与价格卡特尔的目标是一致的，都是为了控制商品价格，只不过价格卡特尔是直接控制价格，而数量卡特尔是间接控制价格。同时，数量卡特尔与价格卡特尔往往结合在一起发挥作用，因为如果只有价格卡特尔，而没有数量限制，卡特尔成员就会为增加利润而竞相扩大生产或销售规模。而随着产量或销售数量的增加，销售价格也会降低到正常水平，甚至低于正常水平，违背价格卡特尔的目标。

一般来说，数量卡特尔不会得到自动维持。因为当供不应求局面形成时，产品价格将会上升，生产或销售数量的增加意味着将会获得更多的利润，诱使卡特尔的参与者违反协议，增加生产或销售数量。因此，数量卡特尔的维持须依赖于参与企业之间创设的一种制裁机制，通常除了规定成员企业的限额外，也会规定对突破限额的企业的制裁措施。最常见的就是罚款，而征收到的罚款会被分配给没有违反限额的企业，目的就是要使违反者得不到超额的收益。

（三）分割销售市场或原材料采购市场的协议

分割销售市场或原材料采购市场的协议可以简称为分割市场协议，主要涉及两种行为：一种是分割销售市场，另一种是分割原材料采购市场。不论是分割销售市场还是分割原材料采购市场，其目的都是减少或消除竞争者之间的竞争。分割原材料采购市场是作为购买者的竞争者之间为避免竞争作出的安排，而分割销售市场通常是作为销售者的竞争者之间为避免竞争而作出的安排。

分割市场的实质是在各个被分割的局部市场内形成垄断，甚至是独占，会造成限制竞争甚至是排除竞争的后果。结果不仅使社会资源不能得到合理的配置，而且由于参加协议的生产商或者销售商在各自分得的范围内享受垄断地位，从而剥夺了消费者或者用户选择商品或者服务的权利，强迫他们支付比在竞争条件下高出很多的价格，严重损害了消费者的权益。

（四）限制购买新技术、新设备或者限制开发新技术、新产品的协议

在这一类垄断协议中，常见的具体协议主要包括以下三类：

1. 专业化协议

专业化协议是指互为实际或潜在竞争者的当事人之间，对各自生产的产品种类进行分配，从而使每一生产商只专门生产一部分或一定范围的产品，而其他产品则由其他当事人专门生产。

通过专业化协议可以提高生产的专业化水平，从而提高生产效率，降低生产成本，附带降低销售价格。这对消费者是有利的，对提高社会生产力也是正面的，因此，专业化协议有其值得肯定的一面。

专业化协议的消极效应主要表现为有可能造就垄断的局面。专业化协议往往是在竞争者之间达成的，通过专业化协议就可消除当事人之间的竞争，减少竞争者的数量。如果当事人所在的相关市场只有协议的当事人参与经营，那么通过专业化协议，将会很容易造就垄断的局面。这必将损害消费者的利益，也违背竞争法维护竞争的根本宗旨。

由于专业化协议的效应具有两面性，因此，在对待专业化协议的时候，各国往往适用具体案例具体分析的方法，并不一味地禁止。

2. 标准化协议

所谓标准化协议，是指若干企业之间就它们的产品的技术、质量要求进行约定，当事人生产的产品均须符合该标准的要求，如果企业的产品不符合该标准的要求，则不能进行生产，或者不能进行销售。

标准化协议有利于推动生产或技术的发展，其正面作用较为明显。不过，它也有可能带来消极的效应。例如，当事人之间为了避免增加投资，约定较为落后的技术或产品标准，将会损害消费者的利益，也会对社会生产的发展产生抑制作用。

3. 限制投资协议

限制投资协议是指当事人约定一定期限内各自的投资额度的协议。

限制投资协议的消极性更为显著。限制投资不仅会抑制新技术的采用、新产品的开发，而且会产生固定产品数量的消极作用，因为要大幅度地提高产品数量，就得增加投资。

（五）联合抵制交易的协议

联合抵制交易的协议也可简称为联合抵制协议。联合抵制是指同行业的一些共谋者出于将特定竞争者驱逐出市场的目的，而集体拒绝与市场上具有直接竞争关系的经营者进行交易的行为。

联合抵制的目的或效果比较复杂，根据其主要目标与竞争之间的关系，可以概括为两类：

一是为了排挤或惩罚某些竞争者而进行联合抵制。这往往适用于存在共谋固定价格、产量或分割市场的协议、决定或安排的场合，某些企业不遵守协议、决定或安排，其他企业共谋联合抵制它，集体拒绝与之进行交易，目的是将该违反约定的企业排挤出市场，或者至少起到警告惩戒的作用。有时，为了对付新进入者，或者阻止新企业进入某市场，原有的企业也有可能采取联合抵制策略。

二是为了促进社会共同利益而进行联合抵制。例如，为了促进社会经济效益，或者，在不损害其他团体的利益的情况下，促进某团体的共同经济利益，甚至不为了经济利益，而是为了社会进步或道德目标。

对于第一类联合抵制，各国竞争法均予以严格禁止。但对于第二种情形，各国大多适用具体案例具体分析的方法，引入利益考量方法来决定是否予以禁止和制裁：当联合抵制带来的利益大于其限制竞争效果所带来的利益损失时，该种联合抵制就不应受到制裁，反之，如果联合抵制的限制竞争效果所造成的利益损失大于其带来的利益，该种联合抵制就应受到禁止和制裁。

（六）其他横向垄断协议

除上述所述各类协议外，横向垄断协议还包括：

1. 共同采购协议或共同销售协议

共同采购协议也叫联合购买协议，或直接称为购买协议，是指若干企业间为联合购买某种产品而订立的协议。共同采购协议一般包含共同购买的价格的制定、购买品在协议当事人之间的分配办法等内容。

共同销售协议也叫联合销售协议，是当事人之间为了在产品的销售与促销方面进行合作而订立的协议。通过共同销售协议，当事人之间可以约定共同销售条件，包括共同销售价格，也可以约定在销售活动的某个环节进行合作，比如在广告宣传、售后服务等方面进行合作。

共同采购协议具有积极效应，也具有消极效应，有可能对市场竞争产生危害。其积极效应在于，通过多家购买者的联合购买可以形成较强的市场力量，迫使供应商降低价格，或提高相关服务质量，购买商以优惠的价格或条件获得商品，可以在下游市场降低商品价格或提高服务质量，这对消费者是有利的。同时，供应商降低价格后，也会努力改进技术，降低成本，推动社会生产力的发展。共同采购协议的消极效应主要表现为两个方面：一是有可能对那些没有加入购买协议的购买者产生排斥作用，减损他们在下游市场上的竞争能力；二是共同采购协议有可能消除购买者一方的竞争，既损害供应商的利益，也容易导致共同的购买者在下游市场上固定价格或销售条件，损害下游购买者的利益。

2. 信息交换协议

信息交换协议是指处于竞争状态的两家或两家以上的企业订立协议，约定相互交换或传递其各自的商业信息。交换的商业信息包括：价格信息、折扣信息、生产数量和销售数量的信息、减产或增产计划的信息、市场份额的信息，等等。

信息交换协议具有损害竞争的效果。竞争者之间通过信息交换，相互之间知晓其竞争者的基本动向和处境，有利于企业有预见地调整自己的行为，在竞争者之间达到协同一致的目的。因此，信息交换协议尽管没有采取价格固定协议、市场分割协议或固定限额协议这样的形式，但实际上，它可以起到类似的损害市场竞争的后果。

【案例】

经查，2010 年以来，浙江省某市造纸行业协会先后五次组织协会二十余家常务理事单位召开相关行业会议，共同协商包装用白板纸出厂价格。第一次，3 月 2 日会议提出，A 级白板纸的价格统一上调 200 元/吨。第二次，4 月 6 日会议要求，保证 4 月份该市白板纸现有价格稳定，5 月份如出现市场明显疲软将协调会员企业组织有序限产等。第三次，4 月 28 日会议决定，4 月 29 日至 5 月 15 日期间，A 级白板纸执行限时优惠价格（优惠幅度每吨 100 ~ 150 元）。第四次，8 月 3 日会议决定，涂布白板纸在原销售价基础上上调 200 元/吨。第五次，8 月 31 日 A 级版白板纸专题会议决定，从 9 月 1 日起该市生产的 A 级白板纸在原来销售价基础上上调 200 ~ 300 元/吨。

该市造纸行业协会组织本行业经营者达成变更或固定价格的垄断协议行为，违反了《反垄断法》第十三条的规定，即禁止具有竞争关系的经营者达成固定或者变更商品价格的价格垄断协议。根据《反垄断法》第四十六条规定，国家发改委决定对浙江省该市造纸行业协会处以最高 50 万元的罚款。

【分析】

我国《反垄断法》规定的垄断协议中包括了“排除、限制竞争的决定”，这里主要是指行业协会作出的决议或决定。行业协会能够为成员企业提供一些有益的帮助，例如引导帮助成员企业提高技术水平和管理水平，引入更高的技术标准和环境保护标准。但是，在实践中，有些行业协会也常常从事一些具有消极效果的行为，主要是限制竞争行为。例如，行业协会组织成员企业达成具有固定价格、分割市场、限制产量等内容的决议，在成员企业之间限制竞争。这种做法可能会对成员企业有利，但却损害了消费者利益和公共利益，因此，应予禁止。

在本案中，该市造纸行业协会作出的决定即属于垄断协议中的“排除、限制竞争的决定”，构成横向垄断协议，违反了我国《反垄断法》第十三条的规定。

三、纵向限制竞争协议

（一）维持转售价格协议

维持转售价格协议是两个或两个以上的经营者关于维持转售价格的协议。所谓维持转售价格，是指供应者销售产品给其下游购买者的同时，规定下游购买者再销售该种商品时，必须按照供应者规定的价格或价格区间定价。

维持转售价格存在两个构成要素：一是存在两个以上的独立交易关系，即“初次销售”和“再销售”；二是再销售的价格被初次销售中的卖方固定。

维持转售价格往往通过订立协议的方式来实现。卖方通过协议限制买方再销售商品时的定价。限制定价也可以有多种方式，例如，直接规定具体的销售价格，规定买方转售时的最高定价或最低定价，或者同时规定买方转售时的最高定价和最低定价，等等。

维持转售价格协议除了规定价格外，还必须约定监督机制和制裁办法。保证卖方可以监督买方转售时的定价，当买方转售定价没有遵守协议约定时，卖方可以对买方实施制裁，例如，拒绝供货、减少或推迟供货等。如果协议只单纯规定一个销售价，没有规定监督和制裁条款，这种行为仅仅构成价格建议，而不是转售价格维持。各国竞争法一般不禁止及制裁价格建议行为，但如果以“价格建议”之名行价格固定之实，则依然会受到禁止及制裁。

（二）知识产权许可协议①

知识产权许可协议不可避免地包含有限制竞争条款。因为，知识产权本身就是垄断性质的，知识产权人为了维护其权利，在许可他人使用其知识产权时，必定会在协议中规定一些限制竞争条款。知识产权许可协议中的限制竞争条款与对知识产权的保护之间具有紧密的联系。尽管如此，知识产权许可协议中的限制竞争条款也并非毫无限度，我们需要从两个层面来理解其必要性：一方面，我们需要对知识产权予以保护，需要在一定范围内容忍知识产权许可协议中的限制竞争条款，只有这样，社会成员才有进行发明创造和革新的动力，这对社会公共利益是有好处的；另一方面，如果知识产权许可协议中的限制竞争条款超过了一定的限度，也会造成对社会利益的损害，例如，阻碍新技术的研发。因此，反垄断法在对待知识产权许可协议时，必须保持一种理性的平衡。

---

① 关于反垄断法如何规制知识产权限制竞争，参见王晓晔. 反垄断法：第七章[M]. 北京：法律出版社，2011.

在实践中，在对待知识产权许可协议时，各国反垄断法的通行做法是区分体现协议基本目的的限制条款和非体现协议基本目的的限制条款，对它们采取不同的立场。

体现协议基本目的的限制条款是指为实现知识产权许可协议的基本目的所必需的限制条款，非体现协议基本目的的限制条款则是指对于实现知识产权许可协议的基本目的而言并非必需的限制性条款。前者也可以称为纯粹的知识产权条款，后者可以称为非纯粹的知识产权条款。各国反垄断法对上述二者适用不同的处理方法，对于前者均给予适用除外，不予禁止；对于后者则给予适当限制。

（三）独家交易协议

独家交易协议包括独家购买协议和独家销售协议两种情形。

独家购买协议是指这样一种协议，购买方在协议中承诺，只向卖方或卖方指定的第三人购买某种产品，而不向其他的任何供货商购买协议中所规定的商品。

独家销售协议则与之相反，卖方在协议中承诺在一定的地域范围内只向买方提供某种商品，使买方成为其商品在该地域内的独家经销者，而不委任其他第三人在该地域内经销其同种商品，卖方自己也不在该地域内销售该同种商品。

独家销售协议具有积极和消极两方面的作用，因此，各国反垄断法也不是一味地予以禁止，而是根据具体案情，予以具体处理。

【案例】

2013年8月1日，上海市高级人民法院（以下简称上海高院）对北京锐邦涌和科贸有限公司（以下简称锐邦公司）与强生（上海）医疗器材有限公司、强生（中国）医疗器材有限公司（两家公司以下简称为强生公司）纵向垄断协议纠纷案进行终审宣判。上海高院撤销了原审判决，二审判决被上诉人强生公司应在判决生效之日起10日内赔偿上诉人锐邦公司经济损失人民币53万元，驳回锐邦公司的其余诉讼请求。

此案是我国《反垄断法》生效后原告在反垄断民事诉讼中胜诉的第一起案例，受到了国内外学界、业界高度关注，也被称作“中国首例纵向垄断案”。

锐邦公司与强生公司的这场反垄断诉讼起源于2008年的一次强生医用缝线销售招投标。锐邦公司是强生公司医用缝线、吻合器等医疗器械产品的经销商，双方有着长达15年的经销合作关系，经销合同每年一签。2008年1月，强生公司与锐邦公司签订《2008年经销合同》（以下简称经销合同）及附件，约定锐邦公司在强生公司指定的相关区域销售爱惜康缝线部门的产品，在此期间，锐邦公司不得以低于强生公司规定的价格销售产品。

当年3月，锐邦公司在北京大学人民医院举行的强生医用缝线销售招标中以最低报价中标。4 月，强生公司人员对锐邦公司的低价竞标行为提出警告。7 月，强生公司以锐邦公司私自降价为由取消其在北京阜外医院、整形医院的经销权。8 月 15 日起，强生公司不再接受锐邦公司医用缝线产品订单。9 月，强生公司完全停止了缝线产品、吻合器产品的供货。2009 年，强生公司不再与锐邦公司续签经销合同。2009 年以后强生公司修改经销协议，放弃了一直以来的最低转售价格限制。在锐邦公司与强生公司合作的 15 年间，涉案的医用缝线产品价格基本不变。

2010 年 8 月 11 日，锐邦公司诉至法院，要求强生公司赔偿因执行该垄断协议对锐邦公司低价竞标行为进行处罚而给其造成的经济损失 1400 余万元。2012 年 5 月 18 日，一审法院作出判决，认为锐邦公司举证不足，不能证明此案所涉限制最低转售价格协议造成了排除、限制市场竞争的危害，不能认定其构成反垄断法所规定的垄断协议，故判决驳回其诉请。

锐邦公司不服，提起上诉，上海高院先后三次开庭审理。上海高院认定，强生公司从事了维持转售价格行为，违反《反垄断法》第十四条，并给原告锐邦公司造成了损失，故依法作出改判。

【分析】

维持转售价格协议具有明显的限制竞争效果，即排除或限制了再销售环节所处市场的价格竞争，从这个意义上说，维持转售价格等同于在再销售环节所处市场上达成了一个横向的价格固定协议，因而具有违法性。在我国，《反垄断法》第十四条列举的纵向垄断协议中首要的就是维持转售价格协议。

在本案中，强生公司在与锐邦公司的经销合同中不仅约定了最低价格，而且约定了制裁措施，即，如果锐邦公司不遵守转售价格约定，则强生公司将停止向锐邦公司供货并扣除锐邦公司预先留存的保证金。从这里可以看出，转售价格维持协议除了约定转售价格外，还必须伴随有制裁措施。我们在日常生活中，也常常见到某些商品上标注了“建议零售价”。规定“建议零售价”是否构成转售价格维持行为需要具体分析。如果上游厂商不仅规定了“建议零售价”，而且制定有制裁措施，这就会构成转售价格维持行为；而如果仅有“建议零售价”，对再销售方是否按“建议零售价”定价不进行调查，更不对违反行为进行制裁，则不会构成转售价格维持行为，不会违反《反垄断法》。

第三节　滥用市场支配地位

一、滥用市场支配地位的构成要件

(一)拥有市场支配地位

根据我国《反垄断法》的规定，市场支配地位，是指经营者在相关市场内具有能够控制商品价格、数量或者其他交易条件，或者能够阻碍、影响其他经营者进入相关市场能力的市场地位。在这个概念中，相关市场是一个重要的基础性概念。不过，需要特别指出的是，“相关市场”的概念并非仅仅与“市场支配地位的滥用”有关，实际上，我们在规制垄断协议及经营者集中的时候，往往都会涉及相关市场的界定，相关市场是涵盖整个反垄断法的基础性概念，只是它与市场支配地位的相关度更高而已。

1. 相关市场的界定

根据我国《反垄断法》第十二条的规定，所谓相关市场，是指经营者在一定时期内就特定商品或者服务(以下统称商品)进行竞争的商品范围和地域范围。从这个定义我们可以看出，界定相关市场主要分为两个方面的工作，一方面是界定产品市场，另一方面是界定地域市场。此外，在某些产品中，还必须考虑时间因素。

(1)相关产品市场。所谓相关产品市场，是指根据产品的特性、价格及其使用目的，从消费者的角度可以相互交换或者相互替代的所有产品或服务。这个概念说明，认定两个或者两个以上的产品是否属于同一种产品市场，起决定性作用的是用户或者消费者的看法，如果用户作购买决定时，能够在某些产品或者服务之间进行选择，这些产品或者服务就是相互可以替代的。如果它们可以相互替代，它们之间就存在竞争关系，从而可以被视为属于同一种产品市场或者服务市场。

(2)相关地域市场。相关地域市场是指相关企业供应或者购买产品或服务的地域，这个地域内的竞争条件与邻近地域显著不同。更具体地讲，相关地域市场是指这样一个概念，它被用于确定某种产品或服务的供应或购买具有相同的竞争条件的区域范围，在这个区域内，竞争条件基本相同，但是超出这个地域，即使是邻近的地域，其竞争条件也存在明显的差异，可以相互区别开来。

(3)相关时间市场。在相关市场界定中，尽管时间维度的考虑并不像“产品”和“地域”那么普遍，但在某些具体情形下，也具有十分重要的意义。在不同的时间中，产品的市场供应具有显著的不同，形成了特定的市场，这些特定的市场就是受时间因素的影响而形成的独立的相关时间市场。在实践中，对相关市场的确立具有较大影响的时间因素主要有季节性、峰期与非峰期等。我们可以举滑雪场的服务为例来说明时间因素对相关市场界定的影响。室内滑雪场可以在一年四季向消费者提供服务，但室外滑雪场只能在冬季向消费者提供滑雪服务，在冬季，室外滑雪场服务与室内滑雪场服务之间具有一定的可替代性，它们共同组成一个产品市场，但在冬季以外的时间，室内滑雪场服务就成为一个缩小了的产品市场。

2. 市场支配地位的判断

从执法实践看，强调市场支配地位，关注的是企业的独立行动的能力。也就是说，具有市场支配地位的企业可以超出竞争状态价格来定价，也可以使其产品质量低于竞争状态下的产品质量水准。存在市场支配地位，不是说相关市场上已经不存在竞争，而是说具有市场支配地位的企业可以不考虑竞争者的决策而自主行动。判断是否具有市场支配地位时，关键要看企业是否不受限制地独立行动。企业如果因为受到已有竞争和潜在竞争的限制而不能独立行动，则说明该企业不具有市场支配地位。

更具体地讲，判断市场支配地位的因素主要包括：

(1)企业在相关市场中的份额。这是体现企业的市场支配地位的最重要最直接的因素。很多时候可以直接根据企业在相关市场中的份额来确定是否存在市场支配地位。我国《反垄断法》第十九条规定，有下列情形之一的，可以推定经营者具有市场支配地位：①一个经营者在相关市场的市场份额达到二分之一的；②两个经营者在相关市场的市场份额合计达到三分之二的；③三个经营者在相关市场的市场份额合计达到四分之三的。当然，根据市场份额来认定是否具有市场支配地位也不是绝对的。就拿我国《反垄断法》第十九条的推断标准来看，也有例外，在第二项、第三项规定的情形下，如果有的经营者市场份额不足十分之一，就不应当推定该经营者具有市场支配地位。

(2)进入壁垒。除市场份额以外，用于体现市场支配地位的重要因素是市场壁垒。市场壁垒是用来表示新的竞争者进入相关市场或已有的小的竞争者成长为大的竞争者时所受到的阻碍的概念。进入壁垒越高，表明相关市场上的主要竞争者越有可能占有市场支配地位。如果相关市场不存在进入壁垒，一个在相关市场上拥有较大份额的企业在提高价格时，就会有新的进入者加入该市场，已有的小的竞争者也会借机扩展自己的市场份额，这就会限制已有的大的竞争者在提高价格等方面的决策空间。而大的竞争者无法自由地独立地决策，就表明其不具有市场支配地位。

(二)存在滥用行为

1. 滥用行为的含义

要构成滥用市场支配地位行为，除了具备市场支配地位以外，还必须从事滥用行为。什么是滥用行为呢？我国《反垄断法》没有给出明确的定义。不过国外有些反垄断法执行机构对此进行过定义。例如，欧共体法院就曾经提到："滥用支配地位的概念是与居于支配地位的企业的行为相联系的概念。有关企业由于存在这种地位，不仅影响了市场结构，削弱了竞争程度，而且通过采取与商业交易中产品和服务的正常竞争所不同的手段，具有妨碍现存市场上竞争程度的维持或者竞争发展的作用。"

2. 滥用行为的分类

我们可以根据多种标准对滥用行为进行分类：

(1)根据滥用行为与价格的关系来分类。根据这种分类方法，可以将所有滥用行为划分为价格行为和非价格行为。价格行为主要包括：索要高价行为，具有类似于独家协议或搭售协议效果的价格行为，以排除竞争者为目的的价格行为，价格歧视行为等。非价格行为主要包括：独家协议、搭售协议、拒绝交易行为等。

(2)以滥用行为的性质不同为依据进行分类。从这种方法出发，可以将滥用行为划分为剥削性滥用行为和妨碍性滥用行为。剥削性滥用行为主要包括：索要高价、要求承担不公平的交易条件等。妨碍性滥用行为主要包括：掠夺性定价，拒绝交易、歧视、搭售等。

二、滥用市场支配地位的主要表现

(一)我国《反垄断法》的相关规定

我国《反垄断法》第十七条规定，禁止具有市场支配地位的经营者从事下列滥用市场支配地位的行为：(1)以不公平的高价销售商品或者以不公平的低价购买商品；(2)没有正当理由，以低于成本的价格销售商品；(3)没有正当理由，拒绝与交易相对人进行交易；(4)没有正当理由，限定交易相对人只能与其进行交易或者只能与其指定的经营者进行交易；(5)没有正当理由搭售商品，或者在交易时附加其他不合理的交易条件；(6)没有正当理由，对条件相同的交易相对人在交易价格等交易条件上实行差别待遇；(7)国务院反垄断执法机构认定的其他滥用市场支配地位的行为。

上述规定实际上列举了六种典型的滥用行为：(1)索要垄断价格；(2)掠夺性

定价；(3)拒绝交易；(4)限定交易；(5)搭售；(6)价格歧视。

下面我们分别对各种滥用行为予以具体分析。

(二)对典型滥用行为的具体分析

各种典型滥用行为均有各自的含义、表现形式及危害。

1. 索要垄断价格

以不公平的高价销售商品或者以不公平的低价购买商品，这种行为的实质是索要垄断价格，即借助市场支配地位，在销售商品时，索取垄断高价，在购买商品时，却迫使出售者接受低价。

索要垄断价格行为的危害性是十分明显的，它主要侵害了交易相对方的利益，违反了公平交易规则，扭曲了市场竞争。因此，各国反垄断法均禁止索要垄断价格的行为。

2. 掠夺性定价

没有正当理由，以低于成本的价格销售商品，这种行为也属于滥用市场支配地位的行为，在反垄断法上也可简称为掠夺性定价。

掠夺性定价对市场竞争具有较大的危害。当具有优势地位的企业持续性地以低于成本的价格销售商品或提供服务时，为争取客户，处于同一个市场的其他竞争者也必须跟进，这些跟进的竞争者的利润空间被大大压缩，或者被迫亏本销售，长此以往，这些竞争者就会因资本耗尽无法维持而退出市场。这时，原本具有市场支配地位的企业，就会进一步增强其市场支配地位。当其目的实现以后，具有市场支配地位的企业就开始采取索要高价等滥用行为来获取非法利益，从而损害消费者权益。

掠夺性定价包含两个构成要件：一是经营者在客观上以低于成本的价格销售商品；二是经营者在主观上具有排挤竞争对手的目的。这两个要件缺一不可。经营者在被确认以低于成本的价格销售商品的情况下，如果要逃脱掠夺性定价的指控，就必须提供证据证明自己有合理的理由，否则就会被认为没有合理的理由，即被认定为具有排挤竞争对手的目的。至于哪些因素可以被看作合理理由，我国《反垄断法》没有规定。不过，我国《反不正当竞争法》曾经有所规定，该法第十一条规定，有下列情形之一的，不属于以排挤竞争对手为目的，以低于成本的价格销售商品的行为：(1)销售鲜活商品；(2)处理有效期限即将到期的商品或者其他积压的商品；(3)季节性降价；(4)因清偿债务、转产、歇业降价销售商品。

3. 拒绝交易

拒绝交易也叫抵制，是指单个卖方拒绝向特定买方，尤其是零售商或者批发商销售商品或提供服务的行为。拒绝交易作为一种客观的行为，既可以由单个企业实施，也可以由数个企业共同实施。数个企业共同实施拒绝交易行为，叫作联合拒绝交易，或者叫作联合抵制，这属于联合限制竞争行为。只有单个企业从事的拒绝交易行为才有可能被纳入滥用市场支配地位行为的范围。另外，拒绝交易既可以由具有市场支配地位的企业从事，也可以由不具有市场支配地位的企业从事。但如果是由不具有市场支配地位的企业从事，买方可以转向其他卖方购买该种商品，实际效果将十分有限，而如果是由具有市场支配地位的企业从事，买方因为不能转向其他卖方购买该种商品，所以将没有选择空间，这将对竞争造成极大影响。因此，对于单个企业从事的拒绝交易行为，反垄断法一般只关注具有市场支配地位的企业从事的拒绝交易行为。

即使是具有市场支配地位的企业从事的拒绝交易行为也不必然违法。判断拒绝交易行为是否违法主要看卖方从事该种行为的原因。如果有正当的原因，拒绝交易就不违法，例如，因购买者有不守信用的风险而拒绝交易，这是允许的。只有无正当理由的拒绝交易才构成违法，例如，对违反转售价格维持规定的批发商或零售商进行惩罚，以迫使批发商或零售商遵守转售价格维持规定，这就属于非正当理由。

4. 限定交易

限定交易是指经营者没有正当理由，限定交易相对人只能与其进行交易或者只能与其指定的经营者进行交易。

在国外的反垄断立法和实践中，限定交易行为很少被单独、明确地列举为滥用行为，而是被归于滥用知识产权行为的范围，因为它主要与知识产权的滥用有关。我国《反垄断法》将其单独列举为滥用行为的一种表现形态，具有一定的创新性。①

5. 搭售

搭售是指卖方在向买方提供某种商品或者服务时，通过合同规定或者其他手段，要求买方同时购买另一种或几种商品或者服务。前者被称为结卖品，后者被称为搭卖品。搭售行为一般是以协议形式进行的，如果卖方不具有市场支配地位，该种协议被归于纵向限制竞争协议的范围，而如果卖方具有市场支配地位，则搭售就有可能构成市场支配地位的滥用。

具有市场支配地位的企业从事的搭售行为的危害性可以表现为两个方面。一方面是对市场竞争的影响，这是最明显的。如果一个企业强迫买方购买某种与合同标的没有关系的产品，就会使其他的生产搭售产品的企业处于不利的地位。如果强迫搭售的企业具有市场支配地位，这种行为甚至可以将竞争者排挤出市场。具有市场支配地位的企业通过搭售行为可以将其在某个市场上的竞争优势辐射到被搭售的产品或者服务市场上，从而不公平地限制这些产品或者服务的竞争。另

---

① 漆多俊. 经济法学(第三版)[M]. 北京：高等教育出版社，2014：100.

一方面，搭售行为也可能损害买方的利益，因为买方被强迫购买搭售产品，是违反其本来目的的，而且搭售产品与本来购买的产品之间并不具有必然的联系，因此，从买方角度而言，购买搭售产品也许是一种多余，造成其资金的浪费。

各国反垄断法并非反对具有市场支配地位的企业从事任何搭售行为，也即，具有市场支配地位的企业从事搭售行为并非必然违法。在市场交易中，卖方从事搭售行为的动机是复杂的。有的是为了节约成本或者开支而将关联商品一起销售，有的是为了保证产品使用的安全性或提高产品的使用寿命。而为了这些目的从事搭售行为往往是合理的。因此，在适用反垄断法对搭售行为进行规制时，必须区分合理的搭售行为和不合理的搭售行为。

6. 价格歧视

一个占有市场支配地位的企业如果对于相同的交易采用不同的交易条件，由此使某些交易对手处于不利的竞争地位，这种行为就构成滥用市场支配地位，属于歧视行为。歧视行为包括交易中的所有差别待遇，又可分为两类：一类与价格有关，即价格歧视，另一类与价格无关，在价格以外的其他交易条件上对相同的交易适用不同的待遇。从实际运用来看，歧视定价行为，更为普遍。

价格歧视行为既可以是卖方对买方的定价，即卖方对购买相同等级、相同质量货物的买方要求支付不同的价格；也可以是买方对卖方的定价，即买方对于提供相同等级、相同质量货物的卖方支付不同的价格。除了对相同的交易对象适用不同的价格外，价格歧视行为还可以表现为对不同的交易对象适用相同的价格。无论价格歧视行为的具体表现为何，都具有显著的危害性。

【案例】

2016 年 10 月 26 日，湖南省工商行政管理局公布了对湖南盐业股份有限公司永州市分公司(以下简称永州盐业分公司)滥用市场支配地位从事搭售行为的处罚决定书，决定书认定永州盐业分公司的搭售行为构成滥用市场支配地位，违反《反垄断法》第十七条，对当事人作出如下处罚：(1)责令停止违法行为；(2)没收违法所得 69.83 万元；(3)处以罚款 27.2887 万元。

根据国家工商行政管理总局授权，2015 年 7 月 15 日，湖南省工商行政管理局对永州盐业分公司涉嫌滥用市场支配地位行为立案调查。经调查发现：2014 年 1 月至 2015 年 3 月，为完成目标销售任务，永州盐业分公司组织和要求其下属新田分公司、祁阳分公司及江华分公司在向零售商批发食盐时实行强制搭售。期间，新田分公司、祁阳分公司及江华分公司在销售畅销的 350 克装绿色加碘精制盐和 400 克装绿色加碘精制盐(以下简称普通畅销盐)时，在不同时段不同程度按照不等的比例向零售商强制搭售滞销的 320 克装海藻碘盐、320 克装绿色精制低钠盐(以下简称滞销盐)。2014 年 1 月至 2015 年 3 月，新田分公司、祁阳分公司及江华分公司共强制搭售320克装海藻碘盐340.646吨、320克装绿色精制低钠盐25.828吨，合计366.474吨，销售额合计228.18万元，进货金额合计111.9万元，进销差额(即毛利)合计116.28万元，这部分当事人缴纳税费共46.45万元，其进销差额减去税费为69.83万元。湖南省工商行政管理局认为，当事人滥用市场支配地位的强制搭售行为没有正当理由，损害了零售商和消费者利益，违反了《反垄断法》，故依法作出上述处罚决定。

【分析】

搭售是一种常见的滥用市场支配地位行为。经营者凭借自己在结卖品所在相关市场上的支配地位，强迫购买者购买处于另一个其不具有市场支配地位的相关市场的搭卖品，将其市场支配地位进行延展，是不正当的。同时，搭售违背购买者的意愿，损害了购买者的利益。因此，反垄断法要规制搭售行为。不过，搭售行为并非必然违法。某些搭售安排能够方便购买者使用结卖品，节省开支，具有合理性。对于这样的搭售安排，反垄断法就不会禁止。

在本案中，由于我国实行食盐专营政策，食盐的一级批发由各地盐业公司垄断经营，而且各地区的盐业经营部门也不能跨地区经营，使得食盐所在的相关地域市场一般就是各地区市场。永州盐业分公司在其经营区域内享有独家垄断性质的市场支配地位，这是认定其搭售安排构成滥用市场支配地位的先决性条件。永州盐业分公司在向零售商销售畅销盐的时候要求购买者必须同时购买滞销盐，是一种典型的搭售行为。而且，其搭售安排不具有合理性，损害了零售商和消费者的利益，因而构成了滥用市场支配地位行为，违反了《反垄断法》，应当受到处罚。

在本案中，还应当注意的是，我国《反垄断法》规定的执法机构，都是国家层面的机关，包括国家发改委、商务部和国家工商行政管理总局，省级及省级以下的相关部门并无执法权。在实践中，反垄断法执法机关可以授权省级对口机构进行反垄断调查和处罚。这种授权一般是一案一授权。

第四节　经营者集中

一、经营者集中的含义和基本途径

(一) 经营者集中的含义

经营者集中，是指两个或两个以上的经营者相互合并，或者一个或多个经营者通过收购或其他方式对其他经营者进行控制，从而导致相互关系上的持久变迁的行为。对于经营者集中，其他国家的反垄断法也有称为企业合并的，也有称为企业结合的。

在立法上，各国一般不会对经营者集中进行界定，而是通过列举的方式揭示经营者集中的各种情形。我国《反垄断法》也采取这种立法方法，在第二十条列举了经营者集中的三种情形：(1)经营者合并；(2)经营者通过取得股权或者资产的方式取得对其他经营者的控制权；(3)经营者通过合同等方式取得对其他经营者的控制权或者能够对其他经营者施加决定性影响。

(二) 经营者集中的基本途径

在实践中，经营者集中可以通过以下几种途径实现：

1. 企业合并

企业合并，指的是相互独立的两个或两个以上的企业合并为一个企业。企业合并又可分为吸收合并和新设合并两类。企业合并是最基本的经营者集中途径。

2. 取得控制权

取得控制权指的是一个或者几个企业通过取得另一个企业的股权、财产或者通过合同以及其他方式，如人事联合等，取得对另一个企业直接或者间接的控制权。

取得控制权可以通过多种方式实现，具体包括：

(1)股份持有。一企业持有另一企业的股份达到一定的比例时，就可获得对该企业的控制权，即通常所称的控股。

(2)取得财产。一企业通过购买或租赁、承包等方式取得另一企业的核心财产，如核心生产、核心商标等，就意味着前者控制了后者。

(3)建立合营企业。几个企业共同组建一个合营企业，也会涉及取得企业的控制权的问题。但并非所有的合营企业都是以取得控制权为目的的。为取得另一个企业的控制权而组建合营企业只是合营企业产生的一种原因，这种合营企业可以被称为集中型合营企业，而为方便企业进行协调行动的合营企业则可被称为合作型合营企业。只有前者才属于经营者集中规制立法监管的对象，后者属于垄断协议监管法规制的对象。①

(4)人事联合。一企业取得另一企业的人事权，比如董事或高管任命权，或者一企业的董事兼任另一企业的董事，这也意味着前者能够控制后者，从而获得经营者集中的效果。

二、经营者集中的法律规制方式

(一)事后规制

事后规制方式是指在经营者集中之前，反垄断法执行机构不予干预，全由经营者自行判断是否违法。经营者集中完成后，当反垄断法主管机构发现该经营者集中存在违法事由时，或者私人对该经营者集中提起诉讼时，行政主管机构或司法机构对该经营者集中予以审查，如果最终确认该经营者集中违反法律规定，则由行政主管机构或司法机构对参与该经营者集中的经营者予以制裁。制裁的方式主要是责令拆解经营者集中，使相关经营者之间的相互关系恢复到集中以前的状况，例如，拆分违法合并的企业，也可采用罚款等制裁方式。

(二)事前规制

对经营者集中的事前规制，一般采用事前申报审查制。拟进行集中的几个经营者须向有关主管机关申报，经审查许可后方可进行集中。若不经申报或不据实申报即自行集中，或者申报后未经许可而擅自集中，都将构成违法，会受到法律制裁。主管机关对于申报的处理，有三种选择：一是同意集中；二是禁止集中；三是附条件同意集中。

经营者集中的案件数量十分庞大，如要将所有个案均进行事前申报审查，主管机构将不堪重负，实际上也无必要。因此，各国反垄断法都实行申报门槛制度，即事先确定申报标准，只有那些达到申报标准的经营者集中，才需要进行申报。

尽管在理论上，我们可以将经营者集中的法律规制划分为两种方式，但在各国的反垄断实践中，它们二者之间的关系却是十分紧密的，并不是呆板的二元分

① 王晓晔. 反垄断法[M]. 北京：法律出版社，2011：265.

立。在反垄断法的早期阶段，各国倾向于实行事后规制制度，晚近以来，越来越多的国家采行事先规制方式，目前，则有很多国家或地区的反垄断法将二者结合起来使用，以事先规制方式为主，辅之以事后规制方式，这样能发挥二者的长处，避免它们各自的不足。

三、我国经营者集中申报的审查制度

（一）经营者集中申报的标准

我国《反垄断法》本身并未具体规定经营者集中申报的标准，而是授权国务院制定具体规定。2008 年 8 月，国务院发布《关于经营者集中申报标准的规定》，明确了申报标准。

国务院《关于经营者集中申报标准的规定》第三条规定："经营者集中达到下列标准之一的，经营者应当事先向国务院商务主管部门申报，未申报的不得实施集中：（一）参与集中的所有经营者上一会计年度在全球范围内的营业额合计超过 100 亿元人民币，并且其中至少两个经营者上一会计年度在中国境内的营业额均超过 4 亿元人民币；（二）参与集中的所有经营者上一会计年度在中国境内的营业额合计超过 20 亿元人民币，并且其中至少两个经营者上一会计年度在中国境内的营业额均超过 4 亿元人民币。营业额的计算，应当考虑银行、保险、证券、期货等特殊行业、领域的实际情况，具体办法由国务院商务主管部门会同国务院有关部门制定。"

2009 年 7 月，商务部、中国人民银行、中国银行业监督管理委员会、中国证券监督管理委员会、中国保险监督管理委员会联合发布了《金融业经营者集中申报营业额计算办法》。该办法分别规定了银行业金融机构、证券公司、期货公司、基金管理公司的营业额要素包括的项目，并规定了上述经营者集中申报营业额的计算公式。

（二）经营者集中的审查

根据我国反垄断法执法机构的分工，商务部主管经营者集中规制。商务部在收到经营者提交的申报资料后，要根据法律的规定予以审查。

根据《反垄断法》第二十七条，审查经营者集中，应当考虑下列因素：（1）参与集中的经营者在相关市场的市场份额及其对市场的控制力；（2）相关市场的市场集中度；（3）经营者集中对市场进入、技术进步的影响；（4）经营者集中对消费者和其他有关经营者的影响；（5）经营者集中对国民经济发展的影响；（6）国务院反垄断执法机构认为应当考虑的影响市场竞争的其他因素。

经营者集中具有或者可能具有排除、限制竞争效果的，商务部应当作出禁止经营者集中的决定。但是，经营者能够证明该集中对竞争产生的有利影响明显大于不利影响，或者符合社会公共利益的，商务部可以作出对经营者集中不予禁止的决定。对不予禁止的经营者集中，商务部可以决定附加限制性条件，以减少集中对市场竞争的不利影响。

【案例】

2008 年 9 月 18 日，可口可乐公司就其收购中国汇源果汁公司的计划向我国商务部递交了申报材料。其后，可口可乐公司根据商务部要求对申报材料进行了补充。11 月 20 日，商务部认为可口可乐公司提交的申报材料达到了《反垄断法》第二十三条规定的标准，对此项申报进行立案审查，并通知了可口可乐公司。由于此项集中规模较大、影响复杂，2008 年 12 月 20 日，初步阶段审查工作结束后，商务部决定实施进一步审查，书面通知了可口可乐公司。在进一步审查过程中，商务部对集中造成的各种影响进行了评估，并于 2009 年 3 月 20 日前完成了审查工作。

根据《反垄断法》第二十七条，商务部从如下几个方面对此项经营者集中进行了全面审查：(1)参与集中的经营者在相关市场的市场份额及其对市场的控制力；(2)相关市场的市场集中度；(3)经营者集中对市场进入、技术进步的影响；(4)经营者集中对消费者和其他有关经营者的影响；(5)经营者集中对国民经济发展的影响；(6)汇源品牌对果汁饮料市场竞争产生的影响。

审查工作结束后，商务部依法对此项集中进行了全面评估，确认集中将产生如下不利影响：(1)集中完成后，可口可乐公司有能力将其在碳酸软饮料市场上的支配地位传导到果汁饮料市场，对现有果汁饮料企业产生排除、限制竞争效果，进而损害饮料消费者的合法权益；(2)品牌是影响饮料市场有效竞争的关键因素，集中完成后，可口可乐公司通过控制“美汁源”和“汇源”两个知名果汁品牌，对果汁市场控制力将明显增强，加之其在碳酸饮料市场已有的支配地位以及相应的传导效应，集中将使潜在竞争对手进入果汁饮料市场的障碍明显提高；(3)集中挤压了国内中小型果汁企业的生存空间，抑制了国内企业在果汁饮料市场参与竞争和自主创新的能力，给中国果汁饮料市场有效竞争格局造成不良影响，不利于中国果汁行业的持续健康发展。

经审查及评估，商务部认为，此项经营者集中具有排除、限制竞争效果，将对中国果汁饮料市场有效竞争和果汁产业健康发展产生不利影响。鉴于参与集中的经营者没有提供充足的证据证明集中对竞争产生的有利影响明显大于不利影响或者符合社会公共利益，在规定的时间内，可口可乐公司也没有提出可行的减少不利影响的解决方案，因此，决定禁止此项经营者集中。①

【分析】

本案是我国《反垄断法》生效后，商务部实施经营者集中审查制度的第一起案例，在国内外均产生了较大影响。可口可乐公司收购汇源果汁公司，达到了我国《反垄断法》规定的经营者集中申报标准，必须向我国商务部进行申报，由商务部审查评估后决定是否予以禁止。这表明，如果将要合并的公司具有较大的市场影响，其合并就不仅仅是企业之间的事，还必须由主管机关实施竞争审查。我国商务部决定禁止可口可乐公司收购汇源果汁，完全是从维护有效竞争的角度作出的专业判断。有的人认为这个案件反映了我国商务部要保护民族品牌，这是没有根据的。

第五节　行政垄断

一、行政垄断的概念及构成要件

（一）行政垄断的概念

行政垄断指凭借行政权力而形成的特殊垄断，具体而言是指政府或政府部门滥用行政权力限制竞争。

（二）行政垄断的构成要件

要构成行政垄断行为，必须具备以下要件：

1. 行政垄断行为实施者必须是政府或政府部门

在我国，行政垄断行为的实施者是政府或政府部门。“政府”主要是指地方政府，不包括中央政府。“政府部门”则包括中央和地方政府的部门。企业等经营者没有行政权力，无法从事行政垄断行为，因此，企业不能成为行政垄断的主体。

2. 必须存在滥用行政权力的行为

行政权力本属于各级行政机关，行政机关或行政人员若在法定范围内根据法律规定的程序在符合法定目的的前提下行使行政权力，则为合法；否则就构成对

① 案例来源：中华人民共和国商务部公告〔2009〕第22号（商务部关于禁止可口可乐公司收购中国汇源公司审查决定的公告），http://fldj.mofcom.gov.cn/article/ztxx/？4。

行政权力的滥用。

3. 必须产生了限制竞争的后果

行政垄断的核心构成要件在于限制市场竞争的后果。要构成行政垄断，仅仅有行政机关滥用行政权力的行为还不够，还必须同时存在后果要件，即滥用行为限制了或有可能限制市场竞争。

二、行政垄断的主要表现

（一）政府限定交易

政府限定交易即政府或政府部门滥用行政权力，限定他人购买其指定经营者的产品，限制其他经营者的正当经营活动。政府限定交易又可分为直接限定和间接限定两种。直接限定是指政府直接限定消费者只能与某个特定的经营者进行交易，而不能与其他经营者进行交易，如政府指定身份证照相馆即属此类。间接限定是指政府或政府部门限制经营者的选择经营权，从而达到限制消费者购买其指定商品的目的，如规定消费者只能与经政府部门认可的经营者进行交易。

我国《反垄断法》第三十二条规定，“行政机关和法律、法规授权的具有管理公共事务职能的组织不得滥用行政权力，限定或者变相限定单位或者个人经营、购买、使用其指定的经营者提供的商品”。这条规定针对的就是政府限定交易这种行政垄断行为。

（二）地区贸易壁垒

地区贸易壁垒，也叫地区封锁行为，是指地方政府及其所属部门滥用行政权力，限制外地产品进入本地市场或本地产品流向外部市场。其实质是为了获取不正当的地区利益，而将一个统一的大市场分解为各个孤立的小市场。

地区贸易壁垒在我国危害较烈，受到社会大众的高度关注，因此成为我国《反垄断法》重点规定的行政垄断行为，被列举的行为表现最为具体丰富。《反垄断法》第三十三条规定：“行政机关和法律、法规授权的具有管理公共事务职能的组织不得滥用行政权力，实施下列行为，妨碍商品在地区之间的自由流通：（一）对外地商品设定歧视性收费项目、实行歧视性收费标准，或者规定歧视性价格；（二）对外地商品规定与本地同类商品不同的技术要求、检验标准，或者对外地商品采取重复检验、重复认证等歧视性技术措施，限制外地商品进入本地市场；（三）采取专门针对外地商品的行政许可，限制外地商品进入本地市场；（四）设置关卡或者采取其他手段，阻碍外地商品进入或者本地商品运出；（五）妨碍商品在地区之间自由流通的其他行为。”

（三）招投标领域的行政垄断行为

我国《反垄断法》第三十四条规定："行政机关和法律、法规授权的具有管理公共事务职能的组织不得滥用行政权力，以设定歧视性资质要求、评审标准或者不依法发布信息等方式，排斥或者限制外地经营者参加本地的招标投标活动。"

在实践中，有些地方政府为了保护本地企业，在公共项目的招标活动中，采取各种手段歧视、排斥外地经营者参与招投标活动，这是有违公平竞争原则的，理应受到法律的禁止。

（四）其他行政垄断行为

我国《反垄断法》第三十五条规定："行政机关和法律、法规授权的具有管理公共事务职能的组织不得滥用行政权力，采取与本地经营者不平等待遇等方式，排斥或者限制外地经营者在本地投资或者设立分支机构。"这一条涉及的是行政机关限制外地经营者在本地投资或设立分支机构。这种行政垄断行为尽管在实践中比较少见，因为目前大多数的地方政府都致力于吸引外地经营者来本地投资，但也不排除有些地方政府针对本地的一些特殊行业，为保护本地经营者，而限制外地经营者来本地投资。很明显，这种行为也会限制市场竞争，当然应受到法律的禁止。

我国《反垄断法》第三十六条规定："行政机关和法律、法规授权的具有管理公共事务职能的组织不得滥用行政权力，强制经营者从事本法规定的垄断行为。"这条规定涉及的是一种新型的行政垄断行为，即行政机关强制经营者从事垄断行为。有些行政机关知道自己不能从事行政垄断行为，就采取变通的方法，强制经营者从事垄断行为，比如强制本地经营者拒绝与外地经营者交易，使得外地经营者无法在本地开展经营活动。尽管这种垄断行为的直接违法主体是经营者，但背后的行政机关也是违法主体，也应受到法律的禁止和制裁。

第六节　反垄断法适用制度与适用原则

一、反垄断法适用除外制度

（一）概念

反垄断法适用除外制度，是指基于某种政策考虑，对特定行业、特定组织或特定行为不适用反垄断法的一项法律制度。通俗地说，即在某些领域对某些事项不适用反垄断法，或者说，在某些特定行业或领域中，法律容许一定垄断行为的存在。

(二)适用除外的对象和范围

综合考察各国反垄断立法和执法实践，我们可以概括出可以享受反垄断法适用除外待遇的对象，以及这些对象涵盖的具体范围。

1. 自然垄断

自然垄断指国家在自然垄断行业中只允许一家或少数企业垄断全部生产和经营，在该行业实行严格的准入管制，同时对该行业产品价格和质量等实行严格监管。

自然垄断适用于自然垄断行业。自然垄断行业具有下列三方面的特征：第一，规模经济非常明显，平均成本和边际成本总是随产量增加而下降，规模愈大，生产成本就愈低，因此，一般要求由一家企业垄断性经营；第二，有大量的“沉淀资本”，资金一旦投入就很难收回，也难以作为其他用途，如果各个企业之间进行竞争，其结果很可能是两败俱伤；第三，这些行业中的多数是公众所需要的基本服务，需要保证所提供服务的稳定性、质量的可靠性和可信赖性等。一个国家的供水、电力、煤气、热力供应、电信、邮政、铁路和航空等行业都是典型的自然垄断行业 。

2. 政策垄断

政策垄断，是指国家基于社会经济总体和长远利益以及政策、国防、外贸和其他国计民生等方面的政策性考虑，对某些特定行业，特定主体和特定行为的垄断予以法律规制的例外许可或者法律规定予以鼓励和扶助，或者实行国家垄断。

政策垄断主要适用三种对象：

(1)某些同国计民生密切相关的行业。这些行业又包括两类：一是银行、保险业，银行、保险业不能完全放开实现自由竞争，必须实行一定程度的垄断经营，如利率的控制等；另一类是农、林、渔等行业，这些行业也不能适用无限制的自由竞争，而是采取一些限制竞争措施，如国家制定统一收购价，给予一定补贴等。

(2)特定组织和人员。某些组织和人员提供的服务比较特殊，牵涉到公共利益，不能实行自由竞争，对这些组织和人员从事的限制竞争行为，反垄断法予以容忍。主要涉及两类组织和人员：第一类是工会组织和消费者协会等，它们制定的限制竞争措施能够获得反垄断法的例外许可，如工会组织制定的最低工资要求实际上是固定价格，而这种价格固定协议不会被反垄断法禁止；第二类是自由职业者，如律师、教师、会计师等，这些人员从事的工作带有公益性，不能实行完全自由竞争。

(3)某些特定行为。主要指符合公共利益要求的一些垄断行为，或者正面效应明显大于负面效应的一些垄断行为。例如，为改进技术、研究开发新产品而从事的垄断行为；为提高产品质量、降低成本、增进效率，统一产品规格、标准或者实行专业化分工而从事的垄断行为；为提高中小经营者经营效率，增强中小经营者竞争力而从事的垄断行为；为实现节约能源、保护环境、救灾救助等社会公共利益而从事的垄断行为；因经济不景气，为缓解销售量严重下降或者生产明显过剩而从事的垄断行为；为保障对外贸易和对外经济合作中的正当利益而从事的垄断行为；等等。

3. 知识产权垄断

知识产权是垄断的代名词，没有垄断便没有知识产权，因此，反垄断法对知识产权垄断也是认可和容忍的。但垄断在知识产权中也是相对的，而不是绝对的，即不能滥用权利。

4. 国家垄断

国家垄断是指国家基于社会经济总体和长远利益及政治、国防和其他国计民生等方面的政策性考虑，法律不仅允许垄断，而且规定垄断经营的主体必须是国家，也即由国家直接投资经营，在一定程度上排除非国家资本进入。

国家垄断是比较严格的限制竞争的方式，一般不应采用这种经营方式，对其适用范围应给予严格限制。一般而言，国家垄断只可适用以下三个领域：(1)重要的国防工业；(2)需要保密的高科技行业和产品；(3)需要禁止和限制在社会上流通的产品。

二、反垄断法域外适用制度

(一)反垄断法域外适用的含义

一国反垄断法的实施，原则上仅限定于其领土范围内，这是包含在主权概念中的属地主义的当然要求。但事实并非如此，已有越来越多的国家基于其自身利益的考虑开始主张反垄断法超越领土范围的实施，即域外适用。

反垄断法的域外适用，是指内国反垄断法超越领土范围，适用于在国外产生的但对国内有影响的一切垄断和限制竞争行为。什么样的案件才能导致反垄断法域外适用？各国普遍采行“效果原则”或“影响原则”，即当发生的国外的限制竞争行为影响到国内的市场竞争，或者说对国内的市场竞争产生排除、限制效果的时候，一国的反垄断法就可以适用于这些发生在国外的垄断或限制竞争行为。

(二)我国反垄断法的域外适用

为了适应国际反垄断法域外适用日益普遍的现状，维护我国的利益，我国

《反垄断法》也规定了域外适用制度。

我国《反垄断法》第二条明确规定，“中华人民共和国境内经济活动中的垄断行为，适用本法；中华人民共和国境外的垄断行为，对境内市场竞争产生排除、限制影响的，适用本法”。由此可见，我国不仅规定了反垄断法的域外适用制度，而且与大多数国家一样，在反垄断法域外适用的施行标准方面，也采行了效果原则。

三、反垄断法适用原则：本身违法原则与合理原则

（一）含义

本身违法原则与合理原则是反垄断法适用中的重要原则，它们其实代表两种不同的方法，以确定某种行为是否违反反垄断法。本身违法原则，是指由于某些行为的反竞争效果十分明显，反垄断执法机构无须对这些行为的竞争效果进行细致的分析，也即无须考虑这些行为是否具有合理性，单凭构成该行为的证据就可认定存在违法行为。而合理原则与之相反，是指由于某些行为的反竞争效果不明显，它们既有限制竞争的负面效应，又具有某些正面效果，反垄断执法机构需要对它们进行合理性分析，只有当它们不合理地限制竞争的时候，才能认定它们构成违法。

（二）适用范围

本身违法原则与合理原则主要被用于规制垄断协议。一般而言，本身违法原则主要适用于以下五种类型的垄断协议：(1)横向价格协议；(2)某些横向非价格协议，如分割市场和限制生产或者销售数量的协议；(3)某些搭售协议；(4)某些联合抵制协议；(5)某些转售价格维持协议。这些协议在国外往往被称为恶性卡特尔，或核心卡特尔。上述垄断协议以外的垄断协议一般应适用合理原则。

我国《反垄断法》没有使用“合理原则”或“本身违法原则”的用语，一般认为，该法第十三条列举的五种被禁止的垄断协议中，前三种属于本身违法原则的适用对象，其余的则属于合理原则的适用对象；该法第十四条列举的三种垄断协议中，第一种属于本身违法原则的适用对象，其余则应适用合理原则。

本身违法原则与合理原则也可被用于规制市场支配地位滥用行为。一般而言，索要垄断价格和掠夺性定价行为是本身违法原则的适用对象，某些搭售行为及价格歧视行为也可适用本身违法原则。其余的滥用行为基本上属于合理原则的适用范围。在我国《反垄断法》第十七条列举的各种滥用行为之中，哪些应适用本身违法原则？哪些应适用合理原则？大致也可遵循上述一般分类法则。

对于经营者集中，各国基本上都采用合理原则来进行分析。反垄断实施机构在对某项经营者集中进行审查的时候，需要全面考虑它带来的积极效应和消极效应，根据案件的具体情况确定审查结果。

第七节　反垄断法的实施

一、反垄断法的实施机关

(一)专门反垄断机关

大多国家都特别设立专司反垄断实施的机关，如美国的联邦贸易委员会，德国的联邦反卡特尔局，日本的公正交易委员会，英国的公平贸易局、垄断与兼并委员会等。这些专门机关拥有较为广泛的权力，可以调查垄断和各种限制竞争行为，可以搜查、扣押文件证书，有的还可以直接进行处罚，如罚款、禁止限制性协议实施和其他限制性行为等。

根据我国《反垄断法》的规定，我国为反垄断法实施的需要设立了国务院反垄断委员会，这是我国的专门反垄断机关。国务院反垄断委员会负责组织、协调、指导反垄断工作，不承担具体的反垄断执法工作，因此，它不属于反垄断执法机构，但仍然是反垄断实施机关，而且是专门的反垄断实施机关。

(二)赋予反垄断职能的原有国家行政机关

有的国家在制定反垄断法后，将实施反垄断的职权赋予原有国家机关，于是这些国家机关在承担原有职能的同时，开始承担实施反垄断法的职能，如此，这些国家机关就具有了反垄断实施机关的属性。例如德国的联邦经济部本来承担有管理国家经济的职能，后来随着反垄断法的出台，又承担了实施反垄断法的新职能。①

我国《反垄断法》也采取了上述做法。在我国，国务院反垄断执法机构包括国家发展和改革委员会、商务部以及国家工商行政管理总局。它们都是已经存在的国家机构，因为承担了反垄断职能，就变成了反垄断执法机构。

我国的反垄断执法机构相互之间有较明确的分工：商务部主要负责审查经营

① 李国海. 反垄断法实施机制研究[M]. 北京：中国方正出版社，2006：40.

者集中；国家发展和改革委员会主要负责调查、制裁与价格有关的垄断行为；国家工商行政管理总局主要负责调查、制裁与价格无直接关联的垄断行为。

（三）司法机关

司法机关负责反垄断法案件的审判。多数国家的普通司法机关兼司反垄断职能，如德国在其州高级法院和联邦法院中设置卡特尔庭。有的国家特别设立专司反垄断案件审理的法院，如英国1956年设立的限制性商业行为法院。

根据我国《反垄断法》的相关规定，在反垄断法实施中，我国法院也扮演着重要角色。我国法院主要负责审理反垄断民事诉讼案件与行政诉讼案件。

二、反垄断法的法律责任

（一）反垄断法法律责任的主要形式

违法行为带来的后果是法律责任。反垄断法也是这样，违反反垄断法的行为人都要承担一定的法律责任。各国反垄断法一般都规定了民事责任和行政责任，部分国家还规定了刑事责任。

1. 民事责任

反垄断法上的民事责任主要有两种类型，即排除侵害及损害赔偿。所谓排除侵害，就是指法律规定直接对侵害状态或行为予以排除，并赋予违法行为的被害人直接排除的权利。而损害赔偿，则是指当违法行为对他人造成损害时，由违法行为人对受害人予以赔偿，它以填补受害人所受损害为主要目的。

在反垄断法中，大多数国家规定的损害赔偿制度都是单倍赔偿，或者说是实际赔偿。有个别国家规定了多倍赔偿，或者叫惩罚性赔偿。如美国反托拉斯法就规定了三倍损害赔偿制度。①

我国《反垄断法》关于民事责任的规定比较简略，没有列明具体的责任方式。根据最高人民法院的相关司法解释，我国《反垄断法》的民事责任形式主要有停止侵害、赔偿损失等。

2. 行政责任

各国反垄断法上的行政责任也包括多种具体的方式，例如行政罚款、命令停止违法行为、禁止从事特定的行为以及拆分企业等。行政罚款是各国反垄断法最常用的一种行政责任形式，因为它既能够剥夺违法者的违法收益，对违法者产生适当的威慑效果，又可灵活适用，避免威慑过当。拆分企业是反垄断法特有的行

---

① 李国海. 反垄断法损害赔偿制度比较研究[J]. 法商研究，2004(6)：24－30.

政责任方式，指的是当市场上存在具有市场支配地位的企业，限制或可能限制市场竞争时，反垄断法执行机构为了恢复市场的正常竞争状态，要求该企业拆分为两家以上的独立企业或者向其他企业出让一定的营业资产。

我国《反垄断法》中的行政责任主要包括行政罚款、责令停止违法行为、没收违法所得和拆分企业等四种责任方式。其中，行政罚款较值得重视。《反垄断法》第四十六条规定，“经营者违反本法规定，达成并实施垄断协议的，由反垄断执法机构责令停止违法行为，没收违法所得，并处上一年度销售额百分之一以上百分之十以下的罚款；尚未实施所达成的垄断协议的，可以处五十万元以下的罚款”。

3. 刑事责任

反垄断法上的刑事责任主要包括罚金和监禁。各国（地区）反垄断法在规定刑事责任方面比较慎重，只有美国、日本等少数几个国家（地区）的反垄断法对垄断行为规定了刑事责任，其他大多数国家（地区）的反垄断法没有规定针对垄断行为的刑事责任。我国《反垄断法》也没有针对垄断行为规定刑事责任。

（二）我国《反垄断法》关于行政垄断法律责任的规定

行政垄断被列入我国《反垄断法》是该法的一大特色，由于行政垄断与一般垄断行为有许多不同，不宜适用一般垄断行为的法律责任，我国《反垄断法》第五十一条专门规定了针对行政垄断的法律责任。根据该条规定，行政机关和法律、法规授权的具有管理公共事务职能的组织滥用行政权力，实施排除、限制竞争行为的，由上级机关责令改正；对直接负责的主管人员和其他直接责任人员依法给予处分。反垄断执法机构可以向有关上级机关提出依法处理的建议。

从该条规定可以看出，行政垄断的法律责任只有行政责任一种，而且，相对于其他垄断行为的行政责任，行政垄断所应承担的行政责任较轻，只规定了责令改正和行政处分两种，没有规定行政罚款等其他行政责任。

（三）反垄断法上的宽免制度

反垄断法上的宽免制度又叫宽恕政策，是指违反反垄断法的经营者如果能够主动向执法机构报告违法行为，且符合其他规定的条件，违法的经营者可以获得执法机构的宽大处理。美国、日本、欧盟等国家或地区的反垄断法先后引入了该制度。

我国《反垄断法》也借鉴了国外的先进经验，引入了宽免制度，即在规定高额行政罚款的同时，鼓励违法经营者与执法机构进行合作。该法第四十六条第二款规定，“经营者主动向反垄断法执法机构报告达成垄断协议的有关情况并提供重要证据的，反垄断执法机构可以酌情减轻或者免除对该经营者的处罚”。

反垄断法上的宽免制度有助于鼓励违法者与执法机构进行合作，减轻执法机构调查及获得违法证据的负担，有利于反垄断法的实施。

三、反垄断法的实施程序

（一）概述

为了保证反垄断法实施的公正、真实、准确，各国反垄断法大都在制定实体法的同时，制定了程序法，包括行政程序和诉讼程序。由于各国的社会背景和司法传统有所不同，各国的反垄断法实施程序不尽相同。

我国《反垄断法》也规定了实施程序，其中关于经营者集中的审查程序的规定较为具体。相对而言，对垄断协议和滥用市场支配地位行为的调查及制裁程序规定得较为简略。为此，国家发展和改革委员会以及国家工商行政管理总局自己制定了一些程序性规定，弥补了《反垄断法》本身的粗疏。

（二）反垄断法实施程序中的承诺制度

在反垄断法实施上，各国执法机构面对的共同难题是获得违法行为的证据。为减轻执法机构在这方面的负担，各国除了引入宽免制度外，在实施程序上也有一些重要措施，其中最重要的是承诺制度。

承诺是反垄断法执法机关和被调查的经营者之间一致同意的解决反竞争行为的一种方式，即当反垄断执法机构对经营者的反竞争行为启动调查的时候，如果被调查者同意纠正自己的行为，承诺放弃某种行为或者采取某种主动措施，而且执法机构认为经营者的承诺可以消除它认为经营者的行为会给市场竞争带来损害的疑虑，它可以接受该承诺，并中止调查，如果经营者最终履行了承诺，执法机构就可以终止调查，以结束该案件的实施程序。

我国《反垄断法》第四十五条较具体地规定了承诺制度。根据该条规定，对反垄断执法机构调查的涉嫌垄断行为，被调查的经营者承诺在反垄断执法机构认可的期限内采取具体措施消除该行为后果的，反垄断执法机构可以决定中止调查；反垄断执法机构决定中止调查的，应当对经营者履行承诺的情况进行监督。经营者履行承诺的，反垄断执法机构可以决定终止调查；有下列情形之一的，反垄断执法机构应当恢复调查：（1）经营者未履行承诺的；（2）作出中止调查决定所依据的事实发生重大变化的；（3）中止调查的决定是基于经营者提供的不完整或者不真实的信息作出的。

【导入案例分析】

我国国家发改委依据《反垄断法》对美国高通公司作出了高达60.88亿元人民币的巨额罚款决定，而高通公司决定接受该处罚决定，不申请复议，不提起行政诉讼，说明高通公司也认为我国国家发改委的处罚决定是符合法律规定的。

垄断行为危害严重。一方面，消除或限制了市场竞争，影响或阻碍市场机制的正常运行；另一方面，损害消费者及其他交易相对人的合法权益。在美国，通过垄断获取垄断利润被社会公众视为“偷窃”，各国民众对某些恶劣的垄断行为都十分反感，甚至深恶痛绝。因此，各国反垄断法都严厉制裁违反反垄断法的行为，对垄断行为规定了民事责任、行政责任乃至刑事责任。

我国《反垄断法》对垄断行为规定了民事责任和行政责任，在行政责任中，又以行政罚款为重心。《反垄断法》第四十六条规定，经营者违反法律规定，达成并实施垄断协议的，由反垄断执法机构责令停止违法行为，没收违法所得，并处上一年度销售额百分之一以上百分之十以下的罚款。在本案中，国家发改委对高通公司开出60.88亿元人民币的罚款，是以高通公司2013年度在我国市场的销售额为基数，处以8%的罚款。这个比例虽然较高，但尚未达到10%的最高比例。

企业从事垄断行为，一般是为了追求经济利益。对违法者处以高额罚款，可以产生较强的威慑效应，阻止违法者及潜在的违法者从事垄断行为。

【思考题】

1. 简述反垄断法的制度框架。
2. 简述垄断协议的主要表现形式。
3. 简述滥用市场支配地位行为的构成要件和主要表现形式。
4. 什么是相关市场？如何界定相关市场？
5. 反垄断法如何规制经营者集中？
6. 简述行政垄断的构成要件和主要表现形式。
7. 我国反垄断法的执法机构有哪些？其职责分工为何？

【相关知识链接】

1. 中华人民共和国发展和改革委员会官网之“价格监督与反垄断”网页：http://www.sdpc.gov.cn/fzgggz/jgjdyfld/jjszhdt/。
2. 中华人民共和国商务部反垄断局：http://fldj.mofcom.gov.cn/article/ztxx/。
3. 中华人民共和国国家工商行政管理总局官网之“反垄断与反不正当竞争”网页：http://www.saic.gov.cn/jgzf/fldyfbzljz/。
4. 中国竞争法网：http://www.competitionlaw.cn/。

【参考文献】

[1] 王晓晔. 反垄断法[M]. 北京：法律出版社，2011.
[2] 孔祥俊. 反垄断法原理[M]. 北京：中国法制出版社，2001.
[3] 李国海. 反垄断法实施机制研究[M]. 北京：中国方正出版社，2006.
[4] 漆多俊. 中国反垄断立法问题研究[J]. 法学评论，1997(4)：56－60.
[5] 王先林. 论反垄断法实施中的相关市场界定[J]. 法律科学，2008(1)：123－129.

第三章　反不正当竞争法

【本章重点】

1. 不正当竞争的概念。
2. 反不正当竞争法的一般条款。
3. 典型不正当竞争行为的认定。
4. 反不正当竞争法的法律责任。

【案例导入】

意大利费列罗公司(以下简称费列罗公司)于1946年在意大利成立。1982年，其生产的费列罗巧克力投放市场，曾在亚洲多个国家和地区的电视、报刊、杂志发布广告。在我国台湾地区和香港地区，费列罗巧克力取名“金莎”巧克力，并分别于1990年6月和1993年在我国台湾地区和香港地区注册“金莎”商标。1984年2月，费列罗巧克力通过中国粮油食品进出口总公司采取寄售方式进入了大陆市场，主要在免税店和机场商店等当时政策所允许的场所销售。1986年10月，费列罗公司在大陆注册了“FERRERO ROCHER”和图形(椭圆花边图案)以及其组合的系列商标，并在大陆销售的巧克力商品上使用。费列罗公司自1993年开始，以广东、上海、北京地区为核心逐步加大费列罗巧克力在国内的报纸、期刊和室外广告的宣传力度，同时通过增设销售专柜及赞助商业和体育活动来提高品牌的知名度。2000年6月，其“FERRERO ROCHER”商标被国家工商行政管理部门列入全国重点商标保护名录。

费列罗巧克力使用的包装、装潢的主要特征是：(1)每一粒球状巧克力用金色纸包装；(2)在金色球状包装上配以印有“FERRERO ROCHER”商标的椭圆形金边标签作为装潢；(3)每一粒金球状巧克力均有咖啡色纸质底托作为装潢；(4)若干形状的塑料透明包装，以呈现金球状内包装；(5)塑料透明包装上使用椭圆形金边图案作为装潢，椭圆形内配有产品图案和商标，并由商标处延伸出红金颜色的绶带状图案。

蒙特莎(张家港)食品有限公司(以下简称蒙特莎公司)是张家港市乳品一厂与比利时费塔代尔有限公司合资成立的一家中外合资企业。张家港市乳品一厂自1990年开始生产金莎巧克力，并于1990年4月23日申请注册“金莎”文字商标，1991年4月，经国家工商行政管理局商标局核准注册。2002年，张家港市乳品一厂向蒙特莎公司转让“金莎”商标，于2002年11月25日提出申请，并于2004年4月21日经国家工商管理总局商标局核准转让。由此蒙特莎公司开始生产、销售金莎巧克力。蒙特莎公司生产、销售金莎巧克力产品，其除将“金莎”更换为“金莎 TRESOR DORE”组合商标外，仍延续使用张家港市乳品一厂金莎巧克力产品使用的包装、装潢。

蒙特莎公司生产的金莎 TRESOR DORE 巧克力的包装、装潢为：(1)每粒金莎 TRESOR DORE 巧克力呈球状并均由金色锡纸包装；(2)在每粒金球状包装顶部均配以印有“金莎 TRESOR DORE”商标的椭圆形金边标签；(3)每粒金球状巧克力均配有底面平滑无褶皱、侧面带波浪褶皱的呈碗状的咖啡色纸质底托；(4)外包装为透明塑料纸或塑料盒；(5)外包装正中处使用椭圆金边图案，内配产品图案及“金莎 TRESOR DORE”商标，并由此延伸出红金色绶带。

FERRERO ROCHER费列罗巧克力T8(8粒装)　金莎 TRESOR DORE榛果巧克力8粒装

2003年7月，费列罗公司将蒙特莎公司告上法庭，认为蒙特莎公司仿冒其产品，擅自使用与其知名商品特有的包装、装潢相同或近似的包装、装潢，使消费者产生混淆，构成不正当竞争，要求法院判决蒙特莎公司停止侵权行为、赔偿损失、赔礼道歉并消除影响。

一审法院审理认为，尽管费列罗公司与蒙特莎公司的商品装潢近似，亦不足以使消费者产生误认，蒙特莎公司不构成不正当竞争。据此，一审法院判决驳回费列罗公司对蒙特莎公司的诉讼请求。费列罗公司对一审判决不服，提起上诉。

二审法院审理认为，费列罗巧克力在进入中国之前，已为相关公众知晓，具有较高知名度，同时其包装、装潢作为整体设计，具有特有性。蒙特莎公司不能证明其包装、装潢为自己独立设计或在先使用，因此认定其擅自使用了费列罗公司特有的包装、装潢。二审法院撤销了一审判决，判令蒙特莎公司立即停止侵权行为，并赔偿费列罗公司人民币70万元。蒙特莎公司不服二审判决，向最高人民法院申请再审。

再审法院维持了二审判决中的几项主要内容，认定蒙特莎公司擅自使用了费列罗公司的特有包装、装潢，构成不正当竞争，责令其立即停止使用构成侵权的包装、装潢，而赔偿额则由人民币70万元改为50万元。

【思考】

蒙特莎公司的上述行为是否构成不正当竞争？

(具体分析见本章末尾)

第一节 反不正当竞争法概述

一、竞争与不正当竞争

(一)竞争的含义及意义

在现代社会，竞争表现为多个领域的行为模式，然而，从学术层面上研究竞争，更多的是从经济学的角度进行的，也就是说，在学术范围内，竞争首先是一个经济学概念。

对于什么是竞争，在经济学上却一直没有一个严格完整的定义。随着资本主义经济的逐步发展，竞争的理论也在不断地发展着。其中，影响较大的包括古典经济学派的自由竞争理论，新自由主义经济学派的完全竞争理论、垄断性竞争理论以及有效竞争理论，每一种具体理论都创立了一种竞争模式，竞争的定义实际上就存在于每一种具体的竞争模式之中。例如，在古典经济学派看来，竞争是“一只看不见的手”，引导着经营者在追求个人利益的过程中最终走上有利于社会整体经济的发展轨道，其结果是导致整个社会的协调。而有效竞争理论则认为，人们只能追求有效竞争，如果某种竞争在经济上是有益的，而且根据市场的现实条件又是可以实现的，那么这种竞争就属于有效竞争。

经济学理论虽然没有对竞争给予明确定义，但这些理论都包含同样的立场：对于市场经济而言，竞争的地位是很高的，是值得我们去追求的；通过竞争，能够引起生产要素的流动和资源的再配置；通过竞争，还能够促进利润的合理分配。总的来说，竞争是市场经济的灵魂，有市场就有竞争，缺乏竞争的市场是残缺不全的市场，竞争机制的运作情况，是衡量市场的成熟程度的重要尺度。

（二）竞争的分类

对于竞争，有不同的分类方法，最常见的一种分类是以道德评价为标准，将竞争分为正当竞争与不正当竞争。正当竞争行为是市场主体之间为了争夺商品的生产、销售的有利地位，采取符合法律、商业道德和社会公共利益的手段，遵循自愿、平等、公开、诚实信用的原则，谋取最大利益的市场行为。而不正当竞争行为则是与之相反的一个概念。

（三）不正当竞争的含义

最早定义不正当竞争行为的是 1883 年的《保护工业产权巴黎公约》，该公约第十条规定，“凡在工业商业活动中违反诚实信用的竞争行为即构成不正当竞争行为”。德国 1896 年颁布的《反不正当竞争法》被公认为世界上第一个专门针对不正当竞争行为的立法，该法将不正当竞争行为定义为“在营业中为竞争的目的采取违反善良风俗”的行为。可见，在国外，在定义不正当竞争行为的时候，都引入了道德标尺，将违反“诚实信用”“善良风俗”等道德规范的竞争行为列入不正当竞争行为的范围。国内外的学者们一般用一个更大的概念——“公认的商业道德”来囊括“诚实信用”“善良风俗”等道德规范，因此，在国外的立法中，不正当竞争行为的本质特征是违反公认的商业道德，也就是说，不正当竞争行为是指违反公认的商业道德的市场竞争行为。

我国 1993 年颁布的《反不正当竞争法》将不正当竞争行为定义为“经营者违反本法规定，损害其他经营者的合法权益，扰乱社会经济秩序的行为”。这个定义与外国立法的通常定义稍有不同，没有将弹性概念引入反不正当竞争行为的定义，而是直接强调不正当竞争行为的违法特性。另外，我国的《反不正当竞争法》在界定不正当竞争行为时还有一个特点，那就是采取了概括本质特征和列举具体行为相结合的方法，在对不正当竞争行为进行定义的同时，列举了一系列典型的不正当竞争行为。

根据中外各国相关立法，我们可以归纳出不正当竞争行为的基本特征：

（1）不正当竞争行为的主体主要是经营者。我们所说的不正当竞争是市场主体在为争夺交易机会和经济利益而开展的竞争中发生的，因而其主体是特定的，即是以赢利为目的，从事商品生产、销售或提供服务的法人、其他经济组织和个人，这些市场主体可以统称为经营者。在我国，有时候，政府部门或社会组织的某些行为也涉及市场竞争，有些行为也有可能对市场竞争产生危害，但这不能列为反不正当竞争法的调整范围，因为政府部门或社会组织不属于经营者。

(2)行为主体的主观动机是为了获得优势的竞争地位。对于不正当竞争行为，其表现形式是在竞争中采取不道德或不合法的手段。在这些手段中，有侵犯他人正当权利的侵权行为，也有违反约定义务的违约行为。但是，这些侵权行为和违约行为与一般的民事侵权和违约行为不同，这些行为的本来指向不是侵权或违约，它们的本来指向是获得竞争优势，侵权或违约的结果从属于获得竞争优势的目的。在有些情况下，不正当竞争行为并不表现为直接的侵权和违约，如假冒他人产品的包装、虚假广告等，这些行为并不直接属于民法领域的侵权、违约。但是它们又确实对他人的利益或社会公共经济利益造成了损害，扰乱了市场秩序。不正当竞争行为的这一特征告诉我们，仅仅依靠传统的民法并不能解决反不正当竞争的问题，而必须制定专门的反不正当竞争法。

(3)不正当竞争行为是违反公认商业道德的行为。不正当竞争行为既是违法行为，也是违反诚实信用、善良风俗等道德准则的行为。而且，在不正当竞争行为中，违反诚实信用、善良风俗等道德准则比违法更为本质。因为，竞争行为的具体形式是多种多样、千变万化的，哪些行为属于不正当的竞争行为，法律不可能作出固定且非常周详的规定，这就为违法经营者留下了以合法形式作为伪装从事不正当竞争行为的法律空间，他们常常采取似是而非、混淆真伪的手法进行不正当竞争。因此，在对正当竞争行为进行界定时，使用“违反公认的商业道德”的措辞比使用“违法”的措辞更为符合现实的需要。

(4)不正当竞争行为是危害市场秩序的行为。各国之所以对不正当竞争行为进行规制是出于维护市场竞争秩序的目的。虽然有些不正当竞争行为也表现为侵犯了合法经营者和消费者的权益，但是不正当竞争行为的本质危害是损害正常的市场竞争秩序。正因为如此，反不正当竞争法才有必要在传统法律基础上产生出来。

二、反不正当竞争法的立法概况

(一)我国反不正当竞争法的立法概况

1. 我国反不正当竞争法的立法过程

反不正当竞争法是国家规制不正当竞争行为的法律规范的总称。反不正当竞争法属于竞争法的组成部分，它与反垄断法一起构成竞争法。

我国的反不正当竞争法立法工作启动较早。1980 年，国务院颁布的《关于开展和保护社会主义竞争的暂行规定》是新中国最早的一部反不正当竞争法法规。此后，国务院陆续出台的一些行政法规，如《价格管理条例》《广告管理条例》等也涉及反不正当竞争的问题。

1993 年 9 月，第八届全国人大常委会通过了《反不正当竞争法》，从 1993 年 12 月 1 日开始施行。

除了全国人大常委会制定的立法文件外，国务院有关部委也先后出台了一些与反不正当竞争相关的规范性文件。例如，前国家工商行政管理局于 1995 年出台了《关于禁止侵犯商业秘密行为的若干规定》和《关于禁止仿冒知名商品特有的名称、包装、装潢的不正当竞争行为的若干规定》；又如，工商行政管理总局于 1996 年出台了《关于禁止商业贿赂行为的暂行规定》。这些规范性文件也是我国反不正当竞争法的组成部分。

2007 年 8 月，我国第十届全国人大常委会通过了《反垄断法》，这部法律从 2008 年 8 月 1 日开始实施。《反垄断法》完成立法工作后，我国《反不正当竞争法》中包含的那些垄断与限制竞争行为基本上已经被包含在了《反垄断法》的条文中。这样，《反不正当竞争法》就必须进行修改，使它能够与《反垄断法》协调。目前，有关部门正在积极推进《反不正当竞争法》的修改工作。

2. 我国《反不正当竞争法》的基本内容

在我国《反不正当竞争法》中，主体内容是关于不正当竞争行为的规定，主要包括：(1)商业混同行为，或称为欺骗性交易行为：包括仿冒他人的注册商标的行为、仿冒他人的质量标志的行为、引人误解的虚假宣传行为等；(2)侵犯商业秘密的行为；(3)商业贿赂行为；(4)不当的有奖销售行为、商业诽谤行为和虚假广告宣传行为；等等。

此外，我国《反不正当竞争法》也以反不正当竞争的名义规定了几种垄断或限制竞争行为，主要包括：(1)公用企业限制竞争行为，即公用企业或者其他依法具有独占地位的经营者，限定他人购买其指定的经营者的商品，以排挤其他经营者公平竞争的行为；(2)滥用行政权力限制竞争行为，即政府及其所属部门滥用行政权力，限定他人购买其指定的经营者的商品，限制其他经营者正当的经营活动，或者限制外地商品进入本地市场或本地商品流向外地市场，从而限制正常市场竞争的行为；(3)压价排挤竞争对手的行为，即经营者为了排挤竞争对手，在一定的市场上和一定的时期内，以低于成本的价格销售商品的行为；(4)搭售和附加不合理交易条件的行为，即经营者利用其经济优势，违背交易相对人的意愿，在提供商品或服务时，搭售其他商品或附加其他不合理交易条件的行为；(5)串通投标行为，即投标人相互串通，以损害招标人利益，或者投标人与招标人相互勾结，以排挤竞争对手的行为。

（二）境外国家或地区反不正当竞争法的立法概况

有商品生产和商品交换，就有竞争；有竞争，就可能有不正当竞争。在早期的一些法律制度（如古罗马法）中就有某些反不正当竞争性质的规范。进入资本主义社会后，伴随着不正当竞争行为的蔓延，在许多国家的民商法典、刑法典以及判例中，相继有了规范此类行为的规定。但它们在很长一段时间里是少量而分散的，形不成专门意义上的反不正当竞争法。

一般认为，现代意义上的反不正当竞争法是从19世纪中期法国民法典中的规定和英国关于“冒充”诉讼（Action for Passing off）判例所确定的一些原则中发展而来的。当时，英国法院处理了大量的擅自使用他人商业名称和产品、服务标记等方面的案件，其在处理这些案件中所确立的原则影响了邻近国家的立法。在法国，在法院于1850年根据民法典第一千三百八十二条对某些案件所作的判决中，最早出现了“不正当竞争”的概念，即未侵犯工业产权，但在某些商业活动中导致欺诈或使人误解或对此负有责任的行为，构成不正当竞争行为。而在德国，法院不主张把民法典的侵权条款延伸到不正当商业惯例。对盗用他人商号或标志，诋毁他人商业信誉，侵害他人商业秘密之类的不正当竞争行为，试图通过制定专门的法律加以规范。于是，德国在1896年制定了世界上第一部专门的《反不正当竞争法》，希腊在1913年制定了《反不正当竞争法》，奥地利在1923年制定了《联邦反不正当竞争法》，波兰在1926年制定了《制止不正当竞争法》，瑞典在1931年制定了《不正当竞争法》，日本在1934年制定了《不正当竞争防止法》，瑞士在1943年制定了《反不正当竞争法》。

美国没有专门的反不正当竞争法，反不正当竞争法主要是判例法，但其反托拉斯法中附带规定了反不正当竞争的内容，最主要的是1914年的《联邦贸易委员会法》第五条：“商业中或影响商业的不公平的竞争方法是非法的；商业中或影响商业的不公平或欺骗性行为及惯例是非法的。”1946年的《兰哈姆法》（1989年修订）第四十三条（a）也是美国反不正当竞争法的重要渊源，其规定任何关于商品或者服务来源的虚假陈述以及任何关于商品或者服务基本性能的虚假陈述都是违法的。

在第二次世界大战以后，尤其是20世纪80年代以来，反不正当竞争法在世界范围内得到了长足的发展，许多原来没有反不正当竞争法的国家制定了相应的法律，一些国家对原有法律进行了修改，如德国1909年的《反不正当竞争法》经过了29次的修订，最新的是2004年7月进行的规模最大的一次修订，主要是为了与欧盟有关的指令相协调。瑞士也在1986年颁布了新的《反不正当竞争法》。当然，由于立法体例的不同，一些国家和地区的反不正当竞争法是与反垄断法体现在一部法律中的。例如，澳大利亚1974年的《贸易行为法》、匈牙利1990年的

《禁止不公平市场行为法》及其在1996年修改后的《关于禁止不公平市场行为和限制竞争的法律》等。

三、反不正当竞争法的一般条款

（一）反不正当竞争法一般条款的含义

就世界各国或地区的反不正当竞争法来说，为了加强法律调整的针对性和可操作性，它们非常重视对各种具体的不正当竞争行为的列举。但同时，对不正当竞争行为设概括条款也可以说是有关立法的通例，并构成了其重要内容。

反不正当竞争法的一般条款是相对于具体条款而言的，是指反不正当竞争法中设立的包含了不正当竞争行为构成要件的概括规范。与那些禁止某种不正当竞争行为的具体条款不同，一般条款并不指向某种特定的不正当竞争行为，而是将法律中没有列举的其他不正当竞争行为全部归入该条款而加以禁止。反不正当竞争法一般条款的主要功能在于补充法律具体条款的漏洞，起到兜底的作用，从而增强法律的适应性和稳定性。

在各国或地区的反不正当竞争法和相关的国际立法文件中，一般条款的具体表述虽然形式各异，但其最核心的内容是诚实信用原则和其他公认的商业道德。在反不正当竞争法中，诚实信用既是基本的法律原则，也是认定不正当竞争行为的一般条款。其他公认的商业道德可以看作是诚实信用原则的具体化，例如公平原则是诚实信用原则维持当事人之间利益平衡的要求。

（二）反不正当竞争法一般条款的适用

我国《反不正当竞争法》第二条第一款规定："经营者应当遵守自愿、平等、公平、诚实信用的原则，遵守公认的商业道德。"这就确定了该法包括诚实信用在内的基本原则。该条第二款却规定："本法所称的不正当竞争，是指经营者违反本法的规定，损害其他经营者的合法权益，扰乱社会经济秩序的行为。"对于这款性质的认定观点不一。我们倾向于认为，该款不是一个严格意义上的一般条款，因为"违反本法的规定"就限定了认定不正当竞争行为的范围，即从立法本意来看，该法将应依法制裁的不正当竞争行为严格限定在其第二章所列明的十一种情况，不允许执法机关在此之外进行认定。这就表明我国《反不正当竞争法》具有明显的封闭性。究其原因，是"考虑到我国执法机关实际水平状况，不能给予这种权力。让一个基层的执法部门对需要根据经济形势进行判断的不正当竞争行为进行认定是无法想象的事情"，"如果允许判断，将导致一种危险：将很多正当行为当作不正当竞争行为进行制裁……”①这在一定程度上反映了立法机关对执法机关的不信任。

从我国的现实情况看，上面这种考虑是有客观依据的。一方面，我国确实存在着执法机关人员素质有待提高的问题。法律赋予执法机关人员过大的自由裁量权会增加执法的主观随意性，导致许多混乱，与法治的要求背道而驰。但另一方面，完全封闭性的严格规则也会带来另一种弊端，如法律的僵化，使法律从通过之日起就开始滞后于社会生活的实际。竞争者在竞争过程中采取的手段也是复杂多样、不断翻新的，并从中产生出种种不正当竞争行为，从而立法时对这些行为的列举是无法穷尽的。因此前述许多国家和地区的立法在规定不正当竞争行为时并没有将其封闭起来，而是通过以诚实信用原则为核心的一般条款使被具体列举之外的可能产生的其他不正当竞争行为也在法律调整的范围之内。这样的一般条款就可起到防止反不正当竞争法封闭性的作用。

由此可以看出，我国现行《反不正当竞争法》存在着明显的封闭性的缺陷，而且这种缺陷不是纯粹立法技术上的，而是立法指导思想上的，或者说是由立法指导思想引起的立法技术上的缺陷。为了克服法律的封闭性带来的僵化、迟滞的弊端，必须从合理解释现行规定或完善立法入手，充分发挥反不正当竞争法一般条款的灵活性强、包容量大的功能。

从合理解释现行规定的角度讲，既不能完全拘泥于字面意义而将我国《反不正当竞争法》第二条第二款理解为不具有任何一般条款的意义，又不能脱离立法原意将其解释为完全的一般条款。而应从现行规定的现状出发，考虑不同领域法律问题的性质，将其理解为有限的一般条款。由于行政违法行为实行法定主义，对于须予以行政处罚而《反不正当竞争法》又未列举的不正当竞争行为，按照该法第二条第二款将其确认为不正当竞争行为没有意义，除非其他法律、行政法规、地方性法规另有规定；而由于民事违法行为不实行法定主义，对于受害人请求民事赔偿而《反不正当竞争法》又未列举的不正当竞争行为，法院则可以根据个案将其确认为不正当竞争行为，判令行为人承担民事责任。② 但是，这种解释毕竟是在具体法律规则不明确情况下的无奈之举，存在着确定性和有效性方面的欠缺。从根本上说，这类问题的有效解决需要我国相关立法的完善。

从完善立法的角度讲，在调整立法指导思想的基础上，可以去掉该法第二条第二款“违反本法的规定”这几个字，或者在第二章增加规定“其他不正当竞争行为”条款作为兜底条款。这样，执法机关就可以依据第二条第一款和第二款的公平和诚实信用等原则条款在被具体列举的不正当竞争行为之外去认定其他不正当

① 孙琬钟. 反不正当竞争法实用全书[M]. 北京：中国法律年鉴社，1993：26.

② 孔祥俊. 反不正当竞争法的适用与完善[M]. 北京：法律出版社，1998：54.

竞争行为，将第二条真正改造成我国反不正当竞争法的一般条款，从而大大增强该法的灵活性和适应性，也可在一定程度上维持该法的稳定性。诚实信用原则等一般条款的内容非常抽象、包容量大、内涵和外延均不确定，其在实质上是对执法机关自由裁量权的授予。考虑到我国目前执法人员的素质随执法机关的级别高低而依次递减的状况，立法授予执法机关在现有法律具体规定之外认定其他不正当竞争行为的权力不应是普遍的，而有级别限制。

四、反不正当竞争法与相邻部门法的关系

（一）反不正当竞争法与反垄断法的关系

反不正当竞争法与反垄断法有着密切的联系，它们同属于竞争法的范畴，相互配合、相互补充，共同规范经营者的竞争行为，维护市场竞争秩序。两项法律的密切联系具体表现在以下几个方面：首先，立法形式上的交叉或合并。许多国家的反垄断法中存在反不正当竞争的条款，同时反不正当竞争法中又存在一些反垄断的条款，有些国家或地区甚至合并立法。其次，在许多国家，反不正当竞争法与反垄断法的实施机构是同一的，例如日本的公正交易委员会、英国的公平贸易委员会等都集反垄断与反不正当竞争职能于一身。最后，随着反不正当竞争法的发展以及法律执行机构的统一，对不正当竞争以及垄断的制裁形式也趋向一致，既有私法领域惯用的损害赔偿责任，又适用公法的罚款或刑事监禁和罚金。

反不正当竞争法与反垄断法也存在明显的区别。最重要的区别是它们的规制对象不同。前者规制的是不正当竞争行为，后者规制的是垄断或限制竞争行为。不正当竞争发生在竞争较为激烈的市场环境中，市场主体为了取得竞争优势，采取违法或不道德的竞争手段；而垄断与限制竞争行为往往发生在垄断或竞争不足的市场环境中，市场主体采取滥用垄断地位或限制竞争的行为模式，以保持其市场地位，或者获取垄断利益。由于不正当竞争行为与垄断行为存在明显的区别，因此法律上对付它们的手段及主管机关也有所不同，这就直接表现为反垄断法与反不正当竞争法的差异。

（二）反不正当竞争法与知识产权法的关系

侵犯知识产权的行为中有不少属于不正当竞争行为，也就是说，反不正当竞争法与知识产权法有一定程度的重叠。知识产权法已经为保护知识产权规定了不少法律保护途径，但仅有知识产权法来制止侵害知识产权的行为还不足够，假冒商标、专利不仅侵害了知识产权人的利益，也损害了消费者利益和社会公众利益，具有违反善良风俗、商业道德的不正当竞争行为性质，所以应属于不正当竞

争行为，对于这些行为，当然可以也必须适用反不正当竞争法来进行规范。这是反不正当竞争法与知识产权法之间存在紧密联系的表现。

同时，反不正当竞争法与知识产权法又存在着区别。首先，两部法律调整的侧重有所不同，知识产权法仅限于保护知识产权，反不正当竞争法尽管也从竞争角度保护知识产权，但是保护知识产权不是反不正当竞争法任务的全部。其次，反不正当竞争法在对知识产权的保护方面，不如知识产权法那样专、深，但相对范围更广。知识产权法对权利人的保护往往具有严格限定的条件和范围，如商标法只保护商标专用权，而反不正当竞争法则不限于保护注册商标，还保护驰名的未注册商标，以及权利人特有的商品名称、包装和装潢。另外，对于商业秘密这样的特殊对象，它被看作知识产权的范围，但却不能被知识产权法很好地加以保护，因为它不是注册商标，不是著作权法所说的作品，只能算作非专利技术，而非专利技术得不到专利法的保护。因此，各国只好用反不正当竞争法来禁止侵犯商业秘密的行为。

第二节 商业混同行为

一、商业混同行为的概念、特征和分类

（一）商业混同行为的概念和特征

商业混同行为，又称仿冒行为、商业假冒行为。它是指经营者采用欺骗性的手段，从事市场交易，使自己的商品或服务与特定竞争对手的商品或服务相混淆，以造成购买者误认或误购为目的的不正当竞争行为。

商业混同行为具有以下特征：

1. 商业混同行为以竞争为目的

商业混同行为针对的对象是特定的市场经营者以及这些经营者的产品或服务，其真正的目的在于使交易对方对其提供的商品或服务产生混淆或误解，误认为是特定经营者的产品或服务。行为人在主观上希望客户或消费者产生混淆和误解，以便获得竞争优势。

2. 商业混同行为在客观上表现为对他人标志或标示的利用

商业混同行为利用他人的商品或服务标志，如商标、商品名称、包装、装潢以及企业名称或姓名、产地名称、质量标志等，以达到混同的目的。

3. 商业混同行为的本质是欺骗性的

行为人一般是搭名牌产品的便车，不正当地利用他人的商业信誉和商品声誉，欺骗与之交易的消费者或经营者。通过欺骗手段，行为人不正当地占有了他人现实的或潜在的市场份额。

商业混同行为是较为常见的一种不正当竞争行为，许多国家的反不正当竞争法中都有所规定。我国 1993 年的《反不正当竞争法》也对商业混同行为作出了明确的禁止性规定。

（二）商业混同行为的分类

我国《反不正当竞争法》第五条采取列举的方式规定了多种商业混同行为，大体上可以分为两类：

1. 商品主体混同行为

商品主体混同行为指不正当地利用他人的商业信誉或商品声誉，致使其商品与他人的商品发生混淆的行为。根据《反不正当竞争法》的规定，商品主体混同行为主要包括：假冒他人的注册商标；擅自使用知名商品特有的名称、包装、装潢或者使用与知名商品近似的名称、包装、装潢，造成和他人的知名商品相混淆，使购买者误认为是该知名商品；擅自使用他人的企业名称或者姓名，使人误认为是他人商品。

2. 商品虚假标示行为

商品虚假标示行为指在表示商品质量、荣誉、产地及商品其他成分上作不真实的标注，致使其他经营者或消费者产生误认的行为。根据《反不正当竞争法》的规定，商品虚假标示行为包括：在商品上伪造或者冒用认证标志、名优标志等质量标志；伪造产地，对商品原产地、商品来源或出处进行虚假标示；对商品质量作引人误解的虚假表示。

二、商品主体混同行为

（一）假冒他人注册商标的行为

假冒他人注册商标的行为即《反不正当竞争法》第五条第（一）项规定的行为。

所谓注册商标是指商标使用者依法在国家商标局登记注册并被授予商标专用权的商标。根据我国《商标法》《反不正当竞争法》有关内容，假冒他人注册商标包括以下几种行为：

（1）未经商标注册人的许可，在同一种商品或类似商品上使用与其注册商标相同或相近似的商标的；

(2)销售明知是假冒注册商标的商品的；

(3)伪造、擅自制造他人注册商标标识或者销售伪造、擅自制造的注册商标标识的。

假冒注册商标的行为历来是各国商标法所重点制止的对象。那么，为什么《反不正当竞争法》还要将它列入规制对象呢？这主要是因为以下两个方面的原因：

一方面，商标经过注册往往意味着该商品有一定的质量保证，特别是著名商标，它是优质产品的一种标志。假冒他人注册商标的行为实质上是假冒者故意以他人的注册商标来标注其生产的产品或服务，既损害了被冒用者的利益，也损害了消费者的利益，同时还危害了正常的竞争秩序。所以，各国反不正当竞争法都将假冒他人注册商标的行为认定为欺骗性交易行为。

另一方面，对于假冒注册商标，虽然同时受到商标法和反不正当竞争法的规制，但两者的规制意义是不一样的。《商标法》主要是从民事侵权的角度维护商标权利人的财产权和人身权的，而反不正当竞争法把假冒行为作为不正当竞争行为则主要是从维护市场秩序和公众利益的角度出发的，二者所保护的目标并不完全重合。

(二)仿冒知名商品特有的名称、包装、装潢的行为

我国《反不正当竞争法》第五条第(二)项规定，下列行为受到禁止：擅自使用知名商品特有的名称、包装、装潢或者使用与知名商品近似的名称、包装、装潢，造成和他人的知名商品相混淆，使购买者误认为是该知名商品。为使该项规定具体化，原国家工商行政管理局于1995年发布了《关于禁止仿冒知名商品特有的名称、包装、装潢的不正当竞争行为的若干规定》，这些都构成禁止仿冒知名商品特有的名称、包装、装潢的行为的主要法源。

1. 相关概念

仿冒知名商品特有的名称、包装、装潢的不正当竞争行为，是指违反《反不正当竞争法》第五条第(二)项规定，擅自将他人知名商品特有的商品名称、包装、装潢作相同或者近似使用，造成与他人的知名商品相混淆，使购买者误认为是该知名商品的行为。在这里，所谓"使购买者误认为是该知名商品"，包括足以使购买者误认为是该知名商品的情形。而所谓"知名商品"，是指在市场上具有一定知名度，为相关公众所知悉的商品。所谓"特有"，是指商品名称、包装、装潢非为相关商品所通用，并具有显著的区别性特征。所谓"知名商品特有的名称"，是指知名商品独有的与通用名称有显著区别的商品名称。所谓"包装"，是指为识别商品以及方便携带、储运而使用在商品上的辅助物和容器。所谓"装潢"，是指为识别与美化商品而在商品或者其包装上附加的文字、图案、色彩及其排列组合。

2. 认定

商品的名称、包装、装潢被他人擅自作相同或者近似使用，足以造成购买者误认的，该商品即可认定为知名商品。特有的商品名称、包装、装潢应当依照使用在先的原则予以认定。

对使用与知名商品近似的名称、包装、装潢，可以根据主要部分和整体印象相近、一般购买者施以普通注意力会发生误认等综合分析认定。而一般购买者已经发生误认或者混淆的，可以认定为近似。

县级以上工商行政管理机关在监督检查仿冒知名商品特有的名称、包装、装潢的不正当竞争行为时，对知名商品和特有的名称、包装、装潢一并予以认定。

（三）擅自使用他人的企业名称或者姓名，使人误认为是他人商品的行为

这种行为之被禁止，主要规定在《反不正当竞争法》第五条第（三）项中。

这里的企业名称包括各种所有制形式或组织形式的企业名称，姓名是指个体生产经营者，包括个体工商户和个人合伙的姓名和字号，而不是指单纯的自然人的姓名。企业名称和个体生产经营者的姓名、字号关系到生产经营者的商业信誉和商品、服务的声誉。企业名称、姓名的专用权受法律的保护，其意义并不限于对人身权的保护，也是为了制止市场中的混淆、仿冒行为，维护正常的竞争秩序。名优企业的名称、姓名的被滥用，将造成市场混乱。因此，法律规定，即使没有完全达到在同种商品或服务上使用与其他企业相同的名称的程度，只要达到了引人误解的水平，就足以成为《反不正当竞争法》规制的行为。

【案例】

卡地亚（Cartier）品牌于1847年在法国巴黎创立。1983年，卡地亚品牌进入中国，并在多个城市设立了卡地亚专卖店和特许经销商，卡地亚产品及其服务得到了消费者的青睐，在相关公众中享有极高的知名度和美誉度。

卡地亚品牌在世界许多国家的多个商品类别进行了商标注册，其中在中国的注册为：于1983年在第14类“珠宝、玉石、珍珠”等注册了“Cartier”英文商标，商标注册号为第202386号；于1994年在第20类“家具、软木”等类目上注册了“Cartier”英文商标，商标注册号为第710832号；于1995年在第14类和第20类注册了“卡地亚”中文商标，商标注册号分别为第783315号和第765196号。

2004年6月，国家工商行政管理总局商标局认定，第202386号“Cartier”商标、第783315号“卡地亚”商标为驰名商标。

2005年3月14日，北京市工商行政管理局发布第2号《通告》，要求北京市服装市场和小商品市场一律不得经销未经授权的带有“卡地亚”“Cartier”等商标

的商品。

2009年12月23日，卡地亚公司的代理人刘焱鑫在北京市信德公证处公证员的监督下，使用公证处的计算机上网，在IE浏览器地址栏输入http://www.az.com.cn打印相关网页，北京市信德公证处对上述过程予以公证，并出具了〔2010〕京信德内民证字第50号公证书。经公证的网页实时打印件刊载了“目前企业集团拥有辖属香港亚振实业有限公司、上海亚振家具有限公司、江苏亚振家具有限公司、南通亚振东方家具有限公司、北京亚振家具有限公司、上海海尼企业管理咨询有限公司等6大法人实体及亚振企业产品研发中心一个专属经营中心”“目前亚振旗下已拥有‘亚振·卡帝亚’‘亚振·罗伦佐’‘亚振·利维亚’三大子系品牌”“卡帝亚系列(35型)设计师亲临法国Cartier珠宝总店，从其百年品牌所散发出的华美与尊贵中获得为本款家具作品设计的灵感”“将珠宝的细节、质感、充分运用‘亚振·卡帝亚’品牌35系列卡帝亚家具作品中”“让珠宝与家具的贵族气息，纯美润色，创造出一种华丽尊贵的追崇”等语句；卡帝亚系列家具的展示照片；北京、上海、广州、深圳、南京、重庆、沈阳等地的亚振家具店面照片，店面招牌为“A-ZANITH○+CARTIER亚振·卡帝亚”或者“CARTIER○+A-ZENITH亚振·卡帝亚”。上海亚振公司也承认了以上事实的真实性。

北京亚振公司北四环销售部及东四环销售部的店面招牌为“A-ZANITH○+CARTIER亚振·卡帝亚”。

卡地亚公司认为上海亚振公司和北京亚振公司的行为构成侵犯商标专用权及不正当竞争行为，将上海亚振公司和北京亚振公司诉至北京市第一中级人民法院，请求法院判决上海亚振公司与北京亚振公司停止侵害、消除影响、赔偿损失。

北京市第一中级人民法院经审理认为，上海亚振公司和北京亚振公司侵犯了卡地亚公司所拥有的第20类家具商品上“Cartier”和“卡地亚”的注册商标专用权。同时，上海亚振公司在其网站上将其“卡帝亚”系列家具与“Cartier”珠宝相提并论的广告宣传用语，有有意借助卡地亚公司及其注册商标的商誉提高自己商品知名度的主观故意，容易造成相关公众对家具来源产生误认，构成不正当竞争行为。法院判决上海亚振公司、北京亚振公司立即停止在其经营和广告宣传中使用“卡帝亚”和“CARTIER”字样，赔偿卡地亚公司的经济损失，并消除影响。

【分析】

依据我国《商标法》第五十二条第(一)项的规定，未经商标注册人的许可，在同一种商品或者类似商品上使用与其注册商标相同或者近似的商标的，属于侵犯注册商标专用权的行为。在本案中，上海亚振公司网站上刊载的亚振家具在全国各地销售展厅的店面招牌，均标注有“A-ZANITH○+CARTIER亚振·卡帝亚”或“CARTIER○+A-ZENITH亚振·卡帝亚”等字样；北京亚振公司北四环销售部及东四环销售部的店面招牌标注的“A－ZANITH○＋CARTIER亚振·卡帝亚”字样；上述店面招牌对“CARTIER”和“卡帝亚”的使用方式，属于商标法意义上的商标使用方式。因此，上海亚振公司和北京亚振公司侵犯了卡地亚公司所拥有的第20类家具商品上“Cartier”和“卡地亚”的注册商标专用权。

卡地亚品牌本着出色的制作工艺、专业技术和独特风格，传递着专属其品牌的高贵价值，是知名度最高、历史最悠久的奢侈品牌之一。上海亚振公司明知卡地亚品牌在市场中拥有着极高的知名度和美誉度，借助卡地亚公司及其注册商标的商誉以提高自己商品的知名度，易造成相关公众对家具来源产生误认。最高人民法院于2007年1月12日发布了《关于审理不正当竞争民事案件应用法律若干问题的解释》，该解释第六条规定：“企业登记主管机关依法登记注册的企业名称，以及在中国境内进行商业使用的外国(地区)企业名称，应当认定为《反不正当竞争法》第五条第(三)项规定的‘企业名称’。具有一定的市场知名度、为相关公众所知悉的企业名称中的字号，可以认定为《反不正当竞争法》第五条第(三)项规定的‘企业名称’。”第七条规定：“在中国境内进行商业使用，包括将知名商品特有的名称、包装、装潢或者企业名称、姓名用于商品、商品包装以及商品交易文书上，或者用于广告宣传、展览以及其他商业活动中，应当认定为《反不正当竞争法》第五条第(二)项、第(三)项规定的‘使用’。”本案中，上海亚振公司在其网站上投放其“卡帝亚”系列家具与“Cartier”珠宝相提并论的广告宣传用语，其目的在于使消费者误以为其产品与“Cartier”珠宝的经营者具有许可使用、关联企业关系等特定联系，属于《反不正当竞争法》第五条第(三)项规定的“擅自使用他人的企业名称或者姓名，引人误认为是他人的商品”的情形，是一种典型的不正当竞争行为。①

三、商品虚假标示行为

(一)伪造或者冒用质量标志的行为

我国《反不正当竞争法》第五条第(四)项禁止经营者在商品上伪造或者冒用认证标志、名优标志等质量标志，对商品质量作引人误解的虚假表示的行为。由此可见，伪造或者冒用质量标志的行为既包括伪造行为，也包括冒用行为，伪造或冒用的对象则主要包括认证标志和名优标志。

所谓认证标志，是指质量认证机构准许其认证产品质量合格的企业在产品或包装上使用的质量认证标志。依产品质量法的规定，国家参照国际先进的产品标

① 袁达松，韩赤风，李树建，等.中外竞争法经典案例评析[M].北京：法律出版社，2011：96－97.

准和技术要求，推行产品质量认证制度，企业可以根据自愿原则向认证机构申请产品质量认证。经认证合格的，准许企业使用认证标志。认证机构是国务院产品质量监督管理部门及其授权的部门认可的，极具权威性和严肃性。未实行产品质量认证制度的产品，经营者在产品或包装上使用认证标志的，属于伪造认证标志；或是已实行产品质量认证制度的产品，但是经营者未获得质量认证机构的准许，或曾经获得准许，后被撤销，经营者擅自使用认证标志的，皆属于冒用认证标志。

所谓名优标志，是指国际或国内有关机构或具有一定权威性的社会组织经过一定的评比程序后发给经营者的一种表明质量优良的标志。凡未参加评比，或虽参加过评比但未获得名优产品称号，或虽曾经获得过名优称号，但后来已被取消的，以及以低级别的名优称号冒用高级别的名优称号的，均属于伪造或冒用名优标志的行为。

（二）虚假表示原产地的行为

虚假表示原产地的行为包括对商品原产地、商品来源或出处的隐匿或虚假表示行为。

商品产地是指商品的制造地、加工地、出产地或商品生产者的所在地。原产地名称对于与某一地区地理等自然因素密切相关的农副产品来讲至为重要，特定的产地往往意味着特定的品质，例如，产自烟台的苹果一般具有高品质。然而，在现代社会，原产地的意义不仅仅局限于农副产品，即使工业制品也存在产地的区分问题，例如，同是钟表，瑞士制造的就不同于其他国家或地区制造的。

原产地不同，商品的质量就有区别，受广泛认同的原产地强化着对用户的吸引力。因此，出现了虚假表示原产地的行为。这些行为主要有：一是某些经营者在商品上虚假地标上名优产品或特有产品的原产地；另一种是某些经营者在自己经营的商品上伪造其原产地。这些行为的目的都是引诱消费者误认为该种商品是信誉好、技术先进、质量好的产品而购买该种产品。

从反不正当竞争法的角度制止对商品原产地、商品来源或出处的隐匿或虚假表示行为，其主要做法是：（1）明令经营者应标明生产厂家地址的商品，必须明确标示，不得隐匿；（2）制止虚假的、混淆的表示，在国内生产的产品，不论其厂家是国内企业还是外资企业，均不准以外国制造表示；（3）对进出口商品加强管理，技术先进国家在第三国生产的商品进口我国，应标明加工制造地，对出口商品也同样禁止进行任何不实的表示。

第三节 商业贿赂行为

一、商业贿赂的界定

(一)商业贿赂的含义

我国《反不正当竞争法》第八条规定，“经营者不得采用财物或者其他手段进行贿赂以销售或者购买商品”。为使该条规定具体化，便于操作，原国家工商行政管理局于1996年公布了《关于禁止商业贿赂行为的暂行规定》。上述法律规定构成了规制商业贿赂的法源。

什么是商业贿赂呢？根据《关于禁止商业贿赂行为的暂行规定》的规定，所谓商业贿赂，是指经营者为销售或者购买商品而采用财物或者其他手段贿赂对方单位或者个人的行为。

(二)商业贿赂的特征

商业贿赂具有如下特征：

(1)商业贿赂的主体是市场交易的经营者，既可以是卖方，也可以是买方。从我国目前市场经济的实际情况看，行贿的主体以卖方为主，而且往往是作为卖方的单位，而受贿的主体则主要是代表对方单位的工作人员个人。

(2)从商业贿赂的客观方面来看，行贿的方式较为多样。除了最普通的给付金钱外，还表现为安排旅游度假，进行房屋装修，为对方人员子女或亲属解决留学、入学、就业等问题，赠送昂贵物品，乃至提供高消费直至色情服务等。行贿方为掩盖行贿事实，经常假借促销费、宣传费、赞助费、科研费、劳务费、咨询费、佣金等名义，或者以报销各种费用等方式进行行贿。

(3)从商业贿赂的主观方面来看，无论行贿方还是受贿方，均是故意的。这与一般贿赂并无区别。

(4)从商业贿赂行为侵犯的客体看，所有商业贿赂行为的最终客体是国家的正常经济秩序和市场交易的法则。侵犯的直接客体则可能包括接受贿赂者所在单位的合法利益，也包括竞争对手的正当商业利益。

二、商业贿赂与合法经营手段的区别

（一）商业贿赂与回扣

一般而言，发生在市场交易领域里的回扣，是指经营者为了促成交易或巩固客户而将价款中的一部分返还给交易相对人。它的表现形式多种多样，包括折扣、佣金、好处费、交际费、提成费、咨询费、酬谢费、信息费、劳务费、手续费等各种费用，种类繁多，性质也比较复杂，有些是正当的，有些则是不正当的。

根据《反不正当竞争法》第八条的规定，“在账外暗中给予对方单位或者个人回扣的，以行贿论处；对方单位或者个人在账外暗中收受回扣的，以受贿论处”。由此，我们可以判断，判断回扣是否正当的标准是看行为人是否入账。如果行为人不入账，“在账外暗中”给予或接受回扣，则构成商业贿赂，否则便是正当的回扣行为。所谓“在账外暗中”，是指未在依法设立的反映其生产经营活动或者行政事业经费收支的财务账上按照财务会计制度规定明确如实记载，包括不记入财务账、转入其他财务账或者做假账等。

【案例】

2005 年 10 月 11 日，瑞安市工商局经济检查大队接到群众举报，称该市塘下镇珍味楼酒店在购销商品过程中收受他人贿赂。工商局调查后发现，2004 年 12 月10 日，瑞安市五洲副食品公司为推销百威啤酒，以“专场费”的名义给付珍味楼酒店现金 29000 元。2005 年 3 月 10 日，又以“进场费”的名义给付珍味楼酒店 29000 元。上述款项，珍味楼酒店均未记入法定财务账。

2006 年 4 月 10 日，瑞安市工商局作出瑞工商处字〔2006〕第 189 号行政处罚决定，认定珍味楼酒店在商品购销过程中收受五洲副食品公司的贿赂，根据《关于禁止商业贿赂行为的暂行规定》第九条第二款、《中华人民共和国反不正当竞争法》第二十二条的规定，对珍味楼酒店处以没收违法所得 58000 元，并罚款 17000 元。

珍味楼酒店不服，向瑞安市人民法院提起诉讼，要求判令工商局撤销对其所作出的行政处罚决定。2006 年 11 月，瑞安市法院开庭审理后作出一审判决，认定珍味楼酒店收受商业贿赂事实清楚，证据充分，瑞安市工商局的行政处罚决定适用法律正确，维持原来行政处罚决定。

对于一审法院的判决结果，珍味楼酒店仍旧不服，2006 年11 月，酒店向温州市中级人民法院提起了上诉。在二审庭审中，双方当事人围绕珍味楼酒店收取“进场费”和“专场费”究竟是否属于商业受贿展开了激烈的辩论。

珍味楼酒店称其与五洲副食品公司之间不是单纯的购销关系，而是合作销售百威啤酒，并在合同中约定了广告、仓库、促销人员吃住开销的事项。但该酒店既无法提供相关合同，也不能对自己的陈述进行合理说明。

瑞安市工商局认为：珍味楼酒店收取第三人五洲副食品公司进场费是在正规账外暗中进行，对正常交易行为施加不正当的影响，完全符合商业贿赂的相关法律特征；五洲副食品公司没有在行政处罚过程中提供证明，且在整个行政处罚过程中，珍味楼酒店也未提出过广告牌出租、仓库使用、提供促销人员吃住等事实。

最终，温州中院作出了驳回上诉，维持原判的终审判决。

【分析】

本案的争议焦点在于对“进场费”法律性质的认定。那么，“进场费”究竟属于“商业贿赂”还是“行业惯例”？这一直都是一个颇具争议的话题。

长期以来，进场费、专场费等已经成为某些行业内的“潜规则”。这种潜规则破坏了《反不正当竞争法》保护的正当的竞争秩序，妨碍了其他经营者公平竞争的权利，这实际上是一种限制竞争的表现，它提高了商品特定市场的门槛，无形中增加了生产厂家的成本，这就在客观上增加了消费者的负担。判定该类收费是否属于商业贿赂，关键在于把握“账外暗中”这一特征。

在本案中，珍味楼酒店两次共收受副食品公司58000元进场费，均未记入法定财务账。虽然珍味楼酒店声称公开给对方公司打了收条，但收条并不是法定的财务账，而且酒店负责人也在接受瑞安市工商局调查时陈述说该58000元为正常价款以外的价款，因而珍味楼酒店收受进场费的行为符合商业贿赂的构成要件中的“账外暗中收受”这一特征，属于应受到法律规制的商业贿赂行为。① “进场费”在国内商业市场中极为普遍，将本案中的“进场费”定性为“商业贿赂”，定会给某些见不得阳光的行业潜规则以沉重的打击，并警醒各商家对商业贿赂的法律认知。

（二）商业贿赂与折扣

折扣，即商品购销中的让利，是指经营者在销售商品时，以明示并如实入账的方式给予对方的价格优惠，包括支付价款时对价款总额按一定比例即时予以扣除和支付价款总额后再按一定比例予以退还两种形式。

对于折扣，我国法律并不绝对禁止。根据我国《反不正当竞争法》的规定，经营者销售或购买商品，可以给对方折扣，但是，给付方和接受方都必须如实入账，否则就构成商业贿赂。

---

① 邵建东，方小敏. 案说反不正当竞争法[M]. 北京：知识产权出版社，2012：254－255.

（三）商业贿赂与佣金

佣金，是指经营者在市场交易中给予为其提供服务的具有合法经营资格的中间人的劳务报酬。具体来讲，佣金是指在市场交易中经营者支付给具有独立地位的中间商、经纪人等为交易双方介绍业务、提供服务、撮合成交的人的酬金。一般来讲，在当事人与第三人的合同关系因居间人的努力而成立时，居间人获得佣金，这是一种合理合法的行为。

一般而言，佣金是一种合法的商业手段，法律对其不予禁止。所以，我国《反不正当竞争法》规定，经营者销售或购买商品，可以给中间人佣金。但是，法律对支付佣金也提出了一些具体要求，经营者给中间人佣金的，必须如实入账。接受佣金的经营者也必须如实入账。

第四节　侵犯商业秘密行为

一、商业秘密的概念和分类

（一）商业秘密的概念及特征

所谓商业秘密，是指不为公众所知悉、能为权利人带来经济利益、具有实用性并经权利人采取保密措施的技术信息和经营信息。

商业秘密具有以下特征：

1. 秘密性

也叫非公知性，或叫“不为公众所知悉”，即某种信息不能从公开渠道直接获取，一般人不易通过正当途径获得或探明。

2. 经济性

作为商业秘密，必须是能够通过使用给权利人带来经济上的利益。权利人拥有商业秘密，通过掌握或使用商业秘密，能够使权利人拥有比不知晓或不使用该商业秘密的竞争者更为有利的竞争优势，这种优势能够使权利人获得更多的经济利益。

3. 实用性

所谓实用性，是指某种信息具有确定的可应用性，能适用于工农业生产和经营，并创造经济效益和社会效益。

4. 保密性

所谓保密性，是指权利人对某种信息采取了保密措施，包括订立保密协议、建立保密制度及采取其他合理的保密措施。

（二）商业秘密的分类

依据通常的观点，商业秘密主要包含以下三类：

1. 技术秘密

指人们从经验中或技艺中得来的，能够在实践中特别是在工业中应用的技术信息、技术数据或技术知识。技术秘密一般不能独立存在，而只能依附于某项专利或公开的技术，作为实施主要技术时必要的经验性技巧。技术秘密一旦申请专利成功，就受到专利法的保护。

2. 经营秘密

指具有秘密性质的经营管理方法及与经营管理方法密切相关的信息和情报。经营秘密包括推销计划、客户名单、产品价格、销售网络、招投标的标底等资料。

3. 管理秘密

指组织生产的和经营管理的秘密，特别是合理有效地管理各部门、各行业之间相互合作与协作，使生产与经营有效运行的经验性信息，如管理模式、公关技巧等。

二、侵害商业秘密的行为

（一）我国相关法律规定概述

我国《反不正当竞争法》第十条对侵害商业秘密的行为作出了禁止性规定，另外，为使《反不正当竞争法》的规定能够得以有效实施，原国家工商行政管理局于1995年11月23日公布了《关于禁止侵犯商业秘密行为的若干规定》，这些都是制止侵害商业秘密行为的主要法源。

《反不正当竞争法》第十条规定，“经营者不得采用下列手段侵犯商业秘密：（一）以盗窃、利诱、胁迫或者其他不正当手段获取权利人的商业秘密；（二）披露、使用或者允许他人使用以前项手段获取的权利人的商业秘密；（三）违反约定或者违反权利人有关保守商业秘密的要求，披露、使用或者允许他人使用其所掌握的商业秘密。第三人明知或者应知前款所列违法行为，获取、使用或者披露他人的商业秘密，视为侵犯商业秘密”。

《关于禁止侵犯商业秘密行为的若干规定》第三条规定，“禁止下列侵犯商业秘密的行为：（一）以盗窃、利诱、胁迫或者其他不正当手段获取权利人的商业秘密；(二)披露、使用或者允许他人使用以前项手段获取的权利人的商业秘密；(三)与权利人有业务关系的单位和个人违反合同约定或者违反权利人保守商业秘密的要求，披露、使用或者允许他人使用其所掌握的权利人的商业秘密；(四)权利人的职工违反合同约定或者违反权利人保守商业秘密的要求，披露、使用或者允许他人使用其所掌握的权利人的商业秘密。第三人明知或者应知前款所列违法行为，获取、使用或者披露他人的商业秘密，视为侵犯商业秘密”。

(二)以不正当手段获取他人的商业秘密

以不正当手段获取他人的商业秘密包括以盗窃手段和以利诱、胁迫等手段获取他人的商业秘密。

窃取他人的商业秘密，是指直接窃取竞争对手商业秘密的行为。如派遣工程技术人员打入竞争对手内部，了解掌握其技术诀窍、工艺流程、配方等；或者派遣经济间谍潜入竞争对手存放商业秘密的档案资料室翻拍、复印有关技术秘密、客户名单、经营计划等情报资料。

以利诱、胁迫或其他不正当手段获取商业秘密，也是侵犯他人商业秘密较常见的一种表现形式。其具体表现为：竞争者为了获得竞争优势，以钱财或其他不正当利益贿赂竞争对手的工作人员，以取得所需商业秘密，或者以胁迫手段迫使竞争对手的工作人员为其提供商业秘密。

(三)披露、使用或允许他人使用所窃取或以利诱、胁迫等不正当手段获取商业秘密

所谓披露，是指将权利人的商业秘密向第三人透露或向不特定的人公开。窃取或以利诱、胁迫等手段获取商业秘密的行为构成对他人商业秘密的侵犯，而将以上述手段获取的商业秘密披露、自己使用或允许第三人使用，同样是对权利人商业秘密的侵犯，而且是进一步的侵害。如果说获取他人的商业秘密，还只是使他人的利益受到潜在的损害的话，那么，披露、使用或允许他人使用所获得的他人的商业秘密，则构成对他人利益的现实损害了。

(四)违反约定或者违反权利人的要求披露、使用或允许他人使用商业秘密

这种情况是指行为人即使通过正当手段获得商业秘密，也不得侵犯他人的商业秘密。行为人之所以能够获得他人的商业秘密，是基于合同的约定或基于劳动关系的存在，在此前提下，行为人一般也应该按照约定或权利人的要求保守其商业秘密，这是行为人的义务。这种义务可以是明示的，也可以是默示的，默示义务可以从双方关系的性质或从行为人与他人的关系中推定出保守商业秘密义务的

存在。

既然与权利人之间有保守商业秘密的约定，知悉权利人商业秘密并经权利人要求其保守商业秘密的人不履行约定或承诺，擅自向他人披露，或自行使用，或允许他人使用其所掌握的权利人的商业秘密的，理所当然地构成对他人商业秘密的侵犯。

（五）第三人侵犯商业秘密

这种行为不同于上述各种行为之处在于行为人并没有直接侵犯商业秘密，但在明知其为他人的商业秘密并明知或应知侵犯商业秘密行为的存在仍获取、使用或披露他人的商业秘密的被视为侵犯商业秘密，即法律将这种未直接侵犯商业秘密的行为按侵犯商业秘密行为对待。例如，某公司从另一家公司引进一名技术人员，明知道该技术人员提供的技术是另一家公司的商业秘密，仍然使用的，就属于第三人侵犯商业秘密的行为。

在这种情况下，第三人有侵权的主观恶意，将第三人的恶意行为作为侵权行为进行制裁，较具现实意义。不仅可以规范存在保密条款的合同行为，而且可以规范人才流动，避免一些怀着不良企图的人通过“引进”别人的雇员的方式来获得或使用他人的商业秘密。

【案例】

海贵公司是一家以从事安全防范工程的设计和施工为主要经营范围的有限责任公司。李农系该公司发起人之一，在该公司成立后担任过公司的执行董事、总经理，曾是公司的法定代理人。李柯、何威自海贵公司成立之初即在该公司工作，并分别任该公司市场发展部经理及工程部经理。李慰、郑海滨分别于1995年5月和1996年5月到该公司工作，是公司的财务人员和技术人员。

1996年5月，李柯、何威、李慰与海贵公司签订聘用合同，合同第二条约定：“被聘用人应为公司严守各项商业秘密。……凡公司的商业信息、生产、工艺技术以及被聘用期间所承担的设计项目等任何时候均不得向外单位、个人泄露和提供，凡在本公司工作三个月以上者，在离开本公司后一年内不得在省内同行业其他公司中从事与本公司相同或与本公司相冲突的技术业务工作，否则被聘用人应承担相应的经济及法律责任”。郑海滨在1996年5月亦与海贵公司签订了内容相同的聘用合同。

1997年5月5日，李农、李柯、何威与海贵公司达成离职协议书。协议书签订后，李农、李柯、何威三人离开海贵公司到与海贵公司经营范围基本一致的海誉公司工作。李慰、郑海滨则在未办离职手续的情况下同时到海誉公司工作。

李农、李柯、何威、李慰、郑海滨在海贵公司工作期间，海贵公司曾承接过

“中天花园楼宇对讲工程”“赤水农行监控报警系统工程”及“贵阳市市农行微机室工程”的前期布线等工作，但尚未与建设单位签订正式合同。李农、李柯、何威、李慰、郑海滨离开海贵公司至海誉公司后，海誉公司承接了前述工程及“贵阳城市合作银行聚兴支行监控报警工程”和“贵阳市建行营业点万国大厦、冠生园、花溪百货大楼的监控报警系统工程”。海贵公司认为海誉公司明知李农等人披露海贵公司的商业秘密是违法行为，仍使用了五人泄露的相关经营信息而得以承揽上述五项工程，构成不正当竞争。

经查明，李农等人离开海贵公司之前，海贵公司并没有掌握“贵阳市建行营业点万国大厦、冠生园、花溪百货大楼的监控报警系统工程”“贵阳城市合作银行聚兴支行监控报警工程”及“贵阳市农行微机室工程”三项工程的相关信息。

在海贵公司工作期间，李农、李柯、何威、李慰、郑海滨掌握了与“中天花园楼宇对讲工程”“赤水农行监控报警系统工程”相关的商业秘密。在离开海贵公司到海誉公司工作后，五人将该两项经营信息披露给海誉公司，且海誉公司明知披露行为违法却对该商业秘密加以使用。

海贵公司遂于 1997 年 9 月 10 日向贵阳市中级人民法院提起诉讼，要求海誉公司、李农、李柯、何威、李慰、郑海滨停止侵犯商业秘密的行为，并赔偿相应的损失。

法院经审理认为，“中天花园楼宇对讲工程”“赤水农行监控报警系统工程”系海贵公司的商业秘密，李农、李柯、何威、李慰、郑海滨作为知悉该商业秘密并负有保密义务的工作人员，在离开海贵公司到海誉公司工作后，将该两项经营信息披露给海誉公司，海誉公司明知披露行为违法却对该商业秘密加以使用，均构成侵犯海贵公司的商业秘密，应承担相应的法律责任。据此，法院判决海誉公司、李农、李柯、何威、李慰及郑海滨立即停止侵犯海贵公司商业秘密的行为，并连带赔偿给海贵公司造成的经济损失 8 万元。

【分析】

《中华人民共和国反不正当竞争法》第十条第三款规定：“本条所称的商业秘密，是指不为公众所知悉、能为权利人带来经济利益、具有实用性并经权利人采取保密措施的技术信息和经营信息。”本案中，由于海贵公司不能提供充分的证据证明该公司在李农等人离开海贵公司之前就已经掌握了“贵阳市建行营业点万国大厦、冠生园、花溪百货大楼的监控报警系统工程”“贵阳城市合作银行聚兴支行监控报警工程”及“贵阳市农行微机室工程”的经营信息，故不能认定以上工程的相关信息系海贵公司的商业秘密，即不能认定海誉公司使用上述信息是侵犯海贵公司商业秘密的行为。海贵公司有证据证明涉案的“中天花园楼宇对讲工程”和“赤水农行监控报警系统工程”系海贵公司采取了保密措施、不为公众知悉的、能给该公司带来经济利益的经营信息，属于海贵公司的商业秘密。李柯、何威、李慰、郑海滨与海贵公司都签订有“严守公司商业秘密”的协议，李农作为海贵公司原法定代表人，五人均负有保守公司商业秘密的义务。

我国《反不正当竞争法》规定“第三人明知或者应知前款所列违法行为，获取、使用或者披露他人的商业秘密，视为侵犯商业秘密”。此处的“第三人”，是相对于商业秘密权利人作为第一人，《反不正当竞争法》第十条第一款第(一)项、第(二)项、第(三)项所规定的以不正当获取、披露、使用或者允许他人使用的侵权人以及合法获取但非法披露或者使用商业秘密的侵权人作为第二人而言的。在本案中，李农、李柯、何威、李慰、郑海滨等人离开海贵公司后，将在海贵公司工作期间掌握的重要经营信息披露给海誉公司，海誉公司明知该信息来源的违法性仍恶意加以使用，构成对海贵公司商业秘密的侵犯。

三、对侵犯商业秘密行为的处理

(一)权利人的维权

我国保护商业秘密的法律救济途径可分为民事途径、行政途径和刑事途径。侵犯商业秘密的行为可以导致下列法律责任：

1. 民事责任

侵犯他人商业秘密的行为人因侵权行为给他人造成损失的，应当承担民事责任。承担该种民事责任的主要方式是损害赔偿。根据《反不正当竞争法》第二十条的规定，被侵害的经营者的损失难以计算的，赔偿额为侵权人在侵权期间因侵权所获得的利润；并应当承担被侵害的经营者因调查该经营者侵害其合法权益的不正当竞争行为所支付的合理费用。

权利人为获得损害赔偿，既可以向工商行政管理机关提出调解要求，也可以直接向人民法院起诉，请求损害赔偿。

2. 行政责任

行为人违反《反不正当竞争法》的有关规定，侵犯他人的商业秘密的，工商行政管理机关可以依法责令停止违法行为，并可以根据情节处以1万元以上20万元以下的罚款。

工商行政管理机关在依照上述规定对违法行为人予以处罚时，对侵权物品可以作如下处理：(1)责令并监督侵权人将载有商业秘密的图纸、软件及其他有关资料返还权利人；(2)监督侵权人销毁使用权利人商业秘密生产的、流入市场将会造成商业秘密公开的产品，但权利人同意收购、销售等其他处理方式的除外。

3. 刑事责任

我国《刑法》第二百一十九条规定，从事侵犯商业秘密的行为，给商业秘密的权利人造成重大损失的，处三年以下有期徒刑或者拘役，并处或者单处罚金；造成特别严重后果的，处三年以上七年以下有期徒刑，并处罚金。

如果是法人侵犯他人的商业秘密，则采取双罚制，一方面对单位判处罚金，另一方面对直接负责的主管人员和其他责任人员，依上述处罚标准进行处罚。

(二)行政机关的调查处理

按照有关法律的规定，侵犯商业秘密行为由县级以上工商行政管理机关认定处理。

权利人认为其商业秘密受到侵害时，可以向工商行政管理机关提出请求，要求给予查处，但应当提供商业秘密及侵权行为存在的有关证据。被检查的单位和个人及利害关系人、证明人应当如实向工商行政管理机关提供有关证据。

权利人能证明被申请人所使用的信息与自己的商业秘密具有一致性或者相同性，同时能证明被申请人有获取其商业秘密的条件，而被申请人不能提供或者拒不提供其所使用的信息是合法获得或者使用的证据的，工商行政管理机关可以根据有关证据，认定被申请人有侵权行为。

对被申请人违法披露、使用、允许他人使用商业秘密将给权利人造成不可挽回的损失的，应权利人请求并由权利人出具自愿对强制措施后果承担责任的书面保证，工商行政管理机关可以采取下列强制措施：(1)扣留被申请人以不正当手段获取权利人的载有商业秘密的图纸、软件及其他有关资料；(2)责令被申请人停止销售使用权利人商业秘密生产的产品。

第五节　其他不正当竞争行为

一、不当有奖销售行为

(一)有奖销售的概念及其双重后果

有奖销售是经营者在销售商品或提供服务时，附带性地向购买者提供物品、金钱或者其他经济利益的一种促销行为，包括奖励所有购买者的附赠式有奖销售和奖励部分购买者的抽奖式有奖销售。所谓抽奖，是指以抽签、摇号等带有偶然性的方法决定购买者是否中奖。

有奖销售既有积极的一面，也有消极的一面。在积极的方面来讲，作为一种促销手段，有奖销售能够激发消费者的消费欲望，促进销售的增长，从而刺激经济的发展。

从消极的方面来看，有奖销售使经营者获得某种利益，并非是以商品的高质量和优质服务赢得的，而是靠奖励来吸引消费者的，有可能助长非理性消费，造成社会资源的浪费。有奖销售还有可能扰乱市场的正常竞争秩序。一般而言，只有那些实力雄厚的经营者才有基础设置巨奖，而实力相对较弱的同行业其他竞争对手将面对巨大的压力，他们将面临这样两种选择：要么跟风，要么不跟风。跟风的话，短时期内也许还能够应付，长期进行下去将会不堪重负；不跟风的话，经营局面马上就会受到影响，这样不管跟风还是不跟风，都将面临不利局面，严重者甚至有可能破产。

正因为有奖销售具有双重后果，所以我国《反不正当竞争法》并不禁止所有的有奖销售行为，而是仅仅禁止危害较大的几类不正当有奖销售行为。

（二）不正当有奖销售行为的种类

我国《反不正当竞争法》第十三条规定，经营者不得从事下列有奖销售：(1)采用谎称有奖或者故意让内定人员中奖的欺骗方式进行有奖销售；(2)利用有奖销售的手段推销质次价高的商品；(3)抽奖式的有奖销售，最高奖的金额超过五千元。

1. 欺骗性有奖销售

所谓欺骗性有奖销售，是指经营者所设的“奖”，有欺骗的因素，并不能真正让消费者获得，或者与销售者关于奖励的宣告不相符。欺骗性有奖销售的具体做法包括：

(1)谎称有奖销售或者对所设奖的种类，中奖概率，最高奖金额，总金额，奖品种类、数量、质量、提供方法等作虚假不实的表示；

(2)采取不正当的手段故意让内定人员中奖；

(3)故意将设有中奖标志的商品、奖券不投放市场或者不与商品、奖券同时投放市场；故意将带有不同奖金金额或者奖品标志的商品、奖券按不同时间投放市场；

(4)其他欺骗性有奖销售行为。这是一项弹性规定，是为了对付新出现的一些欺骗性有奖销售行为。具体来讲，哪些行为属于“其他欺骗性有奖销售行为”，要由省级以上工商行政管理机关认定，而且省级工商行政管理机关作出的认定，应当报国家工商行政管理局备案。

2. 利用有奖销售推销质次价高商品的行为

如何确定是否属于“质次价高”呢？这要由工商行政管理机关根据同期市场同类商品的价格、质量和购买者的投诉进行认定，必要时可以会同物价、质检等部门共同认定。

3. 最高奖金额超过五千元的抽奖式有奖销售行为

抽奖式有奖销售行为由于设有巨奖，又具有极大的偶然性，所以在吸引消费者方面效果最佳。而在破坏竞争秩序方面，也比其他不正当有奖销售行为的破坏力大。所以，我国《反不正当竞争法》为抽奖式有奖销售行为设定了最高奖限额。最高奖金额超过五千元的抽奖式有奖销售行为属于不正当有奖销售行为，被法律禁止。

【案例】

1999 年 2 月，新大洲公司制定了《新大洲 2000 之旅促销活动的实施方案》，主要内容是新大洲公司于 1999 年 3 月 15 日至 9 月 15 日期间在全国范围内开展“新大洲 2000 之旅”促销活动，活动奖项设置为：超级大奖——欧洲游 40 名等。凡在 1999 年 3 月 15 日至 9 月 15 日期间购买新大洲摩托车的顾客均可参与刮奖。该公司自 3 月 15 日起，在中央电视台和各省级报纸进行了相关的广告，并印刷和散发了宣传品。该公司的下属公司海南新大洲摩托车销售有限公司 2 月 14 日和中青旅股份有限公司出境部签订了“合作协议”规定，中青旅股份有限公司作为“新大洲 2000 之旅”活动的支持单位，是旅游承办者，同时为此活动提供部分费用支持，欧洲游只收取新大洲公司 5000 元，新马泰港游只收取 3000 元。

海南省工商局经调查认为新大洲公司的行为违反了《反不正当竞争法》关于抽奖式有奖销售最高奖金额不得超过 5000 元的规定，构成不正当竞争，对新大洲公司进行了立案查处，责令新大洲公司停止违法活动，罚款 6 万元。

【分析】

《关于禁止有奖销售活动中不正当竞争行为的若干规定》第二条规定：“本规定所称有奖销售，是指经营者销售商品或者提供服务，附带性地向购买者提供物品、金钱或者其他经济上的利益的行为。包括：奖励所有购买者的附赠式有奖销售和奖励部分购买者的抽奖式有奖销售。凡以抽签、摇号等带有偶然性的方法决定购买者是否中奖的，均属于抽奖方式。”由此，抽奖式有奖销售行为的特征是“以带有偶然性的方法来决定购买者是否中奖”。在本案中，海南新大洲摩托车股份有限公司设立超级大奖、一等奖、二等奖、幸运星等多种奖励，顾客以刮奖的方式参与抽奖，顾客是否中奖或中何种类型的奖都是以偶然性的方式决定的，具有偶然性，与奖励所有购买者的附赠式有奖销售具有根本区别。故对本案的处理适用《反不正当竞争法》关于抽奖式有奖销售的相关规定。

《反不正当竞争法》第十三条第(三)项规定经营者从事抽奖式的有奖销售最高奖的金额不得超过五千元。新大洲公司设置上述奖项的行为是典型的抽奖式有奖销售，所设超级大奖的数额巨大，超出了法定的最高限额，构成了不正当有奖销售行为。

二、商业诽谤行为

(一)商业诽谤行为的概念和构成

我国《反不正当竞争法》第十四条规定，经营者不得捏造、散布虚伪事实，损害竞争对手的商业信誉、商品声誉。这是禁止商业诽谤行为的法律依据。

商业诽谤行为也称为诋毁竞争对手行为，是指损害他人的商业信誉、侵犯他人商誉权的行为。具体而言，是指在市场竞争中诋毁、诽谤竞争对手，损害竞争对手的商业信誉、商品声誉，瓦解竞争对手竞争实力的行为。

商业信誉是经营者进行经营行为的基础。商业信誉表现为商业道德、商品质量、服务质量、资信及价格的水平等多个方面。经营者的商业信誉遭到损害，往往会造成客户流失、营业机会丧失的不利后果。

一般而言，要构成商业诽谤行为，必须具备以下要件：

(1)实施主体必须是经营者，而且诽谤者与被诽谤者之间存在竞争关系。如果不存在竞争关系，则不会构成商业诽谤行为。

(2)商业诽谤行为既可以是经营者自己亲自实施侵害他人商誉权的行为，也可以是经营者通过他人或利用他人实施侵害商誉的行为。

(3)商业诽谤的核心是捏造、散布虚伪事实。所谓捏造虚伪事实，是指所散布的有关竞争对手的情况是与客观真实不符的；散布的方式既包括向不特定的多数人散布，也包括向特定的共同客户或同行业的其他竞争者的散布。既可以以文件书信的方式散布，也可以利用新闻媒介、广告宣传的方式散布，还可以用口头的方式散布。

(4)行为的结果损害了或有可能损害竞争对手的商业信誉或商品声誉。损害竞争对手的商业信誉、商品声誉，包括使竞争对手的商业信誉或商品声誉已经受到损害，也包括虽然损害竞争对手商业信誉、商品声誉的结果尚未发生，但是有可能使竞争对手的商业信誉或商品信誉受到损害的情形。

(二)商业诽谤行为的主要表现形式

根据商业诽谤的具体手段的不同，可以将商业诽谤行为归纳为以下几类：

1. 产品附属资料中的商业诽谤行为

产品附属资料中的商业诽谤行为是指行为人在自己的产品说明书及其他文字说明资料中，故意贬低他人的产品质量。

2. 产品交易中的商业诽谤行为

产品交易中的商业诽谤行为是指在具体的产品交易过程中，向自己的客户吹嘘自己，攻击他人、贬低他人的信誉。其主要特点是发生于具体的交易过程中，一般是以口头的方式散布不利于同业竞争者的谣言，而且一般也只针对交易相对人散布。

3. 新闻、广告中的商业诽谤行为

新闻、广告中的商业诽谤行为是指在新闻媒介发布的新闻、刊登的广告中，对他人的商誉进行攻击或贬低的行为。由于这种行为以新闻媒介为手段，所以影响比较广，危害性最大。

4. 直接在公众中散布谣言

直接在公众中散布谣言即经营者为了贬低竞争对手的商誉而在公众中散布不利于竞争对手的谣言。这种方式的特点是以口头形式向不特定的多数人传播虚假的“消息”，以破坏竞争对手的商誉，并使自己获利。

5. 组织、唆使、利用他人进行商业诽谤

组织、唆使、利用他人进行商业诽谤即经营者组织、唆使或者利用他人捏造、散布不利于竞争对手的虚假事实，损害竞争对手的商誉。这种行为的特点是组织、唆使、利用他人的人不出面，而在幕后操纵，因而比较隐蔽。

【案例】

“娃哈哈儿童营养液”是杭州娃哈哈集团公司(以下简称娃哈哈集团)研制生产的产品，其广告词“喝了娃哈哈，吃饭就是香”已经家喻户晓。该产品先后获全国最受欢迎的保健产品、国家星火二等奖、中国优质保健品金奖等二十余项大奖，销售额一直保持在全国同类产品的领先地位。

1995年初，珠海巨人高科技集团公司(以下简称巨人集团)生产了一种与“娃哈哈儿童营养液”类似的产品“巨人吃饭香”投放全国市场，并专门印制了一种名为《巨人集团健康产品销售书、巨人大行动》的宣传册子，在全国各地的食品、医药等销售单位、消费者中广为散发。该宣传册子中称：“据说娃哈哈有激素，造成小孩早熟，产生许多现代儿童病。”为此，全国各地娃哈哈产品的销售商和消费者纷纷要求娃哈哈集团对此作出解释。

经鉴定，娃哈哈集团的产品“娃哈哈儿童营养液”不存在“有激素，造成小孩早熟，产生许多现代儿童病”的问题。巨人集团印制宣传册子的行为，致使娃哈哈儿童营养液在全国各地的销售量下跌，更为严重的是，娃哈哈集团良好的商业信誉、商品声誉和企业形象亦因此而受到了极大损害。

娃哈哈集团以巨人集团有不正当竞争行为为由，向浙江省杭州市中级人民法院提起了诉讼，请求法院判令巨人集团立即停止损害其商业信誉和商品声誉的不正当竞争行为；要求赔偿直接经济损失和名誉损失；并要求巨人集团公开赔礼道歉、消除影响。

浙江省杭州市中级人民法院经审理认为，巨人集团散布虚伪事实损害娃哈哈集团的商品声誉，是不正当竞争行为，应当承担侵权损害赔偿责任。在法院的主持下，双方达成调解协议，其主要内容如下：(1)巨人集团承认有不正当竞争行为，愿意承担相应的法律责任；(2)巨人集团停止不正当竞争行为，向娃哈哈集团赔礼道歉，消除影响；(3)巨人集团向娃哈哈集团赔偿直接经济损失人民币200万元，补偿其他费用190340元。

【分析】

《反不正当竞争法》第十四条规定："经营者不得捏造、散布虚伪事实，损害竞争对手的商业信誉、商品声誉。"本案中，巨人集团印发的《巨人集团健康产品销售书、巨人大行动》宣传册子称，娃哈哈有激素，造成小孩早熟，产生许多现代儿童病。经查证，巨人集团印发的宣传册子的内容没有科学依据，"娃哈哈儿童营养液"并没有宣传册子提及的诸多危害儿童健康的质量问题。巨人集团以发行宣传册的方式捏造、散布虚假事实，贬低娃哈哈集团的商业信誉，直接影响了社会公众对娃哈哈集团产品的评价，使其商业信誉、商品声誉和企业形象因此而遭受巨大的打击。相较于娃哈哈集团的"娃哈哈儿童营养液"，"巨人吃饭香"是市场上出现的一种新产品，巨人集团通过捏造和散布"娃哈哈儿童营养液"含有激素的虚假事实，使社会大众对"娃哈哈儿童营养液"失去信任，从而突出巨人集团的产品形象，获取不正当的利益。① 因而，巨人集团的行为构成商业诽谤。

三、虚假广告宣传行为

（一）虚假广告宣传的含义

所谓虚假广告，是指经营者为获取市场竞争优势和不正当利益，对其产品或者服务进行虚伪不实、引人误解的宣传。

《反不正当竞争法》第九条规定，"经营者不得利用广告或者其他方法，对商品的质量、制作成分、性能、用途、生产者、有效期限、产地等作引人误解的虚假

---

① 邵建东，方小敏. 案说反不正当竞争法[M]. 北京：知识产权出版社，2012：399.

宣传。广告的经营者不得在明知或者应知的情况下，代理、设计、制作、发布虚假广告”。这是《反不正当竞争法》禁止虚假广告宣传行为的规定。

（二）虚假广告宣传行为的特征

虚假广告宣传行为具有下列特征：

（1）虚假广告宣传行为的主体不仅包括商品和服务的经营者，也包括广告经营者。广告经营者是指从事广告经营业务的单位或者个体工商户。

（2）虚假广告宣传行为必须发生于商品或服务的宣传过程当中。宣传行为与经营者在具体交易中的虚假陈述、虚假表示、错误说明等是不同的，它必须相对于广大的用户和消费者，且必须借助于一定的宣传媒介，如广播、电台、电视、报刊、杂志等。

（3）虚假广告宣传行为的内容或所起的效果与事实不符。虚假广告宣传行为的实质是对商品的质量、制作成分、性能、用途、生产者、有效期、产地等作引人误解的虚假宣传。所谓的虚假宣传包括进行与商品的客观实际不相符的宣传。

（4）虚假广告宣传行为同时损害了同业经营者和消费者的合法利益。这种广告宣传行为是直接面对消费者的，因此，它首先就侵犯了消费者的合法权益。与此同时，这种广告的目的是排挤竞争对手，而其最终结果又是对竞争对手竞争力的削弱和打击。

（三）虚假广告宣传的主要表现形式

根据《广告法》的规定，广告是指商品经营者或者服务提供者承担费用，通过一定媒介和形式直接或者间接地介绍自己所推销商品或者所提供的服务的商业广告。国家工商行政管理局在《关于认定处理虚假广告问题的批复》中将虚假广告解释为不真实的广告。《广告法》第四条规定：“广告不得含有虚假或者引人误解的内容，不得欺骗、误导消费者。广告主应当对广告内容的真实性负责。”

《广告法》第二十八条规定：“广告以虚假或者引人误解的内容欺骗、误导消费者的，构成虚假广告。广告有下列情形之一的，为虚假广告：（1）商品或者服务不存在的；（2）商品的性能、功能、产地、用途、质量、规格、成分、价格、生产者、有效期限、销售状况、曾获荣誉等信息，或者服务的内容、提供者、形式、质量、价格、销售状况、曾获荣誉等信息，以及与商品或者服务有关的允诺等信息与实际情况不符，对购买行为有实质性影响的；（3）使用虚构、伪造或者无法验证的科研成果、统计资料、调查结果、文摘、引用语等信息作证明材料的；（4）虚构使用商品或者接受服务的效果的；（5）以虚假或者引人误解的内容欺骗、误导消费者的其他情形。”

从字面上看，“引人误解”和“虚假”都是宣传的限定词，而且虚假的宣传和引人误解的宣传都有可能使消费者作出错误的意思表示，甚至上当受骗，但是它们各自所指的情况并不完全相同。实际上，引人误解的宣传与虚假宣传是交叉的关系。反不正当竞争法主要关注的是引人误解的宣传。基于此，《最高人民法院关于审理不正当竞争民事案件应用法律若干问题的解释》第八条规定：以明显的夸张方式宣传商品，不足以造成相关公众误解的，不属于引人误解的虚假宣传行为。

该司法解释还规定：法院应当根据日常生活经验、相关公众一般注意力、发生误解的事实和被宣传对象的实际情况等因素，对引人误解的虚假宣传行为进行认定。经营者具有下列行为之一，足以造成相关公众误解的，可以认定为引人误解的虚假宣传行为：(1)对商品作片面的宣传或者对比的；(2)将科学上未定论的观点、现象等当作定论的事实用于商品宣传的；(3)以歧义性语言或者其他引人误解的方式进行商品宣传的。

四、公用企业限制竞争行为

(一)公用企业限制竞争行为的概念

公用企业限制竞争行为主要是指公用企业的强制性交易行为，是指公用企业以胁迫或其他强制手段，违背他人意愿，强迫他人购买或使用其指定的经营者的商品，排斥其他经营者的行为。

公用企业是在国家授权下垄断某一基础产业的企业，主要包括供水、供电、供热、煤气、邮电、电信、公共交通等行业。公用企业具有某种垄断地位，这种地位的存在是公用企业实施限制竞争行为的基础条件。

(二)公用企业限制竞争行为的主要表现形式

除《反不正当竞争法》第二十三条的规定以外，原国家工商行政管理局还发布了《关于禁止公用企业限制竞争行为的若干规定》，该规定明确提出以下行为是非法的：

(1)限定消费者购买和使用公用企业在进行正常交易中附带提供的相关商品，或其指定的经营者生产的、经销的商品，而不得购买或使用其他经营者提供的符合技术标准要求的同类产品。

(2)强制用户或消费者购买其提供的不必要的商品及配件，或购买其指定的经营者提供的不必要的商品。

(3)以检验商品质量、性能等为借口，阻碍用户或消费者购买、使用其他经营者提供的符合技术标准要求的其他商品。

(4)对不接受其不合理条件的用户或消费者，采用拒绝、中断或者削减供应相关产品或滥收费用的手段进行报复。

第六节 反不正当竞争法的法律责任

一、民事责任

(一)我国《反不正当竞争法》关于民事责任的规定

经营者违反《反不正当竞争法》规定，给被侵害的经营者造成损害的，应当承担损害赔偿责任，被侵害的经营者的损失难以计算的，赔偿额为侵权人在侵权期间因侵权所获得的利润；并应当承担被侵害的经营者因调查该经营者侵害其合法权益的不正当竞争行为所支付的合理费用。

被侵害的经营者的合法权益受到不正当竞争行为损害的，可以向人民法院提起诉讼。根据《关于审理不正当竞争民事案件应用法律若干问题的解释》，对于侵犯商业秘密行为，商业秘密独占使用许可合同的被许可人提起诉讼的，人民法院应当依法受理。排他使用许可合同的被许可人和权利人共同提起诉讼，或者在权利人不起诉的情况下，自行提起诉讼，人民法院应当依法受理。普通使用许可合同的被许可人和权利人共同提起诉讼，或者经权利人书面授权，单独提起诉讼的，人民法院应当依法受理。

法院对于侵犯商业秘密行为判决停止侵害的民事责任时，停止侵害的时间一般到该项商业秘密已为公众知悉时为止。但是，判决停止侵害的时间如果明显不合理的，可以在依法保护权利人该项商业秘密竞争优势的情况下，判决侵权人在一定期限或者范围内停止使用该项商业秘密。

确定《反不正当竞争法》第十条规定的侵犯商业秘密行为的损害赔偿额，可以参照确定侵犯专利权的损害赔偿额的方法进行；确定《反不正当竞争法》第五条、第九条、第十四条规定的不正当竞争行为的损害赔偿额，可以参照确定侵犯注册商标专用权的损害赔偿额的方法进行。

因侵权行为导致商业秘密已为公众所知悉的，应当根据该项商业秘密的商业价值确定损害赔偿额。商业秘密的商业价值，根据其研究开发成本、实施该项商业秘密的收益、可得利益、可保持竞争优势的时间等因素确定。

《反不正当竞争法》第五条、第九条、第十条、第十四条规定的不正当竞争民事第一审案件，一般由中级人民法院管辖。各高级人民法院根据本辖区的实际情况，经最高人民法院批准，可以确定若干基层人民法院受理不正当竞争民事第一审案件，已经批准可以审理知识产权民事案件的基层人民法院，可以继续受理。

(二)反不正当竞争法民事责任的构成要件及主要形式

1. 反不正当竞争法民事责任的构成要件

民事责任是不正当竞争的基本责任种类，这是由不正当竞争的民事侵权性质所决定的。反不正当竞争法民事责任有如下几个构成要件：

(1)存在民事违法行为，主要表现为：第一，侵犯其他经营者一般财产所有权的行为。如擅自使用知名商品特有的名称、包装、装潢，或者使用与知名商品近似的名称、包装、装潢，造成和他人的知名商品相混淆，导致其他经营者遭受损失；第二，侵犯其他经营者知识产权的行为。如假冒他人注册商标、侵犯他人商业秘密；第三，侵犯其他经营者人格权的行为。如捏造、散布虚假事实，损害竞争对手的商业信誉、商品声誉。①

(2)存在损害正常竞争秩序的事实。

(3)不正当竞争行为与违法事实之间存在因果关系。

(4)行为人主观上存在故意或过失。从我国《反不正当竞争法》第二十条的规定来看，没有规定行为人承担责任以存在过错为要件。不正当竞争是一种特殊的侵权行为，不正当竞争行为的民事责任是一种特殊的侵权责任。从不正当竞争行为的特性看，一般都存在过失或故意。

2. 反不正当竞争法民事责任的主要形式

反不正当竞争法民事责任的主要形式包括以下几种：

(1)赔偿损失。《反不正当竞争法》第二十条规定："经营者违反本法规定，给被侵害的经营者造成损害的，应当承担损害赔偿责任，被侵害的经营者的损失难以计算的，赔偿额为侵权人在侵权期间因侵权所获得的利润；并应当承担被侵害的经营者因调查该经营者侵害其合法权益的不正当竞争行为所支付的合理费用。被侵害的经营者的合法权益受到不正当竞争行为损害的，可以向人民法院提起诉讼。"

(2)停止侵害。受到不正当竞争行为侵害的受害人，除了可以向工商行政管理局部门要求停止经营者的不正当竞争行为外，还可以向有管辖权的人民法院提起民事诉讼，由法院判决侵权人停止侵害行为。

(3)恢复名誉。反不正当竞争行为损害到经营者的商业声誉时，受害人可以

---

① 邵建东，方小敏. 案说反不正当竞争法[M]. 北京：知识产权出版社，2012：440.

要求侵害人为其恢复名誉。《反不正当竞争法》第十四条规定:“经营者不得捏造、散布虚假事实,损害竞争对手的商业信誉、商品信誉。”①

二、行政责任

(一)我国《反不正当竞争法》关于行政责任的规定

我国《反不正当竞争法》之所以对不正当竞争行为规定行政责任,是因为不正当竞争行为不仅侵害竞争对手和客户的私人利益,而且还侵害社会公共利益,需要国家主动干预。对于不正当竞争行为的行政责任,《反不正当竞争法》对除了掠夺性定价、搭售和商业诽谤三种行为外,分别规定了八种行为相应的行政责任。主要涉及责令停止违法行为、消除影响、罚款、没收违法所得、吊销营业执照等。其中第二十三条和第三十条分别对两类违法行为的行政责任作了特殊规定。

根据该法第二十三条的规定,公用企业或者其他依法具有独占地位的经营者,限定他人购买其指定的经营者的商品,以排挤其他经营者的公平竞争的,省级或者设区的市的监督检查部门应当责令停止违法行为,可以根据情节处以五万元以上二十万元以下的罚款。被指定的经营者借此销售质次价高商品或者滥收费用的,监督检查部门应当没收违法所得,可以根据情节处以违法所得一倍以上三倍以下的罚款。

根据该法第三十条规定,政府及其所属部门违法限定他人购买其指定的经营者的商品、限制其他经营者正当的经营活动,或者限制商品在地区之间正常流通的,由上级机关责令其改正;情节严重的,由同级或者上级机关对直接责任人员给予行政处分。被指定的经营者借此销售质次价高商品或者滥收费用的,监督检查部门应当没收违法所得,可以根据情节处以违法所得一倍以上三倍以下的罚款。

(二)反不正当竞争法行政责任的构成要件及主要形式

行政责任是指违反竞争法规定的行为人承担的,由竞争法行政主管机关施予的行政制裁措施,其构成要件如下:

1. 执法主体行使执法权必须由法律明确授权

《反不正当竞争法》规定,县级以上人民政府工商行政管理部门对不正当竞争行为进行监督检查;法律、行政法规规定由其他部门监督检查的,依照其规定。

2. 行为人实施了不正当竞争行为

《反不正当竞争法》第二章列举了市场混同行为、虚假商业宣传行为、不正当

---

① 种明钊. 竞争法[M]. 北京:法律出版社,2009:369-370.

有奖销售行为、商业贿赂行为、侵犯商业秘密行为和商业诽谤行为等不正当竞争行为，行为人一旦实施了违法行为，损害了诚实经营者的合法权益或者社会公共利益，将会受到执法机构的行政制裁。

3. 存在承担行政责任的法律依据

《反不正当竞争法》第二十一条到第三十条规定了不正当竞争行为的行政责任。如果《反不正当竞争法》及相关法律、法规对某种行为没有规定处罚形式，就不能对行为人实施行政处罚。

我国《反不正当竞争法》中规定的不正当竞争的具体责任包括责令停止违法行为、消除影响、没收违法所得、罚款及取消经营资格。

三、刑事责任

(一)我国《反不正当竞争法》关于刑事责任的规定

《反不正当竞争法》对于不正当竞争行为的刑事责任的追究只作原则性规定，而1997年修订的《刑法》对于相关不正当竞争行为的刑事责任作了规定。其主要内容包括：

《反不正当竞争法》第二十一条第二款有“销售伪劣商品，构成犯罪的，依法追究刑事责任”的规定，刑法第三章第一节规定了“生产、销售伪劣商品罪”。因此，仿冒知名商品特有的名称、包装和装潢的行为，如果涉及“销售伪劣商品，构成犯罪的”，可以依照《刑法》第三章第一节有关“生产、销售伪劣商品罪”的相应规定追究刑事责任。

《反不正当竞争法》第二十二条有“经营者采用财物或者其他手段进行贿赂以销售或者购买商品的，构成犯罪的，依法追究刑事责任”的规定。刑法对于商业受贿罪和商业行贿罪都有相应的规定。例如，《刑法》第一百六十三条有公司、企业人员受贿罪的规定，第一百六十四条有向公司、企业行贿罪的规定，第八章有贪污贿赂罪的规定。

此外，《刑法》第二百一十九条关于侵犯商业秘密罪的规定和第三章第八节扰乱市场秩序罪中的有关规定，可以作为追究相应的不正当竞争犯罪行为的刑事责任的依据。

(二)反不正当竞争法刑事责任的构成要件及刑罚方式

《反不正当竞争法》对在市场交易中采取欺骗、利诱及其他违背诚实信用和破坏市场竞争秩序的情节严重的行为进行处罚。反不正当竞争法刑事责任的构成要件如下：

1. 犯罪主体

在我国，从事商品经营或者营利性服务的法人、其他经济组织和个人，都可以成为承担反不正当竞争法刑事责任的主体。

2. 犯罪主观方面

一般来说，不正当竞争行为人的主观上具有损害他人商誉、侵犯商业秘密、销售伪劣产品、进行商业贿赂等违法行为的直接故意，但不排除特殊情况下行为人主观上存在间接故意与过失的主观心态。

3. 犯罪客体

犯罪客体为《反不正当竞争法》所保护的正常的社会市场经济秩序。

4. 犯罪客观方面

市场主体在市场竞争中采取不正当竞争的手段，给受害人造成丧失市场竞争地位、失去消费者的信任、经营陷入困境等重大损失或其他严重情节的行为。

结合《刑法》的相关规定，我国《反不正当竞争法》中涉及的刑罚方式主要包括以下几种：(1)管制；(2)拘役；(3)有期徒刑；(4)罚金。

【导入案例分析】

商业混同行为，又叫仿冒行为、商业假冒行为，它是指经营者采用欺骗性的手段，从事市场交易，使自己的商品或服务与特定竞争对手的商品或服务相混淆，以造成购买者误认或误购为目的的不正当竞争行为。《反不正当竞争法》第五条第二项规定：经营者不得擅自使用知名商品特有的名称、包装、装潢，或者使用与知名商品近似的名称、包装、装潢，造成和他人的知名商品相混淆，使购买者误认为是该知名商品。要认定蒙特莎公司是否存在不正当竞争中的商业混同行为，需要我们思考以下三个难点。

一、知名商品的地域范围的认定

本案判断不正当竞争行为是否成立，首先应当判断费列罗公司的商品是否为知名商品。商品是否知名具有很强的地域性，在某一地域范围内知名，并不一定在另一地域范围内同样知名。涉案的两种商品一定要进入到同一市场才有不正当竞争行为产生的可能。①《最高人民法院关于审理不正当竞争民事案件应用法律若干问题的解释》的第一条对判断知名商品的地域范围作了相对具体的规定："在中国境内具有一定的市场知名度，为相关公众所知悉的商品，应当认定为反不正当竞争法第五条第(二)项规定的'知名商品'。人民法院认定知名商品，应当考虑该商品的销售时间、销售区域、销售额和销售对象，进行任何宣传的持续时间、程度和地域范围，作为知名商品受保护的情况等因素，进行综合判断。"

---

① 袁达松，韩赤风，李树建. 中外竞争法经典案例评析[M]. 北京：法律出版社，2011：107.

类似于费列罗巧克力之类的在国际已知名的商品，我国法律对其特有名称、包装、装潢的保护，仍应以在中国境内为相关公众所知悉为必要，当然也不排除适当考虑国外已知名的因素。根据费列罗巧克力进入中国市场的时间、销售情况以及费列罗公司进行的多种宣传活动，可以认定其系属于在中国境内的相关市场中具有较高知名度的知名商品。

二、知名商品的名称、包装和装潢的特有性

在我国，知名商品的包装、装潢只有具备了特有性，才是《反不正当竞争法》的保护对象。根据国家工商行政管理总局于1995年发布的《关于禁止仿冒知名商品特有的名称、包装、装潢的不正当竞争行为的若干规定》第三条的规定，"特有"是指"商品名称、包装、装潢非为相关商品所通用，并具有显著的区别性特征"；"包装"是指为识别商品以及方便携带、储运而使用在商品上的辅助物和容器。"装潢"是指为识别与美化商品而在商品或者其包装上附加的文字、图案、色彩及其排列组合。

在本案中，"锡箔纸包裹球状巧克力，采用透明塑料外包装，呈现巧克力内包装等方式进行简单的组合"所形成的包装、装潢是该行业产品的通用包装、装潢，不能被独占使用，不具备特有性。但是，以上包装、装潢的构成元素的排列组合具有很大的设计自由性和组合空间，若能够使产品具有区别商品来源的显著特征，即可构成商品特有的包装、装潢。费列罗巧克力所使用的包装、装潢因其构成要素在文字、图形、色彩、形状、大小等方面的排列组合具有独特性，形成了显著的整体形象，且与商品的功能性无关，经过长时间使用和大量宣传，已足以使相关公众将上述包装、装潢的整体形象与费列罗公司的费列罗巧克力商品联系起来，构建一个具有识别性的品牌形象，属于《反不正当竞争法》第五条第二项所保护的特有的包装、装潢。

三、误认与混淆

要构成商业混同行为，必须具备一个要件，即：相关行为使购买者发生误认或混淆。在本案中，具体是指相关公众是否容易对费列罗巧克力与金莎 TRESOR DORE 巧克力引起混淆、误认。本案中，由于费列罗巧克力使用的包装、装潢的整体形象具有区别商品来源的显著特征，蒙特莎公司在其巧克力商品上使用的包装、装潢与费列罗巧克力特有包装、装潢又在视觉上达到了非常近似的程度。即使双方商品存在价格、质量、口味、消费层次等方面的差异和厂商名称、商标不同等因素，也难免使相关公众易于误认金莎 TRESOR DORE 巧克力与费列罗巧克力存在某种经济上的联系。

综上，蒙特莎公司在其生产的金莎 TRESOR DORE 巧克力商品上，擅自使用与费列罗公司的费列罗巧克力特有的包装、装潢相近似的包装、装潢，足以引起相关公众对商品来源的混淆、误认，构成不正当竞争。

【思考与案例分析题】

1. 简述不正当竞争行为的构成要件。
2. 论述反不正当竞争法与反垄断法的关系。
3. 简述反不正当竞争法的一般条款与具体条款的关系。
4. 联系实际案例，谈谈对典型不正当竞争行为的认定与处罚。
5. 联系实际案例，谈谈你对反不正当竞争法修改的建议与理由。
6. 案例分析题

案情简介

余姚市市场监督管理局低塘所接到群众举报，称位于余姚市低塘街道的余姚某纯净水厂生产的纯净水竟然标榜能延缓衰老。随后，执法人员赶到该纯净水厂，发现该纯净水厂仓库里堆放着一批刚生产包装好，等待销售的桶装纯净水。桶上的标签明确标注“弱碱性饮用水(入口甘甜)有效改善碱性体质，延缓衰老”字样。

执法人员表示该纯净水厂无法提供“弱碱性饮用水(入口甘甜)有效改善碱性体质，延缓衰老”的相关证明材料，并在现场共查获及暂扣贴有此标签的纯净水400桶，以及400张尚未使用的标签。

该纯净水厂负责人李某说，他于2010年9月3日在余姚市低塘街道开办了这家纯净水厂。为扩大销路，2014年4月共印制了标有“弱碱性饮用水(入口甘甜)有效改善碱性体质，延缓衰老”字样的标签1500张。然后，他将标签贴在纯净水桶上，以每桶2.5元的批发价销往当地及慈溪一带的农村小店。至案发时，共生产了贴有上述标签的桶装纯净水1100桶。

问题：

该纯净水厂的行为属于什么类型的不正当竞争行为?

【相关知识链接】

1. 中华人民共和国国家工商行政管理总局官网之“反垄断与反不正当竞争”网页：http：//www. saic. gov. cn/jgzf/fldyfbzljz/。

2. 中国竞争法网：http：//www. competitionlaw. cn/。

【参考文献】

[1] 漆多俊. 经济法学(第三版)[M]. 北京：高等教育出版社，2014.
[2] 邵建东，方小敏. 案说反不正当竞争法[M]. 北京：知识产权出版社，2012.
[3] 种明钊. 竞争法[M]. 北京：法律出版社，2009.
[4] 何登榜. 反不正当竞争法中民事责任的完善[J]. 中国工商管理研究，2012(4)：25－28.
[5] 周樨平. 反不正当竞争法一般条款行政实施研究——以裁量权的构建为中心[J]. 现代法学，2015(1)：172－183.

第四章　消费者权益保护法

【本章重点】

1. 消费者的概念。
2. 消费者权益的主要内容。
3. 经营者为保护消费者权益应承担的主要义务。
4. 国家和社会对消费者权益的保护方式。
5. 消费者权益争议的解决途径。
6. 消费者权益保护法中的惩罚性赔偿。

【案例导入】

2015 年 2 月 28 日，张莉从合力华通公司购买上海通用雪佛兰景程轿车一辆，价格 13.8 万元，双方签有《汽车销售合同》。该合同第七条约定：“……卖方保证买方所购车辆为新车，在交付之前已作了必要的检验和清洁，车辆路程表的公里数为 18 公里且符合卖方提供给买方的随车交付文件中所列的各项规格和指标……”合同签订当日，张莉向合力华通公司交付了购车款 13.8 万元，同时支付了车辆购置税 1.24 万元、一条龙服务费 500 元、保险费 6060 元。同日，合力华通公司将雪佛兰景程轿车一辆交付张莉，张莉为该车办理了机动车登记手续。2015 年 5 月 13 日，张莉在将车辆送合力华通公司保养时，发现该车曾于 2015 年 1 月 17 日进行过维修。合力华通公司表示张莉所购车辆确曾在运输途中造成划伤，于 2015 年 1 月 17 日进行过维修，维修项目包括右前叶子板喷漆、右前门喷漆等多项内容。送修人系该公司业务员。合力华通公司称已在销售时明确告知张莉车辆曾进行维修之事，并据此予以较大幅度优惠，该车销售定价应为 15.19 万元，经协商后该车实际销售价格为 13.8 万元，还赠送了部分装饰。为证明上述事实，合力华通公司提供了车辆维修记录及有张莉签字的日期为 2015 年 2 月 28 日的车辆交接验收单一份，在车辆交接验收单备注一栏中注有“加 1/4 油，此车右侧有钣喷修复，按约定价格销售”。合力华通公司表示该验收单系该公司保存，张莉手中并无此单。对于合力华通公司提供的上述两份证据，张莉表示对于车辆维修记录没有异议，车辆交接验收单中的签字确系其所签，但合力华通公司在销售时并未告知车辆曾有维修，其在签字时备注一栏中没有“此车右侧有钣喷修复，按约定价格销售”字样。

【思考】

作为经营者的合力华通公司是否履行了所售车辆已经维修的瑕疵告知义务？其行为是否存在欺诈，是否应承担退车还款和相应赔偿的责任？

（具体分析见本章末尾）

第一节　消费者权益保护法概述

一、消费者的含义

（一）消费者的定义

消费作为社会再生产的一个重要环节，是生产、交换、分配的目的与归宿。它包括生产消费和生活消费两大方面。其中，生活消费与基本人权直接相关。在盛昌“消费者主权”和基本人权的今天，生活消费作为人类的基本需要，自然成为法律必须加以规制的重要领域。

在经济学上，消费者是与政府、企业相并列的参与市场经济运行的三大主体之一，是与企业相对应的市场主体；在法学上，消费者是各国消费者保护法的最重要的主体，也是经济法的重要主体。尽管不同学科对于消费者研究的角度各有不同，但是，无论是在经济学上还是在法学上，无论是立法规定还是法律实践，一般都认为消费者是指从事生活消费的主体。

消费的主体是消费者，一切社会成员都是消费者。消费者这一概念是人类社会发展到一定阶段，在商品经济出现后才有的，是具有特定的经济和法律含义的概念。依照我国《消费者权益保护法》第二条规定，所谓消费者是指为生活需要而购买，使用商品或接受服务的人。明确界定消费者的含义具有十分重要的意义，它可以明确当事人的身份，以便按照不同的法律规范享受权利和履行义务。

（二）消费者定义的展开

消费者的含义包括以下几方面：

1. 消费者是个人，是购买、使用商品或接受服务的自然人

一切社会成员均是消费者，把消费者仅仅局限于“公民”的观点是不正确的。那种认为法人及其他社会组织也可以成为消费者的观点也是不正确的。这是因为：

第一，生活消费的终极主体只能是自然人。某些单位购买商品供自己使用或者发放给其成员，其行为仍然是一种生产经营行为或者分配行为，而不是消费行为。至于其成员作为商品的使用者，仍属消费者范围，如果其因使用单位发放的商品而受到损害，可依《消费者权益保护法》向商品生产者、销售者要求损害赔偿。

第二，对于经营者来说，消费者处于弱者地位。这是消费者保护法对消费者予以特别保护的理论基础。如果将各种社会组织都视为消费者，消费者这一弱势特征将不复存在，对其给予特殊保护的消费者权益保护法将失去其理论依据。

第三，国际上通常也把消费者理解为个人。国际标准化组织消费者政策委员会认为，消费者是指以个人消费为目的的而购买或使用商品和服务的个体社会成员。而且，我们将消费者限定于个体成员，并不否定法人及其他社会组织在其权利受到侵害时可以通过其他法律规定得到救济。

2. 消费者购买、使用的商品或接受的服务是由经营者提供的

经营者是指从事加工、制造和销售商品的单位或个人。经营者既可以是法人或者非法人组织，也可以是自然人。消费者与经营者是一对相对应、相对立的法律主体。没有经营者，就不会存在特定含义的消费者概念。作为消费者，其消费的商品和服务是经营者生产、制造并提供的，而不能是自己生产、制造的。

3. 消费者是获取生活资料而进行生活性消费的个人

消费者所获取的是生活资料而非生产资料。但是，许多商品既可以作为生活资料消费，也可以作为生产资料使用。区分消费者与经营者的标准不是所购买、使用的商品的性能是什么，而是其购买的目的是生活消费需要，还是生产经营需要。消费者购买、使用商品，接受服务，其目的是满足个人或家庭的生活需要，而不是生产经营的需要。但是，对于农民购买、使用直接用于农业的生产资料，考虑到农民此时有着与消费者类似的境遇，《消费者权益保护法》第六十二条特别规定，同样参照本法执行。

二、消费者权益保护法的概念及我国立法的发展过程

（一）消费者权益保护法的概念

消费者权益保护法是指国家为保护消费者的合法权益而制定的调整人们在消

费过程中所发生的社会关系的法律规范的总称。消费者权益保护法有狭义和广义之分。狭义的消费者权益保护法是专项立法意义上的法律，如我国的《消费者权益保护法》、日本的《消费者保护基本法》等。广义的消费者权益保护法是指实质意义上的有关消费者权益保护的法律规范的总体。在这一意义上，它不仅包括形式意义上的专门法律，还包括了《产品质量法》《民法》《合同法》《反不正当竞争法》《广告法》等法律中的相关规定。通常，消费者权益保护法指的是其狭义上的意义。

（二）消费者权益保护法的调整对象

消费者权益保护法的定义表明其有独特的调整对象，理论上存在不同的认识。主要有两种观点：三方关系说和二方关系说，①三方关系说为学界的主流观点，即消费者权益保护法的调整对象是围绕保护消费者利益而产生的各种社会关系，这种社会关系具体表现为三个方面：

(1)消费者与经营者之间的关系。主要是指经营者应遵循有关的保护消费者权益的法定义务，消费者在消费过程中依法应享有的有关权利，并就经营者违反有关法定义务、损害消费者的合法权益而进行赔偿过程中产生的法律关系。

(2)国家机关与经营者之间的关系。主要是指国家有关管理部门在对经营者生产、销售、服务活动进行监督管理，以及对侵害消费者合法权益的行为给予制裁过程中所发生的社会关系。

(3)国家机关与消费者之间的关系。主要是指国家管理部门在为消费者提供指导、服务与保护过程中所发生的社会关系。

可见，消费者权益保护法有其独特的调整对象，即在保护消费者权益过程中所发生的经济关系。由此可以认为，消费者权益保护法在立法基础、调整对象、法域、调整方法等诸多方面，已经大大突破了传统的私法体系。它与经济法中的市场规制法有共同的产生基础和宗旨等，因而它应当是经济法的组成部分。

（三）我国《消费者权益保护法》的制定与修订

我国于1993年10月31日第八届全国人民代表大会常务委员会第四次会议通过了第一部关于消费者权益保护的基本法——《中华人民共和国消费者权益保护法》。该法的制定和实施，对保护消费者的合法权益，维护社会经济的秩序，促进社会主义市场经济的健康发展具有十分重要的意义。

2009年8月27日，第十一届全国人民代表大会常务委员会第十次会议《关于修改部分法律的决定》对《消费者权益保护法》进行了第一次修正。此次修订将原

① 李昌麒，许明月.消费者保护法[M].北京：法律出版社，1997：45－46.

第五十二条中引用的《治安管理处罚条例》修改为《治安管理处罚法》。

2013年10月25日，第十二届全国人民代表大会常务委员会第五次会议《关于修改〈中华人民共和国消费者权益保护法〉的决定》对《消费者权益保护法》进行了第二次修正。此次修订是《消费者权益保护法》二十年来的首次全面修订。新消法引入了后悔权制度、个人信息保护权、精神损害赔偿请求权等新权利，继承与发展了惩罚性赔偿请求权。新消法还通过进一步强化商家的义务，确立了举证责任倒置制度，更新了三包制度，确立了普适于各类商品的产品召回制度，有效地降低了消费侵权的概率，降低了消费者的维权成本，提升了消费者维权的收益，并于2014年3月15日正式实施。

三、消费者权益保护法的基本原则

消费者权益保护法是国家基于消费者的弱势地位而给予其特别的保护，以维护真正的公平交易及市场秩序的法律。立法宗旨是保护消费者的合法权益，维护社会经济秩序，以促进市场经济的健康发展。一般来说，消费者权益保护法应当包括以下原则：一是消费者特别保护原则；二是国家保护与社会保护相结合原则；三是消费者权益保护与社会发展水平相适应原则。

（一）消费者特别保护原则

一般而言，消费者消耗和利用商品或服务的活动，属于经济生活的微观层面，消费者与经营者是平等地位的经济当事人，他们之间形成的是契约买卖关系，应由市场机制加以协调。对于这类关系中产生的纠纷的解决，传统民商法一般采取告诉才处理的方法。但是随着现代经济系统的演变，特别是垄断势力和不正当竞争行为的泛滥，消费者处于明显的弱势地位，经济生产的最终目标遭到了扭曲。为了保障双方地位实质平等，保障交易公平，防止消费者权益因其弱势地位而被经营者随意损害，国家对消费者给予特别保护，这是保护消费权益的最基本原则，也正是经济法追求实质正义的具体表现。① 一方面，在立法上，国家从保护消费者权益的立场出发，对经营者的活动进行一定的限制与约束，偏重其义务规范，对消费者则偏重其权利规范，并对消费者权利的实施提供各种保障。另一方面，在法律适用上，当消费者的权利保护与其他权利保护发生冲突时，应当优先保护消费者的权利。

为此，《消费者权益保护法》对消费者只规定了权利，对经营者只规定了义务，而没有再对消费者的义务和经营者的权利作出具体规定；该法第四十九条对

---

① 史际春，邓峰. 经济法总论[M]. 北京：法律出版社，1998：152－155.

经营者的欺诈行为作出了加倍赔偿的惩罚性规定，突破了民法的“填平原则”；除了充分赋予消费者维护自己利益的权利以外，还特别强调国家、社会组织保护消费者权利的职责。

（二）国家保护与社会保护相结合原则

国家保护原则的实质，是将消费者及其权益放到一个特殊的法律地位上加以保护。它隐含了这样的前提：即在经济生活中，由于各种原因，消费者的合法权益极易受到不法侵害，却没有足够的力量充分保护自己；这种侵害不仅对消费者自身，而且对经济民主的维持、对经济整体的有效运行、对社会秩序的稳定都有极大的危害。为了校正这种情况，以国家为核心的公权力主动介入到微观经济层面，站在消费者一边，通过保护消费者的合法权益，去规范和控制不法经营者的行为，达到经济协调、社会稳定的目标。《消费者权益保护法》第五条明确规定，国家保护消费者的合法权益不受侵害，国家采取措施保障消费者依法行使权利，维护消费者的合法权益。该法第四章专门规定了有关政府部门保护消费者权益、监督经营者行为的行政职责。

社会保护原则的实质，就是在国家保护的基础上将对消费者权益的保护扩大到全社会范围，动用一切社会力量，对经营者及其他可能或实际侵害消费者的行为进行预防、控制、规范和监督。保护消费者的权益不仅是行政机关的职责，也是全社会的共同责任。由于客观上的原因，国家的干预和监督也会存在种种局限，这就要求全社会各类组织和个人，尤其是以保护消费者权益为本职的消费者保护组织，都参与到对涉及消费者权益的经济活动和社会活动的监督与干预中来。全社会的全方位干预，有利于及时、迅速、深入、妥善地保护消费者的各项权益，“消费者至上”的观念才有可能真正树立起来。《消费者权益保护法》第六条明文规定，保护消费者的合法权益是全社会的共同责任，国家鼓励、支持一切组织和个人对损害消费者合法权益的行为进行社会监督，大众传播媒介应当做好维护消费者合法权益的宣传，对损害消费者合法权益的行为进行舆论监督。该法第五章专门对消费者组织的设立、性质及其职能作出了明确规定。

（三）消费者权益保护与社会发展水平相适应原则

受我国物质经济条件的局限，对消费者权益进行国家保护和社会保护的法律原则的贯彻并非是绝对的、无条件的，它应当与我国的经济发展水平相协调。我国是一个发展中国家，法制建设、公民意识、商业道德、管理和技术水平都有待提高和发展。因此，对消费者权益的保护不能完全按照良好的愿望进行。正如马克思所说的，任何权利都不能超过社会的经济结构和经济结构制约下的文化发展。过度的保护不仅不能促进经济的协调运行，反而会抑制，甚至侵害与消费者相对应的经营者的合法权益。这就构成了消费者权益保护法的适度原则，即法律保护与经济发展水平相适应原则。

提出法律保护与经济发展水平相适应原则，就是要求国家和社会在具体的执法和司法实践中，分析消费者的权益是否真正受到侵害，受到侵害的是否是正当权益，致害的原因是否是经营者的恶意行为以及是否存在消费者恶意造成权益受损的后果等，并加以区别对待。对于正当权益受损的消费者，坚决予以保护；对于因各种原因(而非经营者的故意或过失)受损的消费者，适度保护；对于为了谋求不当利益而故意使自己遭受损害的消费者，不予保护或仅给予有限保护。适度保护主要体现在对经营者责任的认定和对消费者损害赔偿的额度规定两个方面。因此，我国《消费者权益保护法》对经营者的责任认定基本上采用以过错责任制度为主的归责原则；在消费者损害赔偿制度中，除了经营者欺诈行为造成消费者的损失应当加大赔偿额以外，基本以赔偿物质损失为主，而对精神损失的赔偿则持慎重态度。

第二节　消费者权益的主要内容

一、消费者人身、财产安全不受损害的权利

(一)含义

消费者人身和财产安全不受损害的权利，简称为安全权，即消费者在购买、使用商品和接受服务时享有人身、财产安全不受损害的权利。这是消费者最基本的权利，具体说就是消费者有权要求经营者提供的商品或者服务，符合保障人身、财产安全的要求。

(二)法律规定及其理解

我国《消费者权益保护法》第七条规定，消费者在购买、使用商品和接受服务时享有人身、财产安全不受损害的权利，消费者有权要求经营者提供的商品和服务符合保障人身、财产安全的要求。

消费者的安全权包括人身安全权和财产安全权两个方面，而人身安全权又包括消费者的健康不受损害和生命安全保障两个方面。

保护消费者的人身财产安全是《消费者权益保护法》的重要任务，同样也是

《产品质量法》《食品安全法》等法律制度的重要内容。《产品质量法》第十三条规定："禁止生产、销售不符合保障人体健康和人身财产安全的标准和要求的工业产品。"并规定国家对可能危及人体健康和人身财产安全的产品进行抽查，防止可能损害消费者安全权的不合格产品上市流通。

产品的安全性是产品的重要特性，不具备安全性的产品就是不合格的、有缺陷的产品。按照法律的规定，消费者行使其安全权时，可以要求经营者修理不合格的商品；修理后仍不合格的，可以要求更换；更换后还是不合格的，可以要求退货。若消费者人身、财产因不合格商品而受到损害的，可以请求损害赔偿。

二、消费者知悉商品或服务的真实情况的权利

（一）含义

消费者知悉商品或服务的真实情况的权利，可以简称为知情权，指消费者享有的知悉其购买、使用的商品或者接受的服务的真实情况的权利，又称为知悉真情权或了解权。消费者只有充分了解商品和服务后，才能知晓商品和服务是否能满足自己的要求，这是消费者实现其消费权利的基础。同时，也只有满足了消费者的知情权，消费者才能正确地消费商品和服务。

（二）法律规定及其理解

我国《消费者权益保护法》第八条第一款规定，消费者享有知悉其购买、使用的商品或者接受的服务的真实情况的权利。

知情权是消费者作出消费决定的前提，其具体内容是，消费者有权根据商品或者服务的不同情况要求经营者提供商品的价格、产地、生产者、用途、性能、规格、等级、主要成分、生产日期、有效期限、检验合格证明、使用方法说明书、售后服务，或者服务的内容、规格、费用等有关真实情况。消费者的消费是为了满足其生活的需要，为此他就必须了解其要购买、使用的商品或接受的服务的真实情况，从而才能作出判断这一消费是否能满足其生活需要。对于这些商品的情况，经营者应当如实提供，否则会构成对消费者的欺诈。实践中侵犯消费者知情权的情况是较多的，例如虚假商品的宣传，冒用他人的商品名称，冒用质量标志、安全标志，虚报服务价格，销售失效变质商品等。对此，消费者可以依法主张权利。

【案例】

吕先生在一家购物中心为自己的亲人购买了一件中袖女套衫，女衫上标示的成分为羊绒、羊毛、竹纤维。一年后，吕先生在网络上看到一篇关于竹纤维成分

存在虚假标注问题的文章，于是对自己购买的商品产生了怀疑。服装检测中心对该女衫作了检测，检测结果证明吕先生购买的衣服确实存在问题。可是由于时间相隔太久，吕先生向商场反映多次都没有得到回复。于是吕先生向法院提起诉讼，要求购物中心按照《消费者权益保护法》规定退还自己购物款，并按货款赔偿损失并承担检测费用。

法院经过审理查明，吕先生称自己一年前从购物中心处购买了一件中袖女套衫，套衫合格证上标明“成分为50%竹纤维、45%羊毛、5%山羊绒”。同时，吕先生提供了加盖有购物中心收款专用章小票一张及加盖有购物中心发票专用章的发票一张加以证明。此外，吕先生提供了检测报告。法院经过审核予以确认：由于商品合格证上标明的成分与检测报告检测的成分不符，购物中心存在欺诈行为，应退还货款、给予三倍赔偿并承担检测费用，吕先生则应将该商品退还至该购物中心。

【分析】

消费者在购买商品时，经常遇到各种各样的宣传方式，比如只谈商品的优点，隐瞒商品的缺点，或者使用一些普通消费者无法理解的专业名词和技术名词，如最新生物科技、采用航天技术材料等，使消费者对商品产生兴趣或者信任，进而购买商品。作为专业知识有限的消费者，在购买商品时，务必要明确自己有权利获得商品真实情况的信息，消费者应当要求经营者作出通俗的说明，使自己对商品有真实的、全面的了解。如果经营者隐瞒了真实情况，消费者一经发现，有权追究经营者的责任。如果经营者不仅隐瞒产品真实情况，且作了与事实相反的虚假陈述，比如将食品当作药品加以推销，将人造皮革当成真皮进行销售，则属于欺诈行为，消费者有权要求经营者依法进行赔偿。

三、消费者自主选择商品或服务的权利

（一）含义

消费者享有自主选择商品或者服务的权利，可以简称为选择权。这实际上是民法的意思自治、契约自由原则在消费领域中的具体体现。任何人不得违背消费者的真实意思，强行推销商品和服务。消费者的自主选择权是消费者权利的核心，也是一项基本的人权。

（二）法律规定及其理解

《消费者权益保护法》第九条规定了消费者自主选择权的主要内容：（1）有权

选择商品或者服务的经营者。市场经济的一个特征是竞争，同一商品或者服务由两个以上的不同主体同时经营。这就在客观上为消费者选择商品或者服务的经营者提供了可能。为此，经营者应当通过改进经营方式，改善服务来吸引消费者，而不能对消费者采取蛮横无理的强留、强扣做法。(2)有权选择商品品种或者服务方式；发达的商品经济是商品相对丰富的经济，提供了多种的商品和服务方式供消费者选择。选择商品品种或者服务方式是指选择的决定在于消费者，经营者不能强迫消费者接受某一选择，但可以提供选择建议供消费者作选择参考。(3)有权自主决定购买或者不购买任何一种商品、接受或者不接受任何一项服务。这是消费者选择权的最核心的内容。选择经营者或者选择商品品种或者服务方式，其目的在于决定是否购买商品或者接受服务，如果消费者这一层次的自主选择权被侵害，则前两个层次的自主选择权也就失去意义。(4)消费者在自主选择商品或者服务时，有权进行比较、鉴别和挑选。

消费者在全面知悉商品或服务的真实情况的前提下，有自主选择权，不受任何人制约。消费行为的完成实质上是消费者与经营者就有关商品或者服务达成一致意见的结果。首先消费者要有消费商品或者服务的意思，并将这一意思明白表示出来，让经营者明白。经营者针对消费者的消费意思表示，作出相应的承诺。传统的民法一直强调民事活动中当事人意思自治的原则，这一原则贯彻到消费领域，就必然表现为消费者对消费的自主选择权。为了充分保障消费者的自主选择权，《反不正当竞争法》和《反垄断法》等法也作出了一些规定，例如禁止经营者搭售、不正当的有奖销售等行为，而《消费者权益保护法》的规定最为明确具体。

四、消费者获得公平交易条件的权利

(一)含义

消费者获得公平交易条件的权利，简称为公平交易权，是指消费者在购买商品或者接受服务时，有权获得质量保障、价格合理、计量正确等公平交易条件，同时有权拒绝经营者的强制交易行为。消费者和经营者是两个平等的民事主体，他们的法律地位是平等的，各自均没有相对于对方的特权。这种平等地位决定了在消费领域中消费者能够表达其真实的消费意思，并就商品和服务的条件与经营者进行协商。从消费行为来看，经营者就商品或者服务的价格、质量等出具的条件，实质上是一种要约行为。消费者若完全接受经营者出具的条件，从而购买商品或者接受服务，那么就是一种承诺行为；若消费者对经营者出具的条件有所修改，则是反要约行为，整个消费行为的完成，就是消费者和经营者之间不断协商，最终达成一致意思的结果。而最终意思表示一致，是公平交易的本质体现。

(二)法律规定及其理解

我国《消费者权益保护法》第十条第一款规定，消费者享有公平交易的权利。这是民事活动的公平原则在消费领域的客观要求。

消费者的公平交易权的内容主要有两个方面：一是消费者在购买商品或者接受服务时，有权获得质量保证、价格合理、计量正确等公平交易条件。质量保证主要是指商品不存在危及人身、财产安全的国家标准、行业标准的，应当符合该标准。价格合理是指商品或者服务的价格应当以商品或者服务包含的价值为基础，结合社会经济发展水平和消费者购买力，其包含的利润应当控制在法律允许的幅度内。计量正确则是指经营者不以短尺少秤等手法坑害消费者。二是消费者在购买商品和接受服务时有权拒绝经营者的强制交易行为。强制交易行为是指经营者利用其经济上的独占地位或者经济技术上的优势，强迫消费者接受其不想购买的商品或者接受其不想接受的服务或者其他限制性条件。例如，搭售消费者不需要的商品、利用格式合同免除自己的责任、利用店堂告示等强迫消费者接受不公平的条件等行为。强制交易行为与公平交易根本相悖，因此消费者有权拒绝。

五、消费者在受到损害时获得赔偿的权利

(一)含义

消费者在受到损害时获得赔偿的权利，可以简称为求偿权，是指消费者因购买、使用经营者提供的商品或者接受经营者提供的服务受到人身、财产损害的，享有依法请求并获得赔偿的权利。它是弥补消费者所受损害的必不可少的救济性权利。

(二)法律规定及其理解

我国《消费者权益保护法》第十一条规定，消费者因购买、使用商品或者接受服务受到人身、财产损害的，享有依法获得赔偿的权利。

商品对消费者的侵害可以造成两类求偿主体：一类是购买并消费商品或服务的消费者，即消费者和经营者之间存在契约关系，经营者负有担保的义务，即保证它所出售的商品具有安全可靠的性能。这种担保可以是口头的陈述，也可以是默示的，即依法推定某一类商品应当具有的起码的安全性能。因此，一旦商品对消费者的人身和财产造成损害，就可以认为经营者违反其担保义务，可以按照契约关系来求偿。另一类是使用他人购买的商品或服务的消费者受到损害，在这种情况下，由于受害人与经营者没有契约关系，显然不能按契约关系求偿。因此，

实践中将这一情形作为侵权行为来处理。至于在服务过程中对消费者造成的损害，一般作为侵权来处理，因为服务关系还应包含消费者在接受服务后可能发生的损害。

各国法律都规定：消费者因购买、使用商品或者接受服务受到人身、财产损害的，享有依法获得赔偿的权利。公民的人身权、财产权是两项基本的民事权利，在消费领域中，法律对消费者的人身、财产损害赔偿权的规定是对消费者的人身权和财产权的民事权利的进一步肯定，明确消费者可以通过一定的方式求得相应的损害赔偿。不仅如此，消费者的民事求偿权利由于倾斜保护的原则要比一般的民事赔偿更为周全。

为了保障消费者的求偿权能得到充分的实现，法律规定了多种实现求偿权的途径。联合国《保护消费者准则》第二十八条规定："各国政府应当制定并维护法律，使消费者或有关组织能够通过迅速、公平、花费不多和容易进行的正式或非正式的程序取得赔偿。"有的国家针对消费者经济实力弱小、消费纠纷争议标的金额小的特点，专门设立了小额诉讼法庭、集团诉讼制度，为消费者提供了及时有效的救济。

六、消费者依法成立维权社会团体的权利

（一）含义

消费者依法成立维权社会团体的权利，可以简称为结社权，是指消费者享有的依法成立维护自身合法权益的社会组织的权利。宪法规定公民享有依法结社的政治权利，消费者的结社权正是这一公民权利在消费者问题上的具体体现。

（二）法律规定及其理解

我国《消费者权益保护法》第十二条规定，消费者享有依法成立维护自身合法权益的社会组织的权利。

消费者成立专门维权的社会团体能使消费者从分散、弱小走向集中、强大，从而使自己能够与实力雄厚、有组织的经营者相抗衡。因此，法律特别赋予消费者有权成立保护自身利益的自治团体。政府对合法的消费者组织不应加以限制，并且在制定有关消费者方面的政策和法律时，还应向消费者组织征求意见，以求更好地保护消费者权利。

七、消费者获得消费知识的权利

(一) 含义

消费者获得消费知识的权利，可以简称为受教育权，是从知情权中引申出来的一种消费者权利，它是消费者所享有的有关消费和消费者权益保护方面的知识的权利。

(二) 法律规定及其理解

我国《消费者权益保护法》第十三条规定，消费者享有获得有关消费和消费者权益保护方面的知识的权利。此外还特别强调：消费者应当努力掌握所需商品或者服务的知识和使用技能，正确使用商品，提高自我保护意识。

它是从消费者的知情权发展出来的一种权利，是知情权的升华，是对消费者的进一步保护。现代社会关于商品和服务的知识、技术含量越来越高，而消费者的专业技术知识往往很有限，消费者只有在充分掌握了有关消费知识的情况下，才能正确使用商品、接受服务，防止损害事件的发生。这就要求国家的法律能够保障消费者从经营者或有关部门得到消费和消费者权益保护方面的知识。

受教育权具体讲包含以下几个方面：第一，消费者享有获得与商品和服务密切相关的知识和信息的权利，以便实现消费者的自主选择权，满足其消费需求；第二，消费者有权获得有关消费者利益保护方面的法律知识，以便能够运用法律维护自身的合法权益，增强消费者的自我保护意识和能力；第三，消费者享有获得有关消费咨询的权利。消费过程是商品的使用过程，其安全性与特定的使用条件密切相连，使用不当或违规使用，就会产生损害。因此，对于商品的标示应当有严格的规定，要求对正确的使用途径、方法给予说明，对于危险商品要有警示说明或者警示标志。另外，商品的安全使用期限或者有效期限也是消费者必须知道的。不仅消费者向经营者了解时经营者应当提供这些知识，即使消费者并未主动了解，经营者也应当以一定的方式将这些知识告知消费者，否则，就有可能损害消费者的正当权益。比如销售燃器具的经营者在顾客购买相关商品时，应该告知顾客燃气类型、安装环境的不同要选择相应的器具种类和规格，以免给购买者带来不必要的风险。除了消费过程中的必备知识外，消费者还可以出于自我保护的需要，向消费者组织，有关行政、司法机关了解和得到更多的消费和法律方面的知识。消费者组织和行政、司法机关有义务告知消费者有关的法律实体规定和程序规定，告知消费者怎样才能更好地进行自我保护；或通过一定的行政、司法程序维护主张自己的正当权益。只有在得到这些知识后，消费者才有可能掌握行使权利的主动权。

八、消费者人格尊严和民族风俗习惯得到尊重的权利

（一）含义

消费者人格尊严和民族风俗习惯得到尊重的权利，可以简称为人格尊严受尊重权，是指消费者在购买、使用商品和接受服务时所享有的其人格尊严、民族风俗习惯得到尊重的权利，享有个人信息依法得到保护的权利。尊重消费者的人格尊严和民族风俗习惯是社会文明程度的标志，也是尊重和保障人权的重要内容。

（二）法律规定及其理解

我国《消费者权益保护法》第十四条规定，消费者在购买、使用商品和接受服务时，享有人格尊严、民族风俗习惯得到尊重的权利，享有个人信息依法得到保护的权利。

人格尊严受尊重权，首先意味着消费者的人格权不受侵犯。人格权是人身权的重要内容。根据各国宪法和民法的规定，人格权包括姓名权、肖像权、名誉权、荣誉权等方面的权利。人格权作为一个整体，受到法律的严格保护。在消费领域中，对消费者人格权的侵害主要表现为对消费者名誉和人身自由的侵犯。例如，经营者因怀疑消费者偷盗了商品就无端地指责消费者，甚至强行搜身、非法拘禁等，这种非法行为显然侵犯了消费者的人格权。

人格尊严受尊重权的另一重要方面则是民族风俗习惯应受到尊重。我国有56个民族，因历史、文化、民族传统、经济发展等因素的差异，各民族的风俗习惯也不同。开放后的市场中也不乏各国的消费者，根据《宪法》的规定，各民族有保持自己风俗习惯的自由。因此，经营者必须通过学习和了解不同民族的风俗习惯更好地满足不同民族的消费需求。

【案例】

2008年4月22日、4月28日及5月1日，某咨询公司市场主管高彬在进入敦煌公司开办的酒吧时，酒吧工作人员以其“面容不太好，怕影响店中生意”为理由而拒绝其入内。2008年7月，高彬向法院提起诉讼，认为酒吧工作人员的行为侵害了其人格尊严，给其造成了极大的精神伤害，要求酒吧赔偿精神损失费50000元及经济损失2847元，并公开赔礼道歉。

一审法院判决酒吧向高彬书面赔礼道歉，赔偿交通费、复印费、咨询费403.5元，精神损失费4000元。酒吧不服提起上诉。二审法院认为，酒吧保安在拒绝高彬

进入时，具有容貌歧视的主观意识，构成了对高彬人格权的侵害。事发后，高彬再次去酒吧，又被拒之门外，使高彬自主选择服务经营者的权利受到侵害；但是酒吧的侵权行为情节轻微，赔礼道歉并负担高彬的合理支出已经足以抚慰其精神损害，所以撤销了一审法院判赔的精神损失费。

【分析】

本案涉及三个关键问题：(1)高彬是否有权进入敦煌公司开设的酒吧。根据《消费者权益保护法》第九条关于消费者享有自主选择商品或服务的权利之规定，高彬进入敦煌公司开设的酒吧进行消费，属于行使消费者自主选择服务权的正当行为，这是法律赋予消费者的权利，而酒吧工作人员在正常营业时间内拒绝高彬入内，侵害了高彬的消费自由权。(2)酒吧拒绝高彬入店的理由是否构成对消费者人格尊严的侵害。根据《消费者权益保护法》第十四条关于消费者享有人格尊严和民族风俗习惯得到尊重的权利之规定，酒吧工作人员因高彬"面容不太好，怕影响店中生意"，而拒绝其进店消费，构成了对高彬的歧视性待遇，这种行为对高彬是一种侮辱，使其内心上受到伤害，人格受到贬损，侵害了高彬的人格尊严，酒吧工作人员应承担相应的法律责任。(3)高彬的诉讼请求是否具有法律依据。根据《消费者权益保护法》第四十三条规定，"经营者对消费者进行侮辱、诽谤，侵害消费者的人格尊严或者侵犯消费者人身自由的，应当停止侵害、恢复名誉、消除影响、赔礼道歉，并赔偿损失"，由此，高彬要求酒吧赔礼道歉、赔偿经济损失和精神损失的诉讼请求，存在事实和法律依据，应当予以认可。本案二审法院最后撤销了一审判决的精神损害赔偿金，说明了我国司法机关对人格尊严保护的重要性认识不充分。

第三节　经营者的义务

一、经营者的积极义务

(一)经营者应诚信履行法定的或约定的义务

经营者向消费者提供商品或者服务时，经营者和消费者有约定的，应当按照约定履行义务，但双方的约定不得违背法律、法规的规定。

1. 法定义务

经营者为消费者提供商品或者服务应当依照《产品质量法》和其他有关法律、法规的规定履行义务。保护消费者的合法权益同样是《产品质量法》的重要任务，为了保障经营者能向消费者提供合格产品，《产品质量法》在第三章规定了生产者生产产品应履行的七项义务和销售者在销售产品时应履行的七项义务，主要是禁止生产者、销售者向消费者提供不合格产品。

2. 约定义务

经营者和消费者有约定的，经营者应当按照约定履行义务，但双方的约定不得违背法律、法规的规定。《消费者权益保护法》还明确规定，经营者提供商品或者服务必须按照国家规定或者与消费者约定履行包修、包换、包退等义务，不得故意拖延或者无理拒绝。

（二）经营者应接受消费者监督

根据《消费者权益保护法》第十七条规定，经营者应当听取消费者对其提供的商品或者服务的意见，接受消费者的监督，不得以任何方式拒绝消费者的监督。

（三）经营者应切实保障消费者的人身和财产安全

保障消费者人身和财产安全的义务与消费者的安全权相对应。

1. 消费本身安保义务

经营者应当保证其提供的商品或者服务符合保障人身、财产安全的要求。对可能危及人身、财产安全的商品和服务，应当向消费者作出真实的说明和明确的警示，并说明和标明正确使用商品或者接受服务的方法以及防止危害发生的方法。

2. 消费附属安保义务

宾馆、商场、餐馆、银行、机场、车站、港口、影剧院等经营场所的经营者，应当对消费者尽到安全保障义务。

3. 缺陷产品召回义务

经营者发现其提供的商品或者服务存在缺陷，有危及人身、财产安全危险的，应当立即向有关行政部门报告和告知消费者，并采取停止销售、警示、召回、无害化处理、销毁、停止生产或者服务等措施。采取召回措施的，经营者应当承担消费者因商品被召回支出的必要费用。

（四）经营者应向消费者提供真实、明确的信息

《消费者权益保护法》规定，经营者对消费者必须提供真实、明确的商品和服务信息的义务，这是为了保障消费者的知情权的充分实现。该义务包括以下几个方面：

(1)经营者应当向消费者提供有关商品或者服务的真实信息，不得作引人误解的虚假宣传。

(2)经营者对消费者就其提供的商品或者服务的质量和使用方法等问题所提出的询问，应当作出真实、明确的答复。

(3)商店提供商品应当明码标价。

(4)经营者应当标明其真实名称和标记。

(5)租赁他人柜台或者场地的经营者，应当标明其真实名称和标记。

(6)采用网络、电视、电话、邮购等方式提供商品或服务的经营者，以及提供证券、保险、银行等金融服务的经营者，应当向消费者提供经营地址、联系方式、商品或者服务的数量和质量、价款或者费用、履行期限和方式、安全注意事项和警示、售后服务、民事责任等信息。

(五)经营者应向消费者出具凭证和单据

《消费者权益保护法》第二十二条规定，经营者提供商品或者服务，应当按照国家有关规定和商业惯例向消费者出具购货凭证或服务单据；消费者索要购货凭证或者服务单据的，经营者必须出具。由于购货凭证和服务单据具有重要的证据价值，对于界定消费者和经营者的权利义务具有重要意义，是消费者行使求偿权的重要依据，因此，明确经营者出具凭证和单据的义务，有利于保护消费者权益。

(六)经营者有品质担保义务

经营者有义务为消费者提供符合品质要求的商品和服务。对此，《消费者权益保护法》及《产品质量法》都作了相关规定。根据《消费者权益保护法》第二十三条规定经营者负有以下品质担保义务：

1. 经营者的默示担保义务

默示担保是指经营者理应保证在正常使用商品或者接受服务的情况下，其提供的商品或者服务应当具有的质量、性能、用途和有效期限；但消费者在购买该商品或者接受该服务前已经知道其存在瑕疵，且存在该瑕疵不违反法律强制性规定的除外。首先，经营者应确保商品与服务不存在瑕疵；其次，如果消费者事先知道此瑕疵，且该瑕疵不违反法律强制性规定，可免除经营者责任；再次，如果法律有强制性规定，如消费者购买的是食品或药品，哪怕事先知道瑕疵的存在，经营者仍然要承担责任。

2. 经营者的明示担保义务

明示担保是指经营者以广告、产品说明、实物样品或者其他方式表明商品或者服务的质量状况的，应当保证其提供的商品或者服务的实际质量与表明的质量状况一致。

3. 特殊商品服务、特定期间内的瑕疵举证责任倒置

经营者提供车辆、电脑、家电等耐用商品和装饰装修服务，消费者自接受商品或者服务之日起六个月内发现瑕疵，发生争议的，由经营者承担有关瑕疵的举证责任。

4. 瑕疵商品的退货、修理、更换义务

经营者提供的商品或者服务不符合质量要求的，消费者可以依照国家规定、当事人约定退货，或者要求经营者履行更换、修理等义务。没有国家规定和当事人约定的，消费者可以自收到商品之日起七日内退货；七日后符合法定解除合同条件的，消费者可以及时退货，不符合法定解除合同条件的，可以要求经营者履行更换、修理等义务。

二、经营者的消极义务

（一）经营者不得从事不公平、不合理交易

为了保障消费者的公平交易权、依法求偿权，经营者不得以格式合同、通知、声明、店堂告示等方式作出对消费者不公平、不合理的规定，或者减轻、免除其损害消费者合法权益应当承担的民事责任。格式合同、通知、店堂告示等含有对消费者不公平、不合理的规定或者减轻、免除经营者损害赔偿责任等内容的，其内容无效。经营者不得利用格式条款并借助技术手段强制交易。

（二）经营者不得侵犯消费者的人身权利

消费者的人身自由、人格尊严不受侵犯。经营者不得对消费者进行侮辱、诽谤，不得搜查消费者的身体及其携带的物品，不得侵犯消费者的人身自由。规定经营者的这项义务是为了保障消费者维护尊严权的实现。

三、经营者的特殊义务

（一）经营者网络或远程销售时的特殊退货义务

《消费者权益保护法》第二十五条规定，经营者采用网络、电视、电话、邮购等方式销售商品，消费者有权自收到商品之日起七日内退货，且无需说明理由。这条规定立法上称为“无理由退货”制度。经营者的退货义务是指在消费合同成立并生效后，因消费者主张反悔而破例解除合同，恢复到交易前状态的权利。近几年，网络或远程购物方式逐渐成为人们购物的主流方式之一。网络或远程销售

的“非现场性”导致消费者和商家掌握的信息极不对称，因为商家可能隐瞒了商品的负面信息，由于无法直接接触商品，消费者往往无法全面掌握商品的真实信息，以致买到的实物常常与经营者的描述不符、与自己的预期不符。

另一方面，为了防止消费者滥用权利，给经营者造成不应有的经营负担，法律规定了经营者不适用该义务的情形：消费者定作的商品，鲜活易腐的商品，在线下载或者消费者拆封的音像制品、计算机软件等数字化商品，交付的报纸、期刊等，都不适用本规定。除了上述明确规定不得适用反悔权的商品外，以及其他根据性质不宜退货并经消费者在购买时确认不宜退货的规定，消费者不得主张无理由退货。例如贴身内衣、图书等，依照习惯都属于不宜退货的商品。

有关经营者网络或远程销售时的特殊退货义务具体规则如下：

第一，消费者应在自收到商品之日起七日以内主张。

第二，消费者退货无需说明理由，但退货商品应当完好。

第三，经营者应当自收到退回商品之日起七日内返还消费者支付的商品价款。

第四，关于退回商品的运输费用，原则上由消费者承担，但经营者和消费者另有约定的，则按照约定的方法承担。

（二）经营者使用格式合同时的特殊义务

格式条款又称定型化合同或标准合同，是当事人为了重复使用而预先拟定且并未与对方协商的合同。格式合同能为双方当事人节省时间，提高效率。但它不同于合同中的一般条款，拟定者往往是具有业务、技术、财力等优势的经营者，而相对人消费者一方只能接受或者拒绝，无权参与内容的订立与协商。对此，《消费者权益保护法》第二十六条规定，经营者在经营活动中使用格式条款的，应当以显著方式提请消费者注意与消费者有重大利害关系的内容，并按照消费者的要求予以说明。不得以格式条款、通知、声明、店堂告示等方式，作出排除或者限制消费者权利、减轻或者免除经营者责任、加重消费者责任等对消费者不公平、不合理的规定，不得利用格式条款强制交易。

经营者使用格式合同的特殊义务实际与消费者公平交易权是相对应的关系。也就是说，经营者所拟定、发布和张贴的格式合同、通知、声明、店堂告示等，其内容凡是有不公平、不合理的规定，或者有减轻、免除自己应承担的民事责任的内容的，这些规定和内容均属无效，对消费者不产生法律拘束力。如常见的“商品售出概不退换”“本店有权检查包裹”等声明，都是法律不认可的。

【案例】

王先生到一家酒楼用餐，自带了一瓶白酒。在用完餐之后结账时，酒楼要向王先生收取餐费近300元，其中有100元是服务费，实际就是日常所称的开瓶费。王先生认为酒店无权收取开瓶费，于是向法院提起了诉讼。酒楼负责人则表示，酒楼在所提供的菜谱中，已经明确地载明了“客人自带酒水的，按本酒楼售价的50%另收取服务费。本酒楼没有的酒水，按每瓶100元收取服务费”，按照此条款的约定，酒店收取开瓶费的行为是正当的。

法院审理认为，酒楼在菜谱中载明的自带酒水需另收取服务费的内容，是单方面的意思表示，属于格式条款，应当确认为无效。故酒楼向王先生加收开瓶务费的做法侵害了王先生的公平交易权，属于不当得利，应当返还。法院判决酒楼返还王先生100元的开瓶服务费。

【分析】

消费者依法享有自主选择商品，获得公平交易的权利，如果采用单方面的声明或对方无法参与意见的格式条款等形式，不当地增加对方的义务或者免除自己的责任，应当是无效的。对于消费者来说，所谓的开瓶费，不仅排除消费者选择和挑选商品的权利，而且事实上，在大多数情况下，饭店也没有提供所谓的开瓶费服务，消费者显然有权拒绝商家收取开瓶费的要求。

（三）经营者收集、使用消费者个人信息的特殊义务

经营者收集、使用消费者个人信息，应当遵循合法、正当、必要的原则，明示收集、使用信息的目的、方式和范围并经消费者同意。经营者收集、使用消费者个人信息，应当公开其收集、使用规则，不得违反法律、法规的规定和双方的约定收集、使用信息。

经营者及其工作人员对收集的消费者个人信息必须严格保密，不得泄露、出售或者非法向他人提供。经营者应当采取技术措施和其他必要措施，确保信息安全，防止消费者个人信息泄露、丢失。在发生或者可能发生信息泄露、丢失的情况时，应当立即采取补救措施。

经营者未经消费者同意或者请求，或者消费者明确表示拒绝的，不得向其发送商业性信息。

第四节　消费者权益的保护与救济

一、国家与社会对消费者权益的保护

(一)国家对消费者权益的保护

为了有效地保护消费者权益，国家应当在立法、执法、司法等各个环节上，加强对消费者权益的整体保护。在消费者政策和消费者立法方面，国家应当保护消费者的合法权益不受侵害，并应采取具体措施，保障消费者依法行使权利，维护其合法利益。依据《消费者权益保护法》第四章的规定，国家对消费者合法权益的保护主要体现在以下几个方面：

1. 立法保护

国家立法机关通过制定有关消费者权益的法律、法规来保护消费者利益。国家制定了《消费者权益保护法》作为保护消费者权益的基本法，还制定了《反不正当竞争法》《产品质量法》《食品安全法》《广告法》《农产品质量安全法》《流通领域食品安全管理办法》《药品广告审查办法》《欺诈消费者行为处理办法》《产品质量申诉处理办法》《部分商品修理更换退货责任规定》等法律、法规，从不同角度、不同领域来保护消费者权益。此外，立法机关在把消费者政策上升为法律时，也应当听取消费者的意见和要求。

2. 行政保护

政府的行政管理工作与消费者权益的保护水平直接相关。各级人民政府应当加强领导，组织、协调、督促有关行政部门做好保护消费者合法权益的工作，落实保护消费者合法权益的职责；应当加强监督、预防并及时制止危害消费者人身、财产安全的行为。这实际上是对消费者保障安全权的重点确认和保护。

各级人民政府以及各级工商行政管理部门、价格、技术监督、卫生、食品检验、商检等行政管理机关，均应在各自的职责范围内，依法加强对经营者的监督管理，以保护消费者的合法权益。各行政管理部门都应开辟渠道，听取消费者及社会团体对经营者的交易行为、商品和服务质量的意见，并及时查处解决。

3. 司法保护

对于经营者侵害消费者合法权益的违法犯罪行为应当严厉惩处，切实保护消费者的合法权益。人民法院应当采取措施，方便消费者诉讼。对于符合《民事诉讼法》起诉条件的消费者权益争议，必须受理并及时审判，以使消费者权益争议尽快得到解决。

(1)小额诉讼程序。越来越多的学者建议建立小额诉讼制度，设立小额诉讼法庭，及时审理简单的小额消费纠纷，克服普通民事诉讼程序维权效率不高的问题。2012年修正的《民事诉讼法》首次设立了小额诉讼程序。这一程序的建立和完善将给消费者维权带来极大便利。

(2)公益诉讼制度。公益诉讼也正在成为我国消费者权利救济的重要手段。所谓公益诉讼，是指任何个人和组织可根据法律的授权，对违反法律、侵犯国家利益、社会公共利益及不特定个人利益的行为，向法院提起诉讼，由法院依法追究违法者法律责任的诉讼活动。公益诉讼最大的特点是案件中的原告与案件本身没有直接的利害关系，这也是它和一般民事诉讼的根本区别。如果根据原来《民事诉讼法》规定的起诉条件之一“原告是与本案有直接利害关系的公民、法人和其他组织”，公益诉讼案件就无法通过立案程序。因此，有必要对公益诉讼作特殊的制度规定。我国2012年修正的《民事诉讼法》首次在法律层面确认了公益诉讼制度，为公益诉讼维权提供了法律支撑。诉讼是最重要的权利救济手段，但消费者在利用传统的民事诉讼手段维护自己的权利时，高昂的诉讼成本、繁杂的诉讼程序、苛刻的举证责任和低廉的赔偿标准往往使得其得不偿失。普通消费者在权益受到损害时，多数情况下不得不忍气吞声，放弃索赔。消费者权益尤其是其最基本的权利即安全权得不到普遍尊重的现状呼唤公益诉讼发挥作用。建立消费者公益诉讼制度可以弥补消费者权益社会保护力度不足的缺陷。

消费者公益诉讼是指不特定组织和个人根据法律、法规的授权，对侵害或者可能侵害消费者公共利益的不法经营者的违法行为提起诉讼，由法院依法处理的司法活动。建立消费者公益诉讼制度，必须在诉讼主体、诉讼费用、举证责任、赔偿标准等制度安排上突破原有民事诉讼制度。①

我国修改后的《消费者权益保护法》第四十七条规定：“对侵害众多消费者合法权益的行为，中国消费者协会以及在省、自治区、直辖市设立的消费者协会，可以向人民法院提起诉讼。”该条规定落实了《民事诉讼法》公益诉讼制度在消费者保护领域的适用。

小额诉讼和公益诉讼制度的建立和完善，将极大地增强国家队消费者权益的司法保护。

此外，对违法犯罪行为有惩处权力的有关国家机关，应当依照法律、法规的规定，惩处经营者在提供商品和服务中侵害消费者合法权益的违法犯罪行为，以切实保护消费者的合法权益。

---

① 颜运秋. 公益诉讼法律制度研究[M]. 北京：法律出版社，2008：68.

(二)社会对消费者权益的保护

保护消费者的合法权益是全社会的共同责任，国家鼓励、支持一切组织和个人对损害消费者合法权益的行为进行社会监督。而社会对消费者权益的保护，最主要是通过各种消费者组织来实现的。

1. 消费者组织

根据《消费者权益保护法》的规定，在我国，消费者协会和其他消费者组织是依法成立的对商品和服务进行社会监督的保护消费者合法权益的社会组织，以法律的形式确认了消费者协会的合法地位、性质及职能，并规定消费者组织不得从事商品经营和营利性服务，不得以牟利为目的向社会推荐商品和服务。近年来，各种消费者自发形成的权利保护组织正在蓬勃兴起。

中国消费者协会于 1984 年 12 月 26 日在北京成立。目前，各省、市、县都普遍设立了消费者协会，形成了遍布全国的消费者权益保护网。消费者协会依法履行其职能，各级人民政府对此应予以积极支持。根据《消费者权益保护法》第三十七条的规定，消费者协会的职能包括以下八个方面：(1)向消费者提供消费信息和咨询服务，提高消费者维护自身合法权益的能力，引导文明、健康、节约资源和保护环境的消费方式；(2)参与制定有关消费者权益的法律、法规、规章和强制性标准；(3)参与有关行政部门对商品和服务的监督、检查；(4)就有关消费者合法权益的问题，向有关部门反映、查询，提出建议；(5)受理消费者的投诉，并对投诉事项进行调查、调解；(6)投诉事项涉及商品和服务质量问题的，可以委托具备资格的鉴定人鉴定，鉴定部门应当告知鉴定意见；(7)就损害消费者合法权益的行为，支持受损害的消费者提起诉讼或者依照本法提起诉讼；(8)对损害消费者合法权益的行为，通过大众传播媒介予以揭露、批评。

2. 舆论监督

对消费者权益的社会保护除了通过消费者协会和其他消费者组织来实现外，舆论监督也是重要的社会手段。因此，《消费者权益保护法》第六条第三款规定，大众传播媒介应当做好维护消费者合法权益的宣传，对损害消费者合法权益的行为进行舆论监督。大众传播媒介有责任做好维护消费者合法权益的宣传工作，对损害消费者合法权益的行为进行舆论监督。特别要发挥广播、电视、报刊和网络等大众传播媒介的作用，积极宣传《消费者权益保护法》和消费知识。同时，对侵害消费者合法权益的行为予以批评、曝光，任何单位和个人不得干涉新闻机构对保护消费者权益的舆论监督活动。

二、消费者权益争议的解决途径

消费者权益争议是消费者与经营者在买卖商品、接受和提供服务中因权利义务关系而产生的纠纷。争议的当事人一方是消费者，另一方是经营者。消费者权益争议是一种民事纠纷。《消费者权益保护法》第三十九条规定了解决争议的五种途径。

（一）协商和解

争议发生后，消费者可以直接向经营者交涉、索赔，达成和解协议，解决消费纠纷。这是解决争议最简便的途径。

（二）调解

请求消费者协会调解的方式是争议双方在消费者协会的主持下，自愿达成和解协议。要注意的是，此时消费者协会并非消费者的代理人，其应在查明事实、分清是非、明确责任的基础上进行调解。消费者协会的调解属民间调解，其调解协议不具有法律强制力，要靠双方自愿履行。

（三）向行政部门申诉

消费争议发生后，消费者可以根据商品或服务的性质以及侵害事由向工商、价格、商检、卫生等有关行政监督部门申诉。有关行政部门应当根据各自的职责范围予以接受，并及时答复和处理。

（四）仲裁

由争议双方根据达成的仲裁协议，将消费争议提交仲裁机构进行裁决来解决争议的方式。消费者申请仲裁的条件是与经营者事先订有仲裁条款或争议发生后达成仲裁协议。符合仲裁条件的，不论是否经过了协商、调解、申诉，消费者都可以向仲裁机构申请仲裁。仲裁机构的裁决是终极裁决，当事人应自觉履行，不得起诉。

（五）诉讼

消费争议双方没有签订仲裁条款或协议的，不论是否经过协商、调解、申诉等，消费者都可以直接向法院起诉。

三、《消费者权益保护法》的民事责任

民事责任是消费者权益保护法中的主要责任形式，既包括违约责任，也包括侵权责任。

(一)承担民事责任的条件

经营者提供商品或者服务有下列情形之一的，除《消费者权益保护法》规定外，应当依照其他有关法律、法规的规定承担民事责任：(1)商品或者服务存在缺陷的；(2)不具备商品应当具备的使用性能而在出售时未作说明的；(3)不符合在商品或者包装上注明采用的商品标准的；(4)不符合商品说明、实物样式等方式表示的质量状况的；(5)生产国家明令淘汰的商品或者销售失效、变质的商品的；(6)销售的商品数量不足的；(7)服务的内容和费用违反约定的；(8)对消费者提出的修理、重作、更换、退货、补足商品数量、退还贷款和服务费用或者赔偿损失的要求，故意拖延或者无理拒绝的；(9)法律、法规规定的其他损害消费者权益的情形。

经营者对消费者未尽到安全保障义务，造成消费者损害的，应当承担侵权责任。

(二)民事责任的主要方式

1. 侵犯消费者人身权的民事责任

经营者侵犯消费者的人身权时，应区分侵权行为的类型和后果，分别适用不同的民事责任。

(1)经营者提供商品或者服务，造成消费者或者其他受害人人身伤害的，应当支付医疗费、治疗期间的护理费、因误工减少的收入等费用。造成残疾的，还应当支付残疾者生活自助用具费、生活补助费、残疾赔偿金以及由其扶养的人所必需的生活费等费用。造成死亡的，应当支付丧葬费、死亡赔偿金以及由死者生前扶养的人所必需的生活费等费用。

(2)经营者侵害消费者的人格尊严、侵犯消费者人身自由或者侵害消费者个人信息依法得到保护的权利的，应当停止侵害、恢复名誉、消除影响、赔礼道歉并赔偿损失。

(3)经营者有侮辱诽谤、搜查身体、侵犯人身自由等侵害消费者或者其他受害人人身权益的行为，造成严重精神损害的，受害人可以要求精神损害赔偿。

2. 侵犯消费者财产权的民事责任

经营者侵犯消费者的财产权时，应依法承担相应的民事责任，主要责任方式

和适用条件包括：

(1)经营者提供商品或者服务，造成消费者财产损害的，应当按照消费者的要求，以修理、重作、更换、退货、补足商品数量、退还贷款和服务费用或者赔偿损失等方式承担民事责任。

(2)经营者以预收款方式提供商品或者服务的，应当按照约定提供。未按照约定提供的，应当按照消费者的要求履行约定或者退回预付款；并应当承担预付款的利息和消费者必须支付的合理费用。

(3)依法经有关行政部门认定为不合格的商品，消费者要求退货的，经营者应当退货。

(三)《消费者权益保护法》中的惩罚性赔偿责任

所谓惩罚性赔偿，是指法院判决被告赔偿原告数倍于实际损害的损害赔偿。惩罚性赔偿制度起源于英美法系，当被告出于恶意、欺诈及罪恶等动机损害了原告的利益时，法院可判处超过实际损失的损害赔偿。惩罚性赔偿的功能不仅在于弥补受害人的损失，还在于惩罚和遏制不法行为，同时还有激励受害人与不法行为作斗争的功能。因此，惩罚性赔偿制度兼具公法和私法的属性，其主要目的在于通过惩罚不法行为人来维护社会整体经济秩序，是国家出于对社会整体经济秩序的维护、对民事赔偿关系进行强制性干预的结果，是现代侵权责任法发展的一个新的趋势。2010 年，我国《侵权责任法》第四十七条第一次使用了“惩罚性赔偿”这一词眼，宣告我国惩罚性赔偿制度进入了一个新的阶段。

我国现有《消费者权益保护法》延续了修订前的做法，引入了惩罚性赔偿制度，并予以强化。具体而言，我国《消费者权益保护法》确定了两种惩罚性赔偿责任，即：违约惩罚性赔偿和侵权惩罚性赔偿。

1. 产品欺诈和服务欺诈的违约惩罚性赔偿

产品欺诈和服务欺诈的性质属于违约。尽管规定这一规则的表述是“损失”，但这个损失实际上就是商品价款的损失和服务费用的损失，这个损失不是侵权的损失，而是违约的损失。新《消费者权益保护法》第五十五条第一款规定：“经营者提供商品或者服务有欺诈行为的，应当按照消费者的要求增加赔偿其受到的损失，增加赔偿的金额为消费者购买商品的价款或者接受服务的费用的三倍；增加赔偿的金额不足 500 元的，为 500 元。法律另有规定的，依照其规定。”这一条文来源于《消费者权益保护法》原第四十九条，即商品欺诈和服务欺诈，可以在赔偿实际损失之后，再请求增加赔偿商品价款或者服务费用的一倍，即所谓的“双倍赔偿”。这一规定在过去的二十年社会实践中发挥了重要作用。但大多数人认为对欺诈消费者的经营者的惩罚力度还不够，应当继续加重对经营者欺诈行为的惩罚。因此，新法修改为上述条文。

(1)产品欺诈和服务欺诈的违约惩罚性赔偿增加为三倍。原来在习惯上所谓的“双倍赔偿”，说的是退回价金或者费用，再加上一倍的赔偿。如果按照这个习惯说法，现在的规定就是“四倍赔偿”。值得注意的是，三倍的惩罚性赔偿是确定的数额，没有“以下”的要求，加上原价就是“四倍赔偿”。

(2)违约惩罚性赔偿的最低赔偿数额为500元。对产品欺诈和服务欺诈的违约行为增加3倍的赔偿，由于商品价款和服务费用的数额较低，3倍也达不到500元的，违约惩罚性赔偿的最低赔偿数额规定为500元。将500元作为兜底赔偿，加重了对经营者欺诈情形的惩罚力度。

2. 恶意致人死亡或者健康严重损害的侵权惩罚性赔偿

恶意致人死亡或者健康严重损害的侵权惩罚性赔偿，就是经营者明知商品或者服务存在缺陷，仍然向消费者提供，造成消费者或者其他受害人死亡或者健康严重损害的侵权行为，应当承担的超过实际损失的赔偿责任。新法第五十五条第二款规定：“经营者明知商品或者服务存在缺陷，仍然向消费者提供，造成消费者或者其他受害人死亡或者健康严重损害的，受害人有权要求经营者依照本法第四十九条、第五十一条等法律规定赔偿损失，并有权要求所受损失二倍以下的惩罚性赔偿。”

恶意致害包括恶意商品致害和恶意服务致害两种。恶意商品致害责任属于产品责任，包含在《侵权责任法》第四十七条规定的内容之中。恶意服务致害责任超出了第四十七条规定的范围，其他法律也没有类似的规定，属于新的请求权基础，是新的法律规范。具体规则如下：

(1)赔偿实际损失在适用惩罚性赔偿责任时，首先应当计算受害人的实际损失，并且按照实际损失，依照修订后的《消费者权益保护法》第四十九条以及第五十一条规定，确定侵权损害赔偿责任的实际赔偿数额。造成人身损害的，应当赔偿人身损害造成的损失，以及精神损害赔偿数额；只造成精神损害的，则只承担精神损害赔偿责任。

(2)适用侵权惩罚性赔偿责任的要件。适用侵权惩罚性赔偿责任的要件有以下几方面：第一，商品或者服务有缺陷。对缺陷的解释，应当按照《产品质量法》第四十六条规定进行，即商品或者服务中“存在危及人身、他人财产安全的不合理的危险”。第二，损害的事实是造成消费者或者其他受害人的死亡或者健康严重损害，健康严重损害就是重伤，丧失或者部分丧失劳动能力。第三，该缺陷与上述损害之间具有因果关系。第四，与一般的产品责任不同，这里要求须具有故意的要件，即明知有缺陷而希望或者放任损害后果的发生。具备以上四个要件，受害人即可主张承担惩罚性赔偿责任。

(3)侵权惩罚性赔偿责任数额的确定方法。该条规定的侵权惩罚性赔偿责任的数额确定是实际损失的“两倍以下”。具体计算方法如下：第一，计算倍数的基准，是修订后的《消费者权益保护法》第四十九条规定的人身损害赔偿数额以及第五十一条规定的精神损害赔偿数额。很多人认为，惩罚性赔偿的基准应当是人身损害赔偿的数额，不应当计算精神损害赔偿数额，因为精神损害赔偿本身就具有一定的惩罚性。该条明确规定，受害人要求赔偿的损失是第四十九条规定的人身损害赔偿的损失以及第五十一条规定的精神损害赔偿的损失；所受损失的两倍以下，就应当是两项损失总和的两倍以下。可以说，人身损害赔偿数额和精神损害赔偿数额都是惩罚性赔偿数额计算的基准。如果受害人既有人身损害赔偿又有精神损害赔偿，应当是人身损害赔偿和精神损害赔偿各自两倍的总和。这样的理解比较符合情理，具有合理性。第二，具体的惩罚性赔偿数额是两倍以下，其含义是最高为两倍，在两倍以下确定；法官对此具有自由裁量权，可以根据实际情况，在两倍以下确定具体惩罚性赔偿数额。第三，法官对具体赔偿数额的自由裁量权的考量因素包括三种：一是经营者的故意程度，是间接故意还是直接故意；二是受害人或者受害人的近亲属所受伤害、所受痛苦或者精神损害的程度，区分为特别严重、很严重和严重等；三是实际赔偿数额的大小。综合以上三个要素，法官根据情况自由裁量具体赔偿数额，而不拘泥于受害人关于数额主张的限制。①

（四）民事赔偿主体的确定

1. 由生产者、销售者、服务者承担

根据具体情形，又有如下处理方法：

（1）消费者在购买、使用商品时，其合法权益受到损害的，可以向销售者要求赔偿。销售者赔偿后，属于生产者的责任或者属于向销售者提供商品的其他销售者的责任的，销售者有权向生产者或者其他销售者追偿。

（2）消费者或者其他受害人因商品缺陷造成人身、财产损害的，可以向销售者要求赔偿，也可以向生产者要求赔偿。属于生产者责任的，销售者赔偿后，有权向生产者追偿。属于销售者责任的，生产者赔偿后，有权向销售者追偿。

（3）消费者在接受服务时，其合法权益受到损害的，可以向提供服务者要求赔偿。

（4）消费者在展览会、租赁柜台购买商品或者接受服务，其合法权益受到损害的，可以向销售者或者服务者要求赔偿。展览会结束或者柜台租赁期满后，也可以向展览会的举办者、柜台的出租者要求赔偿。展览会的举办者、柜台的出租者赔偿后，有权向销售者或者服务者追偿。

（5）消费者通过网络交易平台购买商品或者接受服务，其合法权益受到损害的，可以向销售者或者服务者要求赔偿。网络交易平台提供者不能提供销售者或

---

① 漆多俊. 经济法学（第三版）[M]. 北京：高等教育出版社，2014：148.

者服务者的真实名称、地址和有效联系方式的，消费者也可以向网络交易平台提供者要求赔偿；网络交易平台提供者作出更有利于消费者的承诺的，应当履行承诺。网络交易平台提供者赔偿后，有权向销售者或者服务者追偿。网络交易平台提供者明知或者应知销售者或者服务者利用其平台侵害消费者合法权益，未采取必要措施的，依法与该销售者或者服务者承担连带责任。

2. 由变更后的企业承担

消费者在购买、使用商品或者接受服务时，其合法权益受到损害，因原企业分立、合并的，可以向变更后承受其权利义务的企业要求赔偿。

3. 由营业执照的使用人或持有人承担

使用他人营业执照的违法经营者提供商品或者服务，损害消费者合法权益的，消费者可以向其要求赔偿，也可以向营业执照的持有人要求赔偿。

4. 由从事虚假广告行为的经营者和广告的经营者承担

消费者因经营者利用虚假广告或者其他虚假宣传方式提供商品或者接受服务，其合法权益受到损害的，可以向经营者要求赔偿。广告的经营者、发布者发布虚假广告的，消费者可以请求行政主管部门予以惩处。广告的经营者、发布者不能提供经营者的真实名称、地址的，应当承担赔偿责任。

广告经营者、发布者设计、制作、发布关系消费者生命健康商品或者服务的虚假广告，造成消费者损害的，应当与提供该商品或者服务的经营者承担连带责任。

5. 由社会团体、社会中介机构承担

社会团体或者其他组织、个人在关系消费者生命健康商品或者服务的虚假广告或者其他虚假宣传中向消费者推荐商品或者服务，造成消费者损害的，应当与提供该商品或者服务的经营者承担连带责任。

四、《消费者权益保护法》的行政责任与刑事责任

（一）行政责任

我国《消费者权益保护法》不仅规定了违法经营者的民事责任，而且还规定了违法经营者应承担的行政责任。行政责任与国家对消费者权益的保护相联系，其具体内容为：

（1）经营者有下列情形之一，除承担相应的民事责任外，其他有关法律、法规对处罚机关和处罚方式有规定的，依照法律、法规的规定执行；前述法律、法规未作规定的，由工商行政管理部门或者其他有关行政部门责令改正，可以根据情节单处或者并处警告、没收违法所得、处以违法所得一倍以上十倍以下的罚

款，没有违法所得的，处以50万元以下的罚款；情节严重的，责令停业整顿、吊销营业执照：第一，提供的商品或者服务不符合保障人身、财产安全要求的；第二，在商品中掺杂、掺假、以假充真、以次充好或者以不合格商品冒充合格商品的；第三，生产国家明令淘汰的商品或者销售失效、变质的商品的；第四，伪造商品的产地，伪造或者冒用他人的厂名、厂址，篡改生产日期，伪造或者冒用认证标志等质量标志的；第五，销售的商品应当检验、检疫而未检验、检疫或者伪造检验、检疫结果的；第六，对商品或者服务作虚假或者引人误解的宣传的；第七，拒绝或者拖延有关行政部门责令对缺陷商品或者服务采取停止销售、警示、召回、无害化处理、销毁、停止生产或者服务等措施的；第八，对消费者提出的修理、重作、更换、退货、补足商品数量、退还贷款和服务费用或者赔偿损失的要求，故意拖延或者无理拒绝的；第九，侵害消费者人格尊严、侵犯消费者人身自由或者侵害消费者个人信息依法得到保护的权利的；第十，法律、法规规定的对损害消费者权益应当予以处罚的其他情形。

经营者有前款规定情形的，可以根据情节，由有关行政处罚机关单处或者并处警告、没收违法所得、没收违法经营的商品或器具、罚款(处以违法所得一倍以上五倍以下的罚款，没有违法所得的，处以1万元以下的罚款)、责令停业整顿、吊销营业执照、行政拘留等。除依照法律、法规规定予以处罚外，处罚机关应当记入信用档案，向社会公布。

(2)拒绝、阻碍有关行政部门工作人员依法执行职务，未使用暴力、威胁方法的由公安机关依照《治安管理处罚法》的规定处罚。

(3)国家机关工作人员有玩忽职守或者包庇经营者侵害消费者合法权益的行为，由其所在单位或者上级机关给予行政处分。

(4)经营者对行者处罚决定不服的，可以自收到处罚决定之日起15日内向上一级机关申请复议，对复议决定不服的，可以自收到复议决定书之日起15日内向人民法院提起诉讼；也可以直接向人民法院提起诉讼。

(二)刑事责任

依据我国《消费者权益保护法》的有关规定，追究经营者刑事责任的情况主要包括以下几种：

(1)经营者提供商品或者服务，造成消费者或者其他受害人人身伤害，构成犯罪的，应依法追究刑事责任。

(2)经营者提供商品或者服务，造成消费者或者其他受害人死亡，构成犯罪的，应依法追究刑事责任。

(3)以暴力、威胁等方法阻碍有关行政部门工作人员依法执行职务的，应依法追究刑事责任。

(4)国家机关工作人员有玩忽职守或者包庇经营者侵害消费者合法权益的行为，构成犯罪的，应依法追究刑事责任。

值得注意的是，《消费者权益保护法》第五十八条规定："经营者违反本法规定，应当承担民事赔偿责任和缴纳罚款、罚金，其财产不足以同时支付的，先承担民事赔偿责任。"法律对消费者民事赔偿责任请求权规定了优先权的保障，使其优先于行政责任的罚款以及刑事责任的罚金，条件是经营者的财产不足以同时支付这些责任时，民事赔偿责任优先得到赔偿。

【导入案例分析】

张莉购买车辆系因生活需要自用，北京合力华通汽车服务有限公司没有证据证明张莉购买该车是为了用于经营或其他非生活消费，故张莉购买车辆的行为属生活消费，应适用《中华人民共和国消费者权益保护法》。根据张莉与合力华通公司签订的《汽车销售合同》第七条的约定，合力华通公司保证张莉所购车辆为新车，该合同中并未对车辆曾经维修的事实有过任何约定。现合力华通公司基于其单方保存的验收单主张其已告知张莉车辆所存在的瑕疵，张莉对此不予认可。合力华通公司也无其他证据证明张莉知晓该车存在瑕疵。因此，该验收单不能证明合力华通公司已尽到告知义务。车辆销售价格和赠送的车辆装饰是双方当事人协商的结果，不能证明张莉对车辆存在的瑕疵有所了解。

车辆销售价格的降低或优惠以及赠送车饰是销售商常用的销售策略，也是双方当事人协商的结果，因此生产厂家的指导价与销售商的销售价格不同，不能由此推断出合力华通公司在张莉明知车辆存在瑕疵的基础上对张莉进行了优惠和降价。合力华通公司提交的有张莉签名的车辆交接验收单，因系合力华通公司单方保存，且备注一栏内容由该公司人员书写，加之张莉对此不予认可，该验收单不足以证明张莉对车辆存在的瑕疵有所了解。故应认定合力华通公司在售车时隐瞒了车辆存在的瑕疵。张莉有权在退还涉案车辆后，要求合力华通公司返还扣除车辆折旧费后的购车款。

此外，合力华通公司隐瞒车辆瑕疵问题的行为，已构成对张莉的欺诈。张莉有权要求合力华通公司承担《消费者权益保护法》第五十五条第一款规定的："经营者提供商品或者服务有欺诈行为的，应当按照消费者的要求增加赔偿其受到的损失，增加赔偿的金额为消费者购买商品的价款或者接受服务的费用的三倍"的赔偿责任。

比较《合同法》和《消费者权益保护法》对告知义务的规范，得出如下结论：

在告知义务的内容上看，《合同法》仅从诚信原则基础上对告知义务的内容作一般规定，而作为民事特别法的《消费者权益保护法》，因侧重解决消费者的信息不对称问题，对告知义务的规范内容更为具体、详细和有针对性。①

在告知义务的程度上，《合同法》对告知义务的要求也较为一般，通过考察合同性质、目的和交易习惯等因素解读诚信原则下的告知义务程度，特别是在缔约阶段，原则上当事人并不负有告知义务。学界普遍认为，只有根据特别的法律规定、诚实信用原则或者交易习惯的要求，单纯的沉默才可能构成欺诈。在缔约过失的认定上，仅约束当事人告知与合同订立有关的"重要事实"。《消费者权益保护法》对告知义务的程度要求显然更为严格。根据第八条第二款的规定，根据商品或者服务的不同情况，"商品的价格、产地、生产者、用途、性能、规格、等级、主要成分、生产日期、有效期限、检验合格证明、使用方法说明书、售后服务，或者服务的内容、规格、费用等"信息都属于法定的告知义务的范畴。同时，第二十条规定了真实、全面的告知义务。

在违反告知义务的救济上，表面看来，《消费者权益保护法》提供了民法、刑法和行政法等多元救济途径，比《合同法》的保护显然更为全面，但在对消费者民事救济的问题上，与欧洲法上发展出违反告知义务的各种救济手段(合同无效、不成立、可撤销、相对无效、部分无效、反悔权行使期间的延长等)不同，我国《消费者权益保护法》中除了惩罚性赔偿外，并没有就违反告知义务作太多规定，而是如本案一样，当事人依然需要依据《合同法》关于缔约过失、因欺诈撤销合同、违约责任等一般规定进行救济。换言之，在构成要件层面，《消费者权益保护法》对经营者告知义务的要求显然高于《合同法》对一般主体告知义务的要求，但在法律效果层面，两者又基本一致(除惩罚性赔偿外)。这样就出现了一个法律适用上非常有意思的困惑，即《消费者权益保护法》关于告知义务内容和程度的规定是否可能成为"空中楼阁镜中花"，这是因为，在法律效果上必须适用《合同法》的相关规定会不会导致在构成要件层面也往往需要依据《合同法》而非《消费者权益保护法》提供的标准来判断当事人是否尽到了必要的告知义务。如果当事人如本指导案例中那样，既依据《合同法》又依据《消费者权益保护法》主张权利，这个问题就变得更为凸出了。

【思考与案例分析题】

1. 如何正确理解"消费者"这一概念？
2. 如何理解消费者权益保护法的经济法属性？
3. 什么是公益诉讼？它和传统的民事诉讼有什么不同？
4. 什么叫惩罚性赔偿？如何正确理解惩罚性赔偿的基本功能？

---

① 中华人民共和国最高人民法院. 指导案例 17 号《张莉诉北京合力华通汽车服务有限公司买卖合同纠纷案》[EB/OL]. (2013 - 11 - 16). http: //http: //www. court. gov. cn/shenpan - xiangqing - 6003. html.

5. 如何理解消费者权益保护法的经济法属性?

6. 案例分析题

案情简介

钟某的男友于2009年12月应征入伍，因钟某与男友感情深厚，在送男友离家之际，两人到县城“丽人”摄影室拍了一张合影照。想不到，这成为了二人的永别。钟某男友入伍不到一年，在一次执行任务中光荣牺牲，而当钟某持摄影单据去“丽人”摄影室取照片时，发现该合影照片及底片全部丢失。钟某十分悲痛，认为使她精神上受到了极大的伤害，欲追究“丽人”摄影室的法律责任。

问题：

(1)钟某是否能以消费者的名义主张权利?

(2)摄影室丢失照片的行为违反了《消费者权益保护法》规定的哪项义务?侵犯了消费者的哪项权益?

(3)钟某是否可以要求摄影室赔偿她因丢失照片所受到的精神损失?法院将如何判决?

【相关知识链接】

1. 最高人民法院发布消费者维权典型案例：http：//www. lvshi360. cn/News_content. asp? Id =576。

2. 中国消费者协会官网：http：//www. cca. org. cn。

3. 中国消费网：http：//www. ccn. com. cn。

4. 国家工商行政管理总局：http：//www. saic. gov. cn。

【参考文献】

[1] 吴宏伟. 消费者权益保护法[M]. 北京：中国人民大学出版社，2014.

[2] 王兴运. 消费者权益保护法[M]. 北京：北京大学出版社，2015.

[3] 吴景明，雅客. 我国新消费形式下消费者权益保护法律问题研究[M]. 北京：中国法制出版社，2013.

[4] 杨立新. 网络交易平台提供者为消费者损害承担赔偿责任的法理基础[J]. 法学，2016(1)：3 -11.

[5] 徐伟. 重估网络购物中的消费者撤回权[J]. 法学，2016(3)：84 -96.

第五章 产品质量法

【本章重点】

1. 产品、产品质量及缺陷等重要概念的含义。
2. 产品质量监督管理制度。
3. 经营者、销售者的产品质量义务。
4. 产品质量责任制度。

【案例导入】

2008年6月5日，张某与刘某签订了一份《房屋修建合同》，刘某以“包工不包料”的形式承包张某私房的修建工作。合同明确约定：一切工伤事故由刘某负责。合同签订后，刘某带领王某等人一起做工。7月24日上午，刘某和王某等几人抬水泥预制板到二楼，当从已经铺好的预制板上走过时，王某踩到的一块预制板发生断裂，致使其从二楼跌落至一楼，刘某随之掉下，所抬的那块预制板也跟着掉下，将王某左手砸断，刘某也轻微受伤。上述水泥空心预制板系从个体户彭某处购置。王某及刘某于当日被送至医院进行治疗，王某于8月21日出院，医院证明其出院后仍需修养一个月。王某的伤情被鉴定为四级伤残。为此，王某将张某、刘某、彭某一并告上法庭，要求三人承担人身损害赔偿责任，赔偿其医药费、误工费、营养费等费用。

个体户彭某认为，该事件属于施工安全事故，而并非产品缺陷致损。张某至其处购买的预制板是双方按质论价，张某及刘某都到现场看过货的，因此并不存在质量问题。造成事故是由于整个工程没有按照安全施工的技术操作规程进行，使王某抬板时脚踏空跌落而被砸伤。张某认为，合同已经明确约定一切工伤事故由刘某负责，王某受伤与自己无关。刘某则认为自己也是受害者，也应该得到赔偿。

【思考】

1. 本案是属于何种类型的纠纷？
2. 建筑材料是产品吗？是否适用《产品质量法》？
（具体分析见本章末尾）

第一节　产品质量法概述

一、产品、产品质量及缺陷的含义

（一）产品

产品，是产品质量法中的核心范畴，可以从自然属性和法律属性两方面界定。就其自然属性而言，产品指自然物之外的人类劳动产生的一切物质资料，它是人类生存和发展的物质条件，用于满足人类的生产和生活需要。就其法律属性而言，产品是指经过加工、制作，用于销售的物品，但并不包括所有物品。

各国法律对“产品”范围的规定并不完全相同，有广义和狭义两种。广义的“产品”，泛指一切经过工业处理的物品，无论是否可以移动、是否经过加工，包括工业产品、农业产品以及任何可销售、可使用的制成品。美国1979年的《统一产品责任示范法》将产品界定为“任何具有真正法律价值的，为进入市场而产生的，能够作为组装整件或者部件、零件交付的物品，但人体组织、器官、血液组成部分除外”。狭义的“产品”，仅指可移动的工业制成品，不包括不动产和初级农产品。如英国1987年颁布的《消费者保护法令》规定产品是指任何可移动的有形物品及组装于其他物品内的部件及原材料。再如，1985年的《欧州经济共同体产品责任指令》规定，“产品是指初级农产品和狩猎物以外的所有动产，即使已被组合在另一动产或不动产之内”。随着科技与经济的发展，人类可利用的资源越来越多，生产的产品也越来越丰富，可能给人造成损害的产品也越来越多，人类的安全面临着日趋严重的产品缺陷威胁。为了保护消费者和用户的人身和财产安全，国际立法和司法趋势不断扩大“产品”的外延，对“产品”趋向于作广义解释。

我国《产品质量法》第二条第二款对“产品”作了相对狭义的界定：“本法所称产品是指经过加工、制作，用于销售的产品。”第二条第三款规定，“建设工程不适用本规定；但是，建设工程使用的建筑材料、建筑构配件和设备，属于前款规定的产品范围的，适用本法规定”。第七十三条第一款规定：“军工产品质量监督管理办法，由国务院、中央军事委员会另行制定。”

可见，理解我国产品质量法所规定的产品范围，必须注意以下四个方面：

第一，产品必须是经过加工、制作的物品。未经过加工的天然品，如原煤、原矿、天然气、石油等，不属于我国《产品质量法》所规定的“产品”。未经过加工、制作的农产品，如农、林、牧、渔业初级产品和猎物，也不属于“产品”的范围。我国于2006年4月制定了《农产品质量安全法》，专门适用于农产品。所谓“加工、制作”，是指改变原材料、毛坯或半成品的形状、性质，使之达到规定要求的各种工作。①

第二，产品必须是用于销售的物品。自产自用的物品，不在其列。纯粹为科学研究而加工、制作的物品，也不包括在其中。

第三，不动产不作为“产品”对待。建设工程虽然具有生产、加工和商品属性，但与一般的产品不同，具有相对独立的质量标准，应当单独立法调整。但建设工程中使用的建筑材料、建筑配件或设备，适用《产品质量法》。

第四，军工产品，不包括在《产品质量法》所称的“产品”之中。军工产品，即武器装备、弹药及配套产品，包括专用的原材料、元器件等均不包括在“产品”之列，其质量监督办法，由国务院、中央军委另行制定。但军工生产的民用产品适用《产品质量法》。

（二）产品质量

产品质量是指产品性能在正常使用条件下，为满足人们合理使用要求所必须具备的各种物质、技术、心理和社会特性的总和。产品质量一般包括以下性能：

1. 适用性

适用性又称功能性，指产品在一定条件下实现预定目的或具备规定用途的能力。它是产品质量的最主要特征，产品之所以为人所用，就在于它具备一定的功能或用途。如，电灯可以发光、药品可以治病等。

2. 安全性

安全性指产品在适用过程中不存在危及人身、财产安全的危险。

3. 可靠性

可靠性指产品在正常使用条件下，产生预定功能、实现预定目的的概率。它一般表现为：可靠度、平均寿命、平均无故障使用时间、可靠寿命等。

4. 经济性

经济性指消费者以最小的购买支出获得最大的产品性能上的满足。一般表现

---

① 刘文琦. 产品责任法律制度比较研究[M]. 北京：法律出版社，1997：134.

为产品的性价比高、价廉物美等经济特性。

5. 可维修性

可维修性指产品发生故障后能被迅速修好并恢复功能。

（三）瑕疵与缺陷

产品质量责任的发生，以该产品存在质量问题为前提条件。这里，又可分为一般性的质量问题和严重的质量问题。反映在法律上，则出现了瑕疵与缺陷这两个基本概念。

“瑕疵”一词从广义上说是产品不符合其应当具有的质量要求，即构成瑕疵。狭义地说，瑕疵仅指一般性的质量问题，产品不具有良好的特征和特性，不符合明示采用的产品标准，或者不符合以产品说明、实物样品等方式表明的质量状况。但是产品不存在危及人身、财产安全的不合理的危险。“缺陷”则针对较为严重的质量问题。产品的设计、原材料的采用、制造装配、警示标识等都可能发生缺陷。我国《产品质量法》第四十六条规定：“本法所称缺陷，是指产品存在危及人身、他人财产安全的不合理的危险；产品有保障人体健康和人身、财产安全的国家标准、行业标准的，是指不符合该标准。”可见，衡量产品是否存在缺陷的标准有两项：其一，基本标准。指不存在危及人身、财产安全的危险性，该标准较抽象，要依具体案情灵活适用。其二，具体标准。指不符合产品的国家标准或行业标准。具体标准易操作，但有局限性。有些产品由于无相应的国家标准和行业标准，在判断该产品有无缺陷时，具体标准就无法适用。此外，有的产品虽然符合国家标准或行业标准，但仍然存在危及人身、财产安全的危险性，此时，应认定该产品存在缺陷。可见，“产品缺陷”比“产品质量不合格”的范围要宽。我国《产品质量法》在设计产品责任构成要件时，抛弃了《民法通则》中的“产品质量不合格”这一传统理念，更有利于保护消费者或用户的权利，是立法的一大进步。

瑕疵与缺陷的共同之处在于：第一，都是不符合产品质量要求的。第二，都应当承担产品质量责任（但瑕疵产品，经营者作出了明确说明的或消费者在购买该产品前已知晓的除外）。

两者的区别在于：第一，缺陷在程度上大于或重于瑕疵，产品有“瑕疵”，但不一定会存在“缺陷”。第二，瑕疵产品尚未丧失产品原有的使用价值，若消费者已知晓瑕疵且该瑕疵不违反法律强制性规定的，可以接受；缺陷产品存在不合理的风险，原则上不应接受。第三，对瑕疵产品，消费者直接向销售者要求赔偿，销售者有追偿权；购买缺陷产品的消费者可以向销售者或生产者要求赔偿。第四，对瑕疵，由销售者依照法律规定或合同约定进行修理、更换、退货或赔偿损失；而缺陷产品以损害赔偿为原则。第五，出售瑕疵产品且未声明的，诉讼时效期间为一年；因产品存在缺陷造成损害要求赔偿的，诉讼时效期间为两年。

二、产品质量法的概念、调整对象及我国的立法情况

(一)产品质量法的概念和调整对象

产品质量法是调整产品质量关系的法律规范的总称，主要包括关于产品质量监督管理、产品质量责任、产品质量损害赔偿和处理产品质量争议等方面的法律规定，是市场规制法的重要组成部分。

《产品质量法》的调整对象主要是两种社会关系：

1. 产品质量责任关系

产品质量责任关系是生产者、销售者与消费者之间的民事关系，产品质量法调整的生产者、销售者与消费者之间的民事关系是横向的平等主体之间的关系，它是与产品质量有关的人身关系或者财产关系。但是与一般的民事关系不同，在产品质量法中，法律对产品生产者和销售者规定了较多的义务，而对消费者规定了较多的权利。这是经济法对于经济上的弱势主体进行特别保护的体现。

2. 产品质量管理监督关系

产品质量管理监督关系包括法律授权的行政管理机关与产品的生产者、销售者之间的监督管理关系和社会公众与产品生产者、销售者之间的监督和被监督的关系。法律授权的行政管理机关与产品生产者、销售者之间的监督管理关系是纵向的不平等主体之间的社会关系。为了加强产品质量管理，新修改的《产品质量法》规定："任何单位和个人有权对违反本法规定的行为，向产品质量监督部门或者其他有关部门检举。"把社会公众对产品生产者、销售者的社会监督关系也纳入了法律调整的范围，并规定产品质量监督部门对检举人的保密义务。

我国的《产品质量法》是调整在生产、流通及监督管理过程中因产品质量而发生的各种经济关系的法律规范的总称。它兼具市场运行和国家监管两个方面的法律规范，其结构为"产品责任法" + "产品质量监管法"。

(二)我国的产品质量法立法

新中国成立以来，比较重视质量立法。颁布了一系列有关产品质量监督管理的法律、法规。从1954年起，中央和地方逐步开展了标准化和计量等各项技术基础工作；1957年，全国各企业建立起从准备生产到产品出厂的整套技术检验监督制度。从1979年开始，我国推行全面质量管理制度，产品质量的立法工作得到进一步重视，十余年时间陆续颁发了《工业产品质量责任条例》、《中华人民共和国计量法》及其实施细则、《中华人民共和国标准化法》及其实施细则、《国家产品质量监督检验测试中心管理试行办法》等十多个与产品质量有关的法律。

为适应进一步改革开放和建立社会主义市场体系的要求，提高产品质量和完善产品质量法律体系，打假治劣和维护市场经济秩序，1993年2月22日，第七届全国人大常委会第十三次会议通过了我国第一部全面、系统地规定了产品质量的《产品质量法》。这部法律吸收借鉴了当时外国先进的立法经验，如采用严格产品责任制，明确损害赔偿的范围等，同时又考虑了我国国情。这部法律调整的是产品质量关系，规定的是产品质量的法律责任，比西方国家单纯的产品责任立法要广泛。该法的颁布实施使中国产品质量法律制度得到了进一步的完善。

2000年7月8日，第九届全国人民代表大会常务委员会又对该法作了重大、全面的修改，使之成为一部面目一新的《产品质量法》。相比于原法，新增加了25条条文，删除了2条，修改了20条，近2/3的条文有所修改。特别是在内容上，增加了很多有针对性且执法力度大的规定，使我国产品质量立法更趋完善。

《产品质量法》是我国产品质量领域的基本法律。就实质而言，产品质量法还包括《计量法》《标准化法》《食品卫生法》《药品管理法》《认证认可条例》《产品标识标注规定》《产品质量国家监督抽查管理办法》《缺陷汽车产品召回管理规定》《农产品质量安全法》等规范性文件。《民法通则》《合同法》《消费者权益保护法》中的相关规定，也是实质意义上的产品质量法的构成部分。

（三）产品质量法与相关法的关系

1.《产品质量法》与《民法通则》《合同法》

《民法通则》和《合同法》规定了商品交易的一般准则，与《产品质量法》有着密切的关系。《民法通则》第一百二十二条规定：“因产品质量不合格造成他人财产、人身损害的，产品制造者、销售者应当依法承担民事责任。运输者、仓储者对此负有责任的，产品制造者、销售者有权要求赔偿损失。”这里提出的“质量不合格”的概念，是规定在特殊侵权责任中的，主要指“缺陷”。而“缺陷”是《产品质量法》的核心概念，可见，《产品质量法》与《民法通则》之间具有紧密的联系。

《合同法》第十二条、第六十一条、第六十二条、第一百一十一条、第一百四十八条、第一百五十四条、第一百五十五条、第一百五十八条涉及或专门有有关产品质量问题的规定。《合同法》中因违约而发生的质量问题，与《民法通则》《产品质量法》中因侵权而发生的质量问题，构成追究产品质量责任的整体。《民法通则》《合同法》主要是从保护当事人的个体利益的角度处理质量问题的，而《产品质量法》则是从个体、交易各方以及整个市场秩序的全方位角度解决质量问题的。此外，对“产品质量问题”的处理，经济法与民法在规制手段、处理强度上亦不尽相同。

2.《产品质量法》与《消费者权益保护法》

产品质量的保障是消费者权益的重要内容之一。《消费者权益保护法》多处直接作出有关产品质量的规定或者适用《产品质量法》的相关规定。例如，该法第十条规定："消费者在购买商品或者接受服务时，有权获得质量保障、价格合理、计量正确等公平交易条件。"第十六条规定："经营者向消费者提供商品或者服务，应当依照本法和其他有关法律、法规的规定履行义务。"第四十八条规定："经营者提供商品或者服务有下列情形之一者，除本法另有规定外，应当依照其他有关律、法规的规定，承担民事责任。"所以，《产品质量法》与《消费者权益保护法》各有分工，互相配合，共同构成市场经济法律体系中的重要组成部分。

3.《产品质量法》与《计量法》《标准化法》

计量是指计算、测量。准确的计量是产品质量的基础。我国的《计量法》适用于建立计量基准器具、计量标准器具，进行计量检定，制造、修理、销售、使用计量器具的各项活动；其目的在于，通过加强计量监督管理，保障国家计量单位制的统一和量值的准确可靠，有利于生产、贸易和科学技术的发展。公平交易的基本要求为质量保障、价格合理、计量正确。

标准化是产品质量的保障。社会分工与市场一体化的同时加强，要求对工业产品的品种、规格、质量、等级或者安全、卫生制定科学标准。企业生产的产品，必须执行统一的地区标准、行业标准或者企业标准。我国的《标准化法》，适用于制定标准、组织实施标准和对标准的实施进行监督的各种活动。其目的在于，通过标准化工作，促进技术进步，改进产品质量，提高社会经济效益，维护市场经济秩序。产品质量必须符合标准化要求，特别是对强制性标准必须执行，否则不得生产、销售和进口。

任何产品都是一定的质和一定的量的结合。《产品质量法》与《计量法》《标准化法》协同配合，从不同方位保障产品质量规则的运行和监督。也正因为计量、标准化与产品质量密切相关，所以国家设置质量技术监督机构，一体化地管理上述三项工作。

4.《产品质量法》与《刑法》

《产品质量法》在"罚则"一章中，有九条关于刑事责任的规定，都具体适用《刑法》。1997 年修正的《刑法》第二编（分则）第三章为"破坏社会主义市场经济秩序罪"；第一节标题为"生产、销售伪劣商品罪"，共规定了九种罪名：（1）生产、销售伪劣产品罪；（2）生产、销售假药罪；（3）生产、销售劣药罪；（4）生产、销售不符合卫生标准的食品罪；（5）生产、销售有毒、有害食品罪；（6）生产、销售不符合标准的医用器材罪；（7）生产、销售不符合安全标准的产品罪；（8）生产、销售伪劣农药、兽药、化肥、种子罪；（9）生产、销售不符合卫生标准的化妆品罪。这些罪名都与《产品质量法》有关。

依法追究产品质量犯罪，有助于增强《产品质量法》的法律威慑力，有利于提高全社会的产品质量意识，保证市场的交易秩序。

第二节　产品质量监督管理制度

一、产品质量监督管理体制

（一）产品质量监督管理体制的含义

产品质量监督管理体制，指国家在开展产品质量监督管理过程中设置的管理机构以及处理各管理机构之间权责关系的制度，属于产品质量监督管理组织制度。

（二）我国的产品质量监督管理体制

《产品质量法》第八条规定了我国的产品质量监督管理的组织机构："国务院产品质量监督部门主管全国产品质量监督工作。""县级以上地方产品质量监督部门主管本行政区域内的产品质量监管工作；县级以上地方人民政府有关部门在各自的职责范围内负责产品质量监管工作。"我国的产品质量监督管理实行"统一领导、分工负责、分级管理"的体制。

现行国务院产品质量监督部门是国家质量监督检验检疫总局，负责主管全国质量、计量、出入境商品检验、出入境卫生检疫、出入境动植物检疫和认证认可、标准化等工作。根据国务院授权，认证认可监管工作，由国家质量监督检验检疫总局下属的中国国家认证认可监督管理委员会（中华人民共和国国家认证认可监督管理局）主管，该局属于国家质检总局下属的事业单位。标准化行政管理职权，由中国国家标准化管理委员会（中华人民共和国国家标准化管理局）行使，该局也属于国家质检总局下属的事业单位。

地方质量技术监督局和地方出入境检验检疫局分开设立。省级以下质量技术监督局由省局实行垂直管理。与产品质量监管密切相关的部门，还有工商行政管理局、食品药品监督管理局、中医药管理局等。质量技术监督局与工商行政管理局的分工是：（1）产品流通领域内的产品质量问题，由质监局查处，工商局协助；（2）生产、经销掺假产品、冒牌产品，由工商局查处，质监局协助；（3）倒卖、骗卖劣质产品，按谁先发现谁主管的原则划分管辖权。

二、产品质量监督的主要制度

（一）企业质量体系认证制度

企业质量体系认证制度，是指法定的认证机构依据国际通用的“质量管理和质量保证系列标准”，对企业的质量体系和质量保证能力进行审核，并颁发认证证书，证明企业质量体系和质量保证能力符合相关要求的制度。

我国《产品质量法》第十四条规定，国家根据国际通用的质量管理标准，推行企业质量体系认证制度。企业根据自愿原则申请企业质量体系认证。接受企业质量体系认证申请的部门是国家产品质量监督部门或其授权部门认可的认证机构。认证机构属于社会中介机构，与行政机关不存在隶属关系和利益关系，依法独立开展认证工作，具有公正性和客观性。企业提出认证申请后，经认证合格的，由认证机构颁发企业质量体系认证证书。

企业质量体系认证以自愿为原则。认证程序是：(1)由企业自愿提出认证申请，提交认证申请书并和认证机构签署认证协议；(2)由认证机构进行审核，包括文件审核和现场审核；(3)由认证机构对符合条件的企业进行注册，颁发企业质量体系认证证书。企业获得企业质量体系认证证书后，每年还要接受认证机构的年审，每隔三年进行一次复审。

企业质量认证的目的主要有三点：一是在合同环境中，提高供方质量信誉，向需方提供质量担保；二是在非合同条件下，促进企业内部提高质量管理水平，实现质量方针和质量目标；三是为了增强企业在市场上的竞争能力。

我国企业质量体系认证适用的标准是国家质量技术监督局颁布的 GB/IT 9000 - ISO9000 系列国家标准。该标准等同于国际标准化组织(ISO)推荐采用的 ISO9000“质量管理和质量保证”系列国际标准。除此之外，对于某些特殊行业的质量体系认证，还可以依据其他国际公认的质量体系规范性标准，如美国石油学会(API)发布的 QI 等。

（二）产品质量认证制度

产品质量认证制度，是指认证机构依据产品标准及相应的技术要求，对申请认证的产品进行检验，对符合相应标准和技术要求的企业颁发认证证书和标志予以证明的制度。

我国《产品质量法》《认证认可条例》《强制性产品认证管理规定》等法律、法规，对产品质量认证作出了规定。

1. 认证原则

我国实行自愿认证与强制认证相结合原则。一般产品是否认证，企业可以自行决定。涉及人类健康和安全、动植物生命和健康以及环境保护和公共安全的产品，实行强制认证(CCC 认证)，由国家质检总局、国家认证认可监督管理委员会联合发布必须实行强制性认证的产品目录。凡列入强制性产品认证目录内的产品经过认证并标注认证表之后，方可出厂、销售、进口或者在其他经营活动中使用。

2. 认证依据

国家参照国际先进的产品标准和技术标准，执行产品质量认证制度。认证依据是具有国际水平的国家标准、行业标准及其他补充技术标准。对我国名、特产品，依据经国家技术监督局确认的标准认证。对于我国与国外认证机构签订合作认证协议的产品，依据协议中约定的标准认证。

3. 认证机构

在我国开展产品质量认证的机构，是经过国家认证认可监督管理委员会认可的认证机构。认证机构必须保持独立、客观公正地开展认证活动，不得与认证委托人存在资产、管理方面的利益关系。

4. 认证种类

我国产品质量认证分为安全认证和合格认证。安全认证，必须符合《标准化法》中有关强制性标准的要求，只对产品涉及人身安全、财产安全的项目进行认证。合格认证，是依据《标准化法》规定的国家或行业标准对产品的全部性能进行的达标认证，未制定国家标准、行业标准的，以社会普遍公认的安全、卫生要求为依据。它证明该产品的质量已符合某质量标准的要求。

5. 认证形式

我国产品质量的认证分为自愿认证和强制认证两种形式。自愿性产品质量认证由生产企业自愿提出申请，并由认证机构依据相应标准对其产品进行认证，是根据法律、法规的规定，对特定产品质量进行的认证。我国对涉及人类健康和安全、动植物生命与健康以及环境保护和公共安全的产品实行强制性认证制度。相关产品必须通过认证并取得认证书和认证标志，才能进入市场销售。

企业产品一经认证，可获得产品质量认证标志，并准予在产品和包装上使用。我国现存的工业产品质量认证标志主要有：长城标志(中国电工产品安全认证标志)、PRC 标志(电子元器件专用认证标志)、方圆 Q 标志(电子元器件以外产品的合格认证标志)、方圆 S 标志(电子元器件以外产品的安全认证标志)、方圆 S 标志的变形标志(消防产品的安全认证标志)。此外，我国还有标样标志(实物标准认证)、SG 标志(汽车用安全玻璃产品安全认证标志)、QS 标志(食品质量安全标志)、CCES 标志(卫星地球站设备合格认证标志)、萌芽标志(玩具产品安全认证标志)等。

（三）产品质量检验制度

产品质量检验是指检验机构根据一定标准对产品品质进行检测，并判断合格与否的活动，而对这一活动的方法、程序、要求和法律性质用法律加以确定就形成了产品质量检验制度。我国《产品质量法》明文规定：产品质量应当检验合格，不得以不合格产品（包括处理品、劣质品）冒充合格产品。

企业产品质量检验是产品质量的自我检验，具有自主性和合法性的特点。所谓自主性，是指这种检验是企业为保障产品质量合格，适合并满足用户和消费者的要求，依法主动进行的，在不违反法律强制性规定的前提下，企业可选择适合自己的检验标准和检验程序。所谓合法性，是指企业的质量检验必须依法进行，遵循国家的有关规定。产品出厂时，可由企业自行设置的检验机构检验，也可由企业委托有关产品质量检验机构进行检验，按照我国法律规定，产品质量检验机构必须具备相应的检验条件和能力，并须经过省级以上的人民政府产品质量监督管理部门或者其授权的部门考核合格后，方可承担产品质量检验工作。

（四）产品质量监督检查制度

产品质量监督检查制度，是指各级产品质量监督部门依法对特定产品实施强制性检查的制度，目的在于保障市场流通中的产品符合相关的质量要求，督促企业严把产品质量关。

1. 产品质量监督检查的机关

依据《产品质量法》的规定，国务院产品质量监督部门主管全国产品质量监督工作。县级以上地方产品质量监督部门主管本行政区域内的产品质量监督工作。一般而言，产品质量监督检查由产品质量监督主管机关负责。但是，法律对产品质量的监督部门另有规定的，则依有关法律规定执行。例如，《食品卫生法》《药品管理法》分别规定了食品和药品的监督检查由食品、药品主管机关进行。

2. 产品质量监督检查的方式

国家对产品质量监督实施以抽查为主要方式的监督检查制度，一般为突击检查。对依法进行的产品质量监督检查，生产者、销售者不得拒绝。并不是所有产品都要检查，一般而言，抽查对象有三种：(1)可能危及人体健康和人身、财产安全的产品；(2)影响国计民生的重要工业产品；(3)用户、消费者和有关组织反映有质量问题的产品。抽查的样品应当在市场上或企业成品仓库内的待销售产品中随机抽取，样品由被检查者无偿提供。国家监督抽查的产品，地方不得另行重复抽查；上级监督抽查的产品，下级不得另行重复抽查。

根据监督抽查的需要，产品质量监督机关可以对产品进行检验。检验费不得向被检查人收取，按国务院规定列支。生产者、销售者对检验结果有异议的，可以在收到检验结果之日起15日内向实施该监督检查的部门或其上级行政部门申请复检。

监督抽查的结果要定期公告。抽查的产品质量不合格的，产品质量监督部门责令企业限期改正。逾期不改正的，由省级以上人民政府产品质量监督部门予以公告。公告后经复查仍不合格的，责令停业、限期整顿。整顿期满后经复查仍不合格的，吊销营业执照。

【案例】

2008年9月，“毒奶粉”事件爆发，化学制剂“三聚氰胺”在三鹿集团生产的婴幼儿配方奶粉中被检出，食用该奶粉后，全国有数万名婴幼儿患上了尿路肾结石疾病，严重的已经死亡。随后，国家质量监督检验检疫总局会同卫生部启动了公共卫生应急程序，开始介入三鹿问题奶粉事件，并且针对患病的婴幼儿展开救治行动。在随后的乳制品行业大检查中，几乎所有的生产乳制品的大型知名企业均未能幸免。这些知名企业的乳制产品大部分为国家免检产品，而恰恰是这些免检产品被掺入了化学毒品三聚氰胺，这无疑引起了广大民众对“免检制度”的质疑，最终让这一制度走到终点。

免检制度是如何形成的？免检制度因何成为“问题制度”并走向终结？

【分析】

我国的产品免检制度始于20世纪90年代。当时，一些地方的质量技术监督部门对本地区连续数年检验合格的产品给予在一定时间内免于监督检查的“优待”。1999年，国务院发布了《关于进一步加强产品质量工作若干问题的决定》，根据该决定，对于符合条件的产品，可以确定为免检产品，从此在全国范围内启动了“免检制度”。2000年3月，原国家质量技术监督局发布了《产品免予质量监督检查管理办法》及该办法的《实施细则》，依据此办法和细则，获得免检资格的产品享有在免检有效期内各级政府部门和流通领域均不得对其进行质量监督检查的特殊权利。2001年12月，国家质量监督检验检疫总局又颁布了新的《产品免于质量监督检查管理办法》，获得免检称号的企业，产品经省级以上质量技术监督部门连续三次抽查合格，经申请可以得到免检产品证书。

依据免检规则，免检产品的受理机关可以是省级的质量技术监督部门，而出于对本地区经济的发展以及财政税收的权衡考虑，同时也为了扩大本地域范围内的产品或者服务品牌的知名度和美誉度，往往在评定免检产品的过程中受到其他非技术因素的影响，导致评定免检产品存在有名无实的风险。“对于获得免检的产品，在其有效期内，可以免于各级政府部门的质量监督检查”，这一规定也造成了相关国家质检部门这一权威性政府组织在对产品质量监管上的真空。在免检产品发生产品质量问题的法律责任承担中，其处罚只是视情节责令生产企业限期整改，停止使用免检标志，收回免检证书，追究企业的产品质量责任，其中，法律责任的设定对于其所得的收益是微乎其微的。产品质量免检制度造成了违法成本和守法成本的倒挂现象，企业为了扩大自己产品的市场占有率和企业本身的知名度，同时巩固已有的市场地位，在实践中往往把“免检”作为其产品质量的最大依靠，似乎只注重产品免检本身带来的广告效应，从而忽视甚至放弃自己的企业责任，把并没有真正达到“免检”的产品投入市场，降低了质量标准，企业的自觉检验检查成了流于形式的过场。以上种种因素导致了潜在质量危机的爆发，并致使“免检制度”最终成为问题制度。

此外，免检制度本身与《产品质量法》的精神存在冲突。免检产品的认定，是以政府监管部门的信誉为部分企业的产品质量作出担保的违法行为。政府应该和市场本身的权力边界划分清楚，政府所需要的是给产品设置安全标准，依法对产品质量进行监管，保障市场流通中的产品符合相关的质量要求，而对于合格产品品质高低的确认应该让市场和消费者来作出判定。

（五）产品质量的社会监督制度

依据《产品质量法》和《消费者权益保护法》的规定，我国还建立了产品质量社会监督制度。产品质量的社会监督主要有消费者监督和社会团体监督。

消费者通过行使查询权、申诉权发挥监督功能。社会团体如消费者权益保护组织则通过行使建议处理权和支持起诉权发挥监督功能。

第三节　生产者、销售者的产品质量义务

一、生产者的产品质量义务

（一）生产者应当保证产品的内在质量

生产者应当对其生产的产品质量负责。《产品质量法》第二十六条规定，生产者应保证产品质量符合以下三项要求：

（1）不存在危及人身、财产安全的不合理危险，有保障人体健康和人身财产安全的国家标准、行业标准的，应当符合该标准。

（2）具备产品应当具备的使用性能，对产品存在的使用性能的瑕疵必须作出

明确说明。

(3)符合在产品或包装上注明采用的产品标准，符合以产品说明、实物样品等方式表明的质量状况。

(二)产品标识应当符合要求

产品标识，是指用于识别产品或其特征、特性所作的各种表示的统称。产品标识通常以文字、符号、标记、数字、图案等方式表示。它可以标注在产品上，也可以标注在产品包装上。产品标识，提供了产品的使用、保养、质量等信息，可指导消费者正确消费。根据《产品质量法》第二十七条、第二十八条的规定，产品标识应符合以下要求：

(1)有产品质量检验合格证明；

(2)有中文标明的产品名称、生产厂名和厂址；

(3)依据产品的特点和使用要求，需要标明产品规格、等级、所含主要成分的名称和含量的，必须用中文标明；需要事先让消费者知晓的，应当在外包装上标明，或者预先向消费者提供有关资料；

(4)需在限期内使用的产品，应当在显著位置清晰地标明生产日期和安全使用期或失效日期；

(5)使用不当，容易造成产品本身损坏或者可能危及人身、财产安全的产品，应当有警示标志或中文警示说明书。

(6)裸装食品和其他难以附加标识的裸装产品，可以不附加产品标识。

国家质量技术监督局于1997年发布了《产品标识标注规定》，对上述义务进行了更为详细的规定。

(三)生产者在产品包装方面的义务

根据《产品质量法》第二十八条规定，易碎、易燃、易爆、有毒、有腐蚀性、有放射性等危险物品以及储运中不能倒置和其他有特殊要求的产品，必须注意其包装、运输等特殊要求，必须有警示标志或中文警示说明，标明储运注意事项。

(四)生产者在产品质量方面的消极义务

《产品质量法》对生产者不得从事的行为作了如下规定：

(1)不得生产国家明令淘汰的产品；

(2)不得伪造产地，不得伪造或冒用他人厂名、厂址；

(3)不得伪造或冒用认证标志等质量标志；

(4)不得掺杂、掺假，不得以假充真、以次充好，不得以不合格产品冒充合格产品。

二、销售者的产品质量义务

（一）销售者在产品质量方面的积极义务

1. 产品质量检查义务

销售者在进货时，必须查验产品的质量、合格证、生产日期、认证标志等，防止假冒伪劣产品进入市场。执行进货检查验收制度，是确保销售者进货质量、区分销售者与生产者责任的重要手段。

2. 产品质量保持义务

销售者应当根据产品的特点，采取必要的防雨、防晒、防霉变等措施，确保销售的产品不失效、不变质。

3. 产品质量标识义务

销售者销售产品的标识，应当符合《产品质量法》第二十七条的规定。

（二）销售者在产品质量方面的消极义务

（1）不得销售国家明令淘汰并禁止销售的产品，不得销售失效、变质的产品。

（2）不得伪造产地，不得伪造或冒用他人厂名、厂址。

（3）不得伪造或冒用认证标志等质量标志。

（4）不得掺杂、掺假，不得以假充真、以次充好，不得以不合格产品冒充合格产品。

第四节　产品质量责任

一、产品质量责任概述

（一）产品质量责任的含义

产品质量责任，是指生产者、销售者以及其他对产品质量负有义务者违反《产品质量法》规定的产品质量义务应承担的一种综合责任，包括民事责任、行政责任和刑事责任。

（二）产品质量责任与产品责任的区别

产品质量责任，是一个经济法范畴，不同于作为民法范畴的产品责任。产品责任，包括产品的生产者、销售者因生产、销售有缺陷产品致他人人身伤害、财产损失所应承担的民事赔偿责任。

产品质量责任相比产品责任而言，有以下特征：

(1)产品质量责任是一种经济法责任。产品质量责任既包括产品质量的违约和侵权责任，又包括产品质量的行政和刑事责任，具有综合性特征，反映了国家为了社会公共利益的需要以公共权力干预社会经济生活的公法属性。产品责任则是一种特殊的民事侵权责任，具有私法责任的性质。

(2)产品质量责任的归责依据是《产品质量法》。是否承担产品质量责任，就看当事人是否违反了《产品质量法》规定的义务。当事人只要违反了产品质量义务，不论是否有过错，是否给他人造成损害，均要承担产品质量责任。而产品责任则是以民事侵权法为归责依据，以产品存在缺陷并造成他人实际损害为前提。

(3)产品质量责任具有积极防御功能，是一种贯穿于产品的设计、销售、使用等环节的全过程责任。产品质量责任具有事前预防功能，但不排斥事后的救济功能。而产品责任只是一种侵权赔偿责任，是一种在缺陷产品给他人造成实际损害后的消极补救责任。

二、产品质量的民事责任

(一)产品责任

产品责任是产品的生产者、销售者因生产、销售有缺陷产品致他人人身伤害、财产损失所应承担的民事赔偿责任，即产品缺陷责任，其性质为侵权责任。

产品侵权赔偿责任的归责原则，先后经历了合同责任、过错责任、无过错责任三个发展阶段。(1)在合同责任阶段，奉行“无合同即无责任”的原则，产品销售合同当事人以外的消费者、使用者或接近产品的人因无合同关系而得不到赔偿。(2)在过错责任制度阶段，承担产品责任，以生产者或销售者存在主观过错为归责原则。由于消费者、使用者缺乏产品知识，很难证明生产者、销售者存在过错，获得赔偿十分困难。这极不利于保护消费者的权利，无助于增强生产者、销售者的质量意识和质量责任观念。(3)在无过错责任阶段，只要产品存在缺陷、该缺陷给他人造成损害、缺陷与损害之间存在因果关系，经营者即应承担损害赔偿责任。英美法系国家将此原则称为严格责任原则。①

我国《产品质量法》《侵权责任法》对产品责任采用了“以无过错责任原则为主，以过错责任为辅”的立法形式。根据《产品质量法》第四十一条、第四十二条

① 漆多俊.经济法学(第三版)[M].北京：高等教育出版社，2014：159.

的规定，生产者是产品质量责任的主要承担者，按照无过错责任原则承担民事赔偿，即无论生产者有无过错，只要因产品缺陷造成他人人身、财产损害，就应承担赔偿责任，但生产者能证明下列情形之一的除外：(1)未将产品投入流通的；(2)产品投入流通时，引起损害的缺陷尚不存在的；(3)将产品投入流通时的科学技术水平尚不能发现缺陷存在的。若销售者的过错使产品存在缺陷，造成人身、他人财产损害，或者销售者不能指明缺陷产品的生产者也不能指明缺陷产品的供货者，则销售者应当承担赔偿责任，即销售者按照过错责任原则和过错责任推定原则承担民事赔偿责任。

因产品存在缺陷造成人身、财产损害的，受害人可以向产品的生产者索赔，也可以向产品的销售者索赔。属于产品生产者的责任，产品销售者先行赔偿后，有权向产品的生产者追偿。产品质量认证机构违反产品质量法的有关规定，对不符合认证标准而使用认证标志的产品，未依法要求其改正或取消其使用认证标志的，对因产品不符合认证标准而给消费者造成的损失，与生产者、销售者承担连带责任。社会团体、社会中介机构对产品质量作出承诺、保证，而该产品又不符合其承诺、保证的质量要求，给消费者造成损失的，与产品的生产者、销售者承担连带责任。

损害赔偿的项目包括下列方面：(1)人身伤害。因产品存在缺陷造成受害人身伤害的，侵害人应当赔偿医疗费、治疗期间的护理费、因误工减少的收入等费用；造成残疾的，还应当支付残疾者生活自助费等费用；造成受害人死亡的，并应支付丧葬费、死亡赔偿金以及死者生前抚养的人所必需的生活费等费用。(2)财产损失。因产品存在缺陷造成受害人财产损失的，侵害人应当恢复原状或者折价赔偿，受害人因此遭受其他重大损失的，侵害人应当赔偿损失。(3)精神损害。因产品缺陷致受害人人格利益受到损害，特别是造成人身伤害时，生产者或销售者应当承担精神损害赔偿责任。

【案例】

2015 年 3 月 5 日，王某在彭某经营的日杂商店购买浏阳美的烟花公司生产的“48 发笛音响子雷”2 个，当晚 19 时，王某与朋友燃放礼花。礼花摆放在平地上，王某点燃第一个礼花后，礼花正常燃放，点燃第二个礼花后，礼花发生爆炸并倾倒在地，礼花继续向外发射，将王某左眼炸伤，王某随即入院治疗。经鉴定，王某本次损伤致左眼球破裂伤，构成七级伤残。据此，王某要求彭某赔偿其医疗费、残疾赔偿金、误工费、护理费等损失共计 20 万余元。

【分析】

本案的人身伤害是由礼花燃放过程中的爆炸所致的，是一起因产品缺陷致人损害的人身损害赔偿纠纷。根据《产品质量法》《侵权责任法》的规定，因产品存在缺陷造成他人损害的，生产者应当承担侵权责任。产品缺陷是指产品存在危及人身、他人财产安全的不合理的危险，产品有保障人体健康、人身财产安全的国家标准、行业标准的，产品缺陷是指不符合该标准。我国《烟花爆竹安全与质量》(GB10631—2013)第3.22条规定，“倒筒”是指燃放时产生不应有的倾倒的现象；第3.24条规定，“炸筒”是指燃放时产生不应有的筒体炸裂现象；第3.25条规定，“散筒”是指燃放时产生不应有的筒体开裂、穿孔或筒体间分离现象。王某购买的浏阳美的烟花公司生产的礼花，在燃放过程中，发生爆炸，出现炸筒、倒筒、散筒现象，不符合国家标准，应认定案涉礼花存在质量缺陷。浏阳美的烟花公司生产的礼花存在缺陷造成王某受伤，依法应承担赔偿责任。彭某作为产品的销售者先行赔偿后，有权向产品的生产者浏阳美的烟花公司追偿。

(二)其他产品质量民事责任

在产品买卖关系中，产品的生产者或销售者应依法或依合同向消费者、使用者作出保证或承诺，按照这种承诺，如果产品存在瑕疵，生产者或销售者应当承担由此引起的法律后果，即产品瑕疵担保责任，这是一种违约责任。

瑕疵担保责任是一种法定责任，属于无过错责任的一种。根据我国《产品质量法》的规定，售出的产品有以下情形之一的，销售者应当负责修理、更换、退货、赔偿损失的责任：(1)不具备产品应当具备的使用性能而事先未作说明的；(2)不符合在产品或者其包装上注明采用的产品标准；(3)不符合以产品说明、实物样品等方式表明的质量状况的。所售产品有以上情形的，销售者应当负责修理、更换、退货；给消费者造成损失的，销售者应当赔偿损失。销售者履行责任后，属于生产者的责任或者供货者的责任的，销售者有权向生产者、供货者追偿。但是，生产者之间、销售者之间、生产者与销售者之间订的买卖合同、承揽合同有不同约定的，合同当事人按照合同约定执行。

三、生产者、销售者违反产品质量法的行政责任和刑事责任

(一)生产者、销售者违反产品质量法的行政责任

(1)生产、销售不符合保障人体健康和人身、财产安全的国家标准、行业标准的产品的，责令停止生产、销售，没收违法生产、销售的产品，并处违法生产、

销售产品（包括已售出和未售出的产品）货值金额等值以上3倍以下的罚款；有违法所得的，并处没收违法所得；情节严重的，吊销营业执照。

（2）在产品中掺杂、掺假，以假充真、以次充好，或者以不合格产品冒充合格产品的，责令停止生产、销售，没收违法生产、销售的产品，并处违法生产、销售产品货值的50%以上3倍以下的罚款；有违法所得的，并处没收违法所得；情节严重的，吊销营业执照。

（3）生产国家明令淘汰的产品的，销售国家明令淘汰并停止销售的产品的，责令停止生产、销售，没收违法生产、销售的产品，并处违法生产、销售产品货值金额等值以上3倍以下的罚款；有违法所得的，并处没收违法所得；情节严重的，吊销营业执照。

（4）销售失效、变质的产品的，责令停止销售，没收违法销售的产品，并处违法生产、销售产品货值金额等值以上2倍以下的罚款；有违法所得的，并处没收违法所得；情节严重的，吊销营业执照。

（5）伪造产品产地的，伪造或者冒用他人厂名、厂址的，伪造或者冒用认证标志等质量标志的，责令改正，没收违法生产、销售的产品，并处违法生产、销售产品货值金额等值以下的罚款；有违法所得的，并处没收违法所得；情节严重的，吊销营业执照。

（6）产品标识不符合《产品质量法》第二十七条第四项、第五项规定，情节严重的，责令停止生产、销售，并处违法生产、销售产品货值30%以下的罚款；有违法所得的，并处没收违法所得。

（7）拒绝接受依法进行的产品质量监督检查的，给予警告，责令改正；拒不改正的，责令停业整顿；情节特别严重的，吊销营业执照。

（8）隐匿、转移、变卖、损毁被产品质量监督部门或者工商行政管理部门查封、扣押的物品的，处被隐匿、转移、变卖、损毁物品货值金额等值以上3倍以下的罚款；有违法所得的，并处没收非法所得。

生产者、销售者违反《产品质量法》有关规定的行政处罚，由产品质量监督部门按照国务院规定的职权范围决定。其中，吊销营业执照的行政处罚由工商行政管理部门决定。法律、行政法规对行使行政处罚权的机关另有规定的，依照有关法律、行政法规的规定执行。

（二）生产者、销售者违反产品质量法的刑事责任

生产者、销售者实施下列违法行为，构成犯罪的，应当依法追究刑事责任：（1）生产、销售不符合保障人体健康和人身、财产安全的国家标准、行业标准的产品的；（2）在产品中掺杂、掺假，以假充真、以次充好，或者以不合格产品冒充合格产品的；（3）销售失效、变质的产品。

1997年修订后的《刑法》为了严惩生产、销售伪劣产品的行为，在《刑法》分则第三章第一节中专门规定了“生产、销售伪劣商品罪”。该节共有九个定罪量刑的罪名，包括：生产、销售伪劣产品罪，生产、销售假药罪，生产、销售劣药罪，生产、销售不符合卫生标准的食品罪，生产、销售有毒有害食品罪，生产、销售不符合标准的医用器材罪，生产、销售不符合安全标准的产品罪，生产、销售伪劣农药、兽药、化肥、种子罪，生产、销售不符合卫生标准的化妆品罪。

构成上述犯罪，对单位判处罚金，对直接负责的主管人员和其他责任人员依法追究刑事责任。

四、国家机关及其工作人员违反产品质量法的行政责任和刑事责任

（一）国家机关及其工作人员违反产品质量法的行政责任

各级人民政府工作人员和其他工作人员有下列情形之一的，依法给予行政处分：(1)包庇、放纵产品生产、销售中违反《产品质量法》行为的；(2)向从事违反《产品质量法》规定的生产、销售活动的当事人通风报信，帮助其逃避查处的；(3)阻挠、干预产品质量监督部门或者工商行政管理部门依法对产品生产、销售中的违反《产品质量法》规定的行为进行查处，造成严重后果的。

产品质量监督部门在产品质量监督抽查中超过规定的数量索取样品或者向被检查人收取检查费用的，由上级产品质量监督部门或检察机关责令退还；情节严重的，对直接负责的主管人员和其他直接人员依法给予行政处分。

产品质量监督部门或其他国家机关违反《产品质量法》第二十五条的规定，向社会推荐生产者的产品或者以监制、监销等方式参与产品经营活动的，由其上级机关或监察机关责令改正，消除影响，有违法收入的予以没收；情节严重的，对直接负责的主管人员和其他直接责任人员依法给予行政处分。

产品质量监督部门或者工商行政管理部门的工作人员滥用职权、玩忽职守、徇私舞弊，尚不构成犯罪的，依法给予行政处分。

（二）国家机关及其工作人员违反产品质量法的刑事责任

各级人民政府工作人员和其他工作人员有下列情形之一的，构成犯罪的，依法追究刑事责任：(1)包庇、放纵产品生产、销售中违反《产品质量法》行为的；(2)向从事违反《产品质量法》规定的生产、销售活动的当事人通风报信，帮助其逃避查处的；(3)阻挠、干预产品质量监督部门或者工商行政管理部门依法对产品生产、销售中的违反《产品质量法》规定的行为进行查处，造成严重后果的；

(4)产品质量监督部门或者工商行政管理部门的工作人员滥用职权、玩忽职守、徇私舞弊的。

五、其他主体违反产品质量法的法律责任

(一)产品质量检验机构、认证机构的法律责任

产品质量检验机构、认证机构在产品质量法中被赋予重要职责，当然也要承担相应义务。它们在违反产品质量法时，也要承担相应的法律责任。

产品质量检验机构、认证机构伪造检验结果或者出具虚假证明的，责令改正，对单位处5万以上10万以下罚款，对直接负责的主管人员和其他直接责任人员处1万以上5万以下罚款；有违法所得的，并处没收非法所得；情节严重的，取消其检验资格、认证资格；构成犯罪的，依法追究刑事责任。

产品质量检验机构、认证机构出具的检验结果证明不实造成损失的，应当承担相应的赔偿责任；造成重大损失的，撤销其检验资格、认证资格。产品质量认证机构违反产品质量法的规定，对不符合认证标准而适用认证标志对产品，未依法要求其改正或取消其适用认证标志资格对，对因产品不符合认证标准给消费者造成的损失，与产品的生产者、销售者承担连带责任；情节严重的，撤销其认证资格。

产品质量检验机构违反《产品质量法》第二十五条的规定，向社会推荐生产者的产品或者以监制、监销等方式参与产品经营活动的，由产品质量监督部门责令改正，消除影响，有违法收入的予以没收，可以并处违法收入1倍以下的罚款；情节严重的，撤销其质量检验资格。

(二)社会团体、社会中介机构的法律责任

社会团体、社会中介机构对产品质量作出承诺、保证，而该产品又不符合其承诺、保证的质量要求，给消费者造成损失的，与产品的生产者、销售者承担连带责任。

【导入案例分析】

前述案件的人身伤害是由房屋修建过程中的水泥空心预制板断裂引起的，因此是一起因产品缺陷致人损害的人身损害赔偿纠纷，而非施工安全事故引起的人身损害赔偿纠纷。

《产品质量法》所调整的产品，是指“经过加工、制作，用于销售的产品”。但是，并非所有产品都适用《产品质量法》。譬如，建筑工程因其有特殊的质量要

求，难以与一般工业产品共用同一种法律进行调整。因此，《产品质量法》第二条明确了“建筑工程不适用本法规定”，关于它的质量问题由《建筑法》予以规范。但是，经过加工制作用于销售的建筑工程使用的建筑材料、建筑配件设备，具有一般工业产品特点，仍然属于产品质量法的调整内容。本案所涉及的水泥空心预制板就属于符合产品特征的建筑构配件，因此，由其缺陷引发的损害赔偿纠纷应当适用《产品质量法》的规定。

【思考与案例分析题】

1. 我国产品质量法适用那些产品？
2. 比较产品质量责任与产品责任的区别。
3. 比较企业质量体系认证与产品质量认证的区别。
4. 比较生产者与销售者产品质量责任的区别。
5. 案例分析题

案情简介

天天体育器材公司是一家专门生产体育器材、健身用具的公司。2007 年 8 月，该公司生产了一批臂力棒，成品出厂前经检验员的严格检测，将有缺陷的产品存放在废品仓库，定期统一处理。2007 年 9 月，管理员方某从废品仓库中私自拿了一件臂力棒送给了朋友陈某作为其生日礼物，但未告知陈某该臂力棒的来源及存在缺陷。2007 年 11 月，陈某在使用臂力棒锻炼时，臂力棒断裂砸伤陈某，陈某下颌骨被撞裂，四颗门牙缺损，后入院治疗，花费医药费两万元。陈某向天天公司要求赔偿遭到拒绝，陈某遂将天天公司及方某作为共同被告诉至法院要求获取赔偿。

问题：

天天公司及方某是否应对陈某的损失承担赔偿责任？抗辩理由是什么？

【相关知识链接】

1. 中国质量网：http：//www. chinatt315. org. cn/index/default. aspx。

2. 中国质量检验信息网：http：//www. caqi. org. cn/index/default. aspx。

3. 全国质量奖：全国质量奖设立于 2001 年，是对实施卓越的质量管理，并在质量、经济、社会效益等方面取得显著成绩的组织授予的在质量方面的最高荣誉。该奖项设定的目的是贯彻《产品质量法》，激励和引导我国企业追求卓越的质量经营，增强组织综合竞争能力，更好地适应经济全球化的发展趋势。2010 年初，经党中央、国务院同意，全国质量奖继续由中国质量协会负责承办，自 2012 年起，全国质量奖中设置“卓越项目奖”，以表彰运用卓越绩效模式在质量管理、技术创新等方面取得突出成效的重点工程和项目。如今，全国质量奖已经成为与日本戴明奖、美国波多里奇国家质量奖、欧洲 EFQM 卓越奖齐名的国家级、全国性质量奖励。

【参考文献】

[1] 杨紫烜. 经济法[M]. 北京：北京大学出版社，高等教育出版社，2014.

[2] 曾宪义，王利明. 经济法[M]. 北京：中国人民大学出版社，2008.

[3] 田立军. 市场经济法律教程[M]. 上海：复旦大学出版社，2005.

[4] 梁慧星. 中国产品责任法——兼论假冒伪劣之根源和对策[J]. 法学，2001(6)：38－44.

[5] 王利明. 论产品责任中的损害概念[J]. 法学，2011(2)：45－54.

第六章　国有资产法

【本章重点】

1. 国有资产的定义、分类及形成途径。
2. 国有资产法的概念和立法构成。
3. 我国企业国有资产的管理体制。
4. 行政事业性和资源性国有资产法律制度。
5. 国有资产法律责任制度。

【案例导入】

2014年12月10日，广州市中级人民法院一审宣判，广州市国营白云农工商联合公司原总经理张新华犯贪污罪、受贿罪、非国家工作人员受贿罪，决定执行死刑，剥夺政治权利终身。据介绍，1998年6月至2003年5月，张新华在担任广州市国营白云农工商联合公司总经理期间，以“保护”国有资产为名主持成立了广州市广田置业有限公司，名义上该公司由白云农工商联合公司监管，实则由其个人实际控制。随后，张新华等人通过虚设债务、低估资产、隐瞒债权等手段，将白云农工商联合公司及其下属公司的大量国有资产转至广田公司名下，涉及的厂房、果园和土地遍及广州市白云区、越秀区和天河区。2006年，张新华擅自成立私营性质的广州新雨田置业有限公司，以并购广田公司的形式，全面接受广田公司账面资产，转移到广田公司名下的原属白云农工商联合公司的国有土地和房产就全部私有化。经评估，这些被非法转移的国有土地和房产价值2.84亿余元。

【思考】

为何我国法律要严格保护国有资产？

（具体分析见本章末尾）

第一节　国有资产及国有资产法概述

一、国有资产的定义、分类及形成途径

(一)国有资产的定义

资产有广义和狭义之分。广义的资产就是指财产，是指具有某种经济价值并能为特定主体所支配的物或权利；狭义的资产是指具有增值功能的财产，也即作为生产要素投入生产经营的财产。与之相对应，国有资产的含义也有广义和狭义之分。广义的国有资产就是指国有财产，是指以国家名义拥有的一切财产；狭义的国有资产仅指经营性国有财产。

在相关法律文件中，我国对国有资产是从广义角度来使用的。如 2006 年财政部制定的《行政单位国有资产管理暂行办法》和《事业单位国有资产管理暂行办法》都将非经营性国有财产包含在了“国有资产”这个概念之中。

从经济法的视角来看，国有资产是国家以“参与”的方式调节国民经济的物质基础和资源保障的，因此，经济法研究的国有资产主要是经营性国有资产，但也涉及非经营性资产。

(二)国有资产的分类

按照不同的标准，可以对国有资产进行多种分类。如分为经营性国有资产和非经营性国有资产、有形资产与无形资产、金融性资产与非金融性资产等。其中，理论界和实务界最常用的分类方法是将国有资产分为经营性国有资产、非经营性国有资产和资源性国有资产。

1. 经营性国有资产

经营性国有资产，又称企业国有资产，是作为生产要素投入企业生产经营的国有资产。在我国，经营性国有资产约占国有资产总量的三分之二。当前我国国有资产管理体制的改革主要是围绕经营性国有资产展开的。经营性国有资产具有下述主要特点。①

(1)作为生产要素用于生产，在生产流通领域中构成商品生产和交换的因素

① 杨文著. 国有资产的法经济分析[M]. 北京：知识产权出版社，2006：6－7.

或条件。

(2)具有增值功能。国家投资开办国有企业虽然并不一定以营利为目的，但国有资产一旦进入企业，就具有营利性，经营者应当追求增值。

(3)主要由企业占用。企业是经营性资产的载体，因此，经营性国有资产主要由国有企业占用。在我国，一些事业单位也占用部分经营性资产，通常，这类事业单位实行企业化管理。

(4)主要通过市场来配置。在市场经济体制前提下，经营性国有资产的配置机制以市场调节为主、政府配置为辅。国有资产投入生产经营后，就依照市场规律运营，政府只是根据调节经济的需要决定国有资产进入或退出经营领域。

2. 非经营性国有资产

非经营性国有资产是指不投入生产经营的国有资产，包括国家机关、事业单位和社会团体(统称行政事业单位)用于公务和社会公益事业的国有资产以及尚未启用的国有资产。在我国，非经营性国有资产通常称为行政事业性国有资产。非经营性国有资产与经营性国有资产相比，具有以下特点：①

(1)公益性。非经营性国有资产投入公共产品的生产，用于履行公共职能或提供公益服务。

(2)非增值性。非经营性国有资产不具有增值功能，而是作为消费性财产在公务和公益活动中逐渐消耗。

(3)主要由行政事业单位占用。非经营性国有资产既然用于公务和公益事业，其占用主体当然也就是承担公务和公益职责的行政事业单位。

(4)主要由政府配置。非经营性国有资产在各行政事业单位之间的配置主要由国家财政配置。有些事业单位也通过经营活动获取部分非经营性国有资产，即也有一定程度的市场配置，作为行政配置的补充。

3. 资源性国有资产

资源性国有资产是指具有开发利用价值的国家所有的自然资源。② 自然资源是指在一定条件下，能够产生经济价值以提高人类当前和未来福利的自然、环境因素和条件。只要在一定条件下给人们带来福利并产生经济价值，空气、水、土地、森林、矿产、草场等都可以是自然资源。③ 但是，只有稀缺性的自然资源才纳入资产的范畴，一些取之不尽的恒定性资源，如空气、太阳能、风力等，不能纳入资产的范畴。

---

① 杨文. 国有资产的法经济分析[M]. 北京：知识产权出版社，2006：7－8.

② 也有学者认为资源性国有资产除了自然资源外，还包括文化遗产资源。参见滕晓慧，姜言文. 资源性国有资产保护的法的价值取向[J]. 法学杂志，2006(6)：52.

③ 李忠信，王吉发. 国有资产管理新论[M]. 北京：中国经济出版社，2004：344.

资源性国有资产具有以下特征：

（1）天然性。资源性国有资产是天然的对人们有用的物质和能量。由人类劳动创造的国有资产，我们有时也使用“资源”的概念，如信息资源，但它不属于资源性国有资产。

（2）垄断性。资源性国有资产在法律上往往具有国家垄断性，一些重要的自然资源，世界各国均采取国有的形式。在我国，除了依法归农村集体所有的土地、水面、草原和山林外，其他自然资源均归国家所有。

（三）国有资产的形成途径

国有资产主要通过以下途径形成：

（1）国家依法或依权力取得和认定的属于国家所有的财产。在我国，这种方式包括：依法没收的官僚资本和敌伪财产；依法宣布为国有的城镇土地、矿藏、海洋、水流、森林、草原等；依法认定和接收的无主财产和无人继承的财产等；依法赎买的资本主义工商业；依法征收的土地；依法没收的财产、依法收取的罚金和罚款等。

（2）国家投资经营形成的资产。包括：国家投入的资本金、投资收益。

（3）国家对行政事业单位拨入经费形成的资产、行政事业单位的规费收入和事业单位的创收收入。

（4）国家接受馈赠形成的资产，包括公民、团体、企业公司等赠与国家的财产以及外国友人、团体、政府赠与我国的财产。

二、国有资产法的概念和立法构成

（一）国有资产法的概念

国有资产法是调整国有资产的取得、使用、管理、处置过程中发生的社会关系的法律规范的总称。

国有资产取得、使用、管理、处置过程中发生的社会关系主要包括：国有资产管理体制关系；国有资产产权界定、登记关系；国有资产清产、核资关系；国有资产评估关系；国有资产流转关系；国有资产监督关系；等等。

（二）我国国有资产法的立法构成

1. 宪法

宪法作为国家的根本大法，对国家的基本经济制度作了规定，其中可以成为国有资产法渊源，并作为制定有关国有资产的法律、法规、规章依据的内容主要包括《宪法》第七条、第九条、第十条、第十二条的规定。

《宪法》第七条规定，国有经济是国民经济中的主导力量，国家保障国有经济的巩固和发展；《宪法》第九条、第十条规定，矿藏、水流、森林、山岭、草原、荒地、滩涂、土地等自然资源，除法律规定属于集体所有的外，都属于国家所有；《宪法》第十条还规定，国家为了公共利益的需要，可以依照法律规定对土地实行征收或者征用并给予补偿；《宪法》第十二条规定，国家保护社会主义的公共财产，禁止任何组织或者个人用任何手段侵占或者破坏国家的财产。

2. 法律

我国没有制定统一的《国有资产法》，但是涉及国有资产的法律很多，主要包括《企业国有资产法》《物权法》《土地法》《草原法》《森林法》《水法》《节约能源法》《可再生能源法》《矿产资源法》和《城市房地产管理法》等。在上述法律中，《企业国有资产法》显得尤其重要，在一定程度上可以看作我国有关国有资产管理的基本法。

3. 行政法规和部门规章

行政法规和部门规章是国有资产法最主要的渊源。国务院和国务院相关部委、国务院国有资产监督管理委员会发布了大量的行政法规和部门规章。

第二节　企业国有资产法

一、企业国有资产的含义及其权利主体

（一）企业国有资产的含义

我国《企业国有资产法》第二条对企业国有资产给出了定义：国家对企业各种形式的出资所形成的权益。

国家对企业的出资形式有两种：一是国家单独出资设立国有独资企业，二是国家单独或与他人合股设立公司企业，包括国有独资公司、国有资本控股公司、国有资本参股公司。在第一种情况下，国家作为出资人，依法享有出资人的权利，企业国有资产表现为国家享有的出资人权利。在第二种情况下，国家作为股东，享有股权，企业国有资产表现为国家享有的股权。

（二）企业国有资产的权利主体

《企业国有资产法》第三条规定：“国有资产属于国家所有即全民所有。国务院代表国家行使国有资产所有权。”该条规定明确了企业国有资产归国家所有，也就是全民所有。

不过，国家所有或全民所有仅仅是从终极意义上而言的，并不意味着国家可以直接成为国有企业的财产的所有权主体。

在国有企业具备单独的法人地位的情况下，企业国有资产的直接所有权主体乃是国有企业，企业依法享有法人财产权。法人财产权是以企业法人名义享有的一切财产权益，包括但不限于所有权、债权、知识产权、股权等。在这种情况下，实际上是国家作为出资人掌控国有企业，国有企业拥有企业资产，由国有企业具体掌控经营其名下的资产，国家通过股东或出资人身份参与国有企业的经营管理。

在少数情形下，国有企业也可能没有独立法人地位，仅仅作为国家机关的直接附属机构存在。此种情形下，企业国有资产则转化成了某个机关法人的资产，该机关法人成为了企业资产的直接所有权人。

二、企业国有资产的管理

（一）国家对企业国有资产的管理方式

财产权人对其经营性资产的管理有两种基本方式：一是直接管理，即财产权人自己经营，财产权人可以直接支配资产；二是间接管理，即财产权人委托他人经营，财产权人一般不能直接支配资产本身，主要通过监督受托人的行为对其资产实施价值管理，委托经营有多种形式，如“代表式”“代理式”“租赁式”“合股式（公司制）”①等。企业国有资产的财产权人是国家，国家不可能亲自经营。新中国成立后实行的国有国营，实际上也是国家选派代表进行经营，属于委托经营。因此，企业国有资产管理只可能实行间接管理，可以采用“代表式”“代理式”“租赁式”“合股式（公司制）”等多种委托经营方式。不过，西方国家管理企业国有资产的通行模式是“合股式（公司制）”，而我国国有企业改革的实践也证明“合股式（公司制）”是最适宜的方式。在“合股式（公司制）”经营的情况下，国家将国有资产投入公司，取得股权，成为股东，国家以股东身份通过行使股权实现对国有资产的管理，这是企业国有资产管理的基本方式。

---

① 漆多俊. 对国有企业几个基本问题的再认识[J]. 经济学家，1996(2)：4－11.

（二）我国企业国有资产的管理体制

经过多年的摸索，我国对企业国有资产管理已经形成了一套基本稳定的体制，可分为针对普通企业国有资产的管理体制和针对特别企业国有资产的管理体制。普通企业是指由国有资产监督管理机构履行出资人职责的国家出资企业。特别企业是指由国有资产监督管理机构以外的机构履行出资人职责的国家出资企业，包括国家出资的金融企业、铁路企业和烟草企业。特别企业的国有资产也是“国家统一所有”，但在具体的管理方面，存在较大差异。

1. 普通企业国有资产的管理体制

根据《企业国有资产法》的规定，对普通企业国有资产实行“国家统一所有、政府分级代表、国有资产监督管理机构受托监管、企业自主经营”的管理体制。其基本内容为：

（1）国家统一所有。“国家统一所有”是指企业国有资产属于国家，全民所有。需要再次强调的是，这里的国家所有并不是物权法意义上的国家所有权，换言之，这里所指的国家所有仅仅是表明企业国有资产归属国家。国务院代表国家享有企业国有资产的权益。

（2）政府分级代表。“政府分级代表”是指国务院和地方人民政府依照法律、行政法规的规定，分别代表国家对国家出资企业履行出资人职责，享有出资人权益。具体内容为：国务院确定的关系国民经济命脉和国家安全的大型国家出资企业，重要基础设施和重要自然资源等领域的国家出资企业，由国务院代表国家履行出资人职责；其他的国家出资企业，由地方人民政府代表国家履行出资人职责。

（3）国有资产监督管理机构受托监管。“国有资产监督管理机构受托监管”是指国务院，省、自治区、直辖市人民政府，设区的市、自治州级人民政府，分别设立国有资产监督管理机构，国有资产监督管理机构根据授权，代理本级政府依法履行出资人职责，依法对企业国有资产进行监督管理。当前，国务院设立的国有资产监督管理机构是国务院国有资产监督管理委员会，省、自治区、直辖市人民政府，设区的市、自治州级人民政府设立的国有资产监督管理机构一般也都定名为“××国有资产监督管理委员会”。国有资产监督管理机构是专门行使出资人职责的政府特设机构，不是国家行政机关，不行使政府的社会公共管理职能。政府之所以需要委托国有资产监督管理机构来履行出资人职责，是为了更好地落实政企分开、社会公共管理职能与国有资产出资人职能分开、不干预企业依法自主经营的原则。国有资产监督管理机构的主要职责是：代表本级人民政府对国家出资企业依法享有和行使资产收益、参与重大决策和选择管理者等出资人权利。国有资产监督管理机构代表本级政府履行出资人职责，故应当向本级政府报告企业国有资产监督管理工作。上下级政府的国有资产监督管理机构之间不存在上下级的领导与被领导关系，但存在业务指导关系，上级政府的国有资产监督管理机构负责在业务上指导下级政府的国有资产监督管理机构。

（4）企业自主经营。“企业自主经营”是指国家出资企业及其投资设立的企业，享有有关法律、行政法规规定的企业经营自主权；国有资产监督管理机构除履行出资人职责以外，不得干预企业的生产经营活动。

2. 金融企业国有资产的管理体制

根据中央机构编制委员会办公室于2003年10月15日颁布的《关于金融类企业国有资产管理部门职责分工的通知》（中央编办函〔2003〕81号）和财政部2003年12月2日发出的《关于继续做好金融类企业国有资产管理有关事项的通知》（财金〔2003〕133号）的规定，金融类企业的国有资产管理按照统一政策、分级管理的原则，由县级以上（含县级）财政主管部门依法履行职责。

财政部对金融类企业国有资产管理的职责是：（1）负责拟订并组织实施全国统一的金融类企业国有资产管理的各项规章制度及有关考核办法和指标体系；（2）对中央所属金融类企业依法履行国有资产清产核资、产权界定与产权登记、资产评估、国有股权管理、监缴国有资产收益、监管重大产权变动等管理职责；（3）负责金融类企业向外商转让所持上市公司国有股权的管理事宜；（4）依法指导和监督地方财政部门做好地方金融类企业国有资产管理工作；（5）负责全国金融类企业国有资本的统计、汇总分析及综合评价工作；（6）法律、法规及有关规定中明确应该由财政部负责的金融类企业国有资产管理事项。

县级以上（含县级）地方财政部门依法对地方所属金融类企业的国有资产进行监督管理，主要是地方金融类企业国有资产的清产核资，国有资本金权属界定和产权登记、统计、分析，国有资产评估，国有产权变动及国有股权管理等事项。

从以上关于财政部门对金融类企业国有资产的监管职责来看，财政部门行使的是出资人的职能，这与前述的普通企业国有资产的监督管理机构的性质是相同的，而与银行业监督管理机构、保险业监督管理机构和证券业监督管理机构的金融监管有着本质的不同。前者是以出资人的身份，行使的是出资人的权利，其目的是保护所有者的权益和实现其利用金融类国有资产实现对国民经济的调节，仅对以其作为出资人代表的企业国有资产享有监管权；后者是以国家公共管理者的身份，行使的是公共管理权力，其目的是维护金融市场的安全、有序运行，对各类所有制的金融企业均享有监管权。①

3. 铁路企业国有资产的管理体制

我国铁路企业聚集了规模庞大的国有资产。在铁道部被撤销之前，铁道部既

① 漆多俊. 经济法学（第三版）［M］. 北京：高等教育出版社，2014：180.

是铁路行业的主管部门，又是铁路企业国有资产的产权代表，根据铁道部 1995 年 11 月 10 日《铁路企业国有资产产权管理暂行规定》第三条的规定，铁路企业国有资产属国家所有，铁道部对所属企业国有资产的经营管理实施监督，行使出资者的权利，接受国务院国有资产行政主管部门的管理。2013 年 3 月，根据国务院机构改革和职能转变方案，实行铁路政企分开。将铁道部拟定铁路发展规划和政策的行政职责划入交通运输部；组建国家铁路局，由交通运输部管理，承担铁道部的其他行政职责；组建中国铁路总公司，承担铁道部的企业职责；不再保留铁道部。这导致我国铁路企业国有资产管理体制发生了较大变化。根据《国务院关于组建中国铁路总公司有关问题的批复》的相关规定，原铁道部相关资产、负债和人员划入中国铁路总公司；中国铁路总公司为国家授权投资机构和国家控股公司，财务关系在财政部单列，并依照国家有关法律和行政法规，开展各类投资经营业务，承担国有资产保值增值责任；由财政部代表国务院履行出资人职责。

4. 烟草企业的国有资产管理体制

我国实行烟草专卖制度，烟草企业属于政企不分的企业，烟草专卖局和烟草公司是“两块牌子，一套人马”，既行使对烟草专卖的行政管理职责，又从事烟草专卖的经营活动。根据 2005 年 11 月国务院办公厅转发的国家发展改革委员会、财政部、烟草局《关于进一步理顺烟草行业资产管理体制 深化烟草企业改革的意见》(57 号文件)，烟草行业继续实行“统一领导、垂直管理、专卖专营”的管理体制。

中国烟草总公司对全资企业、控股企业履行出资人的职责，依法经营管理国有资产，任免企业负责人，决定企业重大事项，承担保值增值责任。其主要职责是：(1)对企业国有资产收益依法履行出资人职责；(2)依照法律法规任免、考核企业负责人，并根据考核结果进行奖惩；(3)依照法定程序决定企业的分立、合并、破产、解散、对外提供信用担保、增减资本等重大事项；(4)对企业的重大投融资规划、发展战略和规划，依照国家发展规划和产业政策履行出资人职责。

由于中国烟草总公司本身就是企业国有资产的直接经营者，而不是一个纯粹的监管者，为了防止其滥用出资人权利，57 号文件规定的中国烟草总公司的出资人权利是不完全的，部分权利移交给了财政部，即财政部对中国烟草总公司的国有资产进行监管，有关资产管理的重大事项报财政部批准。2006 年，《财政部关于烟草行业国有资产管理若干问题的意见》出台，就烟草企业国有资产有偿转让、无偿划转、清产核资、产权登记、资产评估等牵涉烟草企业国有资产监管的重大事项给予明确规定。

三、国家出资企业出资人权利的行使

(一)出资人权利的行使主体

企业国有资产属于国家所有，也即全民所有，出资人权利由国务院统一代表全国人民行使。但是，根据“统一所有、分级代表”的管理体制，国务院仅将“关系国民经济命脉和国家安全的大型国家出资企业，重要基础设施和重要自然资源等领域的国家出资企业”划归其行使出资人权利，其他国家出资企业由地方人民政府行使出资人权利；为了实行政资分离，国务院和地方人民政府并不具体行使出资人权利，而是分别设立国有资产监督管理机构，由国务院和地方人民政府分别授权履行出资人职责；国务院和地方人民政府还可以授权其他部门和机构履行出资人职责。

(二)选择和监督国家出资企业管理者

选择管理者的权利是出资人权利的重要内容。选择管理者的权利，除国务院和地方人民政府另行规定由其自身直接行使的以外，均授权履行出资人职责的机构(主要是国有资产监督管理机构)行使。具体内容包括：依法任免或建议任免企业管理者、决定或建议企业管理者的薪酬、考核和奖惩企业管理者。

1. 对管理者的任免权

因国家出资企业的资本构成不同，履行出资人职责的机构对国家出资企业管理者的任免权限也不同。

(1)对国有独资企业，履行出资人职责的机构有权直接任免经理、副经理、财务负责人和其他高级管理人员。

(2)对国有独资公司，履行出资人职责的机构有权任免董事长、副董事长、董事、监事会主席和监事，由职工代表出任的董事、监事除外。根据《公司法》的规定，国有独资公司设立董事会，董事会成员由履行出资人职责的机构委派(职工董事除外)，董事长、副董事长由履行出资人职责的机构从董事会成员中指定；国有独资公司设立监事会，监事会成员由履行出资人职责的机构委派(职工监事除外)，监事会主席由履行出资人职责的机构从监事会成员中指定；董事会聘任或者解聘公司经理(总经理)，根据经理的提名，聘任或者解聘公司副经理、财务负责人。履行出资人职责的机构没有权利任免国有独资公司的经理、副经理和财务负责人。不过，董事会成员要兼任经理的，必须经履行出资人职责的机构同意。

(3)对国有资本控股公司、国有资本参股公司，履行出资人职责的机构仅有权向股东会、股东大会提出董事、监事人选，不包括由职工代表出任的董事、监事。根据《公司法》规定，公司设立董事会、监事会，董事、监事由股东大会选举产生。股东通过股东大会按其出资比例行使选举、更换董事、监事（职工董事、监事除外）的权利。故履行出资人职责的机构的权利主要包括：第一，提出董事、监事人选，交股东大会讨论表决；第二，推荐董事长、副董事长和监事会主席人选，由董事会、监事会按照公司章程讨论表决。

2. 国家出资企业管理者的任职资格

履行出资人职责的机构任命或者建议任命的董事、监事、高级管理人员，应当具备法律规定的任职资格，也即必须符合相关条件。这些条件分为积极条件和消极条件两个方面。

积极条件包括：(1)有良好的品行；(2)有符合职位要求的专业知识和工作能力；(3)有能够正常履行职责的身体条件；(4)法律、行政法规规定的其他条件。

消极条件主要是《公司法》第一百四十七条的规定，即有下列情形之一的，不得担任公司的董事、监事、高级管理人员：(1)无民事行为能力或者限制民事行为能力；(2)因贪污、贿赂、侵占财产、挪用财产或者破坏社会主义市场经济秩序，被判处刑罚，执行期满未逾五年，或者因犯罪被剥夺政治权利，执行期满未逾五年；(3)担任破产清算的公司、企业的董事或者厂长、经理，对该公司、企业的破产负有个人责任的，自该公司、企业破产清算完结之日起未逾三年；(4)担任因违法被吊销营业执照、责令关闭的公司、企业的法定代表人，并负有个人责任的，自该公司、企业被吊销营业执照之日起未逾三年；(5)个人所负数额较大的债务到期未清偿。

除此之外，《企业国有资产法》还对国家出资企业管理者的兼职作了限制性规定：未经履行出资人职责的机构同意，国有独资企业、国有独资公司的董事、高级管理人员不得在其他企业兼职；未经股东会、股东大会同意，国有资本控股公司、国有资本参股公司的董事、高级管理人员不得在经营同类业务的其他企业兼职；未经履行出资人职责的机构同意，国有独资公司的董事长不得兼任经理。未经股东会、股东大会同意，国有资本控股公司的董事长不得兼任经理；董事、高级管理人员不得兼任监事。

3. 国家出资企业管理者的薪酬、考核和奖惩

针对企业管理者的薪酬、考核和奖惩制度与企业国有资产的监管具有密切联系，履行出资人职责的主体在行使出资人权利的时候不能忽视这些事项。

（三）国家出资企业重大事项的决策与监管

“重大事项”是指涉及企业生存发展，涉及股东、出资人的重大利益，应由出资人、股东依法决策的事项。“重大事项”主要包括国家出资企业合并、分立、改

制、上市，增加或者减少注册资本，发行债券，进行重大投资，为他人提供大额担保，转让重大财产，进行大额捐赠，分配利润，以及解散、申请破产等。

1. 国家出资企业重大事项的决策主体

根据国家出资企业的性质不同，重大事项决策权所涵盖的范围有所不同，决策主体也有所区别。

(1)国有独资企业、国有独资公司合并、分立，增加或者减少注册资本，发行债券，分配利润，以及解散、申请破产，由履行出资人职责的机构决定；其他重大事项决策权，国有独资企业由企业负责人集体讨论决定，国有独资公司由董事会决定。

(2)国有资本控股公司、国有资本参股公司的重大事项决策权，依照法律、行政法规以及公司章程的规定，由公司股东会、股东大会或者董事会行使。由股东会、股东大会在对重大事项进行表决时，履行出资人职责的机构委派的股东代表应当按照委派机构的指示行使表决权。

(3)重要的国有独资企业、国有独资公司、国有资本控股公司的合并、分立、解散、申请破产以及法律、行政法规和本级人民政府规定应当由履行出资人职责的机构报经本级人民政府批准的重大事项，履行出资人职责的机构在作出决定或者向其委派参加国有资本控股公司股东会会议、股东大会会议的股东代表作出指示前，应当报请本级人民政府批准。

2. 国家出资企业改制的决策与监管

企业改制是指企业组织形式的变更。国家出资企业的改制是指以下几种情况：(1)国有独资企业改为国有独资公司；(2)国有独资企业、国有独资公司改为国有资本控股公司或者非国有资本控股公司；(3)国有资本控股公司改为非国有资本控股公司。

国家出资企业改制的决策由履行出资人职责的机构决定或者由公司股东会、股东大会决定。重要的国有独资企业、国有独资公司、国有资本控股公司的改制，履行出资人职责的机构在作出决定或者向其委派参加国有资本控股公司股东会会议、股东大会会议的股东代表作出指示前，应当将改制方案报请本级人民政府批准。

企业改制应当制定改制方案，载明改制后的企业组织形式、企业资产和债权债务处理方案、股权变动方案、改制的操作程序、资产评估和财务审计等中介机构的选聘等事项。企业改制涉及重新安置企业职工的，还应当制定职工安置方案，并经职工代表大会或者职工大会审议通过。

企业改制应当按照规定进行清产核资、财务审计、资产评估，准确界定和核实资产，客观、公正地确定资产的价值。企业改制涉及以企业的实物、知识产权、土地使用权等非货币财产折算为国有资本出资或者股份的，应当按照规定对折价财产进行评估，以评估确认价格作为确定国有资本出资额或者股份数额的依据。不得将财产低价折股或者有其他损害出资人权益的行为。

3. 国家出资企业关联交易的决策与监管

关联交易是指国家出资企业与关联方之间的交易。国家出资企业的关联方包括国家出资企业的董事、监事、高级管理人员及其近亲属，以及这些人员所有或者实际控制的企业。关联交易易于被利用来损害国家出资企业的利益，所以需要法律特别规制，规制的目的是防止关联方利用与国家出资企业之间的交易，谋取不当利益，损害国家出资企业利益。

国家出资企业在发生关联交易时，必须遵守以下规则：(1)国有独资企业、国有独资公司、国有资本控股公司不得无偿向关联方提供资金、商品、服务或者其他资产，不得以不公平的价格与关联方进行交易。(2)未经履行出资人职责的机构同意，国有独资企业、国有独资公司不得有下列行为：与关联方订立财产转让、借款的协议；为关联方提供担保；与关联方共同出资设立企业，或者向董事、监事、高级管理人员或者其近亲属所有或者实际控制的企业投资。(3)国有资本控股公司、国有资本参股公司与关联方的交易，依照《公司法》的规定。

4. 国家出资企业资产评估的决策与监管

资产评估是指由法定的机构及其人员，为了特定的目的，依据国家法律、法规评估，按照科学的程序、标准和方法，对被评估的企业资产的现时价格进行评定和估算，以确定资产的市场价格。

国家出资企业不能任意进行资产的评估，当且仅当出现下列事由时，企业才进行且必须进行资产评估：(1)整体或者部分改建为有限责任公司或者股份有限公司；(2)以非货币资产对外投资；(3)合并、分立、破产、解散；(4)非上市公司国有股东股权比例变动；(5)产权转让；(6)资产转让、置换；(7)整体资产或者部分资产租赁给非国有单位；(8)以非货币资产偿还债务；(9)资产涉讼；(10)收购非国有单位的资产；(11)接受非国有单位以非货币资产出资；(12)接受非国有单位以非货币资产抵债；(13)法律、行政法规规定的其他需要进行资产评估的事项。

国家出资企业在进行资产评估时，必须遵守以下评估规则：

(1)应当委托依法设立的符合条件的资产评估机构进行资产评估；涉及应当报经履行出资人职责的机构决定的事项的，应当将委托资产评估机构的情况向履行出资人职责的机构报告；

(2)国有独资企业、国有独资公司、国有资本控股公司及其董事、监事、高级管理人员应当向资产评估机构如实提供有关情况和资料，不得与资产评估机构串通评估作价；

(3)资产评估机构及其工作人员受托评估有关资产，应当遵守法律、行政法规以及评估执业准则，独立、客观、公正地对受托评估的资产进行评估，资产评估机构应当对其出具的评估报告负责。

5. 国家出资企业国有资产转让的决策与监管

企业国有资产转让，是指依法将国家对企业的出资所形成的权益有偿转移给其他单位或者个人的行为。基于国有经济布局和结构的战略性调整的需要，国家投资要从某些领域或者区域退出、减少或者集中，在这种情况下就要进行企业国有资产的转让。

企业国有资产转让由履行出资人职责的机构决定。履行出资人职责的机构决定转让国家出资企业全部国有资产的，或者转让部分国有资产致使国家对该企业不再具有控股地位的，应当报请本级人民政府批准。

国家出资企业在进行国有资产转让时，应当选择合适的方式。对于上市交易企业的国有资产的转让，依照《证券法》的规定进行；对于非上市交易企业的国有资产的转让，有两种方式：(1)直接协议转让，只适用于国家规定可以直接协议转让的企业国有资产；(2)通过产权交易所转让，除国家规定可以直接协议转让的以外，企业国有资产转让应当在依法设立的产权交易场所公开进行，受让方为两个以上的，转让应当采用公开竞价的交易方式。

另外，国有资产向境外投资者转让的，应当遵守国家有关规定，不得危害国家安全和社会公共利益。

(四)国家出资企业收益权的行使和国有资本经营预算

1. 国家出资企业收益权的行使

收益权是出资人最重要的权利，对于私人投资者来说，获取收益是其投资的唯一目的；对于国家来说，投资开办企业有多重目的，获取收益也是其重要目的之一。国家出资企业的收益权由履行出资人职责的机构行使。对于国有独资企业，履行出资人职责的机构直接决定国家出资企业上缴利润的比例并代表国家收取该利润。国有独资公司、国有资本控股公司、国有资本参股公司的收益权行使，依照《公司法》的规定。

2. 国有资本经营预算

国有资本经营预算是指对国家取得的国有资本收入和支出实行预算管理的制度。国有资本属于全民所有，收益归属于全民，收益的使用也应当由人民决定。实施国有资本经营预算制度，将国有资本的收入和支出纳入到政府预算体系，而政府预算必须由人大审议和批准。这样，就实现了人民对国有资本收益的决定权。

国有资本经营预算按年度单独编制，纳入本级人民政府预算，报本级人民代表大会批准。预算支出按照当年预算收入规模安排，不列赤字。国务院和有关地方人民政府财政部门负责国有资本经营预算草案的编制工作，履行出资人职责的机构向财政部门提出由其履行出资人职责的国有资本经营预算建议草案。

第三节　行政事业性和资源性国有资产法律制度

一、行政事业性国有资产法律制度

（一）行政事业性国有资产的范围

行政事业性国有资产包括行政单位国有资产和事业单位国有资产。这里的行政单位不是专指国家行政机关，而是包括各级党的机关、人大机关、行政机关、政协机关、审判机关、检察机关和各民主党派机关。行政事业性国有资产包括行政单位和事业单位用国家财政性资金形成的资产、国家调拨给行政事业单位的资产、行政事业单位按照国家规定组织收入形成的资产，以及接受捐赠和其他经法律确认为国家所有的资产，其表现形式为固定资产、流动资产和无形资产等。

（二）行政事业性国有资产的配置

行政事业性国有资产配置是指财政部门、事业单位主管部门、行政事业单位等根据行政事业单位履行职能的需要，按照国家有关法律、法规和规章制度规定的程序，通过购置或者调剂等方式为行政事业单位配备资产的行为。

行政事业单位配置国有资产以履行职责的需要为必要条件，对于国家有资产配置标准的，按标准执行；没有标准规定的，应当从实际需要出发，从严控制，合理配备。行政事业单位配置国有资产必须严格按照程序进行，其中购置有规定配备标准的资产，应当报同级财政部门批准，并列入预算；涉及政府采购事项的，依法进行政府采购。资产配置到位后，行政事业单位应当对资产进行验收、登记，并及时进行账务处理。

（三）行政事业性国有资产的使用

行政事业单位占有国有资产的目的是使用，以满足提供公共管理和公共服务的职能。行政事业单位使用国有资产应遵循以下规则：

（1）应当建立国有资产使用管理制度，认真做好国有资产的使用管理工作，做到物尽其用，充分发挥国有资产的使用效益，保障国有资产的安全完整，防止国有资产使用中的不当损失和浪费；

(2)行政事业单位拟将占有、使用的国有资产对外出租、出借的，必须事先上报同级财政部门审核批准。未经批准，不得对外出租、出借；

(3)行政单位不得用国有资产对外担保，法律另有规定的除外；

(4)行政单位不得以任何形式用占有、使用的国有资产举办经济实体，已经用占有、使用的国有资产举办经济实体的，应当按照国家关于党政机关与所办经济实体脱钩的规定进行脱钩。

【案例】

2013 年 6 月 24 日，有媒体记者对湖南省常德市国土局被指建“豪华办公室”等问题深入调查后，披露了该局斥巨资建 19 层办公大楼，将办公楼大部分楼层外租，每年收取租金 200 万元等情况。

常德市对此事专门成立由分管市委常委、副市长牵头，监察、发改、财政、国土等有关部门参与的调查小组进行了深入调查。经调查发现，媒体披露情况基本属实。常德市委、市政府就此事作出以下处理：严格按照党政机关办公用房建设标准，对常德市国土资源局办公楼超标部分由市政府予以收回，统一调剂使用；对原有收取的出租房屋及门面租金 490 万元由市财政予以追缴，收归国库；将该局出租房屋及门面全部纳入国有资产管理，租金收归市财政实行收支两条线；出租房屋及门面按合同约定到期予以收回，未到期的待合同到期后收回，由市政府统一调配使用。

【分析】

行政事业单位的办公楼等资产属于国有资产，归全民所有，相关行政事业单位仅有使用的权利，而无处置的权利。而且，行政事业单位占有多少资产，应以满足其职能运作需要为限，不应超出这种限度占有富余的资产，不能将富余资产用于出租等营利目的，更不能将这种营利用于为本单位的成员谋取私人利益。在实践中，有些行政事业单位用公共资金超标准兴建办公楼，将富余的办公用房出租获利，并用之于为本单位干部职工发奖金补助。这实际上是侵吞国有资产，是违法违规行为。国务院 2012 年出台的《机关事务管理条例》第二十三条明确规定，“政府各部门不得出租、出借办公用房或者改变办公用房使用功能”。2013 年 11 月，中共中央、国务院发布《党政机关厉行节约反对浪费条例》，其第三十五条规定，“严禁出租出借办公用房，已经出租出借的，到期必须收回；租赁合同未到期的，租金收入应当按照收支两条线管理”。

（四）行政事业性国有资产的处置

行政事业性国有资产处置，是指行政事业单位国有资产产权的转移及核销，包括各类国有资产的无偿转让、出售、置换、报损、报废等。行政事业单位在使用国有资产的过程中，必然会出现资产毁损、灭失和闲置的情况，这就需要对这些国有资产进行处置。

1. 行政事业单位国有资产处置的范围

主要包括：(1)闲置资产；(2)因技术原因并经过科学论证，确需报废、淘汰的资产；(3)因单位分立、撤销、合并、改制、隶属关系改变等原因发生的产权或者使用权转移的资产；(4)盘亏、呆账及非正常损失的资产；(5)已超过使用年限无法使用的资产；(6)依照国家有关规定需要进行资产处置的其他情形。

2. 行政事业单位国有资产处置的审批

行政事业单位处置国有资产报财政部门批准，未经批准不得处置。

3. 行政事业单位国有资产处置的方式

行政事业单位应当按照公开、公正、公平的原则进行国有资产处置。资产的出售与置换应当采取拍卖、招投标、协议转让及国家法律、行政法规规定的其他方式进行。

4. 行政事业单位国有资产处置的收入管理

行政事业单位国有资产处置的变价收入和残值收入，按照政府非税收入管理的规定，实行"收支两条线"管理，行政事业单位不得坐支。

（五）行政事业性国有资产的产权登记管理

《行政单位国有资产管理暂行办法》未对行政单位占用国有资产的产权登记作出规定，只是规定行政单位自身要对占用的国有资产进行账卡管理。《事业单位国有资产管理暂行办法》对事业单位的产权登记管理作了明确规定。所谓事业单位国有资产产权登记，是指国家对事业单位占有、使用的国有资产进行登记，依法确认国家对国有资产的所有权和事业单位对国有资产的占有、使用权的行为。产权登记管理的主要内容为：

1. 登记机关

登记机关为财政部门或其授权的主管部门。事业单位应当向同级财政部门或者经同级财政部门授权的主管部门申报、办理产权登记，并由财政部门或者授权部门核发《事业单位国有资产产权登记证》，该登记证是国家对事业单位国有资产享有所有权，单位享有占有、使用权的法律凭证，由财政部统一印制。

2. 产权登记的内容

事业单位国有资产产权登记的内容主要包括：(1)单位名称、住所、负责人及成立时间；(2)单位性质、主管部门；(3)单位资产总额、国有资产总额、主要实物资产额及其使用状况、对外投资情况；(4)其他需要登记的事项。

3. 产权登记的事由

事业单位在下列情况下应当进行国有资产产权登记：(1)新设立的事业单位，办理占有产权登记；(2)发生分立、合并、部分改制，以及隶属关系、单位名称、住所和单位负责人等产权登记内容发生变化的事业单位，办理变更产权登记；(3)因依法撤销或者整体改制等原因被清算、注销的事业单位，办理注销产权登记。

(六)行政事业性国有资产的管理体制

行政事业性国有资产管理，实行国家统一所有，政府分级监管，单位占有、使用的管理体制。

各级财政部门是政府负责行政事业性国有资产管理的职能部门，对行政事业性国有资产实行综合管理。其主要职责是：

(1)贯彻执行国家有关国有资产管理的法律、法规和政策；

(2)根据国家国有资产管理的有关规定，制定行政事业性国有资产管理的规章制度，并对执行情况进行监督检查；

(3)负责会同有关部门研究制定本级行政事业性国有资产配置标准，负责资产配置事项的审批，按规定进行资产处置和产权变动事项的审批，负责组织产权界定、产权纠纷调处、资产统计报告、资产评估、资产清查等基础性管理工作；

(4)负责本级行政单位出租、出借国有资产的审批，负责与行政单位尚未脱钩的经济实体的国有资产的监督管理，按规定权限审批本级事业单位有关资产购置、处置和利用国有资产对外投资、出租、出借和担保等事项，组织事业单位长期闲置、低效运转和超标准配置资产的调剂工作，建立事业单位国有资产整合、共享、共用机制；

(5)负责本级行政事业性国有资产收益的监督管理；

(6)推进本级有条件的事业单位实现国有资产的市场化、社会化，加强事业单位转企改制工作中国有资产的监督管理；

(7)建立和完善事业单位国有资产管理信息系统，对事业单位国有资产实行动态管理；

(8)研究建立事业单位国有资产安全性、完整性和使用有效性的评价方法、评价标准和评价机制，对事业单位国有资产实行绩效管理；

(9)对本级行政事业单位和下级财政部门的国有资产管理工作进行监督、检查；

(10)向本级政府和上级财政部门报告有关国有资产管理工作。

二、资源性国有资产法律制度

(一)我国国有土地法律制度

国有土地是我国最重要的资源性国有资产，因此，关于国有土地的立法在资源性国有资产法律制度中也占有重要地位。

1. 我国国有土地法律制度的构成

从形式上看，我国国有土地法律制度的构成主要包括：(1)宪法的相关条文；(2)基本法律，如《土地管理法》《城市房地产管理法》等；(3)行政法规及部门规章，如国务院制定的《土地管理法实施条例》《国务院关于深化改革严格土地管理的决定》《国务院关于加强国有土地资产管理的通知》等；(4)地方立法，如《北京市国有建设用地供应办法》《湖南省城镇国有土地使用权出让和转让实施办法》等。

从内容上看，我国国有土地法律制度的构成主要包括：(1)关于国有土地所有权的规定；(2)关于国有土地使用权的规定；(3)关于保护和有效利用国有土地的规定；等等。

2. 我国国有土地所有权制度

根据法律的规定，我国城市市区土地属于国家所有，农村及城市郊区的土地一般属于集体所有，但也有依照法律规定属于国家所有的。国家土地所有权由国务院统一行使。

3. 我国国有土地使用权制度

我国法律规定，国家所有的土地，可以通过划拨和出让的方式将使用权交给单位和个人。

(1)划拨。划拨是指县级以上人民政府依法批准，在土地使用者缴纳补偿、安置等费用后将该幅土地交付其使用，或者将土地使用权无偿交付给土地使用者使用的行为。划拨适用于下列建设用地：国家机关用地和军事用地；城市基础设施用地和公益事业用地；国家重点扶持的能源、交通、水利等项目用地；法律、行政法规规定的其他用地。

(2)出让。出让是指国家将国有土地使用权在一定年限内出让给土地使用者，由土地使用者向国家支付土地使用权出让金的行为。除划拨的土地外，国家对国有土地实行有偿使用、有期限使用的原则，出让就是实现该原则的具体方式。

（二）我国国有矿产资源法律制度

我国矿产资源法律制度主要体现为以下立法文件：(1)宪法的有关规定；(2)《矿产资源法》等法律；(3)《矿产资源法实施条例》等行政法规；(4)部门规章及地方性法规。

在内容上，我国矿产资源法律制度主要包括：(1)关于矿产资源的所有权的法律规定；(2)关于探矿权和采矿权等具体权利的设立、行使及转让的法律规定；(3)关于矿产资源有效利用的法律规定；等等。

根据相关法律，我国的矿产资源属于国家所有，由国务院代表国家行使对矿产资源的所有权。地表或者地下的矿产资源的国家所有权，不因其所依附的土地的所有权或者使用权的不同而改变。

国有矿产资源可以通过授予探矿权和采矿权的方式进行勘查和开采。国家实行探矿权、采矿权有偿取得的制度。勘查和开采矿产资源，必须依法分别申请、经批准取得探矿权、采矿权，并办理登记。没有取得探矿权或采矿权，不得勘探或开采矿产资源。已经取得采矿权的主体，在开采矿产资源时，还必须按照国家有关规定缴纳资源税和资源补偿费。

（三）其他资源性国有资产法律制度

根据我国《草原法》《森林法》等法律，森林和草原除依法属于集体所有的外，所有权属于国家。国务院代表国家统一行使国有森林、草原的所有权。国有的森林和草原可以依法确认给单位和个人使用；依法取得的国有森林、草原的使用权由县级以上人民政府发给使用权证，受法律保护。

根据我国《水法》等法律，水资源属于国家所有。水资源的所有权由国务院代表国家行使。但农村集体经济组织的水塘和由农村集体经济组织修建管理的水库中的水，归各该农村集体经济组织使用。国家对水资源依法实行取水许可制度和有偿使用制度，国务院水行政主管部门负责全国取水许可制度和水资源有偿使用制度的组织实施。但是，农村集体经济组织及其成员使用本集体经济组织的水塘、水库中的水的除外。

（四）我国资源性国有资产管理体制

我国对除水资源以外的资源性国有资产实行“国家统一所有，政府分级管理”的管理体制。具体来说，一切资源性国有资产的所有权都属于国家，由国务院代表国家统一行使所有权，国务院资源管理部门行使资源性国有资产的具体管理工作；地方人民政府和地方人民政府资源管理部门负责本行政区域的资源性国有资产的管理工作。

水资源的管理体制较之其他资源性国有资产的管理体制略有不同，它实行的是流域管理与行政区域管理相结合的管理体制。所谓流域管理，是指根据水资源的流动性特点，对跨越多个行政区域的江河、湖泊按流域设置管理机构，流域设置管理机构对所辖流域内的水资源进行管理。具体来说，我国的水资源管理体制是：国务院水行政主管部门负责全国水资源的统一管理和监督工作；国务院水行政主管部门在国家确定的重要江河、湖泊设立的流域管理机构，在所管辖的范围内行使法律、行政法规规定的和国务院水行政主管部门授予的水资源管理和监督职责；县级以上地方人民政府水行政主管部门按照规定的权限，负责本行政区域内水资源的统一管理和监督工作。

第四节　国有资产法律责任制度

一、与企业国有资产有关的法律责任

（一）违反《企业国有资产法》的法律责任

我国《企业国有资产法》第八章集中规定了法律责任。具体包括以下几点：

1. 行政处分

履行出资人职责的机构的工作人员，属于国家工作人员的履行出资人职责的机构委派的股东代表，属于国家工作人员的国家出资企业的董事、监事、高级管理人员，违反《企业国有资产法》的，依法给予处分。

2. 赔偿损失

履行出资人职责的机构委派的股东代表，国家出资企业的董事、监事、高级管理人员，违反《企业国有资产法》，造成国有资产损失的，依法承担赔偿责任。

3. 追缴或归入

国家出资企业的董事、监事、高级管理人员因违反《企业国有资产法》取得的非法收入，依法予以追缴或者归国家出资企业所有。

4. 交易无效

在涉及关联方交易、国有资产转让等交易活动中，当事人恶意串通，损害国有资产权益的，该交易行为无效。

5. 能力限制与剥夺

国有独资企业、国有独资公司、国有资本控股公司的董事、监事、高级管理

人员违反《企业国有资产法》规定，造成国有资产重大损失，被免职的，自免职之日起五年内不得担任国有独资企业、国有独资公司、国有资本控股公司的董事、监事、高级管理人员；造成国有资产特别重大损失，或者因贪污、贿赂、侵占财产、挪用财产或者破坏社会主义市场经济秩序被判处刑罚的，终身不得担任国有独资企业、国有独资公司、国有资本控股公司的董事、监事、高级管理人员。

6. 刑事责任

违反《企业国有资产法》规定，构成犯罪的，依法追究刑事责任。

（二）其他法律规定的与企业国有资产相关的法律责任

《企业国有资产法》只是简单地规定违反该法构成犯罪的，依法追究刑事责任。但如何追究刑事责任，《企业国有资产法》并没有予以明确规定。而《刑法》则对此有明确的规定。

《刑法》第一百六十五条至第一百六十九条集中规定了与企业国有资产直接相关的罪名。包括：

1. 非法经营同类营业罪

《刑法》第一百六十五条规定，国有公司、企业的董事、经理利用职务便利，自己经营或者为他人经营与其所任职公司、企业同类的营业，获取非法利益，数额巨大的，处三年以下有期徒刑或者拘役，并处或者单处罚金；数额特别巨大的，处三年以上七年以下有期徒刑，并处罚金。

2. 为亲友非法牟利罪

《刑法》第一百六十六条规定，国有公司、企业、事业单位的工作人员，利用职务便利，有下列情形之一，使国家利益遭受重大损失的，处三年以下有期徒刑或者拘役，并处或者单处罚金；致使国家利益遭受特别重大损失的，处三年以上七年以下有期徒刑，并处罚金：(1)将本单位的盈利业务交由自己的亲友进行经营的；(2)以明显高于市场的价格向自己的亲友经营管理的单位采购商品或者以明显低于市场的价格向自己的亲友经营管理的单位销售商品的；(3)向自己的亲友经营管理的单位采购不合格商品的。

3. 签订、履行合同失职被骗罪

《刑法》第一百六十七条规定，国有公司、企业、事业单位直接负责的主管人员，在签订、履行合同过程中，因严重不负责任被诈骗，致使国家利益遭受重大损失的，处三年以下有期徒刑或者拘役；致使国家利益遭受特别重大损失的，处三年以上七年以下有期徒刑。

4. 玩忽职守造成国有公司、企业破产、严重损失罪

《刑法》第一百六十八条规定，国有公司、企业的工作人员，由于严重不负责任或者滥用职权，造成国有公司、企业破产或者严重损失，致使国家利益遭受重

大损失的，处三年以下有期徒刑或者拘役；致使国家利益遭受特别重大损失的，处三年以上七年以下有期徒刑。国有事业单位的工作人员有前款行为，致使国家利益遭受重大损失的，依照前款的规定处罚。国有公司、企业、事业单位的工作人员，徇私舞弊，犯前两款罪的，依照第一款的规定从重处罚。

5. 徇私舞弊低价折股、出售国有资产罪

《刑法》第一百六十九条规定，国有公司、企业或者其上级主管部门直接负责的主管人员，徇私舞弊，将国有资产低价折股或者低价出售，致使国家利益遭受重大损失的，处三年以下有期徒刑或者拘役；致使国家利益遭受特别重大损失的，处三年以上七年以下有期徒刑。

同时，《刑法》还规定了诸多虽与国有资产不直接相关，但对于保护国有资产具有较大关联的罪名，如贪污罪、挪用公款罪、受贿罪等。

二、行政事业性及资源性国有资产法律责任制度

（一）行政事业性国有资产法律责任制度

财政部《行政单位国有资产管理暂行办法》第五十条规定，“财政部门、行政单位及其工作人员违反本办法的规定，擅自占有、使用、处置国有资产的，按照《财政违法行为处罚处分条例》处理。违反国家国有资产管理规定的其他行为，按国家有关法律法规处理”。

而《财政违法行为处罚处分条例》对各种违法行为规定了具体的法律责任，大多可以直接适用于损害国有资产的行为。例如，该条例第十条规定，国家机关及其工作人员违反《中华人民共和国担保法》及国家有关规定，擅自提供担保的，责令改正，没收违法所得。对单位给予警告或者通报批评。对直接负责的主管人员和其他直接责任人员给予警告、记过或者记大过处分；造成损失的，给予降级或者撤职处分；造成重大损失的，给予开除处分。该条规定可以直接适用于行政单位违规提供担保造成国有资产损失的行为。

对于事业单位而言，违反国有资产管理法律制度构成犯罪的行为在很大程度上可以直接适用《刑法》的相关规定。前述《刑法》规定的为亲友非法牟利罪，签订、履行合同失职被骗罪，以及玩忽职守造成国有公司、企业破产、严重损失罪均可适用于事业单位人员。

财政部《事业单位国有资产管理暂行办法》也对事业单位违反国有资产管理法律制度的行为规定了相关法律责任。该《办法》第五十一条规定，事业单位及其工作人员违反本办法，有下列行为之一的，依据《财政违法行为处罚处分条例》的规定进行处罚、处理、处分：(1)以虚报、冒领等手段骗取财政资金的；(2)擅自

占有、使用和处置国有资产的；(3)擅自提供担保的；(4)未按规定缴纳国有资产收益的。

上述《办法》第五十三条规定，主管部门在配置事业单位国有资产或者审核、批准国有资产使用、处置事项的工作中违反本办法规定的，财政部门可以责令其限期改正，逾期不改的予以警告。

(二)资源性国有资产法律责任制度

资源性国有资产相关的法律、法规规定了具体的法律责任，尤其是《土地管理法》《矿产资源法》《草原法》《森林法》和《水法》等基本法律，均设专章规定法律责任。在这些法律文件中，关于法律责任的规定直接体现了法律对国有资产的保护。

例如，《土地管理法》第八十条规定，依法收回国有土地使用权当事人拒不交出土地的，临时使用土地期满拒不归还的，或者不按照批准的用途使用国有土地的，由县级以上人民政府土地行政主管部门责令交还土地，处以罚款。

又如《矿产资源法》第三十九条规定，违反本法规定，未取得采矿许可证擅自采矿的，擅自进入国家规划矿区、对国民经济具有重要价值的矿区和他人矿区范围采矿的，擅自开采国家规定实行保护性开采的特定矿种的，责令停止开采、赔偿损失，没收采出的矿产品和违法所得，可以并处罚款；拒不停止开采，造成矿产资源破坏的，依照《刑法》第一百五十六条的规定对直接责任人员追究刑事责任。

【导入案例分析】

在我国，国有资产具有特别重要的意义。我国《宪法》第六条规定，“中华人民共和国的社会主义经济制度的基础是生产资料的社会主义公有制，即全民所有制和劳动群众集体所有制”。第七条规定，“国有经济，即社会主义全民所有制经济，是国民经济中的主导力量。国家保障国有经济的巩固和发展”。第十二条规定，“社会主义的公共财产神圣不可侵犯。国家保护社会主义的公共财产。禁止任何组织或者个人用任何手段侵占或者破坏国家的和集体的财产”。与私有资产相比，国有资产之保护也有其特殊性，因为国有资产属于全民所有，没有具体的个人或法人作为所有者来对其加以保护。因而，国家必须通过立法严格保护国有资产，对侵吞损害国有资产的行为规定相应的法律责任。

在本案例中，张新华采取“化公为私”转移国有企业资产的手段侵吞国有资产，而且数额特别巨大，其实质就是贪污行为，依法应受到严厉制裁。

【思考题】

1. 国有资产的基本分类有哪些?
2. 国有资产有哪些形成渠道?
3. 依据《企业国有资产法》,国有资产监督管理机构如何履行出资人职责?
4. 简述我国企业国有资产的管理体制。

【相关知识链接】

1. 国务院国有资产管理委员会官网:http://www.sasac.gov.cn/。
2. 中华人民共和国财政部官网:http://www.mof.gov.cn/index.htm。

【参考文献】

[1] 顾耕耘.国有资产法论[M].北京:北京大学出版社,2010.
[2] 李昌庚.国有资产法原理研究[M].北京:中国社会科学出版社,2015.
[3] 李昌庚.国有资产法制度研究[M].北京:法律出版社,2015.
[4] 李曙光.论《企业国有资产法》中的"五人"定位[J].政治与法律,2009(4):23-29.
[5] 王克稳.《国有资产法》的进步与不足[J].苏州大学学报:哲学社会科学,2009(4):35-40.

第七章　财政法

【本章重点】

1. 财政法的概念和原则。
2. 预算的基本法律制度。
3. 财政转移支付制度的基本内容。
4. 国债的概念和功能。
5. 政府采购法的基本制度。

【案例导入】

茹某等十人系安徽省黄山市太平湖渔民，从财政部 2014 年 9 月 2 日作出的《政府信息公开告知书》中得知了中央财政 2012—2014 年对安徽省黄山市太平湖生态环境保护专项资金项目拨款的具体数额、拨款日期和拨款凭证的相关信息。2014 年 10 月 14 日，茹某等十人通过快递的方式向省财政厅邮寄《政府信息公开申请表》，所需信息的内容描述为“中央财政对安徽省黄山市太平湖生态环境保护项目 2012 年拨付的 4000 万元、2013 年拨付的 3200 万元、2014 年拨付的 31658 万元的具体项目安排清单(包括拨付时间、项目名称及接受款项的单位)”，所需信息的用途为“了解相关情况”，所需信息的指定提供方式为“纸质”，获取信息的方式为“快递”。省财政厅于 2014 年 10 月 16 日收到申请后，其工作人员于 2014 年 10 月 20 日跟赵某乙进行通话，告知：省财政厅没有其申请公开的信息，相关信息在黄山区财政局，让去该局查询，并告知了联系人。省财政厅又向黄山区财政局发出《关于转办申请太平湖生态环境保护相关信息公开事项的通知》，黄山区财政局接该通知后，派员前往赵某甲家，与茹某等十人进行了会谈。黄山区财政局 2014 年 11 月 26 日向省财政厅作出《黄山区财政局关于太平湖生态环境保护相关信息公开事项办理情况的汇报》。茹某等十人认为省财政厅未履行政府信息公开法定职责而申请行政复议，安徽省人民政府于 2015 年 1 月 12 日作出皖行复

〔2014〕281号《驳回行政复议申请决定书》，驳回了其行政复议申请。茹某等十人为此提起行政诉讼，请求确认省财政厅在法定期间内未依法履行政府信息公开职责行为违法，责令省财政厅继续依法履行政府信息公开。

【思考】

茹某等人的诉讼请求能否获得法院的支持?

(具体分析见本章末尾)

第一节　财政法概述

一、财政的概念、特征与作用

(一)财政的概念

在“普天之下，莫非王土”的所有制格局下，家计财政的主要职能是替君王筹集行政管理、国防安全与扩张以及皇室开支的经费，但谁能洞悉“文王之囿，方七十里，民犹以为小，寡人之囿，方五十里，民犹以为大”①背后所蕴含的原理，谁就能知晓“财政调控”对于国家治理的重要作用呢？财政随着国家的产生而产生，社会对公共物品都存有欲望，但是公共物品和资源不能从市场中得到，因此现代国家承担起满足公共欲望，并向社会提供公共物品的职能。财政学界对于财政本质含义的探讨，形成了“财政是以国家为主体的分配”的观点。国家拥有“公共权力”，公民通过纳税方式形成公共物品，而国家通过分配方式提供公共服务所需的资源和要素，以税收的形式从市场获取公共收入，再安排公共支出。随着社会主义市场经济体制的建立，我国的财政形态逐步由计划财政转向公共财政；财税法日益凸显对国计民生的影响。

国家在调节社会经济过程中所发挥的作用越来越重要，在市场经济条件下，国家通过对公共财产的分配满足社会对公共物品的需求，调节经济的发展。公共财政的“财”是指财产、财产权利，包括私人财产权和建立在私人财产权基础之上的公共财产权；公共财政的“政”是指政府，包括立法机关、行政机关和司法机关。公共财政实质上体现的是国家与纳税人的关系以及由这一对基本关系发生的

---

①　墨子[M].北京：中华书局，2007.

中央与地方的关系、立法机关与行政机关的关系、政府与市场的关系。①

综上所述，我们可以看出财政是国家为实现其职能，集中一部分社会产品或国民收入并以其为主体用于满足公共需要所形成的财政分配关系的活动。

（二）财政的特征

财政作为国家提供公共产品的活动，具有以下基本特征：第一，财政的主体是政府，是政府行为。国家职能通过政府行使，政府依法设立职能部门，相互协调制约。第二，财政的目的是实现公共需要，与民商事法律保护私人资产的目的明显不同。根据这两个基本特征，又延伸出财政的其他特征：第一，强制性。在公共经济中，国家从私人经济中获得资产不需要通过等价有偿的方式，主要是依其主权地位获得。这种取得的方式必然需要以国家强制力作为其保障。第二，公共性。国家的“聚财”并不以盈利为目的，“散财”的目的是满足公共的需求，向社会提供公共产品。第三，永续性。在存续的时间上，财政是一种永续的活动。在国家存续期间，财政与国家或政府以并存的方式存续。

（三）财政的作用

1. 调节收入分配结构

个人收入的初次分配是通过市场机制来实现的，而人们在劳动能力、财产占有量等方面存在着客观的差异，同时又受就业机会、竞争条件等诸多不公平因素影响，人们通过市场机制而获得的收入结构即会存在不合理的差异。对此，政府可利用财政法规制下的税收、转移支付等财政杠杆，通过对收入分配领域的间接调节来缓解市场分配不公引发的各种矛盾，进而使社会分配关系趋近平缓，维护经济健康发展与社会和谐稳定。

2. 增进有限资源的合理配置

为了实现国家职能，政府通过对资源及财力的有效分配，引导人力和物力的流向，形成符合国民经济发展的产业结构和经济结构，以此实现资源的合理配置。同时，利用财政法，可以在财政支出的合理分配中通过调节积累和消费的比例，调节社会资源在政府部门和非政府部门之间的分配，实现资源的合理、有效配置。

3. 保持国家经济总量的平衡

财政总支出是构成社会总需求的内在要素之一，政府运用财政法规制之下的税收、公债、转移性支出、投资等财政手段，可对社会总需求的总量和结构进行有效的调控，以使之与社会总供给相适应，促使经济增长持续稳定。

---

① 陈少英. 财税法的法律属性——以财税法调控功能的演进为视角[J]. 法学，2016(7)：71－81.

二、财政法概述

(一)财政法的基本概念

财政法，是调整财政关系或财政收支关系的法律规范的总和。这里的财政关系，是国家为了满足公共需求，在获得、使用以及管理资财的过程中所形成的社会关系。财政法是经济法的重要组成部分，其在调控宏观经济以及保障社会公平方面具有十分重要的作用。

(二)财政法的调整对象

从上文可以看出，财政法是以财政关系为特定的调整对象的。财政法所涉及的调整对象包括以下几个方面：

1. 财政管理体制关系

财政管理体制关系是国家在中央和地方政府之间划分财政管理权限，从而在中央和地方政权之间形成的特殊分配关系。

2. 财政收支管理关系

财政收支管理关系是财政管理活动中形成的最为主要的社会关系，主要包括：国家在获取资财过程中形成的社会关系，即财政收入关系；国家在使用和配置财政资金过程中形成的社会关系，即财政支出关系；国家管理财政资金过程中形成的社会关系，即财政管理关系。

3. 财政收支程序关系

财政收支程序关系指的是财政主体在依据法定程序进行财政活动的过程中形成的社会关系。

(三)财政法的基本原则

在一定的法律体系中，法律原则是法律规则的指导思想、基础，是一种本源的、综合的、稳定的法律原理和准则。法律原则无论是对法的创制还是对法的实施都具有重要的意义。在财政法领域，同样有必须贯彻始终的基本原则，其主要内容是：财政法定原则、财政民主原则、财政平衡安全原则。

一是财政法定原则，即财政权的法治原则。可具体表现为财政职权法定、收支程序法定、收支主体法定、收支形式法定和财政责任法定。这种原则也是宪法中的法治原则在财政领域中的具体体现。

二是财政民主原则。该原则指公民可以通过一定的程序和方式，对财政事项进行参与、监督以及决定，通过相关主体的平等参与、多数决定、保护少数的机制，充分满足公共需要。财政运作程序中的民主原则，可以部分体现为政府预算制度中的公共决策，这可以照顾到社会绝大多数人的偏好和利益。

三是财政平衡安全原则。其基本要求是在财税问题上充分考虑各方利益主体的平衡与协调。从宏观层面看，就应一方面考虑公民经济上的负担能力来把握课税的正当性与界限，另一方面考虑国家财政运行的健全。在国家财政权内部，也要保持中央与地方财政权之均衡；确立包括预算内收支和预算外收支的综合财政收支平衡体系，摒弃不必要的赤字财政的主张，从严控制财政赤字，使赤字结构合理化。实行严密的财政收支监督制度，强化各级政府及其财政职能部门的财政收支平衡责任。

第二节　预算法

一、预算法概述

（一）预算的概念

预算制度作为现代宪政国家财政体系的核心制度，与生俱来地追求民主、法治等基本价值。预算制度伴随着公共财政的产生而产生，同时造就了公共财政。所谓预算，即国家预算，是指一国政府依法定程序编制、审查和批准未来一定时期财政收支计划的行为。预算包括一般公共预算、政府性基金预算、国有资本经营预算和社会保险基金预算。一般公共预算是对以税收为主体的财政收入，安排用于保障和改善民生、推动经济社会发展、维护国家安全、维持国家机构正常运转等方面的收支预算。政府性基金预算是对依照法律、行政法规，在一定期限内向特定对象征收、收取或者以其他方式筹集的资金，专项用于特定公共事业发展的收支预算。国有资本经营预算是对国有资本收益作出支出安排的收支预算。社会保险基金预算是对社会保险缴款、一般公共预算安排和其他方式筹集的资金，专项用于社会保险的收支预算。预算作为国家基本财政计划，具有法律约束力。国家预算的编制是政府对财政收支的计划安排，预算的执行是财政收支筹措和使用过程，国家决算是国家预算执行的总结。预算也可以分为国家预算和公共预算，前者往往与计划经济相匹配，以国家建设为本旨，强调政府对社会的力量；

后者则与市场经济相适应，以优化公共物品为本质，强调社会对政府的影响。①

(二)预算法的概念和分类

预算法是调整预算关系，即国家预算收入、支出和进行预算管理过程中产生的社会关系的法律规范的总称。预算法律关系是国家预算关系的抽象和拟制，立法者运用立法技术制定法律规范的基础和指引，在预算立法与实践之间起着承启的作用。预算法是组织和管理国家预算的法律依据，是财政法的核心。预算法体系主要由基本预算法、特别预算法和年度预算法构成。

1. 基本预算法

基本预算法是指规定预算管理级次及权限、预算编制、执行和决算等活动过程中应当遵循的基本原则等基本问题的法律规范的总和，其表现形式主要为宪法、财政法、预算法等。1995 年 1 月 1 日起，我国施行了《中华人民共和国预算法》。中共十八届三中全会通过的《中共中央关于全面深化改革若干重大问题的决定》提出推进国家治理体系和治理能力现代化的总目标。财政是国家治理的基础和重要支柱，财政现代化是国家治理能力现代化的基础和来源。《深化财税体制改革总体方案》中强调“改进预算管理制度，强化预算约束，规范政府行为，实现有效监督，加快建立全面规范、公开透明的现代预算制度”。可以说，预算制度改革成为深化财税体制改革迈出的第一步。2014 年 8 月 31 日，第十二届全国人大常委会第十次会议审议通过了关于修改《中华人民共和国预算法》(下称《预算法》)的决定，新《预算法》自 2015 年 1 月 1 日起施行。

2. 特别预算法

特别预算法是指为了保证国家某种特殊预算需要，如战争特别预算、公债偿还特别预算、重大自然灾害特别预算等而制定的法律规范。

3. 年度预算法

年度预算法是指为了编制计划年度的国家预算而制定的法律，或者是由国会批准的年度预算法案。一般而言，现在各国经各级权力机构批准的某一年度的预算报告，是具有法律效力的一种法律文件，广义上属于年度预算法的范畴。

(三)预算法的作用

“如果我们把《预算法》看成是约束政府、控制政府的工具，那么预算就真正体现了人民的意志，体现了人民的权利和利益。”②预算法强调立法机关以法律形

---

① 刘剑文. 预算法治的三维建构：观念、原则和机制———兼论新《预算法》的突破[J]. 法学杂志，2015(9)：15－22.

② 顾功耘.《预算法》的理念需要重塑[J]. 法学，2011(11)：21－22.

式对国家预算活动予以授权和监督，强调政府机关必须依法执行国家预算。2015年修改后实施的《预算法》第一条规定，“为了规范政府收支行为，强化预算约束，加强对预算的管理和监督，建立健全全面规范、公开透明的预算制度，保障经济社会的健康发展”。这彰显了公共利益最大化和财政控权的理念。加强和完善我国的预算立法，深化预算制度改革，是建立现代财政制度的必然要求，是推进国家治理体系现代化的重要保障。其作用主要表现在以下几个方面：

1. 规范政府收支行为，强化预算约束

预算法从过去的政府管理法转变为规范政府法、管理政府法，政府从管理监督主体转变为被管理、被监督的对象。规范政府收支应是预算立法的首要价值目标，它是实现其他价值目标的基础。预算法作为控权法的性质，充分表达出了作为法治与共治的预算治理理念的核心要求。“规范收支”的价值要素不仅体现了预算法治理念所强调的对预算行为的控制性，而且要求不能将预算权过于集中于政府。为规范政府的收支行为，避免政府基于自身的需求而摆脱约束，就必须以立法的形式明确规定预算收支的范围。《预算法》还规定，要实行全口径预算，政府的全部收入和支出都应当纳入预算，包括一般公共预算、政府性基金预算、国有资本经营预算、社会保险基金预算。这将有利于杜绝预算外资金和其他非规范性收入，从而避免财政资金“体外循环”带来的寻租腐败等问题。

2. 加强对预算的管理和监督

现代预算制度的建立无疑应高度强调“预算监督”的价值目标，解读其具体内涵，包含以下几层意思：首先，作为法治的预算治理，需要明确政府处于一个被监督者的角色。它应接受、服从与配合监督；其次，作为共治的预算治理，预算监督不是单一体系，而是一个由政府、人大、法院以及社会共同组成的全方位监督。①

3. 保障经济社会的健康发展

预算法制不健全，导致预算执行乱象丛生。地方政府任意突破预算权限，导致国家财政连年赤字，通货膨胀，对经济安全和持续的发展造成一定的威胁。为强化预算对政府支出的约束力，新《预算法》增加规定，在预算执行中，各级政府一般不制定增加、减少财政收入或者支出的政策和措施，这对经济社会的健康发展具有重大意义。

（四）我国预算法的基本原则

预算应当遵循统筹兼顾、勤俭节约、量力而行、讲求绩效和收支平衡的原则。这些原则成为了贯穿预算法始终的红线和灵魂。在这些原则的指导下，预算法要

---

① 胡明. 预算治理现代化视角下的《预算法实施条例》修订[J]. 法学，2015(10)：129－138.

求建立健全全面、公开透明的预算制度，增强预算的完整性和透明性。

预算的完整原则，是指各级政府及其所属的所有行政事业单位以及经营机构的全部收入、支出、资产、负债等都应当纳入预算报告，接受人大和社会的监督。《预算法》第四条规定“政府的全部收入和支出都应当纳入预算”，标志着存在了半个多世纪的预算外资金成为历史，政府的所有收支都将纳入全口径预算管理。这有利于全面反映政府收支总量、结构和管理活动，更好地服务经济社会发展需要。对预算全面、完整的要求，实质上是一种将财政活动完整纳入法治框架的基本思路。透明的预算制度，要求预算的依据以及预算的编制、审批、执行、决算等过程都应当依法公开。预算法的透明性体现在《预算法》第十四条，其中明确规定“经本级人民代表大会或者本级人民代表大会常务委员会批准的预算、预算调整、决算、预算执行情况的报告及报表，应当在批准后二十日内由本级政府财政部门向社会公开，并对本级政府财政转移支付安排、执行的情况以及举借债务的情况等重要事项作出说明”。

二、预算的基本制度

（一）预算管理的职权

在国家与社会分权模式下，中央政府与地方政府作为国家的代理机构，二者之间的权力如何划分的问题需要法律明确。无论是中央通过顶层设计来激励地方制度创新，还是地方政府在此种激励机制之下实施创新，都必须依赖于明确的法律授权，并遵循程序法定这一最基本的法治原则，否则中央或者地方政府都可能“以法治的名义”去破坏法治。① 因此，我国《预算法》对预算权的分配作了明确的规定。

1. 各级权力机关的预算权

权力机关的级别不同，其预算权的内容也有所不同。

全国人民代表大会的预算权有：(1)审查权，即有权审查中央和地方预算草案及中央和地方预算执行情况的报告。(2)批准权，即有权批准中央预算和中央预算执行情况的报告。(3)改变或者撤销权，即有权改变或者撤销全国人大常务委员会关于预算、决算的不适当的决议。

全国人民代表大会常务委员会的预算权有：(1)监督权，即有权监督中央和地方预算的执行。(2)审批权，即有权审查和批准中央预算的调整方案，有权审查和批准中央决算。(3)撤销权，即有权撤销国务院制定的同宪法、法律相抵触

---

① 程金华. 国家、法治与“中间变革”——一个中央与地方关系的视角[J]. 交大法学，2013(4)：39－56.

的关于预算、决算的行政法规、决定和命令，有权撤销省、自治区、直辖市人民代表大会及其常务委员会制定的同宪法、法律和行政法规相抵触的关于预算、决算的地方性法规和决议。

县级以上地方各级人民代表大会的预算权有：(1)审查权，即有权审查本级总预算草案及本级总预算执行情况的报告。(2)批准权，即有权批准本级预算和本级预算执行情况的报告。(3)改变或者撤销权，即有权改变或者撤销本级人民代表大会常务委员会关于预算、决算的不适当的决议，有权撤销本级政府关于预算、决算的不适当的决定和命令。

县级以上地方各级人民代表大会常务委员会的预算权有：(1)监督权，即有权监督本级总预算的执行。(2)审批权，即有权审查和批准本级预算的调整方案，审查和批准本级决算。(3)撤销权，即有权撤销本级政府和下一级人民代表大会及其常务委员会关于预算、决算的不适当的决定、命令和决议。

乡、民族乡、镇的人民代表大会的预算权有：(1)审批权，即有权审查和批准本级预算和本级预算执行情况的报告，有权审查和批准本级预算的调整方案及本级决算。(2)监督权，即有权监督本级预算的执行。(3)撤销权，即有权撤销本级政府关于预算、决算的不适当的决定和命令。

2. 各级政府机关的预算权

各级政府在预算编制和实施过程中被赋予多方面的权力，是预算制度运行的重要保证。

国务院的预算权有：(1)编制权，即有权编制中央预算、决算草案。(2)报告权，即有权向全国人民代表大会作关于中央和地方预算草案的报告；有权将省、自治区、直辖市政府报送备案的预算汇总后报全国人民代表大会常务委员会备案；有权向全国人民代表大会、全国人民代表大会常务委员会报告中央和地方预算的执行情况。(3)执行权，即有权组织中央和地方预算的执行。(4)决定权，即有权决定中央预算预备费的动用；有权编制中央预算调整方案。(5)监督权，即有权监督中央各部门和地方政府的预算执行。(6)改变或撤销权，即有权改变或者撤销中央各部门和地方政府关于预算、决算的不适当的决定、命令。

县级以上地方各级政府的预算权有：(1)编制权，即有权编制本级预算、决算草案。(2)报告权，即有权向本级人民代表大会作关于本级总预算草案的报告；有权将下一级政府报送备案的预算汇总后报本级人民代表大会常务委员会备案；有权向本级人民代表大会、本级人民代表大会常务委员会报告本级总预算的执行情况。(2)报告权，即有权组织本级总预算的执行。(3)决定权，即有权决定本级预算预备费的动用；有权编制本级预算的调整方案。(4)监督权，即有权监督本级各部门和下级政府的预算执行。(5)改变或撤销权，即有权改变或者撤销本级各部门和下级政府关于预算、决算的不适当的决定、命令。

乡、民族乡、镇政府的预算权有：(1)编制权，即有权编制本级预算、决算草案；有权编制本级预算的调整方案。(2)报告权，即有权向本级人民代表大会作关于本级预算草案的报告；有权向本级人民代表大会报告本级预算的执行情况。(3)执行权，即有权组织本级预算的执行。(4)决定权，即有权决定本级预算预备费的动用。

3. 各级财政部门的预算权

财政部门是预算的主要执行部门，也被赋予多方面的预算权。

国务院财政部门的预算权主要包括：具体编制中央预算、决算草案；具体组织中央和地方预算的执行；提出中央预算预备费动用方案；具体编制中央预算的调整方案；定期向国务院报告中央和地方预算的执行情况。

地方各级政府财政部门的预算权主要包括：具体编制本级预算、决算草案；具体组织本级总预算的执行；提出本级预算预备费动用方案；具体编制本级预算的调整方案；定期向本级政府和上一级政府财政部门报告本级总预算的执行情况。

除上述机构的预算权之外，《预算法》规定了各部门编制本部门预算、决算草案；组织和监督本部门预算的执行；定期向本级政府财政部门报告预算的执行情况。各单位编制本单位预算、决算草案；按照国家规定上缴预算收入，安排预算支出，并接受国家有关部门的监督。

(二)预算编制的概念与规定

1. 预算编制的概念

预算编制是国家制定以年度预算资金筹集和资金分配为内容的计划的活动，具有法定程序和固定的形式。

2. 预算编制时间

国务院应当及时下达关于编制下一年预算草案的通知。各级政府、各部门、各单位应当按照国务院规定的时间编制预算草案。

3. 预算编制的方法

各级预算应当根据年度经济社会发展目标、国家宏观调控总体要求和跨年度预算平衡的需要，参考上一年预算执行情况、有关支出绩效评价结果和本年度收支预测，按照规定程序征求各方面意见后，进行编制。各级政府依据法定权限作出决定或者制定行政措施，凡涉及增加或者减少财政收入或者支出的，应当在预算批准前提出并在预算草案中作出相应安排。各部门、各单位应当按照国务院财政部门制定的政府收支分类科目、预算支出标准和要求，以及绩效目标管理等预算编制规定，根据其依法履行职能和事业发展的需要以及存量资产情况，编制本部门、本单位预算草案。政府收支分类科目，收入分为类、款、项、目；支出按其功能分类分为类、款、项，按其经济性质分类分为类、款。

4. 预算编制的原则

第一，真实合法原则。各级预算收入的编制，应当与经济社会发展水平相适应，与财政政策相衔接。各级政府、各部门、各单位应当依照本法规定，将所有政府收入全部列入预算，不得隐瞒、少列。各级预算支出应当依照本法规定，按其功能和经济性质分类编制。第二，勤俭节约原则。各级预算支出的编制，应当贯彻勤俭节约的原则，严格控制各部门、各单位的机关运行经费和楼堂馆所等基本建设支出。第三，统筹兼顾原则。各级一般公共预算支出的编制，应当统筹兼顾，在保证基本公共服务合理需要的前提下，优先安排国家确定的重点支出。一般性转移支付应当按照国务院规定的基本标准和计算方法编制。专项转移支付应当分地区、分项目编制。中央预算和有关地方预算中应当安排必要的资金，用于扶助革命老区、民族地区、边疆地区、贫困地区发展经济社会建设事业。第四，预算平衡原则。原《预算法》规定预算审查的重点是收支平衡，同时要求预算收入征收部门完成上缴任务。新《预算法》明确规定“各级政府应当建立跨年度预算平衡机制”，各级一般公共预算按照国务院的规定可以设置预算周转金，用于本级政府调剂预算年度内季节性收支差额。各级政府上一年预算的结转资金，应当在下一年用于结转项目的支出；连续两年未用完的结转资金，应当作为结余资金管理。用于弥补以后年度预算资金的不足，作为实现跨年度预算平衡、调节年度资金盈余或者短缺的重要工具。也就是说，一个预算年度内财政收入短收了，要通过预算稳定调节基金来弥补；超收了也不能“突击花钱”，只能用于冲减赤字或者补充预算稳定调节基金。

5. 关于地方债务问题的规定

中央一般公共预算中必需的部分资金，可以通过举借国内和国外债务等方式筹措，举借债务应当控制适当的规模，保持合理的结构。对中央一般公共预算中举借的债务实行余额管理，余额的规模不得超过全国人民代表大会批准的限额。国务院财政部门具体负责对中央政府债务的统一管理。原《预算法》规定，“地方各级预算按照量入为出、收支平衡的原则编制，不列赤字”。新《预算法》改变了对地方债问题的立法态度，并对此进行了大幅修改，改变了过去禁止地方债的规定，同时也对地方政府举借债务作出限制性规定。一是明确举债主体为经国务院批准的省、自治区、直辖市。二是限定举债方式仅为发行地方政府债券。三是限定用途为公共预算中必需的部分建设投资，而不得用于经常性支出。四是限定偿债资金应当有偿还计划和稳定的偿还资金来源。五是明确债务规模和管理方式为地方政府债务规模，由国务院报全国人大或其常委会批准。地方政府依照国务院下达的限额举借债务，列入本级预算调整方案，报本级人大常委会批准。六是明确地方政府及其所属部门，除相关规定外，不得以其他任何方式举借债务，不得为任何单位、个人债务提供担保。七是规定了相应的法律责任。国务院建立地方政府债务风险评估和预警机制、应急处置机制以及责任追究制度。国务院财政部门对地方政府债务实施监督。中央对举债主体、举债规模、举债管理方式、举债用途等限制，有利于防范地方债务规模过大可能带来的财政、金融风险，有利于克服地方违规举债、乱举债、乱担保等不正常现象。对于规范地方政府举债行为、稳定地方财政基础具有重大意义。但有学者也提出预算法对现行地方债务的规定还存有一些问题。比如现实中，县、市一级才是地方公共服务的最直接提供者，从而也是最主要的地方举债者。计划单列市、市、县债务应如何解决？所有省级地方政府举债，不区分常态、非常态，一律列入本级预算调整方案，由地方人大常委会批准，是否可能存在着使得地方人民代表大会，即地方人大代表没有权力和机会对地方举债的合理性、必要性、可行性等发表看法、施加控制呢？如此，则有可能使地方权力机关对地方政府发债的监督流于形式。

（三）预算的审批

1. 预算审批的机构和程序

预算审批是国家各级权力机关对预算草案进行审查和批准的活动。具体而言，现行的《预算法》对该问题规定为：中央预算由全国人民代表大会审查和批准，地方各级预算由本级人民代表大会审查和批准。国务院财政部门应当在每年全国人民代表大会会议举行的四十五日前，将中央预算草案的初步方案提交全国人民代表大会财政经济委员会进行初步审查。省、自治区、直辖市政府财政部门应当在本级人民代表大会会议举行的三十日前，将本级预算草案的初步方案提交本级人民代表大会有关专门委员会进行初步审查。设区的市、自治州政府财政部门应当在本级人民代表大会会议举行的三十日前，将本级预算草案的初步方案提交本级人民代表大会有关专门委员会进行初步审查，或者送交本级人民代表大会常务委员会有关工作机构征求意见。县、自治县、不设区的市、市辖区政府应当在本级人民代表大会会议举行的三十日前，将本级预算草案的初步方案提交本级人民代表大会常务委员会进行初步审查。县、自治县、不设区的市、市辖区、乡、民族乡、镇的人民代表大会举行会议审查预算草案前，应当采用多种形式，组织本级人民代表大会代表，听取社会各界的意见。

2. 报送审批的预算草案的具体要求

报送各级人民代表大会审查和批准的预算草案应当细化。本级一般公共预算支出，按其功能分类应当编列到项；按其经济性质分类，基本支出应当编列到款。本级政府性基金预算、国有资本经营预算、社会保险基金预算支出，按其功能分类应当编列到项。这些规定，对于加强各级人大对政府预算的实质性审查，保证预算的完整、合法、真实、可行、效益，具有非常重要的意义。

3. 审查批准的内容

国务院在全国人民代表大会举行会议时，向大会作关于中央和地方预算草案以及中央和地方预算执行情况的报告。地方各级政府在本级人民代表大会举行会议时，向大会作关于总预算草案和总预算执行情况的报告。第一，全国人民代表大会和地方各级人民代表大会对预算草案及其报告、预算执行情况的报告重点审查下列内容：上一年预算执行情况是否符合本级人民代表大会预算决议的要求；预算安排是否符合《预算法》的规定；预算安排是否贯彻国民经济和社会发展的方针政策，收支政策是否切实可行；重点支出和重大投资项目的预算安排是否适当；预算的编制是否完整，是否符合《预算法》第四十六条的规定；对下级政府的转移性支出预算是否规范、适当；预算安排举借的债务是否合法、合理，是否有偿还计划和稳定的偿还资金来源；与预算有关重要事项的说明是否清晰。全国人民代表大会财政经济委员会向全国人民代表大会主席团提出关于中央和地方预算草案及中央和地方预算执行情况的审查结果报告。第二，省、自治区、直辖市、设区的市、自治州人民代表大会有关专门委员会，县、自治县、不设区的市、市辖区人民代表大会常务委员会，向本级人民代表大会主席团提出关于总预算草案及上一年总预算执行情况的审查结果报告。审查结果报告应当包括下列内容：对上一年预算执行和落实本级人民代表大会预算决议的情况作出评价；对本年度预算草案是否符合本法的规定，是否可行作出评价；对本级人民代表大会批准预算草案和预算报告提出建议；对执行年度预算、改进预算管理、提高预算绩效、加强预算监督等提出意见和建议。第三，乡、民族乡、镇政府应当及时将经本级人民代表大会批准的本级预算报上一级政府备案。县级以上地方各级政府应当及时将经本级人民代表大会批准的本级预算及下一级政府报送备案的预算汇总，报上一级政府备案。

4. 审查的结果

国务院和县级以上地方各级政府对下一级政府依法报送备案的预算，认为有同法律、行政法规相抵触或者有其他不适当之处，需要撤销批准预算的决议的，应当提请本级人民代表大会常务委员会审议决定。各级预算经本级人民代表大会批准后，本级政府财政部门应当在二十日内向本级各部门批复预算。各部门应当在接到本级政府财政部门批复的本部门预算后十五日内向所属各单位批复预算。

（四）预算的执行

人大审议批准的预算决策生效后，政府的预算活动进入执行阶段。各级预算的主体由本级政府来组织执行，各部门、各单位是本部门、本单位的预算执行主体，负责本部门、本单位的预算执行，并对执行结果负责。《预算法》第十八条规定，预算年度自公历 1 月 1 日起，至 12 月 31 日止。因此，可能出现在预算年度开始以后，预算的草案还没有经过审批的情况。立法为解决该问题作了相关的规定。各级预算草案在本级人民代表大会批准前，可以安排下列支出的范围，主要是：上一年度结转的支出；参照上一年同期的预算支出数额安排必须支付的本年度部门基本支出、项目支出，以及对下级政府的转移性支出；法律规定必须履行支付义务的支出，以及用于自然灾害等突发事件处理的支出。按照这些情况安排支出的情况，应当在预算草案的报告中作出说明。预算经本级人民代表大会批准后，按照批准的预算执行。预算的执行分为预算收入执行和预算支出执行。为了严格管理和监督预算部门收入的执行情况，要求预算收入征收部门和单位，必须依照法律、行政法规的规定，及时、足额征收应征的预算收入。不得违反法律、行政法规规定，多征、提前征收或者减征、免征、缓征应征的预算收入，不得截留、占用或者挪用预算收入。各级政府不得向预算收入征收部门和单位下达收入指标。针对现实中存在的预算超收情况，不能将超收资金作为一笔不受监管的额外财富。立法要求政府的全部收入应当上缴国家金库(以下简称国库)，任何部门、单位和个人不得截留、占用、挪用或者拖欠。在预算执行方面，各级政府财政部门必须依照法律、行政法规和国务院财政部门的规定，及时、足额地拨付预算支出资金，加强对预算支出的管理和监督；必须按照预算执行，不得虚假列支；应当对预算支出情况开展绩效评价。各级预算的收入和支出实行收付实现制。特定事项按照国务院的规定实行权责发生制的有关情况，应当向本级人民代表大会常务委员会报告。

现代意义上的国库不再是简单的国家金库，国库负担着管理财政的资产与负债并且反映预算执行情况等一系列公共财政职能。国库资金的使用效率和管理水平都不断提高。修订后的《预算法》，在法律层面对国库管理制度作出了明确规定：县级以上各级预算必须设立国库；具备条件的乡、民族乡、镇也应当设立国库。中央国库业务由中国人民银行经理，地方国库业务依照国务院的有关规定办理。各级国库应当按照国家有关规定，及时准确地办理预算收入的收纳、划分、留解、退付和预算支出的拨付。各级国库库款的支配权属于本级政府财政部门。除法律、行政法规另有规定外，未经本级政府财政部门同意，任何部门、单位和个人都无权冻结、动用国库库款或者以其他方式支配已入国库的库款。各级政府应当加强对本级国库的管理和监督，按照国务院的规定完善国库现金管理，合理调节国库资金余额。已经缴入国库的资金，依照法律、行政法规的规定或者国务院的决定需要退付的，各级政府财政部门或者其授权的机构应当及时办理退付。按照规定应当由财政支出安排的事项，不得用退库。

以往“小金库”现象成为导致公共利益的损失的重要原因。“小金库”降低了财政资金使用，极易滋生腐败和寻租。实际上，国库现有的技术能力足以解决各种资金的特殊需要，即便确有在国库之外再开设财政专户的必要，也应履行严格的法律标准、履行严格的审批程序，得到法律、行政法规允许或者人大常委会批准。《预算法》为了治理小金库，在立法上明确了实行国库集中收缴和集中支付制度，对政府全部收入和支出实行国库集中收付管理。各级政府应当加强对预算执行的领导，支持政府财政、税务、海关等预算收入的征收部门依法组织预算收入，支持政府财政部门严格管理预算支出。财政、税务、海关等部门在预算执行中，应当加强对预算执行的分析；发现问题时应当及时建议本级政府采取措施予以解决。对于预算的收入和支出的管理，要求不得截留或者动用应当上缴的预算收入，不得擅自改变预算支出的用途。各级预算预备费的动用方案，由本级政府财政部门提出，报本级政府决定。各级预算周转金由本级政府财政部门管理，不得挪作他用。新《预算法》改变了过去不得列赤字的规定，并且对于预算结余作了相关规定。公共预算年度执行中有超收收入的，只能用于冲减赤字或者补充预算稳定调节基金。各级一般公共预算的结余资金，应当补充预算稳定调节基金。省、自治区、直辖市一般公共预算年度执行中出现短收，通过调入预算稳定调节基金、减少支出等方式仍不能实现收支平衡的，省、自治区、直辖市政府报本级人民代表大会或者其常务委员会批准，可以增列赤字，报国务院财政部门备案，并应当在下一年度预算中予以弥补。

（五）预算调整

《预算法》第十三条明确规定："经人民代表大会批准的预算，非经法定程序，不得调整。"这是预算规范性的体现。为更好地回应公众需求，提供更为务实的公共产品和服务，预算必须进行调整，这是预算有效性的要求。在预算执行中，各级政府一般不制定新的增加财政收入或者支出的政策和措施，也不制定减少财政收入的政策和措施；必须作出并需要进行预算调整的，应当在预算调整方案中作出安排。《预算法》第七章对预算调整作了较为详尽的规定，对需要调整的四种情况进行了限定。《预算法》第六十七条规定，经全国人民代表大会批准的中央预算和经地方各级人民代表大会批准的地方各级预算，在执行中出现应当进行预算调整的情形有：需要增加或者减少预算总支出的；需要调入预算稳定调节基金的；需要调减预算安排的重点支出数额的；需要增加举借债务数额的。在预算执行中，各级政府对于必须进行的预算调整，应当编制预算调整方案。预算调整方案应当说明预算调整的理由、项目和数额。同时，对预算调整程序作了较严格规定。国务院财政部门应当在全国人民代表大会常务委员会举行会议审查和批准预算调整方案的三十日前，将预算调整初步方案送交全国人民代表大会财政经济委员会进行初步审查。省、自治区、直辖市政府财政部门应当在本级人民代表大会常务委员会举行会议审查和批准预算调整方案的三十日前，将预算调整初步方案送交本级人民代表大会有关专门委员会进行初步审查。设区的市、自治州政府财政部门应当在本级人民代表大会常务委员会举行会议审查和批准预算调整方案的三十日前，将预算调整初步方案送交本级人民代表大会有关专门委员会进行初步审查，或者送交本级人民代表大会常务委员会有关工作机构征求意见。县、自治县、不设区的市、市辖区政府财政部门应当在本级人民代表大会常务委员会举行会议审查和批准预算调整方案的三十日前，将预算调整初步方案送交本级人民代表大会常务委员会有关工作机构征求意见。

预算调整的立法规定还存在一些缺陷，主要在于：一是预算调整重总额、轻结构，科目间资金的调剂权被赋予行政部门，导致预算调整的规范性受损。二是预算调整的规定不够具体。例如，支出调整有追加支出、动用往年结转资金、超支；收入调整有增加举债、追加拨款、预算外收入、超收收入、结余资金等。而《预算法》仅涉及其中几种。项目列举的漏洞，使执行部门要么无所适从，要么随意裁量。三是事后追认的预算调整仅限于自然灾害等突发事件，未考虑火灾、爆炸、经济危机等非自然灾害，适用范围不周延。①

（六）决算的概念、原则和程序的规定

决算是指国家对预算执行情况予以总结的活动。决算草案反映着年度预算收支的最终结果，也是国家各项活动在财政上的集中反映。《预算法》对决算的原则和程序作了明确的规定。主要的程序包括：第一，决算草案编制。决算草案由各级政府、各部门、各单位，在每一预算年度终了后按照国务院规定的时间编制。《预算法》给予了明确的规定要求，细化了公共预算支出应当按其功能分类编列到项，按其经济性质分类编列到款。编制决算草案，必须符合法律、行政法规，做到收支真实、数额准确、内容完整、报送及时。决算草案应当与预算相对应，按预算数、调整预算数、决算数分别列出。第二，决算草案的审核。决算草案应当审核并汇总编制本部门的决算草案，在规定的期限内由本级政府财政部门审核。本级各部门决算草案审核后发现有不符合法律、行政法规规定的，有权予以纠正。第三，县级以上各级人民代表大会常务委员会和乡、民族乡、镇人民代表大会对本级决算草案，重点审查。重点审查的决算草案内容主要包括以下几个方面：预算收入情况；支出政策实施情况和重点支出、重大投资项目资金的使用及绩效情况；结转资金的使用情况；资金结余情况；本级预算调整及执行情况；财政转移支付安排执行情况；经批准举借债务的规模、结构、使用、偿还等情况；本级预算周转金规模和使用情况；本级预备费使用情况；超收收入安排情况，预算稳定调节基金的规模和使用情况；本级人民代表大会批准的预算决议落实情况。第四，决算的批复。各级决算经批准后，本级财政部门应当在二十日内向本级各

① 黎江虹. 规范性和有效性：政府预算中的二重奏［J］. 武汉大学学报（哲学社会科学），2015（3）：14－16.

部门批复决算。各部门应当在接到本级政府财政部门批复的本部门决算后十五日内向所属单位批复决算。第五，决算的备案。各级政府应当将经批准的决算及下一级政府上报备案的决算汇总，报上一级政府备案。县级以上各级政府应当将下一级政府报送备案的决算汇总后，报本级人民代表大会常务委员会备案。第六，决算的撤销。国务院和县级以上地方各级政府对下一级政府报送备案的决算，认为有同法律、行政法规相抵触或者有其他不适当之处，需要撤销批准该项决算的决议的，应当提请本级人民代表大会常务委员会审议决定；经审议决定撤销的，该下级人民代表大会常务委员会应当责成本级政府依照本法规定重新编制决算草案，提请本级人民代表大会常务委员会审查和批准。

（七）预算的法律责任

新《预算法》在法律责任制度方面有一定进步，摆脱了过去立法中寥寥的三条，从高度概括转变为明确具体。主要的法律责任主体为政府主管人员和其他直接责任人员，形态以行政责任为主。根据法律规定，行政责任主要分四种类型。第一类追究行政责任的情况主要包括：未依照法律规定，编制、报送预算草案、预算调整方案、决算草案和部门预算、决算以及批复预算、决算的；违反法律规定，进行预算调整的；未依照法律规定对有关预算事项进行公开和说明的；违反规定设立政府性基金项目和其他财政收入项目的；违反法律、法规规定使用预算预备费、预算周转金、预算稳定调节基金、超收收入的；违反本法规定开设财政专户的。第二类是给予降级、撤职、开除的处分的情形，主要包括：未将所有政府收入和支出列入预算或者虚列收入和支出的；违反法律、行政法规的规定，多征、提前征收或者减征、免征、缓征应征预算收入的；截留、占用、挪用或者拖欠应当上缴国库的预算收入的；违反法律规定，改变预算支出用途的；擅自改变上级政府专项转移支付资金用途的；违反法律规定拨付预算支出资金，办理预算收入收纳、划分、留解、退付，或者违反本法规定冻结、动用国库库款或者以其他方式支配已入国库库款的。第三类是针对违反法律规定举借债务或者为他人债务提供担保，或者挪用重点支出资金，或者在预算之外及超预算标准建设楼堂馆所的，责令改正，对负有直接责任的主管人员和其他直接责任人员给予撤职、开除的处分。第四类是针对违反法律、法规的规定，改变预算收入上缴方式的，责令改正，追回骗取、使用的资金，违反规定扩大开支范围、提高开支标准的等有违法所得的没收违法所得，对单位给予警告或者通报批评；对负有直接责任的主管人员和其他直接责任人员依法给予处分。除了以上四类行政责任以外，还规定了刑事责任。虽然目前现行预算立法相对以往有较大进步，但是对于行政处分的规定过于笼统且不够详尽。

【案例】

今年拟安排财政赤字2.18万亿元，比去年增加5600亿元，赤字率提高到3%。其中，中央财政赤字1.4万亿元，地方财政赤字7800亿元。安排地方专项债券4000亿元，继续发行地方政府置换债券。我国财政赤字率和政府负债率在世界主要经济体中相对较低，这样的安排是必要的、可行的，也是安全的。适度扩大财政赤字，主要用于减税降费，进一步减轻企业负担。今年将采取三项举措：一是全面实施营改增，从5月1日起，将试点范围扩大到建筑业、房地产业、金融业、生活服务业，并将所有企业新增不动产所含增值税纳入抵扣范围，确保所有行业税负只减不增。二是取消违规设立的政府性基金，停征和归并一批政府性基金，扩大水利建设基金等免征范围。三是将18项行政事业性收费的免征范围，从小微企业扩大到所有企业和个人。实施上述政策，今年将比改革前减轻企业和个人负担5000多亿元。同时，适当增加必要的财政支出和政府投资，加大对民生等薄弱环节的支持。创新财政支出方式，优化财政支出结构，该保的一定要保住，该减的一定要减下来。

——节选自《2016年国务院政府工作报告》

【分析】

政府举债主要基于三个原因：第一，解决短期的资金周转问题。如财政收入的不均匀，但财政支出必须持续进行，因此可以发行国库券调剂余缺。第二，筹集基础建设资金，修建道路、桥梁、公共建筑，或从事水电站等项目建设。由于这些项目的受益权较长，先以举债的方式建设，后以税款或项目收入偿还，符合代际公平的要求。第三，配合积极财政政策的要求，以举债建设的方式刺激消费，扩大就业，带动相关产业的发展。① 中央和地方政府都有举债的需求，修订后的预算法明确了地方可以发行债券，但严格限制和规定了发债的程序和用途范围等。同时明确了可以适当增列赤字的规定，省、自治区、直辖市一般公共预算年度执行中出现短收，通过调入预算稳定调节基金、减少支出等方式仍不能实现收支平衡的，省、自治区、直辖市政府报本级人民代表大会或者其常务委员会批准，可以增列赤字，报国务院财政部门备案，并应当在下一年度预算中予以弥补。

① 熊伟著.财政法基本问题[M].北京：北京大学出版社，2012：134.

第三节 财政体制法

一、财政体制法概述

财政体制法是指国家所制定的确定中央政府与地方政府之间、地方政府相互之间的财政权分配关系的法律规范。从发达国家的经验来看，各国财政体制法的内容主要包括三个方面：第一，中央和地方事权划分的制度；第二，中央和地方财权划分的制度；第三，中央和地方之间的财政转移支付制度。

二、中央和地方事权与财权划分的制度

（一）中央和地方事权划分的制度

事权指处理事务的权利。随着政府职能的变迁，现代意义上的事权则主要是指国家行政机关按照相关法律、法规，管理国家行政事务的权力。关于事权划分的理论，众说纷纭，有市场经济理论、公共需要理论、制度变迁与体制创新理论等十几种。委托代理理论、公共产品层次性理论、博弈理论则是较为重要的三个理论。在中央政府和地方政府事权的确定上有三种不同的模式：一是集权式。它是指一国在划分中央政府和地方政府的事权时，把大部分的事权都归于中央政府，地方只有很少的职责，甚至没有什么职责的模式。它是一种高度集中、高度统一的模式，只适用于规模较小的国家，如新加坡，或者存在于一些政治经济高度集中的国家，如处在计划经济体制下的中国。二是分权式。它是指一国在划分中央政府和地方政府的事权时，把大部分的责任都划归于地方政府，而将小部分事权划归于中央的一种模式。这种模式与政治体制密切联系，在一些较为松散的联邦制国家适用。三是复合式。它是指一个国家在划分中央政府和地方政府的事权时，遵照中央和地方划分的理论，结合本国的具体情况，将适合于中央的事权集中于中央，适合于地方的事权下放给地方，即集权与分权相结合的一种模式。它克服了分权式的过度分散的缺陷，是一种相对理想、科学的模式，被广泛适用于现代国家。①

---

① 杨萍，靳万军，窦清红. 财政法新论[M]. 北京：法律出版社，2000：29－32.

从财政事权和支出责任划分的改革历程看，中央与地方财政关系经历了从高度集中的统收统支到“分灶吃饭”、包干制，再到分税制财政体制的变化，财政事权和支出责任划分逐渐明确。1994年实施的分税制改革，初步构建了中国特色社会主义制度下中央与地方财政事权和支出责任划分的体系框架，为我国建立现代财政制度奠定了良好基础。中央与地方事权和支出责任划分是理顺政府间财政关系的前提和基础，是推进国家治理体系和治理能力现代化的重要方面。中央政府的事权相对容易界定，包括国防、外交、宏观经济稳定、地区间调控等全国性公共产品。这在大多数国家已经成为共识，文献记载丰厚，因为中央代表国家，拥有主权。所以，其事责与事权大部分重叠。地方政府层级直接服务于百姓，提供公民日常生活的基本公共服务和公共产品。这些公共服务和公共产品是地方性的，外溢少。所以基层政府的事责在理论上非常清楚，容易界定。①

（二）中央和地方财权划分的制度

在中央政府和地方政府的事权明确划分的基础之上，根据事权与财权相统一原则，划分了中央政府和地方政府的财权。财权主要表现为税权。各国主要采用分税制的方式，一是完全的分税制，即把所有的税种划分为中央税和地方税，中央和地方各自获得维持行使其事权的财权。这种模式适用于中央政府和地方政府连接较为松散、财政状况较好的联邦制国家。中央与地方相互独立性很大，地方对中央依赖较少。二是不完全的分税制，即把所有的税种划分为中央税、地方税和中央地方共享税。这种模式适用于中央和地方连接较紧，财政状况较差的国家。因为优质税种不能绝对归属为某一级政府，若此，易损害中央和地方政府事权实现的质量和数量。

三、财政转移支付法

（一）转移支付概述

转移支付就是中央政府或者地方政府将部分财政收入无偿让渡给其他各级政府、企业以及居民时所发生的财政支出行为。转移支付行为包括税收返还、体制补助、结算补助、专项补助等。

我国财政转移支付缺少财政转移支付法的保障。目前，财政转移支付行为主要由为数不多的部门规章和规范性文件所调整，主要包括修改后预算法中的概要

① 侯一麟. 政府职能、事权事责与财权财力：1978年以来我国财政体制改革中财权事权划分的理论分析[J]. 公共行政评论，2009，2(2)：36－72.

式规定，以及财政部先后发布的《农村税费改革中中央对地方转移支付办法》《中央对地方一般性转移支付办法》《中央对地方均衡性转移支付办法》等。

（二）转移支付法的属性

财政转移支付事关公共财政资金的流向，影响着国家社会经济生活的方方面面。法治框架下的财政转移支付法，深刻调整着中央与地方关系、立法与行政关系、国家与纳税人关系、政府与市场关系这四大关系。从性质上看，财政转移支付法具有三重属性。第一，财政转移支付法是政府间财政关系法的重要组成部分，决定着各级政府间的资源分配，具有央地关系法属性。不同于更多与国家经济发展和政策需求挂钩的以“分税”为代表的财权初次分配，作为规范财权二次分配的财政转移支付法，则更关注不同层级政府或区域之间的财力均衡，以此保障各地都拥有健康的财源基础。第二，财政转移支付法规范着财政权的分配、行使和监督，具有财政基本法属性。第三，财政转移支付法致力于通过国家财政权实现纳税人在财政法上乃至宪法上的平等权，具有财政均等化法属性。财政转移支付法虽然作用于各级政府之间，但在实施效果上最终有利于纳税人以及纳税人基本权利的实现，故具有保障纳税人权利的财政均等化法属性。①

（三）财政转移支付制度的基本内容

1. 划分财政级次

《预算法》第三条规定，国家实行一级政府一级预算，设立中央，省、自治区、直辖市，设区的市、自治州，县、自治县、不设区的市、市辖区，乡、民族乡、镇五级预算。中央一般公共预算包括中央各部门（含直属单位，下同）的预算和中央对地方的税收返还、转移支付预算。中央一般公共预算收入包括中央本级收入和地方向中央的上解收入。中央一般公共预算支出包括中央本级支出、中央对地方的税收返还和转移支付支出。地方各级一般公共预算收入包括地方本级收入、上级政府对本级政府的税收返还和转移支付收入、下级政府的上解收入。地方各级一般公共预算支出包括地方本级支出、对上级政府的上解支出、对下级政府的税收返还和转移支付支出。

2. 中央与地方事权和支出的划分

根据现在中央政府与地方政府事权的划分，中央财政主要承担国家安全、外交和中央国家机关运转所需经费，调整国民经济结构、协调地区发展、实施宏观调控所必需的支出以及由中央直接管理的事业发展支出，具体包括：国防费，武警经费，外交和援外支出，中央级行政管理费，中央统管的基本建设投资，中央

---

① 刘剑文，胡瑞琪. 财政转移支付制度的法治逻辑[J]. 中国财政，2015(16)：19－21.

直属企业的技术改造和新产品试制费，地质勘探费，由中央财政安排的支农支出，由中央负担的国内外债务的还本付息支出，以及中央本级负担的公检法支出和文化、教育、卫生、科学等各项事业费支出。地方财政主要承担本地区政权机关运转所需支出以及本地区经济、事业发展所需支出，具体包括：地方行政管理费，公检法支出，部分武警经费，民兵事业费，地方统筹的基本建设投资，地方企业的技术改造和新产品试制经费，支农支出，城市维护和建设经费，地方文化、教育、卫生等各项事业费，价格补贴支出以及其他支出。

3. 中央与地方收入的划分

根据事权与财权相结合的原则，按税种划分中央与地方的收入。将维护国家权益、实施宏观调控所必需的税种划为中央税；将同经济发展直接相关的主要税种划为中央与地方共享税；将适合地方征管的税种划为地方税，并充实地方税税种，增加地方税的收入。

中央固定收入包括：关税，海关代征消费税和增值税，消费税，中央企业所得税，地方银行和外资银行及非银行金融企业所得税，铁道部门、各银行总行、各保险总公司等集中交纳的收入（包括营业税、所得税、利润和城市维护建设税），中央企业上缴利润等。外贸企业出口退税，除1993年地方已经负担的20%部分列入地方上交中央基数外，以后发生的出口退税全部由中央财政负担。

地方固定收入包括：营业税（不含铁道部门、各银行总行、各总保险公司集中交纳的营业税），地方企业所得税（不含上述地方银行和外资银行及非银行金融企业所得税），地方企业上缴利润，个人所得税，城镇土地使用税，固定资产投资方向调节税，城市维护建设税（不含铁道部门、各银行总行、各保险总公司集中交纳的部分），房产税，车船使用税，印花税，屠宰税，农牧业税，对农业特产收入征收的农业税（简称农业特产税），耕地占用税，契税，遗产和赠予税，土地增值税，国有土地有偿使用收入等。中央与地方共享收入包括：增值税、资源税、证券交易税。增值税中央分享75%，地方分享25%。资源税按不同的资源品种划分，大部分资源税作为地方收入，海洋石油资源税作为中央收入。证券交易税，中央与地方各分享50%。

4. 中央和地方之间的财政转移支付

一般认为，中央政府对地方政府的转移支付的形式主要归为一般性转移支付和专项转移支付。我国现行转移支付制度主要关注的是上级和下级政府之间的资金往来关系。

一般性转移支付，是按现行的财政体制规范和均等化原则，综合各地区的发展水平，确定财政收入和标准财政支出之间的差额，并以此作为分配依据所实施的通常性、无条件性的拨款方式。为了保证各地区政府的顺利运行和实现基本一致的社会服务功能，中央政府发挥着财政的分配职能，对各地区的财政进行适当调剂。专项转移支付，是为了某一特定的服务于中央宏观政策目标，而由中央财政向地方财政所作出的专项的拨款方式，用于增加农业、教育、卫生、文化、社会保障、扶贫等方面的专项拨款。这两类转移支付的区别在于一般性的转移支付由接受拨款的下级政府自主决定其用途，属于无条件的转移支付。而专项拨款主要明确拨款的目的、条件和用途。目前，后一种转移支付所占的比重较高。转移支付结构的不合理也导致了诸多问题。我国在财政转移支付制度上面临的各种问题，亟须制定一部具有治理现代化理念的财政转移支付法。而财政转移支付法的合法性目标，更进一步强调了财政转移支付制度必须严格遵守财政法定原则的要求。应增加一般转移支付比例，提高专项转移支付的门槛，完善专项转移支付的规范机制，明确预算法关于转移支付预算编制、下达时间、监督方式和法律责任，并配合预算法中关于财政转移支付安排列入人大重点审查内容，以及转移支付执行情况向社会公开说明等规定。

目前，我国的转移支付制度还非常不完善，一般性转移支付所占的比重相对较低，而专项转移支付比重偏高。转移支付结构的不合理又带来了诸多问题，影响了转移支付制度对于区域均衡发展的推动。因此，必须构建规范的转移支付制度，进一步提高转移支付制度的透明度，更好地发挥其宏观调控作用，更好地实现其推进公共物品均等化的职能。①

【案例】

汶川大地震发生后，2008 年 6 月 11 日，国务院办公厅公布了《汶川地震灾后恢复重建对口支援方案》，根据各地经济发展水平和区域发展战略，中央统筹协调，组织东部和中部地区省市支援地震受灾地区。按照“一省帮一重灾县”的原则，依据支援方经济能力和受援方灾情程度，合理配置力量，建立对口支援机制。在具体安排时，尽量与安置受灾群众阶段已形成的对口支援关系相衔接。支援方为东部和中部的 19 个省市以及重庆市。受援方为四川省北川县、汶川县、理县等 18 个县市以及甘肃省、陕西省等受灾严重的地区。对口支援期限按 3 年安排。在国家的支持下，集各方之力，基本实现灾后恢复重建规划的目标。各支援省市每年对口支援实物工作量按不低于本省市上年地方财政收入的 1% 考虑，主要的援助方式包括：(一)提供规划编制、建筑设计、专家咨询、工程建设和监理等服务。(二)建设和修复城乡居民住房。(三)建设和修复学校、医院、广播电视、文化体育、社会福利等公共服务设施。(四)建设和修复城乡道路、供(排)水、供气、污水和垃圾处理等基础设施。(五)建设和修复农业、农村等基础设施。(六)提供机械设备、器材工具、建筑材料等支持。选派师资和医务人员，人才培训、异地

① 张守文. 经济法学[M]. 北京：北京大学出版社，2014：129.

入学入托、劳务输入输出、农业科技等服务。(七)按市场化运作方式，鼓励企业投资建厂、兴建商贸流通等市场服务设施，参与经营性基础设施建设。(八)对口支援双方协商的其他内容。

【分析】

《汶川地震灾后恢复重建对口支援方案》实施以后，各省财政积极响应，践行了“一方有难，八方支援”的理念，其实施的效果显著，地震灾区能迅速恢复并重建，体现了地方政府坚实的道义和觉悟。这之中也体现出了中央与地方的财政体制关系和地方之间的关系。但这种对口支援主要依靠上级政府或中央政府的发动。一次大的自然灾害极易对受灾地区造成较大的困难。如果能规范化转移支付制度，地区之间的财政实力实现均衡，就可以提高中西部地区的财政支付能力。只有增强财政支付实力，地方政府才可以通过自身消化解决小规模的自然灾害带来的问题。灾后的对口支援方式应逐渐地弱化，规范的制度化的转移支付制度是从法律层面上解决此类问题的长久方式。

第四节　国债法

一、国债及国债法概述

(一)国债的概念与特征

国债，是国家以其信用为基础，按照债的一般原则，通过向社会筹集资金所形成的债权债务关系。在这种债权债务关系中，国家作为债务人，根据还本付息的信用原则，通过在国内发行债券或向外国政府、金融机构借款方式筹集财政资金，取得财政收入。国债是现代国家财政收入的一种。

(二)国债的特点

国债与一般债权债务关系相比具有如下特性：(1)从法律关系的性质来看，国债的债权人既可以是国内外的公民、法人或其他组织，也可以是某一国家或地区的政府以及国际金融组织，而债务人一般只能是国家。(2)从法律关系的地位来看，国债法律关系的发生、变更和消灭较多地体现了国家单方面的意志。与一般债权债务关系相比，国债体现出一定的隶属性和国家政策性，这在国家内债法律关系中表现得更加明显。(3)从法律关系实现来看，国债属风险性最小的债权债务关系。国债以国家信用和国家财力作为担保，一般不需要其他特别担保，债权债务关系容易实现。对于债权人而言，风险很小甚至可以说没有风险。

国债作为财政范畴的特点，主要包括：(1)国债是一种财政收入；(2)国债的认购具有自愿性，这与税收有区别；(3)国债具有弥补财政赤字、筹建建设资金和调节经济的功能。

(三)国债的功能

在现代市场经济条件下，市场经济体制下的国债功能主要表现在以下几个方面：

1. 弥补财政赤字

弥补财政赤字是国债最基本的功能。从起源来看，国债本身就是同财政赤字紧密相连的经济范畴，是作为弥补公共收支差额的来源而产生的。可以说，弥补财政赤字是国债最原始和最基本的功能。举借国债是社会资金使用权的暂时转移，政府通过支付资金成本，来使用社会资金，既有效解决了政府资金不足问题，又给社会资本提供了投资渠道，且不会造成严重的通货膨胀问题，成为很多国家政府解决财政资金不足的首选。①

2. 平衡财政预算

因为政府收入支出结构的不匹配、不同步，政府可以利用国债调剂财政收支过程中的暂时性资金短缺。财政预算的平衡既取决于收入支出的总量平衡，又受制于总体平衡内不同时段的平衡。比如，财政收入往往不是均速进入国库的，财政支出一般是以较为均衡的速率进行的，但突发事件或特殊事由就有可能产生财政收支的不平衡。作为一种季节性的资金调剂手段，国债可以解决暂时的资金不平衡问题。政府通过发行短期国债，解决暂时的资金需求。

3. 实现宏观调控

现代国家政府越来越重视宏观经济的调控功能。2008 年全球经济危机的蔓延，刺激了世界主要国家的政府财政支出，使得国债的宏观调控功能逐渐成为国债主要的功能。政府干预宏观经济可以采取财政政策、货币政策、税收政策等。在经济萧条衰落期，政府一般会采取扩张型经济政策干预经济，拉动内需，增加政府财政支出，国债在其中扮演着十分重要的角色。这也使得国债的宏观调控功能逐渐成为国债主要的功能。

---

① 郭玉清. 中国财政周期性波动的经济稳定效应分析[J]. 中央财经大学学报，2007(1)：1 -6.

(四)国债法的概述

国债法，是指由国家制定的调整国债在发行、流通、转让、使用、偿还和管理等过程中所发生的社会关系的法律规范的总称。总体而言，国债法调整的社会关系的核心是国债主体之间的债权债务关系，即国家作为债务人与其他债权人之间的权利义务关系。国债法具有公法和私法的双重属性。从债权债务关系角度看，国债法与债法有密切的联系，民法中有关债的理论及其具体规定常常也可适用于国债法。国债法规范国债发行中的债权债务关系，保护投资者利益。从公法性质上看，国债发行属于政府行为，受到严格的行政程序规范。目前，我国国债法立法还比较薄弱，至今尚没有专门的国债法出台，有关国债的很多规定都是由财政部、中国人民银行等部门制定的行政性法规。

二、国债法的具体制度

(一)国债的发行制度

国债发行制度的核心是国债通过什么途径采取什么方法销售给投资者。在国债发行中涉及的各方主体包括发行人、中介机构和投资者，需要法律对各方的权利义务责任予以规范和调整。国债发行方式应尽可能采取市场化且有利于降低国债发行成本的方式进行。最常见的发行方式是公募招标方式。公募招标方式是在市场上通过公开招标、投标的竞标方式来确定发行条件，销售国债的方式，由发行人直接向投资者发标，投资者对其进行投标(一般是以价格或利率进行投标)，发行主体按一定的顺序(从高价到低价或从低利率到高利率)对投标人的投标进行排列和选择，直至达到发行额为止。投标人中标后所认购的国债，既可以向社会公众销售，也可以自己持有。公募招标方式是通过竞争方式确定价格，能体现公开、公平和公正的市场原则，是目前世界大多数国家发行国债最主要的方式。除此以外，还存有公卖法、摊派法、包销法等不同的销售方式。

(二)国债的偿还

国债的偿还是国家依法约定、到期由债务人向债权人还本付息的经济活动。偿还国债的资金来源于预算盈余，或者专门的偿债基金、预算拨款等。在偿还的形式方面，主要是由政府或其委托的金融机构来偿还，也可以通过市场偿还。

(三)国债的市场管理

长期以来，由于缺乏国债基本法，国债交易行为缺乏基本法律规范。虽然

《证券法》适用于政府债券，但由于政府债券在发行主体和程序上的特殊性，《证券法》不能适应国债交易市场的需要，实践中国债发行交易更多地适用财政部、中国人民银行的规章及其他规范性法律文件。由于司法在国债交易市场的规范作用严重不足，国债交易行为更多地依赖于政府监管。基于立法和监管的不完备性，国债市场出现了严重的制度供给不足，国债发行、交易及投资者保护方面严重不足，制约了国债市场发展。

第五节　政府采购法

一、政府采购法概述

（一）政府采购和支付采购法的概念

政府采购是指各级国家机关、事业单位和团体组织，使用财政性资金采购依法制定的集中采购目录以内的或者采购限额标准以上的货物、工程和服务的行为。其中，采购是指以合同方式有偿取得货物、工程和服务的行为，包括购买、租赁、委托、雇佣等。货物，是指各种形态和种类的物品，包括原材料、燃料、设备、产品等。工程，是指建设工程，包括建筑物和构筑物的新建、改建、扩建、装修、拆除、修缮等。服务，是指除货物和工程以外的其他政府采购对象。同时这种服务包括政府自身需要的服务和政府向社会公众提供的公共服务。财政性资金是指纳入预算管理的资金。以财政性资金作为还款来源的借贷资金，视同财政性资金。国家机关、事业单位和团体组织的采购项目既使用财政性资金又使用非财政性资金的，使用财政性资金采购的部分，也受到政府采购法的规制。财政性资金与非财政性资金无法分割采购的，统一适用政府采购法及相关条例。

概括地说，政府采购具有以下特点：第一，政府采购的资金来源于纳入预算管理的财政资金以及以财政资金作为还款来源的资金。第二，通过政府采购，可以获得社会大众所需要的公共服务，具有明显的公共性。第三，政府采购的方式规范，过程严谨。相比一般的民事行为，政府采购受到来自专门的法律规范的约束，具有特别严格的程序要求。

政府采购法是调整各级国家机关、事业单位和团体组织，使用财政性资金进行政府采购的活动过程中所发生的社会关系的法律规范的总称。在我国，政府采购法立法体系包括三个不同层级的法律文件：

第一个层级是《中华人民共和国政府采购法》(以下简称《政府采购法》)。该法自 2003 年 1 月 1 日起开始实施，在规范政府采购行为、提高政府采购资金的使用效益、维护国家利益和社会公共利益、保护政府采购当事人的合法权益、促进廉政建设等方面显示了它的独特价值。

第二个层级是 2015 年 3 月 1 日开始实施的《中华人民共和国政府采购法实施条例》(以下简称《政府采购法实施条例》)。这个条例是对《政府采购法》的补充和细化。

第三个层级是财政部颁布的一系列有关政府采购的规章制度。这些规章制度进一步增强了政府采购法的可操作性。

二、政府采购法的基本原则

政府采购法的基本原则主要包括：公开透明原则、公平竞争原则、公正原则和诚实信用原则。

(一)公开透明原则

政府采购公开透明原则是指采购规则的公开、采购信息的公开和采购结果的公开。在政府采购过程中，要求将采购的法律、法规，项目和条件，资格条件和评价投标的标准，投诉和质疑等程序信息进行公开。《政府采购法实施条例》按照政府采购全过程信息公开为原则，具体还作出了五项规定：一是采购信息须公开，二是采购文件须公开，三是中标、成交结果须公开，四是采购合同须公开，五是投诉处理结果须公开。财政部门对投诉事项作出处理决定，应当在指定媒体上公告。

(二)公平竞争原则

公平竞争包括公平对待及充分竞争两层含义。公平原则是强调平等的机会，对供应商和代理机构都给予同等的待遇。竞争是政府采购机构作为买方，公开要求投标人提供良好的商品和技术，并且在投标中设法降低产品成本和投标报价。通过公开的招投标程序，使买方可以较低的价格采购更为优质的商品或服务、工程等。如《政府采购法》第五条规定“任何单位和个人不得采用任何方式，阻挠和限制供应商自由进入本地区和本行业的政府采购市场”，是政府公平竞争原则的体现。

(三)公正原则

政府采购公正原则主要指政府采购活动应严格按照规定程序实施，体现出制度程序上的“公正性”。为了实现公正，法律规定评标委员会以及有关的小组人员必须要有一定数量，要有各方面代表，而且人数必须为单数，相关人员要回避，同时规定了保护供应商合法权益的方式。这些法律规定都有利于实现公正原则。

（四）诚实信用原则

诚实信用原则要求政府采购当事人在政府采购活动中，本着诚实、守信的态度履行各自的权利和义务，讲究信誉，兑现承诺，不得散布虚假信息，不得有欺诈、串通、隐瞒等行为，不得伪造、变造、隐匿、销毁需要依法保存的文件，不得规避法律、法规，不得损害第三人的利益。

三、政府采购法的基本制度

（一）政府采购法的主体

政府采购法的主体主要有采购人、供应商和采购代理机构。采购人是指依法进行政府采购的国家机关、事业单位、团体组织。采购人在采购活动中享有开展采购活动并对采购作出决策的权利，承担按照政府采购法及相关法律、法规规定的原则和程序进行采购的义务，并对采购活动承担相应的法律责任。供应商是指向采购人提供货物、工程或者服务的法人、其他组织或者自然人。对于供应商要求其具有独立承担民事责任的能力；良好的商业信誉和健全的财务会计制度；具有履行合同所必需的设备和专业技术能力；有依法缴纳税收和社会保障资金的良好记录；参加政府采购活动前三年内，在经营活动中没有重大违法记录等法律、法规要求的条件。采购代理人分为集中采购代理机构和其他采购代理机构。集中采购机构是设区的市级以上人民政府依法设立的非营利事业法人，是代理集中采购项目的执行机构。集中采购机构应当根据采购人委托制定集中采购项目的实施方案，明确采购规程，组织政府采购活动，不得将集中采购项目转委托。集中采购机构以外的采购代理机构，是从事采购代理业务的社会中介机构。采购代理机构应当建立完善的政府采购内部监督管理制度，具备开展政府采购业务所需的评审条件和设施。

采购代理机构应当确定采购需求，编制招标文件、谈判文件、询价通知书，拟订合同文本和优化采购程序的专业化服务水平。根据采购人委托在规定的时间内及时组织采购人与中标或者成交供应商签订政府采购合同，及时协助采购人对采购项目进行验收。

（二）政府采购方式

我国《政府采购法》规定了政府采购主要采用的方式，包括：公开招标、邀请招标、竞争性谈判、单一来源采购、询价等采购方式。公开招标应作为政府采购的主要采购方式。

1. 公开招标

采购人采购货物或者服务应当采用公开招标方式的，其具体数额标准，属于中央预算的政府采购项目，由国务院规定；属于地方预算的政府采购项目，由省、自治区、直辖市人民政府规定；因特殊情况需要采用公开招标以外的采购方式的，应当在采购活动开始前获得设区的市、自治州以上人民政府采购监督管理部门的批准。采购人不得将应当以公开招标方式采购的货物或者服务化整为零或者以其他任何方式规避公开招标采购。

2. 邀请招标

邀请招标，是招标人以投标邀请书的方式直接邀请特定的潜在投标人参加投标，并按照法律程序和招标文件规定的评标标准和方法确定中标人的一种竞争交易方式。采购的货物或者服务项目具有特殊性，只能从有限范围的供应商处采购的，采用公开招标方式的费用占政府采购项目总价值的比例过大的，可以采取该种方式。

3. 竞争性谈判

竞争性谈判指直接邀请三家以上供应商就采购事宜进行谈判。主要适用于以下几种情形：招标后没有供应商投标或者没有合格标的或者重新招标未能成立的；技术复杂或者性质特殊，不能确定详细规格或者具体要求的；采用招标所需时间不能满足用户紧急需要的；不能事先计算出价格总额的。

4. 单一来源采购

采购人向特定的一个供应商采购的一种政府采购方式，主要适用于以下几类情形：只能从唯一供应商处采购的；发生了不可预见的紧急情况不能从其他供应商处采购的；必须保证原有采购项目一致性或者服务配套的要求，需要继续从原供应商处添购，且添购资金总额不超过原合同采购金额百分之十的。

5. 询价

采购的货物规格、标准统一、现货货源充足且价格变化幅度小的政府采购项目，可以采用询价方式。

（三）政府采购程序

1. 财政年度政府采购的项目预算

负有编制部门预算职责的部门在编制下一财政年度部门预算时，应当将该财政年度政府采购的项目及资金预算列出，报本级财政部门汇总。部门预算的审批，按预算管理权限和程序进行。

2. 发出投标邀请书

货物和服务项目实行招标方式采购的，自招标文件开始发出之日起至投标人提交投标文件截止之日止，不得少于二十日。货物或者服务项目采取邀请招标方式采购的，采购人应当从符合相应资格条件的供应商中，通过随机方式选择三家以上的供应商，并向其发出投标邀请书。采购人或者采购代理机构应当在招标文件、谈判文件、询价通知书中公开采购项目预算金额。招标文件应当包括采购项目的商务条件、采购需求、投标人的资格条件、投标报价要求、评标方法、评标标准以及拟签订的合同文本等。

3. 评标

公开招标采购程序采用最低评标价法和综合评分法确定供应商。询价方式和竞争性谈判方式的采购方式采用成立询价小组或者谈判小组确定被询价的供应商名单或者确定邀请参加谈判的供应商名单，经询价或者谈判确定最终的供应商。政府采购评审专家应当遵守评审工作纪律，不得泄露评审文件、评审情况和评审中获悉的商业秘密。

4. 验收

采购人或者其委托的采购代理机构应当组织对供应商履约的验收。大型或者复杂的政府采购项目，应当邀请国家认可的质量检测机构参加验收工作。验收方成员应当在验收书上签字，并承担相应的法律责任。

（四）政府采购救济机制

《政府采购法》为解决供应商与采购人或者采购代理机构之间在政府采购中发生争议的问题，规定了合法解决争议的机制，主要包括询问、质疑、投诉与起诉几种途径。

1. 询问

供应商对政府采购活动事项有疑问的，可以向采购人提出询问，采购人应当及时作出答复，但答复的内容不得涉及商业秘密。采购人或者采购代理机构应当在 3 个工作日内对供应商依法提出的询问作出答复。供应商提出的询问或者质疑超出采购人对采购代理机构委托授权范围的，采购代理机构应当告知供应商向采购人提出。政府采购评审专家应当配合采购人或者采购代理机构答复供应商的询问和质疑。

2. 质疑

供应商认为采购文件、采购过程和中标、成交结果使自己的权益受到损害的，可以在知道或者应知其权益受到损害之日起七个工作日内，以书面形式向采购人提出质疑。采购人应当在收到供应商的书面质疑后七个工作日内作出答复，并以书面形式通知质疑供应商和其他有关供应商，但答复的内容不得涉及商业秘密。询问或者质疑事项可能影响中标、成交结果的，采购人应当暂停签订合同，已经签订合同的，应当中止履行合同。

3. 投诉

质疑供应商对采购人、采购代理机构的答复不满意或者采购人、采购代理机构未在规定的时间内作出答复的，可以在答复期满后十五个工作日内向同级政府采购监督管理部门投诉。供应商质疑、投诉应当有明确的请求和必要的证明材料。供应商投诉的事项不得超出已质疑事项的范围。财政部门处理投诉事项采用书面审查的方式，必要时可以进行调查取证或者组织质证。对财政部门依法进行的调查取证，投诉人和与投诉事项有关的当事人应当如实反映情况，并提供相关材料。投诉人捏造事实、提供虚假材料或者以非法手段取得证明材料进行投诉的，财政部门应当予以驳回。财政部门受理投诉后，投诉人书面申请撤回投诉的，财政部门应当终止投诉处理程序。政府采购监督管理部门应当在收到投诉后三十个工作日内，对投诉事项作出处理决定，并以书面形式通知投诉人和与投诉事项有关的当事人。

4. 行政复议或者起诉

投诉人对政府采购监督管理部门的投诉处理决定不服或者政府采购监督管理部门逾期未作处理的，可以依法申请行政复议或者向人民法院提起行政诉讼。

【案例】

在广州市番禺中心医院“门诊楼变频多联空调设备及其安装”采购项目的投标中，报价1707万元的广州格力空调销售有限公司（以下简称“广州格力”）却败给了报价2151万元的广东省石油化工建设集团公司（以下简称“广东石化”）。因不满政府采购的评标结果，广州格力正式起诉广州市财政局。据媒体报道，2008年9月28日至2008年10月29日期间，广州市政府采购中心对外发布了“广州市番禺中心医院空调采购项目”公开招标的采购公告。在第一次专家评审中，广州格力成为排列第一的预中标供应商，其报价1707万是竞标价中价格最低的。随后，广州市政府采购中心邀请了原评标委员会的专家对该项目进行了复审，得出的结果与第一次评审完全不同，报价最高的广东省石油化工建设集团公司中标，其中标金额为2151万元，比广州格力高出400多万元。为此，广州格力向广州市政府采购中心、番禺区财政局提出质疑和投诉。番禺区财政局驳回了广州格力的投诉请求。广州格力不服，向广州市财政局提起行政复议，广州市财政局撤销了番禺区财政局的处理决定，责令其重新作出行政决定。番禺区财政局于2009年6月8日在政府采购专家库中随机抽取7名专家组成核实小组，其核实结论为：原告的投标文件不符合招标文件中带＊号指标(一些具体技术参数)的要求，番禺区财政局据此驳回了广州格力的投诉。原告不服，再次向广州市财政局申请复议，广州市财政局维持了番禺区财政局的决定。广州格力遂将维持其处理决定的广州市财政局告上法庭。广州格力在起诉状中称，广州市财政局的复议决定认定原告的投标“属于对招标文件的实质性内容和条件不响应的无效投标行为”，而原具体行政行为和评标委员会均未对此作出认定，因此被告的复议决定改变了原具体行政行为所认定的主要事实和证据，且改变了原具体行政行为所适用的规范性依据，并对定性直接产生影响，有悖于法律要求，请求判决撤销被告的复议决定，并重新作出具体行政行为。① 法院一审判决，驳回格力公司的诉讼请求。

【分析】

本案中，格力空调投标失败的原因主要是因为格力空调的投标文件不符合招标文件中带＊号的内容。《政府采购货物和服务招标投标管理办法》第十八条规定，招标采购单位应当根据招标项目的特点和需求编制招标文件。招标人应当在招标文件中规定并标明实质性要求和条件。《机电产品国际招标投标实施办法》第二十一条规定，“招标文件的技术、商务等条款应当清晰、明确、无歧义，不得设立歧视性条款或不合理的要求排斥潜在投标人。招标文件编制内容原则上应当满足3个以上潜在投标人能够参与竞争。招标文件的编制应当符合下列规定：(一)对招标文件中的重要条款(参数)应当加注星号(“＊”)，并注明如不满足任一带星号(“＊”)的条款(参数)将被视为不满足招标文件实质性要求，并导致投标被否决”。其中带星号的标志一般被认为实质性的条款，在本案中格力承认其使用的数据是原有的旧产品的数据，这就导致了不能响应标书的情况。那么投标以后，格力并不能针对标书中文字性的错误进行补救和监督。因为根据《招标投标法》第三十九条，评标委员会可以要求投标人对投标文件中含义不明确的内容作必要的澄清或者说明，但是澄清或者说明不得超出投标文件的范围或者改变投标文件的实质性内容。如果格力空调在投标中所发生的错误为实质性错误，则无法事后进行更正。但是格力空调采用了投诉、申请复议和诉讼的方式是对政府采购中的从行政监督到司法救济的合理合法途径。

【导入案例分析】

《中华人民共和国政府信息公开条例》第二十一条规定，对申请公开的政府信息，行政机关根据下列情况分别作出答复：(一)属于公开范围的，应当告知申请人获取该政府信息的方式和途径；(二)属于不予公开范围的，应当告知申请人并

---

① 报价低400万却“落选”政府采购，格力起诉广州财政局[N].南方周末，2009-11-03.

说明理由；(三)依法不属于本行政机关公开或者该政府信息不存在的，应当告知申请人，对能够确定该政府信息的公开机关的，应当告知申请人该行政机关的名称、联系方式；(四)申请内容不明确的，应当告知申请人作出更改、补充。第二十四条规定，行政机关收到政府信息公开申请，能够当场答复的，应当当场予以答复。行政机关不能当场答复的，应当自收到申请之日起15个工作日内予以答复。第二十六条规定，行政机关依申请公开政府信息，应当按照申请人要求的形式予以提供；无法按照申请人要求的形式提供的，可以通过安排申请人查阅相关资料、提供复制件或者其他适当形式提供。在前述案件中省财政厅2014年10月16日在收到茹某等十人的政府信息公开申请后，其工作人员于2014年10月20日即跟赵某乙取得联系，已告知没有其申请公开的信息，并告知相关信息在黄山区财政局，可与之联系，且要求黄山区财政局进行相关信息公开的工作，并非不作为；虽然没有按照申请人的要求予以书面答复的行为欠妥，但茹某等十人认为省财政厅未在法定期间内予以答复，属行政不作为，理由不成立，茹某等十人的诉讼请求并不能获得法院的支持。

【思考题】

1. 财政法与传统的公法或私法有哪些不同？
2. 为什么要加强预算的法律控制？
3. 从欧债危机、美债风波中可以吸取哪些经验或者教训？
4. 如何进一步完善政府采购的法律控制？
5. 我国在转移支付制度建设方面存在哪些问题？

【相关知识链接】

1. 中国财税法网：http：//www.cftl.cn/。
2. 中国政府采购网：http：//www.ccgp.gov.cn/。
3. 中华人民共和国财政部网站：http：//www.mof.gov.cn/index.htm。

【参考文献】

[1] 张守文.财税法学(第四版)[M].北京：中国人民大学出版社，2014.
[2] 陈共.财政学(第二版)[M].北京：中国人民大学出版社，2000.
[3] 李建人.财税法[M].天津：南开大学出版社，2011.
[4] 刘剑文，陈立诚.财税法总论论纲[J].当代法学，2015(3).
[5] 刘剑文，胡瑞琪.财政转移支付制度的法治逻辑[J].中国财政，2015(16)：19-21.
[6] 邢会强.财政政策与财政法[J].法律科学，2001，2(2)：67-76.
[7] 蒋悟真.我国预算法修订的规范分析[J].法学研究，2011(2)：146-159.
[8] 白晓峰.预算法视角下的中央与地方关系——以事权与支出责任分配为中心[J].法商研究，2015(1)：24-28.

第八章　税　法

【本章重点】

1. 税法及其基本原则。
2. 税法法律关系和构成要素。
3. 流转税的种类及应纳税额认定。
4. 所得税的种类及应纳税额认定。
5. 税收征收管理制度的具体内容。
6. 税收法律责任的种类和内容。

【案例导入】

2001年，大连市中山区人民检察院对陈惠德律师事务所(以下简称事务所)及陈惠德提出偷税罪指控。检察院认为事务所以设立账外账的形式，进行虚假纳税申报，偷税数额较大，已构成偷税罪，依法应追究刑事责任。事务所及其辩护律师则认为：事务所的纳税额是由税务局核定的，税务局清楚事务所的收入却没有提出异议，事务所没有偷税的故意。一审法院认为，陈惠德在明知没有“包税”政策的情况下，知法犯法，以“包税”的形式规避纳税义务，并且以设立账外账的形式偷逃税款，有逃税的故意。一审法院判决：陈惠德偷税罪名成立，判处有期徒刑4年，并处罚金115万元；对事务所处罚金115万元。陈惠德不服判决提出上诉。

【思考】

税收征管过程中纳税人与税务机关的权利、义务有哪些？纳税人偷税需要承担哪些法律责任？

(具体分析见本章末尾)

第一节 税法概述

一、税收与税法的概念

(一)税收的概念与特征

亚当·斯密指出，税收是“人民须拿出自己一部分私人收入，给君主或国家，作为一笔公共收入”①。英国的西蒙·詹姆斯、克里斯托弗·诺布斯对税收的界定为：“税收是由政权机构实行不直接偿还的强制性征收。”②日本学者金子宏认为：“税收不是作为国家对特别支付的一种报偿，而是国家以实现提供公共服务而筹集资金这一目的，依据法律规定向私人所课的金钱给付。”③传统税法学将税收看作国家获得财政收入的一种工具，主要强调其形式上的“强制性”和“无偿性”，故而其认为税收是国家凭借其政治权力，按照税法规定，强制、无偿地征收货物或者实物以进行再分配。现代税法学认为税收是指人民以要求并享受国家所提供的公共服务为目的，依法向征税机构缴纳一定财产，国家以此可提供公共服务的一种社会活动。④ 我国的税收是国家财政收入的最主要、最固定的来源。

税收的特点主要有以下几种：(1)强制性，是指税收是国家凭借政治权力依法单方强制纳税人缴纳，任何单位和个人，只要是税法规定的应该纳税的，都必须无条件地按时、足额缴纳。(2)固定性，根据税法规定明确了征税的对象、纳税人、税率等，纳税人取得了应纳税收入或者发生了应税行为，就按照事先规定的标准缴纳税款。事先规定的标准应相对稳定，不能随意进行变更或修改税收义务的设定，是法律保留事项，应由法律规定。(3)无偿性，国家依法征收税款，但不向纳税人支付任何对价，纳税人缴纳税款后也得不到国家所给予的直接的补偿。

---

① 亚当·斯密.国民财富的性质和原因研究(下卷)[M].郁大力，王亚南，译.北京：商务印书馆，1997：383.

② 西蒙·詹姆斯，克里斯托弗·诺布斯.税收经济学[M].罗晓林，马国贤，译.北京：中国财政经济出版社，1988：10.

③ 金子宏.日本税法[M].战宪斌，等译.北京：法律出版社，2004：7.

④ 李刚.现代税法学要论[M].厦门：厦门大学出版社，2014：6.

(二) 税种的划分和税法的分类

1. 税种的划分

(1) 以课税对象的不同为依据来划分税种是最重要和最基本的分类方式。我国现行税种可划分为如下三大税类：商品税(流转税)、所得税与财产税。①商品税类，或称流转税类，流转税是以流转额为征税对象，选择其在流转过程中的特定环节加以征收的税。包括增值税、营业税、消费税、关税和城市维护建设税等。②所得税类，所得税是以纳税人的纯收益额或者总收益额为征税对象征收的一类税。主要包括企业所得税和个人所得税。③财产税类，财产税是以法定财产为征税对象，根据财产占有或者转移的事实加以征收的税，包括房产税、契税、资源税、土地增值税、土地使用税、耕地占用税、车船税、车辆购置税、印花税、烟叶税和船舶吨税等。

(2) 以税负能否转嫁为标准分为直接税和间接税。凡税法规定的纳税人与实际负税人为同一主体，纳税人直接承担税负而不能转嫁他人的税为直接税，如增值税、消费税等流转税，一般是可以通过商品的买卖或劳务的提供，将他们的税收转嫁给商品的购买者或劳务的接受者。

(3) 以税权归属的不同为标准分为中央税、地方税和共享税。凡是由最高国家权力机关或经其授权的机关进行税收立法，税收管理权和收入支配权归属于中央政府的税收，为中央税，也称国税。虽由中央立法，但税收管理权和收入支配权归属于地方政府的税收，为地方税，简称地税。其税收收入由中央和地方按比例分别享有的税收，为中央与地方共享税，简称共享税。

2. 税法的划分

(1) 按税法的功能和作用不同进行划分，税法可以分为实体税法和程序税法。实体税法是指规定征纳各方税收权利和义务的法律规范的总称，如增值税法、消费税法、营业税法等。税收程序法是指规定税收征管程序、处罚程序、救济程序的法律规范的总称。

(2) 按照课税对象的不同所作的税种划分是税种分类的通行做法，对应三大类税分别制定税法就可以形成以流转税法、所得税法以及财产税法为核心的税法体系。因此，税法可以划分成以上三个部分。由于财产税法近些年的变动较大，所以本章的主要关注点是流转税法和所得税法，具体内容见后文章节。

(三) 税法的概念

税收与立法均是一种国家行为。“有税必有法，无法不成为税”的税收法定主义理念主张对国家征税加以限制，以此来保护纳税人的权利。这种限制需要通过立法形式予以明确，而立法的过程亦是人民通过法律形式同意纳税并对国家进行授权。经过该程序，国家才可以进行征税。人们基于自身的利益，越来越关注各种税收立法与征税行为。基于税收法定主义，税法几乎与税收同时产生，是调整税收活动过程中国家、征税机关和纳税主体等各方当事人之间产生的税收关系的法律规范的总称。

二、税收法律关系和构成要素

（一）税收法律关系

法律关系，是为法律所调整的具有权利和义务内容的社会关系。所有与税收有关的法律关系都可作为税收法律关系的组成部分，属于税收法律关系的范围。税收法律关系是由税收法律规范确认和调整的，国家和纳税人之间发生的具有权利和义务内容的社会关系。税收法律关系的定性具有一定争议，主要集中在税收法律关系究竟是“权力关系”还是“债务关系”。“权力关系说”认为应把税收法律关系理解为国民对国家课税权的服从关系，故税法可构成特别行政法的一种。“债务关系说”把税收法律关系定性为国家对纳税人请求履行税收债务的关系，国家和纳税人之间的关系乃是法律上的债权人和债务人之间的对应关系。也有学者认为税收实体法法律关系性质的重心是债务关系，税收程序法主要以国家行政权力为基础，体现权力关系的性质。①

（二）税法要素

税法要素，又名课税要素或税制要素，一般指各单行税种法所共有基本要素之总称。在通常情况下，包括税种及纳税主体、征税对象、税率、特别税收措施、纳税环节、纳税地点和时间、税务争议及税收法律责任等内容。

1. 税种及纳税主体

即依税法规定直接负有纳税义务的单位和个人。纳税主体是纳税义务人，即纳税人，是税法规定的负有纳税义务之人，按税种分别予以确定。每一税种都有它自己的纳税主体。广义上，还包括扣缴义务人，是指税法规定负有代扣代缴、代收代缴税款义务之人，并不实际负担税款，且可向税务机关按所扣缴税款收取一定比例的手续费。按作用的不同将其分为纳税人、代征人和协税人；依纳税人身份不同将其分为自然人、法人和非法人组织。在具体的税法中，还可能有其他分类。比如增值税法的主体分为一般纳税人和小规模纳税人。

① 刘剑文，李刚. 税收法律关系新论[J]. 法学研究，1999(4)：90－98.

2. 征税对象，或称课税对象

征税对象，是指税法中规定的征税的标的物，即对什么东西征税，是区分各个税种的根本标志。征税对象的范围十分广泛，包括货物、劳务、财产、收入、所得等，依据征税对象的不同主要分为商品、所得和财产三大类。

3. 税率

税率，是应纳税额占征税对象的份额，是对征税对象的征收比例或征收额度。它主要反映了征税的深度，衡量了税负的轻重。税率可以分为比例税率、累进税率、定额税率和特殊税率。(1)比例税率，是指对同一课税对象，不论其数额大小，均按照相同比例征税的税率。即税额随征税对象的数量等比增加，但是征税比例保持不变。(2)累进税率，是指将征税对象按照一定标准分为若干等级，逐级上升征税比例的税率。这个标准通常可能是征税的金额，或者是与征税对象有关的指标，比如销售利润率、资金利润率或者收入增长等。分级可以说是累进税率的一个显著特点，将全部征税对象分为几个级别，根据国家调节不同收入层次的纳税人和收入要求来确定。累进税率分为全额累进税率和超额累进税率。全额累进税率是指征税对象全部数额按照其适用的最高一级的征税比例计税。超额累进税率是指征税对象数额各部分按照所属的等级适用的征税比例计税。(3)定额税率，又称固定税额，指计税单位所直接规定的一个固定的征税数额的税率。与前两种税率的不同之处在于，它并不以百分比的形式而是采取绝对数的方式。因为其单位征税对象是固定的，又被称作固定税。(4)特殊税率。除了前述的几种税率以外，还有一种特殊的表现形式，即零税率、加成征收等，属于税率的收缩或者延伸。

4. 税收特别措施

税收特别措施包括税收优惠措施和税收重课措施两类。税收优惠措施，是指减轻或免除纳税人税负，从而使其获得税收上的优惠的各种措施的总称。税收减免是最主要的税收优惠措施。

5. 纳税环节

纳税环节是指税法规定的对于不断运动的征税对象应当缴纳税款的环节。征几次税，这不仅关系到税制结构与税费平衡问题，而且对于保障国家财政收入、便于纳税主体缴纳税款和促进企业加强经济核算都有着重大意义。商品流转过程包括生产、批发、零售等各个环节，具体确定在哪个环节缴纳税款，则该环节就叫纳税环节。如货物有生产、批发、零售等环节，在这个过程中，哪些环节纳税，哪些环节不纳税，税法中均有明确的规定。

6. 纳税地点和时间

纳税地点是指纳税人申报缴纳税款的场所和地点。通常，在税法上规定的纳税地点主要是机构所在地、经济活动发生地、财产所在地、报关地等。它本着有利于“源泉税款控制”的原则来确定。纳税时间，是指在纳税义务发生后，纳税人依法缴纳税款的期限，也称纳税期限。

7. 税务争议及税收法律责任

税务争议，是指征税机关与相对人(包括纳税主体和非纳税主体)之间因确认或实施税收法律关系而产生的纠纷。税收法律责任，是指税收法律关系的主体因违反税收法律规范所应承担的法律后果。

三、税法的基本原则

税法的基本原则，是指贯穿于全部赋税法律规范，在赋税关系的调整中具有普遍价值，任何赋税活动都必须遵循和贯彻的根本法则和标准。

(一)税收法定原则

税法法定原则是指课征赋税必须有法律依据且须严格依法征税和依法纳税。赋税法定原则是税法中最为重要的、首要的基本原则，它是民主原则、法治原则等现代宪法原则在税法上的体现，对于保障“经济个体”的财产权利及自由，对于维护国家利益和社会公益具有举足轻重的作用。税收法定原则主要体现在实体上的税法内容和种类是法定的，非经法律规定，征税主体没有征收权利(力)，纳税主体不负缴纳义务。税收法定原则还体现为税收程序法定，即税收征纳程序须经法律规定，各方均须依法定程序行事。

(二)税收公平原则

正义和公平是法律规范的根本尺度。税收公平原则包括两个方面，一是横向公平，对同等收入的纳税人在相同情况下应当同等征税；二是纵向公平，高收入者比低收入者多纳税，如所得税适用的就是累进税率征税。除此以外，还体现在税收法律关系的主体的国家与纳税人之间、征税机关与纳税人之间的法律地位应当是平等的。

(三)税收效率原则

税收效率原则包括税收征收效率和税收经济效果两方面。税收征收效率是指应当以尽可能少的征收成本征收尽可能多的税款，即政府在征收税款方面的支出相对较小，而国家税款收入相对较多。

(四)税收中性原则

税收中性原则是税收应该保持中性，尽可能少的对市场机制和纳税人有效率的经济选择不加干预，避免纳税人因征税而改变经济活动，增加额外的负担。

【案例】

河南省洛阳百年置业有限公司为一家房地产开发公司。2004 年 4 月，洛阳瀍河区国税局发现该企业在百年家具建材城建设中存在预收房款情况，此收入应视同销售，依法计征企业所得税。通过查看该企业的发票、账簿等有关凭证资料，瀍河区国税局发现该企业实际应税收入为 6300 万元，应缴企业所得税为 311.85 万元。但该企业实际只自行申报缴纳所得税 10 万元。依据国家税务总局税发〔2003〕83 号文件规定，瀍河区国税局认定该企业还应补缴企业所得税 301.85 万元。但该公司认为在开发洛阳百年家具建材城建设过程中，当地税务部门不落实地方政府给予该公司的税收优惠政策。公司提供了洛阳瀍河回族区政府 2004 年 2 月 28 日作出的瀍政〔2004〕8 号《关于洛阳百年家具城建设过程中有关优惠政策的批复》，文件中洛阳瀍河回族区政府答应减免该企业的所得税。该批复第 2 条规定："开发企业自营及入驻大型企业、商户免征一年除增值税外的其他税收，第二年除增值税外的其他税收减半征收。"第 3 条规定："开发企业及入驻大型企业享受省豫发〔2003〕18 号文件所得税免二减三的优惠政策。"对此，瀍河区国税局认为，作为内资企业的洛阳百年置业有限公司，因其所属的经营属"房地产开发企业"，并不具有享受所得税减免优惠政策的条件；该公司也不是生产性企业，也不具备外商投资企业条件，不适用"两免三减"的税收优惠政策。因此，瀍河回族区政府《关于洛阳百年家具城建设过程中有关优惠政策的批复》是无效的，税务部门不能依照上面的规定给予企业减免税，洛阳百年置业有限公司必须补缴税款。

【分析】

本案主要涉及的问题是政府是否享有税收减免权，税收减免权是税收立法权的重要组成部分。我国历来强调税收管理权限集中在中央，地方政府只有在不违背国家法律和法规的情况下，才能制定适合于各地执行的税收政策。本案中，瀍河回族区政府没有下发减免税收的权力，其擅自作出的减免决定是没有法律效力的，税务部门应当依法征税。本案的处理结果是：税务部门及时向上级机关进行了反映，并建议瀍河回族区政府进行纠正。最后，该企业所欠的 301.85 万元税款全部缴纳入库。①

---

① 陈少英. 税法学案例教程(第二版)[M]. 北京：北京大学出版社，2013：48－51.

第二节　流转税法

一、增值税法

(一)增值税法的概念

增值税法是国家制定的用以调整国家与增值税纳税人之间征纳活动过程中权利义务的法律规范的总称，其主要的法律依据是国务院颁布的《中华人民共和国增值税暂行条例》。增值税是以商品和劳务的增值额为课税对象的一种税种，是指对在我国境内销售货物或提供应税劳务以及进口货物的单位和个人，以其增值额为征税对象征收的一种税，具有不重征、普遍征收和连续征收等特点。增值税是“中性”税，因为增值税法规定只对增值的部分征税，对非增值的部分在计税时予以抵扣。同时增值税不重复征税，避免了对上一个环节已经征税的转移价值的重复征税。

(二)增值税的纳税主体

增值税的纳税主体是在中华人民共和国境内销售货物或者提供加工、修理修配劳务以及进口货物的单位和个人。

增值税的纳税人根据其生产经营规模和会计核算健全与否等两项标准，可分为一般纳税人和小规模纳税人。小规模纳税人，是指年应税销售额在规定标准以下，并且会计核算不健全，不能按规定报送有关资料的增值税纳税人。小规模纳税人的标准为：(1)从事货物生产或者提供应税劳务的纳税人，以及以从事货物生产或者提供应税劳务为主，并兼营货物批发或者零售的纳税人，年应征增值税销售额(以下简称应税销售额)在50万元以下(含本数，下同)的；从事货物生产或者提供应税劳务为主，是指纳税人的年货物生产或者提供应税劳务的销售额占年应税销售额的比重在50%以上。(2)除前项规定以外的纳税人，年应税销售额在80万元以下的。(3)年应税销售额超过小规模纳税人标准的其他个人按小规模纳税人纳税；非企业性单位、不经常发生应税行为的企业可选择按小规模纳税人纳税。除此以外，《交通运输业和部分现代服务业营业税改征增值税试点有关事项的规定》明确试点纳税人应税服务年销售额标准为500万元及以上的认定为一般纳税人。

一般纳税人，是指年应税销售额超过规定的小规模纳税人标准，会计核算健全的企业和企业性单位。小规模纳税人以外的纳税人应当向主管税务机关申请资格认定。小规模纳税人会计核算健全，能够提供准确税务资料的，可以向主管税务机关申请资格认定，不作为小规模纳税人，按照一般纳税人的有关规定计算应纳税额。一般纳税人是指年应征增值税销售额，超过财政部规定的小规模纳税人标准的企业和企业性单位。一般纳税人按照税法规定的增值税税率和税款抵扣方法计税。

一般纳税人可以使用增值税专用发票，可以使用“抵扣法”计税；小规模纳税人则不得使用增值税专用发票，只能用简便的方法来计税。

(三)增值税的征税范围

我国增值税的征税范围主要是有三个方面：在我国境内销售货物、提供应税劳务和进口货物。

1. 销售货物

所谓销售货物，是指有偿转让货物的所有权。

单位或者个体工商户的下列行为，视同销售货物：(1)将货物交付其他单位或者个人代销，或者销售代销货物；(2)设有两个以上机构并实行统一核算的纳税人，将货物从一个机构移送其他机构用于销售，但相关机构设在同一县(市)的除外；(3)将自产或者委托加工的货物用于非增值税应税项目，或者用于集体福利，或者用于个人消费；(4)将自产、委托加工或者购进的货物作为投资，提供给其他单位或者个体工商户，或者分配给股东或者投资者，或者无偿赠送其他单位或者个人。

一项销售行为如果既涉及货物又涉及非增值税应税劳务，为混合销售行为。除另有规定外，从事货物的生产、批发或者零售的企业、企业性单位和个体工商户(包括以从事货物的生产、批发或者零售为主，并兼营非增值税应税劳务的单位和个体工商户)的混合销售行为，视为销售货物，应当缴纳增值税；其他单位和个人的混合销售行为，视为销售非增值税应税劳务，不缴纳增值税。

纳税人的下列混合销售行为，应当分别核算货物的销售额和非增值税应税劳务的营业额，并根据其销售货物的销售额计算缴纳增值税，非增值税应税劳务的营业额不缴纳增值税；未分别核算的，由主管税务机关核定其货物的销售额：(1)销售自产货物并同时提供建筑业劳务的行为；(2)财政部、国家税务总局规定的其他情形。

2. 提供应税劳务

所谓提供应税劳务，是指在我国境内有偿提供加工和修理修配劳务。提供加工、修理修配劳务，是指有偿提供加工、修理修配劳务。单位或者个体工商户聘用的员工为本单位或者雇主提供加工、修理修配劳务，不包括在内。

纳税人兼营非增值税应税项目的，应分别核算货物或者应税劳务的销售额和非增值税应税项目的营业额；未分别核算的，由主管税务机关核定货物或者应税劳务的销售额。

3. 进口货物

所谓进口货物，是指货物从国外进入我国境内。进口货物，往往也导致货物增值，因此也需缴纳增值税。

(四) 税率和征税率

1. 税率

增值税税率主要分为以下几种：第一种是基本税率。适用于一般商品和劳务。纳税人销售货物或进口货物(除下述适用13%税率的货物外)，税率为17%。第二种是低税率。主要适用于人民精神生活和物质生活必需品。纳税人销售或者进口下列货物，税率为13%：农业产品；粮食、食用植物油；暖气、冷气、热水、煤气、石油液化气、天然气、沼气、居民用煤炭制品；图书、报纸、杂志；饲料、化肥、农药、农机、农膜；金属矿、非金属矿采选产品和煤炭等。第三种是零税率。报关出口货物适用零税率，但是，国务院另有规定的除外。纳税人兼营不同税率的货物或者应税劳务，应当分别核算不同税率货物或者应税劳务的销售额；未分别核算销售额的，从高适用税率。

值得注意的是，随着"营改增"的试点，在现行增值税17%和13%两档税率的基础上，"营改增"新增设11%和6%两档税率。提供交通运输、邮政、基础电信、建筑、不动产租赁服务，销售不动产，转让土地使用权，税率为11%；提供有形动产租赁服务，税率为17%。生活服务业税率为6%。免税项目有：托儿所、幼儿园提供的保育和教育服务，养老机构提供的养老服务等。金融业税率为6%。免税项目有：金融机构农户小额贷款、国家助学贷款、国债地方政府债、人民银行对金融机构的贷款等的利息收入等。

2. 征收率

小规模纳税人增值税征收率为3%。征收率在原有3%的基础上新增了一档5%。个人将购买不足2年住房对外销售的，按照5%的征收率全额缴纳增值税。个人将购买2年以上(含2年)的住房对外销售的，免征增值税。

(五) 应纳增值税额的计算

1. 一般纳税人应纳税额的计算

纳税人销售货物或者提供应税劳务(以下简称销售货物或者应税劳务)，应纳税额为当期销项税额抵扣当期进项税额后的余额。其应纳税额计算公式为：应纳

税额 = 当期销项税额 – 当期进项税额。当期销项税额小于当期进项税额不足抵扣时，其不足部分可以结转下期继续抵扣。纳税人销售货物或者应税劳务，按照销售额和规定的税率计算并向购买方收取的增值税额，为销项税额。其销项税额计算公式为：销项税额 = 销售额 × 税率。其中，销项税额 = 销售额 × 适用税率。该销售额为不含税销售额，指纳税人销售货物或者应税劳务向购买方收取的全部价款和价外费用。若为含税销售额必须转化为不含税销售额。

进项税额，是指纳税人购进货物或接受应税劳务时所支付或负担，并在计算增值税的应纳税额时允许抵扣的增值税税款。准予从销项税额中抵扣的进项税额包括：(1)从销售方取得的增值税专用发票上注明的增值税额；(2)从海关取得的海关进口增值税专用缴款书上注明的增值税额；(3)购进农产品，除取得增值税专用发票或者海关进口增值税专用缴款书外，按照农产品收购发票或者销售发票上注明的农产品买价的13%的扣除率计算的进项税额。进项税额计算公式为：进项税额 = 买价 × 扣除率；(4)购进或者销售货物以及在生产经营过程中支付运输费用的，按照运输费用结算单据上注明的运输费用金额和7%的扣除率计算的进项税额。进项税额计算公式为：进项税额 = 运输费用金额 × 扣除率。

不准抵扣的进项税额项目包括：(1)纳税人购进货物或者应税劳务，取得不符合法律、行政法规或者国务院税务主管部门有关规定的增值税扣税凭证上载明的进项税额；(2)用于非增值税应税项目、免征增值税项目、集体福利或者个人消费的购进货物或者应税劳务；(3)非正常损失的购进货物及相关的应税劳务；(4)非正常损失的在产品、产成品所耗用的购进货物或者应税劳务；(5)国务院财政、税务主管部门规定的纳税人自用消费品；(6)上述第(2)项至第(5)项规定的货物的运输费用和销售免税货物的运输费用。纳税人销售货物或者应税劳务，应当向索取增值税专用发票的购买方开具增值税专用发票，并在增值税专用发票上分别注明销售额和销项税额。属于下列情形之一的，不得开具增值税专用发票：(1)向消费者个人销售货物或者应税劳务的；(2)销售货物或者应税劳务适用免税规定的；(3)小规模纳税人销售货物或者应税劳务的。

2. 小规模纳税人应纳税额的计算

小规模纳税人销售货物或者提供应税劳务，其应纳税额适用简易计算法计算。公式为：应纳税额 = 销售额 × 征收率。现行征收率为3%，由国务院进行调整。

3. 进口货物应纳税额的计算

进口货物应纳税额的计算公式为：

应纳增值税税额 = 组成计税价格 × 税率

如进口货物不征消费税，则组成计税价格 = 关税完税价格 + 关税税额；如进口货物应征消费税，则组成计税价格 = 关税完税价格 + 关税税额 + 消费税税额。

(六)增值税的纳税地点

增值税的纳税地点主要分为四类:(1)固定业户应当向其机构所在地的主管税务机关申报纳税。总机构和分支机构不在同一县(市)的,应当分别向各自所在地的主管税务机关申报纳税;经国务院财政、税务主管部门或者其授权的财政、税务机关批准,可以由总机构汇总向总机构所在地的主管税务机关申报纳税。(2)固定业户到外县(市)销售货物或者应税劳务,应当向其机构所在地的主管税务机关申请开具外出经营活动税收管理证明,并向其机构所在地的主管税务机关申报纳税;未开具证明的,应当向销售地或者劳务发生地的主管税务机关申报纳税;未向销售地或者劳务发生地的主管税务机关申报纳税的,由其机构所在地的主管税务机关补征税款。(3)非固定业户销售货物或者应税劳务,应当向销售地或者劳务发生地的主管税务机关申报纳税;未向销售地或者劳务发生地的主管税务机关申报纳税的,由其机构所在地或者居住地的主管税务机关补征税款。(4)进口货物,应当向报关地海关申报纳税。

【案例】

加力鞋厂是一家以生产和销售运动鞋为主要业务的生产型企业,由于生产规模大,被当地税务机关认定为增值税一般纳税人。2003年4月,加力鞋厂向小规模纳税人个体工商户吴某销售一批运动鞋,加力鞋厂向吴某开具的普通发票上注明的金额为23.4万元。请计算加力鞋厂该笔业务的应纳增值税税额。

【分析】

增值税具有价外税的性质,如果一般纳税人销售货物或者应税劳务采用销售额和增值税税额合并定价方法的,那么应当把销项税额从销售额中剔除,以不含税的销售额为增值税的计税依据。本案中,加力鞋厂的销售额是注明在普通发票中的,并未区分销售额和增值税税额。所以要计算加力鞋厂的应纳增值税情况,必须运用公式还原其真正的不含税销售额,其公式为:不含税销售额=含税销售额÷(1+适用税率)。则:加力鞋厂该笔业务不含税销售额=[23.4÷(1+17%)]=20(万元),加力鞋厂该笔业务应纳增值税税额=20×17%=3.4(万元)①。

---

① 陈少英.税法学案例教程[M].北京:北京大学出版社,2007:62-63.

二、营业税法

营业税是以应税商品或劳务的销售收入作为计税依据而征收的一种商品税。我国营业税制度主要体现在《营业税暂行条例》及其配套的相关法规、规章中，其纳税主体是应税劳务、转让无形资产、销售不动产的单位和个人。其应税劳务主要包括建筑安装业、金融保险业、文化体育业、娱乐业和服务业等。营业税计算公式为：应纳税额 = 营业额 × 税率。

从 2012 年 1 月 1 日起，在上海交通运输业和部分现代服务业开展营业税改征增值税试点。自 2012 年 8 月 1 日起至年底，国务院将“营改增”试点扩大至 8 省、市；2013 年 8 月 1 日，“营改增”范围已推广到全国试行，将广播影视服务业纳入试点范围。2014 年 1 月 1 日起，将铁路运输和邮政服务业纳入“营改增”试点，至此交通运输业已全部纳入“营改增”范围；2016 年 3 月 18 日召开的国务院常务会议决定，自 2016 年 5 月 1 日起，中国全面推开“营改增”试点，将建筑业、房地产业、金融业、生活服务业全部纳入“营改增”试点，这标志着营业税将退出历史舞台。“营改增”改革的目的是通过统一税制，贯通服务业内部和二三产业之间的抵扣链条，从制度上消除重复征税，使税收的中性作用得以充分发挥。同时，将不动产纳入抵扣范围，比较完整地实现向消费型增值税的转型。全面实施“营改增”对营造公平竞争的市场环境，完善我国财税体制产生了重要作用。全面推开“营改增”的政策取向，突出推动了服务业，特别是研发等生产性服务业发展，可以有力促进产业分工优化，拉长产业链，带动制造业升级。可以说，“营改增”是创新驱动的“信号源”，也是经济转型升级的强大“助推器”。根据全国人大税收法定的要求，将最终通过立法巩固改革成果，确立比较规范的消费型增值税制度。①

三、消费税法

（一）消费税概述

消费税是指对消费品和特定的消费行为按消费流转额征收的一种商品税。目前，我国消费税适用的主要法律依据为《消费税暂行条例》及其《实施细则》等。

① 李丽辉，吴秋余. 财政部部长楼继伟：全面实施营改增利国利民[N]. 人民日报，2016－04－26(14).

（二）消费税的纳税主体

消费税的纳税主体是在中华人民共和国境内生产、委托加工和进口规定的消费品的单位和个人，以及国务院确定的销售规定消费品的其他单位和个人。

（三）消费税的征税范围

消费税征税对象是生产、委托加工和进口的应税消费品的流转额。消费税是在对货物普遍征收增值税的基础上，选择少数消费品再征收的一个税种，主要是为了调节产品结构，引导消费方向，保证国家财政收入。现行消费税的征收范围主要包括：烟、酒及酒精、鞭炮、焰火、化妆品、成品油、贵重首饰及珠宝玉石、高尔夫球及球具、高档手表、游艇、木制一次性筷子、实木地板、汽车轮胎、摩托车、小汽车等税目，财政部明确自2016年1月1日起，新增对电池、涂料征收消费税。

（四）消费税的税率

消费税的税率采用比例税率和定额税率两种形式，以适应不同应税消费品的实际情况。根据比例税率应税消费品的类型分为不同档次的税率，最低税率是1%，最高是56%。对黄酒、啤酒、汽油、柴油等实行定额税率。

（五）消费税应纳税额的计算

消费税应纳税额的计算实行从价定率法（比例税率）、从量定额法（定额税率）和复合计税法（即从价定率和从量定额复合计税）等三种方法。

适用从价定率法（比例税率）的消费品的计算公式是：应纳税额＝消费品的销售额×比例税率。

适用从量定额法（定额税率）的消费品的计算公式是：应纳税额＝消费品的销售数量×单位税额。

适用复合计税法的消费品的计算公式是：应纳税额＝消费品的销售额×比例税率＋消费品的销售数量×单位税额。如白酒消费税的计征属于从价从量定额复合计征。

（六）纳税期限

消费税的纳税期限分别为1日、3日、5日、10日、15日、1个月或者1个季度。纳税人的具体纳税期限，由主管税务机关根据纳税人应纳税额的大小分别核定；不能按照固定期限纳税的，可以按次纳税。纳税人以1个月或者1个季度为1个纳税期的，自期满之日起15日内申报纳税；以1日、3日、5日、10日或者

15 日为 1 个纳税期的，自期满之日起 5 日内预缴税款，于次月 1 日起 15 日内申报纳税并结清上月应纳税款。纳税人进口应税消费品，应当自海关填发海关进口消费税专用缴款书之日起 15 日内缴纳税款。

【案例】

某白酒生产企业为增值税一般纳税人，2015 年 4 月销售粮食白酒 50 吨，取得不含增值税的销售额 200 万元，计算该白酒企业 4 月应缴纳的消费税税额。

【分析】

消费税的征收范围主要包括：(1) 一些过度消费会对人类健康、社会秩序、生态环境等方面造成危害的特殊消费品，如烟、酒、鞭炮、焰火等；(2) 奢侈品、非生活必需品，如贵重首饰、化妆品等；(3) 高能耗及高档消费品，如小轿车、摩托车等；(4) 不可再生和替代的石油类消费品，如汽油、柴油等；(5) 具有一定财政意义的产品等。中国对白酒行业征收的税主要是消费税，白酒消费税计税价格包括 20% 的从价税率和 0.5 元/斤的从量税。其公式为应纳税额 = 销售额 × 税率（20%）+ 销售数量 × 单位税额（0.5/斤）。因此，白酒企业 4 月应缴纳的消费税税额 = 50 × 2000 × 0.5 + 2000000 × 20% = 450000（元）。

四、关税法

（一）关税概述

关税是我国历史上最为悠久、最早的税种之一。它是指由海关对进出境的货物或物品（以下统称“货物”）的流转额征收的一种商品税。目前我国关税适用的主要法律依据包括《海关法》《关税条例》《海关进出口税则》等。关税分为进口税、出口税和过境税，其中进口税是对国外输入本国货物和物品征收的一种税，是最主要的关税。

（二）关税的纳税主体

关税的纳税主体是指负有缴纳关税义务的单位和个人。根据关税法的规定，进口货物的收货人、出口货物的发货人和进出境物品的所有人是关税的纳税义务人；接受委托办理有关手续的代理人也负有缴纳关税的义务。

（三）关税的征税范围

中华人民共和国准许进出口的货物、进境物品是关税的征税对象。货物是指贸易性的进出口商品，物品是指非贸易性的进出境商品，包括入境旅客随身所带的物品、馈赠物品等。

（四）关税的税率

我国关税法实行差别比例税率，将同一税目的货物分为进口税率和出口税率两类。

1. 进口关税的税率

我国进口关税共设置了普通税率、最惠国税率、协定税率、特惠税率等四种税率，其具体适用范围有所不同。

2. 出口关税的税率

我国出口关税税率分为出口税率和年度暂定税率。征收出口关税的货物主要为少数资源型产品及易于竞相杀价等类型的产品。

（五）关税的应纳税额计算

在完税价格确定或估定以后，即可计算关税的应纳税额。计算公式为：应纳税额＝关税的完税价格×税率。

【案例】

1998 年 2 月，王某（另案处理）受贵州某植物油有限责任公司遵义分公司的委托，为其进口 16500 吨油菜籽进行非法通关。在承运油菜籽的外轮“西亚罗蒂”号进入广东省湛江港前，中国湛江外轮代理公司（以下简称外代公司）安排业务员覃某为“西亚罗蒂”号轮船代理向海关、港监、动植检、边防等口岸单位办理进口联检，受王某指使，覃某获取了“西亚罗蒂”号外轮载有 16500 吨进口油菜籽抵湛江港卸货进口的真实相关单证后，并得到了有船长签字、盖章的空白舱单。随后，覃某按照王某的安排在空白舱单上填写 1250 吨油菜籽送到湛江海关船管科进行申报，并将载有 16500 吨进口油菜籽真实的舱单等交给本公司业务科存档。后王某与报关员常某以“广东省对外经济发展湛江公司”的名义，以分改提单，伪造合同、发票和伪报到岸价格等手法，致使 15250 吨油菜籽得以走私进口，共计偷逃税款 1096 万元。贵州高院二审裁定，覃某篡改舱单提交海关，为王某等人走私油菜籽提供帮助，偷逃关税及增值税，其行为已构成走私普通货物、物品罪。依法维持遵义市中级法院一审判决，判处覃某有期徒刑 5 年，并处罚金 10 万元。①

---

① 贵州省高院宣判偷逃税款上千万元重大走私案［N］. 贵州日报，2004－09－18.

【分析】

本案中，纳税人采用虚假的进口申报方式，隐瞒进口货物的品种和金额，来达到偷漏进口油菜籽在进口环节应纳的税额。走私罪，是指个人或者单位故意违反海关法规，逃避海关监管，通过各种方式运送违禁品进出口或者偷逃关税，情节严重的行为。走私犯罪一直是我国海关稽查的重点。

第三节 所得税法

一、企业所得税法

（一）企业所得税概述

企业所得税，是指国家对企业在一定期间的纯所得额为计税依据而征收的一种税。目前我国企业所得税适用的法律依据为《企业所得税法》及其《实施条例》等。企业所得税是国家参与企业纯收益分配的一种方式，在税收体系中占有重要地位。

1. 企业所得税纳税主体

在中华人民共和国境内，企业和其他取得收入的组织（以下统称企业）为企业所得税的纳税人。我国的企业所得税实行法人税制。个人独资企业、合伙企业不是企业所得税的纳税人。企业所得税纳税主体分为居民企业和非居民企业。

（1）居民企业。居民企业是指依法在中国境内成立，或者依照外国法律成立但实际管理机构在中国境内的企业。实际管理机构，是指对企业的生产经营、人员、账务、财产等实施实质性全面管理和控制的机构。居民企业应当就其来源于中国境内、境外的所得缴纳企业所得税。

（2）非居民企业。非居民企业，是指依照外国法律成立且实际管理机构不在中国境内，但在中国境内设立机构、场所的，或者在中国境内未设立机构、场所，但有来源于中国境内所得的企业。非居民企业在中国境内设立机构、场所的，应当就其所设机构、场所取得的来源于中国境内的所得，以及发生在中国境外但与其所设机构、场所有实际联系的所得，缴纳企业所得税。非居民企业在中国境内未设立机构、场所的，或者虽设立机构、场所但取得的所得与其所设机构、场所没有实际联系的，应当就其来源于中国境内的所得缴纳企业所得税。

2. 企业所得税的征税范围

企业所得税的征税范围是纳税人来源于中国境内、境外的销售货物所得、提供劳务所得、转让财产所得、股息红利等权益性投资所得、利息所得、租金所得、特许权使用费所得、接受捐赠所得和其他所得。

所谓来源于中国境内、境外的所得，按照以下原则确定：(1)销售货物所得，按照交易活动发生地确定；(2)提供劳务所得，按照劳务发生地确定；(3)转让财产所得，不动产转让所得按照不动产所在地确定，动产转让所得按照转让动产的企业或者机构、场所所在地确定，权益性投资资产转让所得按照被投资企业所在地确定；(4)股息、红利等权益性投资所得，按照分配所得的企业所在地确定；(5)利息所得、租金所得、特许权使用费所得，按照负担、支付所得的企业或者机构、场所所在地确定，或者按照负担、支付所得的个人的住所地确定；(6)其他所得，由国务院财政、税务主管部门确定。

但有些收入是不纳入征税范围的。根据《企业所得税法》规定，不征税收入包括三类：财政拨款；依法收取并纳入财政管理的行政事业性收费、政府性基金；国务院规定的其他不征税收入。

(二)企业所得税的税率

(1)基本税率为25%，低税率为20%。企业所得税的纳税人不同，适用的税率也不同。

(2)居民企业中符合条件的小型微利企业减按20%的税率征税；国家重点扶持的高新技术企业减按15%的税率征税。

(三)企业所得税应纳税额的计算

企业所得税的应纳税额，为应纳税所得额乘以适用税率，减除依照有关税收优惠的规定减免和抵免的税额后的余额。其计算公式为：应纳税额＝应纳税所得额×税率－税收优惠减免额－税收抵免额。

应纳税所得额为企业所得税的计税依据，即纳税人每一纳税年度的收入总额减去准予扣除项目后的余额，其计算公式为：应税所得＝收入总额－不征税收入－免税收入－法定扣除项目－允许弥补的以前年度亏损额。

1. 收入总额

收入总额为企业以货币形式和非货币形式从各种来源取得的收入，包括：(1)销售货物收入；(2)提供劳务收入；(3)转让财产收入；(4)股息、红利等权益性投资收益；(5)利息收入；(6)租金收入；(7)特许权使用费收入；(8)接受捐赠收入；(9)其他收入。

2. 不征税收入

收入总额中的下列收入为不征税收入：(1)财政拨款；(2)依法收取并纳入财政管理的行政事业性收费、政府性基金；(3)国务院规定的其他不征税收入。

3. 法定扣除项目

企业实际发生的与取得收入有关的、合理的支出，准予在计算应纳税所得额时扣除。所谓有关的支出，是指与取得收入直接相关的支出；所谓合理的支出，是指符合生产经营活动常规，应当计入当期损益或者有关资产成本的必要和正常的支出。具体包括：成本、费用、税金、损失、其他支出。但这些扣除都不是无条件的，税法中还在扣除方面作出了具体规定。

4. 不得扣除的项目

在计算应纳税所得额时，下列支出不得扣除：向投资者支付的股息、红利等权益性投资收益款项；企业所得税税款；税收滞纳金；罚金、罚款和被没收财物的损失；赞助支出和《企业所得税法》第九条规定以外的捐赠支出；未经核定的准备金支出；与取得收入无关的其他支出。

5. 允许弥补的以前年度亏损

企业纳税年度发生的亏损，准予向以后年度结转，用以后年度的所得弥补，但结转年限最长不得超过五年。

【案例】

某公司是一家主营医疗器械销售的公司。2014年，税务稽查部门依法对某公司进行专项稽查。稽查发现，某公司2013年12月31日存在未取得进货发票而暂估入账的库存商品金额合计2506万余元，同时全部结转当年主营业务成本的问题。截至2014年5月31日，取得以上暂估入账进货发票合计2162万余元，余下已结转2013年主营业务成本的库存商品暂估入账金额344万余元，在2013年度企业所得税汇算清缴结束前仍未取得进货发票，也未取得其他合法有效凭证，未按规定调整增加当年度企业所得税应纳税所得额，少申报缴纳企业所得税。税务机关针对该公司，作出处理：(1)根据《中华人民共和国税收征收管理法》第六十三条第一款和《中华人民共和国企业所得税法》第一条、第二条、第三条、第四条、第五条、第六条、第二十条规定，追缴企业所得税86万余元。(2)根据《中华人民共和国税收征收管理法》第六十三条第一款规定，对某公司偷税行为处以其少缴企业所得税50%的罚款，计43万余元。(3)根据《中华人民共和国税收征收管理法》第三十二条规定，对未按期缴纳的企业所得税，从税款滞纳之日起按日加收万分之五的滞纳金计2.7万余元。

【分析】

商品销售企业在经营过程中可能出现未取得相关购货发票导致需要暂估商品成本入账的情况。根据《中华人民共和国企业所得税法》及相关法律、法规规定，企业应纳税所得额的计算以权责发生制为原则，属于当期的收入和费用，不论款项是否收付，均应作为当期的收入和费用。但是税法要求税前扣除的成本必须是真实发生的合理成本支出，企业必须取得相关的合法有效凭证以证明成本的真实性。考虑到凭证取得可能存在滞后，企业只要在企业所得税汇算清缴期结束前取得相关成本的凭证则可以在计算缴纳企业所得税前进行扣除，否则要调整增加企业所得税应纳税所得额。因此，本案中企业年底将已销售商品对应的暂估商品成本计入当年主营业务成本并没有问题，但是其中部分暂估商品成本在汇算清缴期结束前仍未取得发票等合法有效凭证，因此不能在当年度企业所得税税前扣除。本案可以看出在税务稽查案件中，税务违法行为大多采用欺骗、隐瞒等行为，具有隐秘性，不容易发现。

二、个人所得税法

（一）个人所得税法概述

个人所得税一般是指对个人应税所得征收的一种税。个人所得税法是国家制定的用以调整国家与个人所得税纳税人之间征纳活动的权利与义务关系的法律规范总称。目前我国个人所得税适用的法律依据为《个人所得税法》及其《实施细则》。个人所得税的特点是实行分类征收，即将个人取得的各种所得划分为不同种类，分别适用不同的费用减除规定、不同的税率和不同的计税方法。个人所得税采用累进税率与比例税率并用的税率形式。该税种的征税范围广泛，也是征收难度最大的一种税。

（二）个人所得税的纳税主体

我国个人所得税的纳税义务人是在中国境内居住有所得的人，以及不在中国境内居住而从中国境内取得所得的个人，包括中国国内公民，在华取得所得的外籍人员和港、澳、台同胞。纳税主体分为居民纳税人和非居民纳税人。居民纳税义务人是指在中国境内有住所，或者无住所而在境内居住满一年的个人，是居民纳税义务人，应当承担无限纳税义务，即就其在中国境内和境外取得的所得，依法缴纳个人所得税。非居民纳税义务人在中国境内无住所又不居住或者无住所而在境内居住不满一年的个人，是非居民纳税义务人，承担有限纳税义务，仅就其从中国境内取得的所得，依法缴纳个人所得税。

（三）个人所得税的征税范围

个人所得税以个人取得的各项所得为征税对象。个人所得税的税目可分为三大类：劳务所得、经营所得、其他所得。个人所得税的税目又可分为11小类：(1)工资薪金所得；(2)个体工商户的生产经营所得；(3)对企事业单位的承包经营、承租经营所得；(4)劳务报酬所得；(5)稿酬所得；(6)特许权使用费所得；(7)利息股息红利所得；(8)财产租赁所得；(9)财产转让所得；(10)偶然所得；(11)其他所得。

（四）个人所得税的税率

个人所得税法根据不同的税目，分别规定了不同的税率。

工资、薪金所得，适用3% ~45%的7级超额累进税率。

个体工商户的生产、经营所得和对企事业单位的承包经营、承租经营所得，适用5% ~35%的5级超额累进税率。

劳务所得，适用比例税率，税率为20%。劳务报酬所得适用20%的税率计算个人所得税，但对劳务报酬所得一次收入畸高的，要实行加成征收。具体是：一次取得劳务报酬收入，减除费用后的余额（即应纳税所得额）超过2万元、少于5万元的部分，按照30%的税率缴纳；超过5万元的部分，按照40%的税率缴纳。因此，劳务报酬所得实际上适用20%、30%、40%的三级超额累进税率。

稿酬所得，适用比例税率，税率为20%，并按应纳税额减征30%，实际税率为14%。

特许权使用费所得、财产租赁所得按照每次收入不超过4000元的，减除费用800元；4000元以上的，减除20%的费用，然后就其余额按比例税率20%征收。

财产转让所得，适用减除财产原值和合理费用后的余额，按比例税率20%征收。

利息、股息、红利所得，偶然所得和其他所得适用20%的比例税率。

（五）个人所得税的应纳税额的计算

我国个人所得税法实行分项扣除、分项定率、分项征收的计征办法，其计算公式为：应纳税额 = 应税所得额 × 税率。

各个税目的计算还有如下一些规定：

(1)工资、薪金所得。其应税所得额为每月收入减除费用3500元后的余额，计算公式为：应纳税额 =（月工资、薪金所得额 - 3500）× 适用税率 - 速算扣除数。

(2)个体工商户的生产、经营所得。其应税所得额为每一纳税年度的收入总额，减除成本、费用和损失后的余额，计算公式为：应纳税额 = 应税所得额 × 税率 - 速算扣除数。

(3)对企事业单位的承包经营、承租经营所得。其应税所得额为每一纳税年度的收入总额，减除必要费用(按月3500元)后的余额，计算公式为：应纳税额 = 应税所得额 × 税率 - 速算扣除数。

(4)劳务报酬所得、稿酬所得、特许权使用费所得、财产租赁所得。计算公式分别为：

①劳务报酬所得、特许权使用费所得、财产租赁所得每次收入不超过4000元的应纳税额 = (每次所得收入额 - 800) × 20%。

劳务报酬所得、特许权使用费所得、财产租赁所得每次收入超过4000元的应纳税额 = 每次所得收入额 × (1 - 20%) × 20%。

②稿酬所得(每次不超过4000元)的应纳税额 = (每次所得收入额 - 800) × 20% × (1 - 30%)。

稿酬所得(每次超过4000元)的应纳税额 = 每次所得收入额 × (1 - 20%) × 20% × (1 - 30%)。

(5)财产转让所得的应纳税所得额为转让财产的收入额减除财产原值和合理费用后的余额。

(6)利息、股息、红利所得，偶然所得和其他所得。其应税所得额为每次收入额。

(六)个人所得税纳税期限

扣缴义务人每月所扣的税款，自行申报纳税人每月应纳的税款，都应当在次月十五日内缴入国库，并向税务机关报送纳税申报表。工资、薪金所得应纳的税款，按月计征，由扣缴义务人或者纳税义务人在次月十五日内缴入国库，并向税务机关报送纳税申报表。特定行业的工资、薪金所得应纳的税款，可以实行按年计算、分月预缴的方式计征，具体办法由国务院规定。个体工商户的生产、经营所得应纳的税款，按年计算，分月预缴，由纳税义务人在次月十五日内预缴，年度终了后三个月内汇算清缴，多退少补。对企事业单位的承包经营、承租经营所得应纳的税款，按年计算，由纳税义务人在年度终了后三十日内缴入国库，并向税务机关报送纳税申报表。纳税义务人在一年内分次取得承包经营、承租经营所得的，应当在取得每次所得后的十五日内预缴，年度终了后三个月内汇算清缴，多退少补。从中国境外取得所得的纳税义务人，应当在年度终了后三十日内，将应纳的税款缴入国库，并向税务机关报送纳税申报表。

【案例】

2011年，被告人李××作为天津市某机井队法定代表人未足额申报个体工商户生产经营个人所得税，应补交个人所得税1004.2元；2012年、2013年，被告人李××未申报个体工商户生产经营个人所得税分别为1500元、59627.80元，三年累计逃税数额共计为62132元，2011年至2013年逃税数额分别占当年应交纳税额比例为5%、15.7%和44.2%。2014年7月9日，天津市宁河县地方税务局稽查局依法向其下达《税务行政处罚决定书》，被告人李××接到追缴通知后拒不缴纳税费、滞纳金和罚款。2015年2月13日，被告人李××到公安机关自动投案，并如实供述了自己的罪行，且向公安机关提供了其当日已全额补缴税费、滞纳金和罚款的付款凭证。法院判决被告人李××犯逃税罪，判处拘役三个月，缓刑一年，并处罚金6万元(缓刑考验期自判决确定之日起计算。对宣告缓刑的犯罪分子，在缓刑考验期限内，依法实行社区矫正)。

【分析】

在我国，个体工商户应该缴纳个人所得税。征税范围包括：个体工商户从事工业、手工业、建筑业、交通运输业、商业、饮食业、服务业、修理业以及其他行业生产，经营取得的所得；个人经政府有关部门批准，取得执照，从事办学、医疗、咨询以及其他有偿服务活动取得的所得；其他个人从事个体工商业生产、经营取得的所得。个体工商户生产、经营所得的应纳税所得额=每一纳税年度的收入总额-成本、费用及损失。其中，收入总额是指个体工商户从事生产经营以及与生产经营有关的活动所取得的各项收入，包括商品(产品)销售收入、营运收入、劳务服务收入、工程价款收入、财产出租或转让收入、利息收入、其他业务收入和营业外收入等。各项收入应当按权责发生制原则确定。成本、费用是指个体工商户从事生产经营所发生的各项直接支出和分配计入成本的间接费用以及销售费用、管理费用、财务费用。损失是指个体工商户在生产经营过程中发生的各项营业外支出。本案中，被告人李××不申报纳税，逃避缴纳税款，数额较大，经税务机关依法下达追缴通知后，未补缴应纳税款、滞纳金和罚款，其行为已构成逃税罪。根据《中华人民共和国刑法》第二百零一条规定，纳税人采取伪造、变造、隐匿、擅自销毁账簿、记账凭证，在账簿上多列支出或者不列、少列收入，经税务机关通知申报而拒不申报或者进行虚假的纳税申报的手段，不缴或者少缴应纳税款，偷税数额占应纳税额的百分之十以上不满百分之三十并且偷税数额在一万元以上不满十万元的，或者因偷税被税务机关给予二次行政处罚又偷税的，处三年以下有期徒刑或者拘役，并处偷税数额一倍以上五倍以下罚金；偷税数额占应纳税额的百分之三十以上并且偷税数额在十万元以上的，处三年以上七年以下有期徒刑，并处偷税数额一倍以上五倍以下罚金。因此，个体工商户应提高纳税意识，依法主动申报和缴纳个人所得税款。

第四节　税收征收管理制度

一、税收征收管理制度概述

税收征收管理是国家征税机关依据国家税收法律、行政法规的规定对纳税人应纳税额组织征收入库的行为活动。税收征收管理法是调整在税收征纳及其管理过程中发生的社会关系的法律规范的总称。我国税收征管方面的主要法律、法规是《税收征收管理法》及其细则等配套规定，其立法目的是为了加强税收征收管理，规范税收征收和缴纳行为，保障国家税收收入，保护纳税人的合法权益，促进经济和社会发展。狭义的税务管理主要包括税务登记、账证管理、发票管理和纳税申报等内容。

二、税务管理制度

(一)税务登记制度

税务登记，又称纳税登记，是纳税人进行生产经营活动，在法定时间内就其经营情况向所在地税务机关办理书面登记的法定制度。它是税务管理工作的首要环节和基础工作，是征纳双方税收法律关系成立、变更的依据和证明。税务登记分为开业的设立登记、变更、注销、停业复业和注销税务登记。此项制度的建立便于税务机关掌握和控制经济税源，对纳税人的纳税情况进行监督和管理，也有利于维护纳税人的合法权益。

1. 设立税务登记

设立税务登记是指从事生产经营的纳税人，经国家工商行政管理部门批准开业后首次办理的纳税登记。根据有关规定，领取营业执照从事生产、经营的纳税人，包括：企业，企业在外地设立的分支机构和从事生产、经营的场所，个体工商户和从事生产、经营的事业单位，其他纳税人。办理税务登记的纳税人，应自有关部门批准之日或在按税法规定成为法定纳税人之日起 30 日内，持有关证件向所在地税务机关申报办理税务登记。税务机关应当自收到申报之日起 30 日内审核并发给税务登记证件。税务机关审核无误的，应在30日内予以登记，核发税务登记证或者注册税务登记证。

2. 变更税务登记

变更税务登记主要是指纳税人税务登记内容发生重要变化，应向税务机关申报办理变更登记。如企业名称发生改变、法定代表人变更、经济性质类型发生改变等。

纳税人税务登记内容发生变化的，需要到工商行政管理机关或者其他机关办理变更登记的，应当自工商行政管理机关或者其他机关办理变更登记之日起30日内，持有关证件向原税务登记机关申报办理变更税务登记；不需要到工商行政管理机关或者其他机关办理变更登记的，应当自发生变化之日起30日内，持有关证件向原税务登记机关申报办理变更税务登记。

3. 注销登记

注销登记是指纳税人在发生解散、破产、撤销或其他情形时，应当依法终止纳税义务的，须向原登记税务机关申请办理的登记。

注销登记的时间要求：(1)纳税人发生解散、破产、撤销以及其他情形，依法终止纳税义务的，应当在向工商行政管理机关办理注销登记前，向原税务登记管理机关申报办理注销税务登记；(2)按规定不需要在工商管理机关办理注销登记的，应当批准或者宣告终止之日起15日内，向原税务登记管理机关申报办理注销税务登记；(3)纳税人因住所、生产、经营场所变动而涉及改变主管税务登记机关的，应当在向工商行政管理机关申请办理变更或注销登记前，或者住所、生产、经营场所变动前，向原税务登记机关申报办理注销税务登记，并在30日内向迁达地主管税务登记机关申报办理税务登记；(4)纳税人被工商行政管理机关吊销营业执照的，应当自营业执照被吊销之日起15日内，向原税务登记机关申报办理注销税务登记。

纳税人办理注销税务登记时，应当提交注销税务登记申请、有关证明文件，同时向税务机关结清税款、滞纳金和罚款，缴销发票、发票领购和税务登记证件，经税务机关核准，办理注销税务登记手续。

(二)账簿、凭证管理制度

账簿、凭证管理是税务机关对纳税人的账簿和凭证进行监督和管理的一项法定活动。账簿、凭证是纳税人记录和登记生产经营活动和经济业务的主要工具。为保证纳税人记录的内容客观、真实，防止纳税人通过伪造、变造、隐匿和擅自销毁账簿、凭证，《税收征管法》对账簿、凭证的管理专章作出了严格的规定。

(1)纳税人、扣缴义务人按照有关法律、行政法规和国务院财政、税务主管部门的规定设置账簿，根据合法、有效凭证记账，进行核算。从事生产、经营的纳税人、扣缴义务人必须按照国务院财政、税务主管部门规定的保管期限保管账簿、记账凭证、完税凭证及其他有关资料。账簿、记账凭证、完税凭证及其他有关资料不得伪造、变造或者擅自损毁。

(2)备案管理。从事生产、经营的纳税人的财务、会计制度或者财务、会计处理办法和会计核算软件，应当报送税务机关备案。纳税人、扣缴义务人的财务、会计制度或者财务、会计处理办法与国务院或者国务院财政、税务主管部门有关税收的规定抵触的，依照国务院或者国务院财政、税务主管部门有关税收的规定计算应纳税款、代扣代缴和代收代缴税款。

(3)发票管理。单位、个人在购销商品、提供或者接受经营服务以及从事其他经营活动中，应当按照规定开具、使用、取得发票。增值税专用发票由国务院税务主管部门指定的企业印制；其他发票，按照国务院税务主管部门的规定，分别由省、自治区、直辖市国家税务局、地方税务局指定企业印制。

(4)税控装置规定。国家根据税收征收管理的需要，积极推广使用税控装置。纳税人应当按照规定安装、使用税控装置，不得损毁或者擅自改动税控装置。

(三)纳税申报制度

纳税申报是纳税义务发生后，按照税务机关规定，申报与纳税有关各类事项的一项法定制度。它既是纳税人履行纳税义务和扣缴义务人履行代扣代缴、代收代缴义务的法定程序，又是税务机关核定应征税额的主要依据。为了正确地计算应纳税额，便于纳税机关掌握税源，《税收征管法》对纳税申报作了具体的规定：

(1)纳税人必须依照法律、行政法规规定或者税务机关依照法律、行政法规的规定确定的申报期限、申报内容，如实办理纳税申报，报送纳税申报表、财务会计报表以及税务机关根据实际需要要求纳税人报送的其他纳税资料。

(2)扣缴义务人必须依照法律、行政法规规定或者税务机关依照法律、行政法规的规定确定的申报期限、申报内容如实报送代扣代缴、代收代缴税款报告表以及税务机关根据实际需要要求扣缴义务人报送的其他有关资料。

(3)纳税人、扣缴义务人可以直接到税务机关办理纳税申报或者报送代扣代缴、代收代缴税款报告表，也可以按照规定采取邮寄、数据电文或者其他方式办理上述申报、报送事项。

(4)纳税人、扣缴义务人不能按期办理纳税申报或者报送代扣代缴、代收代缴税款报告表的，经税务机关核准，可以延期申报。经核准延期办理前述规定的申报、报送事项的，应当在纳税期内按照上期实际缴纳的税额或者税务机关核定的税额预缴税款，并在核准的延期内办理税款结算。

三、税款征收制度

(一)税款征收基本制度

税款征收是指征税机关依照税收法律、行政法规将纳税主体的应纳税款组织征收入库的一系列活动的总称。它是税收征管工作的中心环节，是纳税人依法履行纳税义务的体现，也是全部税收征管工作的目的和归宿。

(二)税款征收方式

1. 查账征收

查账征收是税务机关按照纳税人提供的账簿，按照所记录的经营情况依据适用的税率计算缴纳税款的征收方法。查账征收适用于财务会计制度健全、核算严格规范、纳税意识较强的纳税人。

2. 查定征收

查定征收是税务机关根据纳税人的从业人员、生产设备和原材料等因素查定核实其在正常生产经营条件应税产品的数量、销售额，并据以征收税款的一种方式。这种方式适用生产经营规模较小、产品零星、税源分散、会计账册不健全的小型厂矿和作坊。

3. 查验征收

查验征收是税务机关对纳税人的应税货物通过查验数量，按照市场的销售单价计算其销售收入并据以征税的一种征收方式。主要适用于纳税人财务制度不健全，生产经营不固定，零星分散、流动性大的税源。如城乡集贸市场的临时经营和机场、码头等场外经销商品的税款征收。

4. 定期定额征收

定期定额征收适用于经主管税务机关认定和县以上税务机关(含县级)批准的生产、经营规模小，达不到《个体工商户建账管理暂行办法》规定的设置账簿标准，难以查账征收，不能准确计算计税依据的个体工商户(包括个人独资企业)。在核定期内，应纳税额一般不做变动。

5. 代扣代缴、代收代缴

代扣代缴、代收代缴是扣缴义务人在向纳税人支付或收取款项时，对纳税人的应纳税额代为扣缴或收缴的征收方式。它有利于加强税收的源泉控制，降低征税成本。

6. 委托代征

委托代征是由税务机关委托有关单位代为征收税款的一种方式，通常适用于征收少数零星、分散的税收。委托代征方式有利于弥补税务机关在征管力量上的不足，能加强源泉控管、提高征管效能，主要适用于零星分散、流动性大的税款征收如集贸市场税收、车船使用税等。

7. 自核自缴

自核自缴是由纳税人依法自行计算应纳税额，自行审核并填开税款缴款书后，自己直接到指定银行缴款的一种征收方式。适用于财务会计制度健全、纳税意识较强，且经县级以上税务机关批准，可以采取该方式的大中型企业等。

(三)税款征收保障制度

根据《税收征收管理法》规定，为了实现保全税收的目的，税务机关可以依法采取税收保全、强制执行等多种具体制度。

1. 税收保全制度

根据我国《税收征管法》的规定，税务机关有根据认为从事生产、经营的纳税人有逃避纳税义务行为的，可以在规定的纳税期之前，责令限期缴纳应纳税款；在限期内发现纳税人有明显的转移、隐匿其应纳税的商品、货物以及其他财产或者应纳税的收入的迹象的，税务机关可以责成纳税人提供纳税担保。如果纳税人不能提供纳税担保，经县以上税务局(分局)局长批准，税务机关可以采取下列税收保全措施：书面通知纳税人开户银行或者其他金融机构冻结纳税人的金额相当于应纳税款的存款；扣押、查封纳税人的价值相当于应纳税款的商品、货物或者其他财产。纳税人在规定的限期内缴纳税款的，税务机关必须立即解除税收保全措施；限期期满仍未缴纳税款的，经县以上税务局(分局)局长批准，税务机关可以书面通知纳税人开户银行或者其他金融机构从其冻结的存款中扣缴税款，或者依法拍卖或者变卖所扣押、查封的商品、货物或者其他财产，以拍卖或者变卖所得抵缴税款。个人及其所扶养家属维持生活必需的住房和用品，不在税收保全措施的范围之内。纳税人在限期内已缴纳税款，税务机关未立即解除税收保全措施，使纳税人的合法利益遭受损失的，税务机关应当承担赔偿责任。

2. 强制执行制度

根据《税收征管法》的规定，从事生产、经营的纳税人、扣缴义务人未按照规定的期限缴纳或者解缴税款，纳税担保人未按照规定的期限缴纳所担保的税款，由税务机关责令限期缴纳，逾期仍未缴纳的，经县以上税务局(分局)局长批准，税务机关可以采取下列强制执行措施：书面通知其开户银行或者其他金融机构从其存款中扣缴税款；扣押、查封、依法拍卖或者变卖其价值相当于应纳税款的商品、货物或者其他财产，以拍卖或者变卖所得抵缴税款。税务机关采取强制执行措施时，对纳税人、扣缴义务人、纳税担保人未缴纳的滞纳金同时强制执行。个人及其所扶养家属维持生活必需的住房和用品，不在强制执行措施的范围之内。

税务机关采取税收保全措施和强制执行措施必须依照法定权限和法定程序，不得查封、扣押纳税人个人及其所扶养家属维持生活必需的住房和用品。税务机关滥用职权违法采取税收保全措施、强制执行措施，或者采取税收保全措施、强制执行措施不当，使纳税人、扣缴义务人或者纳税担保人的合法权益遭受损失的，应当依法承担赔偿责任。

3. 税收优先权制度

我国《税收征管法》规定，税务机关征收税款，税收优先于无担保债权，法律另有规定的除外；纳税人欠缴的税款发生在纳税人以其财产设定抵押、质押或者纳税人的财产被留置之前的，税收应当先于抵押权、质权、留置权执行。纳税人欠缴税款，同时又被行政机关决定处以罚款、没收违法所得的，税收优先于罚款、没收违法所得。税务机关应当对纳税人欠缴税款的情况定期予以公告。纳税人有欠税情形而以其财产设定抵押、质押的，应当向抵押权人、质权人说明其欠税情况。抵押权人、质权人可以请求税务机关提供有关的欠税情况。

4. 税收代位权、撤销权制度

《税收征管法》第五十条规定，欠缴税款的纳税人因怠于行使到期债权，或者放弃到期债权，或者无偿转让财产，或者以明显不合理的低价转让财产而受让人知道该情形，对国家税收造成损害的，税务机关可以依照合同法第七十三条、第七十四条的规定行使代位权、撤销权。税务机关行使代位权、撤销权，不免除欠缴税款的纳税人尚未履行的纳税义务和应承担的法律责任。

（四）税款征收检查制度

税收机关税务检查的具体范围主要有以下几种情形：(1)检查纳税人的账簿、记账凭证、报表和有关资料，检查扣缴义务人的代扣代缴、代收代缴税款账簿、记账凭证和有关资料；(2)到纳税人的生产、经营场所和货物存放地检查纳税人应纳税的商品、货物或者其他财产，检查扣缴义务人与代扣代缴、代收代缴税款有关的经营情况；(3)责成纳税人、扣缴义务人提供与纳税或者代扣代缴、代收代缴税款有关的文件、证明材料和有关资料；(4)询问纳税人、扣缴义务人与纳税或者代扣代缴、代收代缴税款有关的问题和情况；(5)到车站、码头、机场、邮政企业及其分支机构检查纳税人托运、邮寄应纳税商品、货物或者其他财产的有关单据、凭证和有关资料；(6)经县以上税务局（分局）局长批准，凭全国统一格式的检查存款账户许可证明，查询从事生产、经营的纳税人、扣缴义务人在银行或者其他金融机构的存款账户。税务机关在调查税收违法案件时，经设区的市、自治州以上税务局（分局）局长批准，可以查询案件涉嫌人员的储蓄存款。税务机关查询所获得的资料，不得用于税收以外的用途。

在税务检查中，税务机关也应承担相应的义务：(1)税务机关检查所获得的资料，不得用于税收以外的用途。(2)税务检查的对象，涉及被检查者的商业秘密，必须慎重进行，并有责任为被检查人保密。(3)税务机关派出的人员进行税务检查时，必须出示税务检查证件，包括税务检查证和税务检查通知书。(4)未出示证件的，被检查人有权拒绝检查。

【案例】

2008 年 5 月，某水泥厂与一家建筑公司签订水泥购销合同。合同约定：水泥厂销售给建筑公司 1000 吨水泥预制件，价款 125 万元；双方约定，建筑公司在收到产品并验收合格后 1 个月内将货款付清。2008 年 6 月 20 日，水泥厂按照约定将 1000 吨水泥预制件交付给建筑公司，但建筑公司以存在质量问题为由拒绝给付货款，而水泥厂坚称产品质量不存在问题，双方产生争议。2008 年 12 月，某稽查局对水泥厂进行税务检查并作出处理决定，决定水泥厂补缴增值税 80 万元。但到期后水泥厂未按稽查局的决定缴纳税款，稽查局在责令其限期缴纳税款无效情况下，对水泥厂采取税收强制执行措施，查封了该厂的库存货物。此时，水泥厂向税务机关报告称由于建筑公司拖欠其货款致使不能缴纳税款，请求稽查局代其索要欠款以便缴纳税款。税务机关以行使税收代位权为由，从建筑公司银行账户中扣缴了水泥厂欠缴的 80 万元增值税税款。建筑公司以稽查局违法行使代位权为由向法院提起行政诉讼，请求确认稽查局行使代位权违法，撤销稽查局强行扣缴税款的行为，责令稽查局退还扣缴的款项。法院经审理后作出判决：认定稽查局行使代位权违法，撤销其强行扣缴纳税的行为，责令退还已扣缴的款项。

【分析】

本案中，稽查局行使代位权的违法之处在于：(1)水泥厂的债权不是合法债权。双方在对水泥预制件质量问题上存在争议，且未经协商一致或司法机关作出裁决前，该债权存在不确定性。(2)给国家税收造成损害的条件不满足。稽查局已经查封了水泥厂的库存货物，此后可通过拍卖、变卖实现税款征收，不满足没有其他可供执行财产的条件。(3)代位权的实现必须通过向人民法院提起民事诉讼完成，稽查局不能自行向纳税人的债务人追缴税款。在现实经济生活中，企业间存在债权债务，相互拖欠贷款是较为普遍的现象。更存在一些纳税人以逃避纳税义务为目的，故意迟延主张到期债权的情形。税收代位权的设立，堵塞了这一漏洞，进一步完善了征管手段。当稽查案件进入执行阶段，穷尽其他执行手段，而纳税人无可供执行的财产之时，在现行法律规定范围内，可供税务机关选择的唯一措施就是行使税收代位权。①

---

① 李三江. 税务行政执法典型案例评析[M]. 北京：中国商业出版社，2014：282－283.

第五节　税收法律责任

一、纳税人违反税法的法律责任

（一）纳税人违反税务管理规定的法律责任

纳税人违反税务管理登记制度，主要指违反了税务登记、账簿及凭证管理、纳税申报等制度。如纳税人有下列行为之一的，由税务机关责令限期改正，可以处二千元以下的罚款；情节严重的，处二千元以上一万元以下的罚款：未按照规定的期限申报办理税务登记、变更或者注销登记的；未按照规定设置、保管账簿或者保管记账凭证和有关资料的；未按照规定将财务、会计制度或者财务、会计处理办法和会计核算软件报送税务机关备查的；未按照规定将其全部银行账号向税务机关报告的；未按照规定安装、使用税控装置，或者损毁、擅自改动税控装置的。纳税人不办理税务登记的，由税务机关责令限期改正；逾期不改正的，经税务机关提请，由工商行政管理机关吊销其营业执照。纳税人未按照规定使用税务登记证件，或者转借、涂改、损毁、买卖、伪造税务登记证件的，处二千元以上一万元以下的罚款；情节严重的，处一万元以上五万元以下的罚款。《税收征管法》对这一类型的违法行为还作了其他的具体规定，主要为一般的违法行为，承担行政责任。

（二）纳税人违反税收征纳规定的法律责任

纳税人违反税收征纳的行为是比较常见的违法行为，主要包括逃税行为、欠税行为、抗税行为、骗税行为等，这些违法行为根据不同的类型所承担的法律后果不同。（1）纳税人伪造、变造、隐匿、擅自销毁账簿、记账凭证，或者在账簿上多列支出或者不列、少列收入，或者经税务机关通知申报而拒不申报或者进行虚假的纳税申报，不缴或者少缴应纳税款的，是偷税行为。对纳税人偷税的，由税务机关追缴其不缴或者少缴的税款、滞纳金，并处不缴或者少缴的税款百分之五十以上五倍以下的罚款；构成犯罪的，依法追究刑事责任。（2）欠税行为是纳税人超过税法规定的纳税期未缴或者少缴应纳税款，经税务机关责令限期缴纳，逾期仍然不缴的情形。纳税人欠缴应纳税款，采取转移或者隐匿财产的手段，妨碍税务机关追缴欠缴的税款的，由税务机关追缴欠缴的税款、滞纳金，并处欠缴税款百分之五十以上五倍以下的罚款；构成犯罪的，依法追究刑事责任。以假报出口或者其他欺骗手段，骗取国家出口退税款的，由税务机关追缴其骗取的退税款，并处骗取税款一倍以上五倍以下的罚款；构成犯罪的，依法追究刑事责任。(3)以暴力、威胁方法拒不缴纳税款的，是抗税行为。除由税务机关追缴其拒缴的税款、滞纳金外，依法追究刑事责任。情节轻微，未构成犯罪的，由税务机关追缴其拒缴的税款、滞纳金，并处拒缴税款一倍以上五倍以下的罚款。

二、扣缴义务人的法律责任

(一)扣缴义务人违反税款征收管理规定的行为及其法律责任

扣缴义务人违反税款征收管理规定的主要责任包括：(1)未按照规定的期限向税务机关报送代扣代缴、代收代缴税款报告表和有关资料的，由税务机关责令限期改正，可以处二千元以下的罚款；情节严重的，可以处二千元以上一万元以下的罚款。(3)采用与纳税人偷税的同样手段，不缴或者少缴已扣、已收税款的，由税务机关追缴其不缴或者少缴的税款、滞纳金，并处不缴或者少缴的税款百分之五十以上五倍以下的罚款；构成犯罪的，依法追究刑事责任。

(二)扣缴义务人其他违法行为及其法律责任

扣缴义务人其他违法行为的法律责任主要包括：(1)扣缴义务人未按照规定设置、保管代扣代缴、代收代缴税款账簿或者保管代扣代缴、代收代缴税款记账凭证及有关资料的，由税务机关责令限期改正，可以处二千元以下的罚款；情节严重的，处二千元以上五千元以下的罚款。(2)扣缴义务人逃避、拒绝或者以其他方式阻挠税务机关检查的，由税务机关责令改正，可以处一万元以下的罚款；情节严重的，处一万元以上五万元以下的罚款。(3)编造虚假计税依据的，由税务机关责令限期改正，并处五万元以下的罚款。(4)有税收违法行为而拒不接受税务机关处理的，税务机关可以收缴其发票或者停止向其发售发票。

三、税务人员违反税法的法律责任

税务人员与税务机关应当依法行政，如有违法行为，也应承担相应的法律责任。税务人员徇私舞弊，对依法应当移交司法机关追究刑事责任的不移交，情节严重的，依法追究刑事责任。未经税务机关依法委托征收税款的，责令退还收取的财物，依法给予行政处分或者行政处罚；致使他人合法权益受到损失的，依法承担赔偿责任；构成犯罪的，依法追究刑事责任。税务人员利用职务上的便利，收受或者索取纳税人、扣缴义务人财物或者谋取其他不正当利益，构成犯罪的，依法追究刑事责任；尚不构成犯罪的，依法给予行政处分。税务人员徇私舞弊或者玩忽职守，不征或者少征应征税款，致使国家税收遭受重大损失，构成犯罪的，依法追究刑事责任；尚不构成犯罪的，依法给予行政处分。税务人员对控告、检举税收违法违纪行为的纳税人、扣缴义务人以及其他检举人进行打击报复的，依法给予行政处分；构成犯罪的，依法追究刑事责任。违反法律、行政法规的规定提前征收、延缓征收或者摊派税款的，由其上级机关或者行政监察机关责令改正，对直接负责的主管人员和其他直接责任人员依法给予行政处分。违反法律、行政法规的规定，擅自作出税收的开征、停征或者减税、免税、退税、补税以及其他同税收法律、行政法规相抵触的决定的，除依照本法规定撤销其擅自作出的决定外，补征应征未征税款，退还不应征收而征收的税款，并由上级机关追究直接负责的主管人员和其他直接责任人员的行政责任；构成犯罪的，依法追究刑事责任。税务人员在征收税款或者查处税收违法案件时，未按照规定进行回避的，对直接负责的主管人员和其他直接责任人员，依法给予行政处分。

【案例】

高某系原甲市的个体工商户，税务机关对其实行定期定额管理的征管方式。1988 年至 1990 年期间，高某在原甲市从事纺织品及布料批零经营业务。1990 年 9 月，原甲市税务局对高某进行税务检查，采取以进核销的方式认定其偷税 60758.23 元，于 1991 年 5 月 10 日作出《税务违章处理决定书》，认定高某采取虚假申报手段偷税，对高某作出了补税 60758.23 元并处一倍罚款的处理。原甲市税务局按规定将该案移送原甲市检察院，检察院在立案侦查后向法院提起公诉，1992 年 4 月法院以偷税罪判处高某有期徒刑三年，并强制执行了税款和罚款。高某不服提起上诉，1992 年 10 月二审法院维持原判。三年刑满后，高某因对一、二审刑事判决不服，向中级人民法院提起申诉。1999 年 1 月 20 日，法院作出再审判决，改判高某偷税罪不成立。理由是税务机关未履行告知义务，高某不知道不如实申报就是偷税的规定，因此高某少缴的 38885.74 元应按照漏税处理。

法院刑事再审判决生效后，因辖区发生变化和税制改革，甲市改名为乙区，原甲市税务局也分设为国、地税两机构。于是高某多次要求乙区国、地税局纠正和撤销对其作出的税务违章处理决定，返还多征税款罚款并赔偿其损失。2000 年 4 月，高某向乙区人民法院提起行政诉讼，请求法院判定税务机关违法并赔偿其经济损失，同时要求税务机关对其是否偷税作出书面答复。乙区人民法院一审认定，高某要求税务机关作出书面答复的要求是正当的，税务机关不予答复的不作为是错误的，故要求税务机关在判决生效后 10 日内向高某作出书面答复。高某不服该一审判决，于 2000 年 6 月 16 日提起上诉，继续请求法院裁定税务机关退还多征税款和罚款。2000 年 9 月 13 日，二审法院判决认定，高某提起的行政诉讼已超过诉讼时效。高某已丧失诉权，因此判决撤销一审判决，并驳回高某要求税务机关返还税款和罚款的诉讼请求。二审判决后，高某以 1999 年刑事再审判决为依据，继续向国、地税务机关请求赔偿，乙区国税局于 2000 年 12 月 18 日按照二审意见对高某作出了书面答复，高某对答复不服，不断地向国家税务总局和市国税局反映情况。2001 年 8 月 30 日，乙区国税局依照刑事再审判决，退还高某罚款和多征的税款，履行了国家赔偿的义务。之后，高某认为税务机关没有完全履行赔偿义务，对赔偿数额提出异议，要求另外赔偿 30 万元，于 2002 年 10 月提起行政赔偿。2002 年 11 月 16 日，乙区人民法院以《行政赔偿调解书》调解结案，由乙区国家税务局一次性支付高某 50000 元，高某放弃其他请求。

【分析】

本案中，再审法院为什么在 1999 年的判决中认定高某不构成偷税罪呢？这是因为：一是税务机关在检查中取证不到位。由于检查时未提取税务机关告知高某不如实申报是偷税的证据——载有该项告知内容的《定期定额通知书》，因此不能证明高某存在偷税的主观故意。事隔 9 年，其间发生了国、地税机构分设、资料搬迁等变故，到了 1999 年，《定期定额通知书》以及送达文书已难以在征管单位找到。二是核定的税款难以认定为偷税。税务机关是采取以进核销的方法核定偷税数额，而核定数额是税务机关因难以准确地核定销售而采取的其他方法推定销售额所计算的税额，因此采取核定的方法认定偷税也值得商榷。因此，再审法院认为高某的偷税罪不成立。本案中，参照《国家赔偿法》的相关规定，依最终刑事判决确定的偷税金额，税务机关应赔偿的也就是退还多收的税款及罚款。其人身自由受到的伤害并不是由税务机关的过错造成的，因为确定高某承担刑事责任的是司法机关。本案中，税务机关本着从实际情况处罚，考虑因法律不溯及既往原则而不能获得刑事赔偿和可能造成的经营损失，税务机关同意给予相应补偿的做法是不妥当的。①

【导入案例分析】

由于在立法中没有明确承认包税的合法性，一些税务机关常常为了一时的需要而违反包税约定，常以偷税为名对纳税人进行处罚，甚至追究刑事责任。这种违背信赖保护原则的做法将导致纳税人对政府的不信任，甚至可能产生整个社会对公权力的信任危机。二审法院认为：虽然律师事务所少缴了税款，但是这是由直接负责的税务人员核定的，税务局在知情的情况下未提出异议，而且事务所在

---

① 李三江. 税务行政执法典型案例评析[M]. 北京：中国商业出版社，2014：48－54.

税务机关检查时即交出全部账目，主观上没有逃税的故意。判决上诉人陈惠德无罪。此案引起了较大争议，人们从各个角度对其进行阐述。案件的关键在于陈惠德有没有偷税的故意，其辩护律师在辩护词里虽没有明确提出纳税人信赖利益的保护，却已包含了这一理念，二审法院判决也表明法院认可对这一利益的保护。二审法院正是基于纳税人信赖利益的保护原则认定陈惠德律师事务所主观上没有逃税的故意，判决陈惠德无罪。这一判决基本上是正确的。① 信赖利益保护最初来自行政法领域，它的基本理念是国家和公民之间应该存有信赖关系，税务机关根据行政权进行税款征收，故纳税人基于对税务机关的信赖作出行为，这种行为应得到认可和保护。尽管在事实上，纳税人可能存在着与税务机关要求不符之处，但是基于纳税人的主观善意应得到保护。

【思考与案例分析题】

1. 简述税法的概念及其基本原则。
2. 如何理解税法法律关系。
3. 试论述税法的构成要素。
4. 税收征收管理制度是由哪些内容构成的?
5. 简述税收法律责任的种类。
6. 案例分析题

案情简介

2014 年 7 月，李某在甲县工商局办理了临时营业执照从事服装经营，但未向税务机关申请办理税务登记。2014 年 9 月，甲县税务所查处，核定应纳税款 800 元，限其于次日缴清税款。李某在限期内未缴纳税款，对核定的税款有异议，税务所不听其申辩，直接扣押了 900 元的一件服装。扣押后李某仍未缴纳税款，税务所将服装以 800 元的价格销售给内部员工，用以抵缴税款。

问题：

请思考对李某的行为应该如何处理？请分析甲县税务所的执法行为有哪些地方不妥。

【相关知识链接】

1. 中国财税法网：http：//www. cftl. cn/。
2. 国家税务总局：http：//www. chinatax. gov. cn/。
3. 中国税务网：http：//www. ctax. org. cn/。

---

① 陈少英. 税法学案例教程[M]. 北京：北京大学出版社，2007：41 –43.

【参考文献】

[1] 熊伟.财税改革的法律逻辑[M].武汉：湖北人民出版社，2015.
[2] 王曙光，李兰，张小锋.财税法[M].大连：东北财经大学出版社，2014.
[3] 寇晓慧，邵伟军.经济法教程[M].武汉：中国财政经济出版社，2014.
[4] 张守文.财税法学(第四版)[M].武汉：中国人民大学出版社，2014.
[5] 李国海，余卫明.经济法律教程[M].长沙：中南大学出版社，2014.
[6] 华国庆.试论纳税人知情权及其法律保障[J].法学家，2006(2)：93 – 99.
[7] 刘剑文，李刚.税收法律关系新论[J].法学研究，1999(4)：90 – 98.

第九章　金融法

【本章重点】

1. 金融法的基本概念。
2. 金融法的基本原则。
3. 金融法的渊源及体系。
4. 中央银行法律制度。
5. 商业银行法律制度。
6. 政策性银行法律制度。
7. 金融监管法律制度。

【案例导入】

2015 年 11 月 30 日，国际货币基金组织执行董事会认为，人民币符合所有现有标准，为可自由使用货币，决定将人民币纳入特别提款权（SDR）货币篮子，SDR 货币篮子相应扩大至美元、欧元、人民币、日元、英镑 5 种货币，人民币在 SDR 货币篮子中的权重为 10.92%，美元、欧元、日元和英镑的权重分别为 41.73%、30.93%、8.33%和 8.09%，新的 SDR 货币篮子于 2016 年 10 月 1 日生效。

从国际实践看，在确定一种货币是可自由使用货币并被纳入 SDR 篮子时，须解决一些重要的操作性问题。在 IMF 开展 SDR 审查的过程中，中国继续推动经济金融改革与开放，特别是在开放债券市场和外汇市场、完善人民币代表性利率和汇率、提高数据透明度等操作性问题方面取得了积极进展，人民币逐渐接近并达到了 SDR 篮子货币的标准和各项操作性要求。人民币成为 SDR 篮子货币，必然要求境外机构，特别是境外央行类机构能进入中国金融市场进行资产配置和风险对冲操作。2016 年 2 月，人民银行进一步向境外私人机构投资者开放了银行间债券市场，不设投资额度限制，债券市场的开放程度进一步提高。同年 4 月，人民银行通过发布《境外央行类机构进入中国银行间债券市场业务流程》和《境外央行类机构进入中国银行间外汇市场业务流程》，为境外央行类机构入市提供了具体的操作指引，进一步便利了境外投资者进入中国金融市场。人民币要成为SDR篮子货币，还需要提供人民币代表性利率和代表性汇率，以便于对SDR进行相应的估值和计息。为解决上述问题，国内各部门密切配合，推出了一系列改革措施，并得到了国际社会的积极回应和支持。如果人民币要成为篮子货币，必然要求为境外机构开展人民币业务及相关业务的清算和结算提供进一步的便利。为此，2015年10月，人民银行进一步明确了境外央行类机构在境内商业银行开立人民币账户的相关规定，为其开展实际操作提供了必要的条件。①

【问题】

人民币纳入SDR在金融法上有何意义？

（具体分析见本章末尾）

第一节 金融法概述

一、金融法的概念和调整对象

（一）金融法的概念

金融法是以金融关系为调整对象的法律规范的总称。具体而言，金融关系包括以银行等金融机构为中介的货币流通和资金信用融通活动，以及国家和金融主管机关在对金融机构、金融业务、金融市场的监管、调控过程中各主体之间所产生的各种社会关系，例如，金融调控关系、金融业务关系、金融监管关系等。因此，金融法的范围包括银行法、证券法、保险法、信托法、票据法等具体法律制度和法律规范。

（二）金融法的调整对象

金融法的调整对象是各种金融关系，主要有金融调控关系、金融监管关系、金融业务关系等。

---

① 人民币加入SDR过程中的中国金融改革和开放［OL］.（2016－10－18）. http：//www. pbc. gov. cn/goutongjiaoliu/113456/113469/3149490/index. html.

金融调控关系是指国家及其授权的金融主管机关以稳定币值、促进经济增长为目的，对金融市场行为进行调节和控制的过程中产生的法律关系，包括直接调控法律关系和间接调控法律关系。直接调控法律关系如中央银行规定存款准备金率形成的法律关系；间接调控法律关系如中央银行制定和实施的货币政策，通过调整货币供应量指标、市场利率水平形成的法律关系。

金融监管关系是指政府金融主管机关对金融机构、金融市场、金融产品及金融交易的监督管理的关系。例如，中央银行对银行业金融机构的监管法律关系。

金融业务关系是指在货币市场、证券市场、保险市场和外汇市场等各种金融市场，金融机构之间，金融机构与大众之间，大众之间进行的各种金融业务的关系。

二、金融法的基本原则

(一) 金融法的基本原则的含义

金融法的基本原则，是体现金融法精神和基本价值、主导整个金融法体系的根本准则，在整个金融立法、执法、司法、守法过程中均应遵循。

(二) 金融法的基本原则的具体内容

金融法的基本原则往往与经济发展水平、货币金融政策目标等密切相关。在不同国家和同一国家的不同历史时期，由于经济发展水平、货币金融政策目标的不同，金融法的基本原则也不相同。根据我国现行的金融法法律、法规，结合我国现阶段经济发展水平和货币金融政策目标，我国金融法应遵循以下几个基本原则：

1. 稳定货币币值，促进经济增长

金融宏观调控的基本任务是保持货币币值的稳定，抑制通货膨胀，有效地配置金融资源，从而促进经济增长。西方经济学理论和实践已经证明，维持货币币值的稳定是经济持续、稳定和协调发展的前提条件。通过增发货币刺激经济，或许能取得经济的一时繁荣，但最终必然导致通货膨胀、经济衰落，甚至经济危机。我国正处于经济发展稳步上升时期，需要的是实实在在的经济增长，而不是增发货币、通货膨胀刺激下的虚假繁荣。因此，我国金融宏观调控必须在稳定币值的前提下，扎扎实实地促进经济增长。金融法应以此原则为基础，制定和实施一系列稳健的货币政策，保障经济持续、稳定、协调的发展，这是我国现代金融乃至现代经济发展内在规律的要求。为此，我国 1995 年和 2003 年修订的《中国人民银行法》均以大量篇幅来规范和界定了中央银行的货币政策工具以及中央银行金融监管的内容、种类和方式，为我国稳定币值、抑制通货膨胀、提高金融管理水平提供了法律依据。

2. 防范金融风险，维护金融稳定

金融是现代经济的核心和枢纽，金融市场是整个市场经济体系的动脉，金融安全关乎市场经济的安全。由于金融本身的高风险性，诸如信用风险、利率风险、市场风险、流动性风险、法律风险、政治风险、社会风险、购买力风险、清算风险等，使得金融体系的安全、高效、稳健运行对经济全局的稳定和发展至关重要。因此，有必要加强金融监管，规范金融市场各参与主体的行为，通过建立金融规则与程序，有效防范和化解金融风险，维护金融稳定、有序和协调发展。对此，我国《中国人民银行法》第二条第二款规定，“中国人民银行在国务院领导下，制定和执行货币政策，防范和化解金融风险，维护金融稳定”。由此确立了“防范金融风险，维护金融稳定”在金融法领域的原则地位。

此外，分业经营与分业监管并非我国金融法的基本原则。虽然，自1995年的《商业银行法》和《保险法》开始，规定了保险业和银行业、证券业、信托业实行分业经营、分业管理；1998年的《证券法》也明确规定了证券业和银行业、信托业、保险业分业经营、分业管理，由此禁止在同一机构内进行银行、证券、保险等业务交叉，但是，关于分业经营与综合经营的争议从未停止。有实证研究指出，整体而言，综合经营有利于银行管理水平和盈利能力的提高，但不利于资本充足率、资产质量和流动性的提升；上市商业银行综合经营的正效用较为明显而非上市商业银行综合经营对绩效产生了严重的负面影响。[①] 事实上，我国已经存在金融机构的综合经营，主要表现在：(1)部分金融控股公司或金融集团持有多个金融机构股权，例如中信、光大、平安集团分别相对控股与绝对控股银行、证券、保险等金融机构；(2)各类金融机构在销售上的综合经营，例如银行销售基金、保险产品；(3)商业银行与证券、保险、基金、信托等金融机构开展各类合作，例如银证合作中的股票质押贷款、代理资金转账结算和清算等。因此，将我国《商业银行法》《保险法》和《证券法》中禁止商业银行、保险公司和证券公司业务交叉的规定视作为我国金融法的基本原则，既与金融机构经营理论和国际金融业主流趋势不合，也与我国当前金融实践不符，不利于我国金融业向综合经营体制的转变。

同样，保护存款人或投资人的利益也并非金融法的基本原则。虽然我国金融法律大多规定了保护存款人或投资人利益，例如，《商业银行法》第一条规定：“保护商业银行、存款人和其他客户的合法权益。”《证券法》第一条规定：“保护投资者的合法权益。”《银行业监督管理法》第一条规定：“保护存款人和其他客户

---

① 李梦雨. 综合经营有助于提升商业银行绩效吗——国际经验与我国实证[J]. 当代经济科学，2014(2)：43－51.

的合法权益。”《保险法》第一条规定：“保护保险活动当事人的合法权益。”但其根本目的都是促进社会主义市场经济的发展，维护社会经济秩序和社会公共利益。金融领域本身的风险性无法避免，任何金融投资均有风险存在，投资人应自行承担其投资风险。此外，《中国人民银行法》第一条并未提及投资人利益保护问题，仅规定：“确立中国人民银行的地位，明确其职责，保证国家货币政策的正确制定和执行，建立和完善中央银行宏观调控体系，维护金融稳定。”

三、金融法的渊源

（一）正式渊源

金融法的正式渊源是指体现于国家制定的规范性法律文件中的渊源，例如宪法、法律、法规等，主要为制定法。

1. 宪法

宪法是国家根本法，在我国法律体系中具有最高的法律地位和法律效力。宪法作为金融法的渊源，是指宪法是所有金融立法最根本的法律依据，也是金融法总的指导思想、基本原则和基本法律制度的来源。

2. 金融法律

法律是金融法的基本法律渊源，指由全国人民代表大会和全国人民代表大会常务委员会制定颁布的有关金融组织及其活动的规范性文件，包括专门的金融法律和其他法律中涉及金融活动的有关规定。前者如《中国人民银行法》《商业银行法》《证券法》《保险法》《信托法》等，后者如《合同法》中关于融资租赁合同的规定、《担保法》中有关金融机构对外担保的规定、《公司法》中关于金融公司的组织规定等。

3. 金融行政法规

金融行政法规是国务院根据宪法和法律就有关执行金融法律和履行金融管理职权的问题，以及依据全国人大的特别授权所制定的金融规范性文件的总称，同样属于金融法的渊源。如我国国务院发布的《人民币管理条例》《储蓄管理条例》《外资银行管理条例》等，均属其例。

4. 地方性金融法规

地方性金融法规指有地方立法权的地方人民代表大会及其常委会就地方性事务以及根据本地区实际情况执行金融法律、金融行政法规的需要所制定的地方性金融规章，往往是对金融法律法规具体化的实施细则，或是针对本地区特殊情况和特殊需要而发布的因地制宜的规范性文件（如民族自治区域、经济特区等依法制定的法规和规章）。例如，2014 年 3 月 1 日起正式实施的《温州市民间融资管理条例》和《温州市民间融资管理条例实施细则》被称为是中国第一部地方性金融法规，首次将民间借贷纳入了政府监管范畴。①

5. 规章

国务院各部、委员会、中国人民银行、审计署和具有行政管理职能的直属机构，以及省、自治区、直辖市人民政府和较大的市的人民政府所制定发布的有关金融活动的规范性文件也是金融法的法律渊源之一。例如，中国人民银行制定的《金融机构管理规定》《贷款通则》，银监会制定的《商业银行合规风险管理指引》，国家外汇管理局制定的《非银行金融机构外汇业务管理规定》《经常项目外汇账户和境内居民个人购汇操作规程》等。

除此之外，根据我国"一国两制"的方针和宪法、特别行政区基本法的规定，我国特别行政区享有立法权，它们制定的金融法律、法规，不同于上述内地各地方和各民族自治区域所制定的地方性金融法规、规章。

6. 行业自律规范

金融行业自律规范是指金融行业协会或交易制定的有关金融行业成员和自身行为的准则，经过授权、批准或备案后，对行业成员和协会、交易所自身产生约束力。这些行业协会和交易制定的自律规范作为国家有权机关制定的规范性法律文件有益的补充，也是我国金融法律规范的重要渊源之一。如中国证券业协会发布的《中国证券业协会章程》、中国银行业协会发布的《中国银行业贸易金融业务自律规范指引》、深圳证券交易所发布的《深圳证券交易所股票上市规则(2014 年修订)》《深圳证券交易所创业板股票上市规则(2014 年修订)》等。

7. 国际条约与国际惯例

改革开放后，我国缔结和加入了诸多双边或多边金融条约、公约、协定，国际金融条约也是我国金融法的重要渊源之一，对国内金融机构的金融活动具有约束力。例如，《国际货币基金协定》《国际复兴开发银行协定》《国际金融公司协定》《国际开发协会协定》《关于国际清算银行豁免的议定书》《建立国际农业发展基金的协定》《建立商品共同基金协定》等国际金融合作协定，以及《建立亚洲开发银行协定》《设立亚洲再保险公司的协定》《建立非洲开发银行协定》《建立非洲开发基金协定》《东南非贸易和开发银行》等区域性金融合作协定等。

此外，国际金融惯例是我国金融法的重要渊源，这些金融惯例经过国际社会广泛接受并予以承认，约定俗成，具有行为规则的性质，经国家确认而具有法律约束力。例如，《商业跟单信用证统一惯例》《巴塞尔资本协议》《商业单据托收统一规则》《有效银行监管的核心原则》《多元化金融集团监管的最终文件》《贷款协定和担保协定通则》等。

① 我国首部地方性金融法规今起实施[N]. 中国青年报，2014－03－01(01).

（二）非正式渊源

金融法的非正式渊源是指具有法律意义的准则和理念，但此类准则和理念尚未在正式渊源中明文规定，因此也不具有法律效力。当对特定问题没有法律明文规定可以适用时，可以非正式渊源作为裁判依据。常见的非正式渊源主要包括法学理论、外国法、风俗习惯、国家政策等。

四、金融法的体系

（一）金融法体系的含义

金融法体系是指一国调整不同领域的金融关系的法律规范所组成的有机联系的统一整体。

（二）金融法体系的主要内容

我国金融法属于经济法的一部分，根据调整范围的不同，我国金融法体系大致包括以下几个部分：

（1）银行法。银行法是金融法体系的核心规范。银行法是调整银行管理关系和银行经营关系的法律规范的总称。目前，我国银行法方面的立法主要有：《中华人民共和国中国人民银行法》《中华人民共和国商业银行法》《中华人民共和国银行业监督管理法》《中华人民共和国外资银行管理条例》等。

（2）证券法。证券法是在调整证券发行和交易过程中发生的资金融通关系的法律规范的总称。目前，我国证券法方面的立法主要有：《中华人民共和国证券投资基金法》《中华人民共和国证券法》《证券交易所风险基金管理暂行办法》《证券公司风险处置条例》《证券公司监督管理条例》等。

（3）保险法。保险法是调整保险关系的所有法律规范的总称。由于保险兼有储蓄和投资的功能，国际上通常将保险视为一种金融业务，保险法也被视为金融法体系的一部分。目前，我国保险法方面的立法主要有：《中华人民共和国保险法》《中华人民共和国社会保险法》《中华人民共和国外资保险公司管理条例》等。

（4）信托法。信托法是调整金融信托关系的所有法律规范的总称，其目的是调整信托关系，规范信托行为，保护信托当事人的合法权益，促进信托事业健康发展。目前，我国信托法方面的立法主要有《中华人民共和国信托法》等。

（5）票据法。票据法是调整票据关系以及与票据行为相关的非票据关系的所有法律规范的总称，既包括专门的票据法律、法规，也包括其他法律、法规中有关票据的规范。目前，我国票据法方面的立法主要有：《中华人民共和国票据法》《票据管理实施办法》《最高人民法院关于审理票据纠纷案件若干问题的规定》等。

由于课程体系安排，证券法另设专章详述，保险法主要涉及平等民事主体之间的法律关系，主要在民商法教材中探讨，本章主要探讨金融法中极为重要的银行法部分，即银行法相关法律规范，具体包括《中国人民银行法》《商业银行法》《银行业监督管理法》等法律及相关的行政法规、司法解释、部门规章等内容。

我国金融法治化的历史进程大致包括五个阶段：一是改革开放前的计划经济阶段(1949—1978 年)，这一阶段建立高度集中的国家银行体制，中国人民银行成为国家的“信贷中心、结算中心和现金中心”；二是改革开放后的计划经济阶段(1978—1984 年)，这一阶段从银行体制改革入手，强调发挥中央银行职能，通过金融业务拓展和经济特区试点开放金融业，为经济发展提供金融支持和服务；三是有计划商品经济阶段(1985—1992 年)，这一阶段全面实行“拨改贷”，提高资金使用效率，加快建立和完善各类金融市场，促进资金融通；四是社会主义市场经济建立阶段(1993—2002 年)，这一阶段加强金融立法，提高金融法治化水平，分业经营、分业监管体制的建立，为成功渡过东南亚金融危机奠定了重要基础；五是社会主义市场经济完善阶段(2003 年至今)，这一阶段认真践行入世承诺，进一步完善金融法律体系，巩固分业监管金融体制，金融业发展和改革取得长足进步。①

第二节　中央银行法律制度

一、中央银行概述

(一)中央银行的形成和发展

世界上最早的中央银行是瑞典国家银行和英格兰银行。瑞典国家银行的前身是 1656 年创办的欧洲第一家私人银行，1668 年改组为国家银行。英格兰银行是 1694 年国王特准设立的私人股份银行，比瑞典国家银行早 53 年，因此，被称为近

---

① 席月民. 新中国 60 年法治建设成就回顾专题[J]. 法学杂志，2009(28)：174.

代中央银行的鼻祖。①

我国中央银行的历史可以追溯到1905年清政府建立的户部银行，1908年户部银行即改称“大清银行”。1927年12月，国民政府颁布中央银行条例，明确规定中央银行为特许的国家银行。②

中国人民银行作为中央银行的历史自1931年江西瑞金召开的“全国苏维埃第一次代表大会”开始。会议通过决议成立“中共苏维埃共和国国家银行”，即苏维埃国家银行。1948年12月1日，在石家庄成立中国人民银行。1984年1月1日，中国人民银行专门行使中央银行职能，标志着在金融业的发展上我国放弃了计划经济条件下以社会簿记功能为特征的集货币发行与信贷发放为一体的大一统银行体制，实行了与商品经济发展相适应的中央银行体制。③ 中国人民银行成立至今，在体制、职能、地位、作用等方面，发生了巨大而深刻的变革。改革开放前中国人民银行推行的是一种混合式的中央银行制度；改革开放后，其加强对宏观经济的调节和控制，搞活经济和稳定货币流通，不断向规范化、法治化、现代化方向发展。

（二）中央银行的职能

各国法律对中央银行的性质、地位和职能的规定虽不尽相同，但作为制定和执行货币政策、实施金融监管调控和维护金融稳定的特殊金融机关的基本性质和职能却是基本一致的。中央银行的这种基本性质和职能决定了中央银行法是金融调控法、金融监管法和金融服务法的统一体，是国家宏观经济调控法律体系的重要组成部分。④ 类似地，我国《中国人民银行法》第二条第二款规定：“中国人民银行在国务院领导下，制定和执行货币政策，防范和化解金融风险，维护金融稳定”。由此确立了中央人民银行的三大职能，即制定和执行货币政策、防范和化解金融风险以及维护金融稳定。

首先，在制定和执行货币政策方面，修改后的《中国人民银行法》关于中国人民银行在履行职责方面最大的变化集中体现在“一个强化、一个转换和两个增加”，其中“一个强化”就是强化了中国人民银行与制定和执行货币政策有关的职责。具体而言，《中国人民银行法》第十二条增加了“中国人民银行货币政策委员会应当在国家宏观调控、货币政策制定和调整中，发挥重要作用”的规定，有利于充分发挥货币政策委员会对中央银行制定和执行货币政策的咨询议事作用；第二

---

① 世界上最早的中央银行[J]. 福建金融，1989(5).

② 刘慧宇. 中国近代中央银行体制演变刍议[J]. 民国档案，1997(1)：84－91.

③ 2003年12月18日“中国人民银行有关负责人就《中国人民银行法》修改有关问题答记者问”。

④ 漆多俊. 经济法学[M]. 北京：高等教育出版社，2014：311.

十三条增加了中国人民银行在公开市场买卖金融债券这一货币政策工具；第三十一条要求中国人民银行依法监测金融市场的运行情况，对金融市场实施宏观调控，促进金融市场协调发展。

其次，在防范和化解金融风险方面，《中国人民银行法》修改后，中国人民银行的主要职能转变为“制定和执行货币政策，不断完善有关金融机构的运行规则，更好地发挥作为中央银行在宏观经济调控和防范与化解系统性金融风险中的作用”。为实现这一转变，《中国人民银行法》从防范和化解系统性金融风险角度，设计了近10个条文，赋予中国人民银行维护金融稳定的职能，明确中国人民银行为维护金融稳定可以采取的各种法律手段。例如，第三十条明确了中国人民银行提供再贷款化解金融风险，维护金融稳定；当银行业金融机构出现支付困难，可能引发金融风险时，为了维护金融稳定，根据第三十四条的规定，中国人民银行经国务院批准，有权对银行业金融机构进行全面检查监督。《中国人民银行法》通过赋予人民银行建议监督检查权，可以避免对银行业金融机构的重复监督检查。而在特定情况下，人民银行的全面监督检查权则可以最小成本地防范和化解金融风险，维护金融稳定。

再次，在维护金融稳定方面，中国人民银行作为我国的中央银行，是银行的银行、政府的银行和发行的银行，具有维护国家金融稳定的手段，从而承担着金融稳定的职能。《中国人民银行法》修改后，中国人民银行维护金融稳定的职能主要通过三个方面实现，一是作为最后贷款人在必要时救助高风险金融机构，二是共享监管信息采取各种措施防范系统性金融风险，三是由国务院建立监管协调机制。具体而言，《中国人民银行法》第一条、第二条和第十二条明确中国人民银行及其分支机构负有维护金融稳定的职能；第四条和第二十七条要求中国人民银行维护支付、清算系统的正常运行，促进金融稳定；第三十条明确中国人民银行提供再贷款化解金融风险，维护金融稳定；第三十一条“中国人民银行依法监测金融市场的运行情况，对金融市场实施宏观调控，促进其协调发展”，要求中国人民银行从维护金融市场稳定的角度，做好金融稳定工作；第三十四条明确“当银行业金融机构出现支付困难，可能引发金融风险时，为了维护金融稳定，中国人民银行经国务院批准，有权对银行业金融机构进行检查监督”，从分析风险性质及严重程度这一角度出发，赋予中国人民银行为化解金融风险而享有检查监督权；第三十五条要求中国人民银行与银行业监督管理机构等金融监督管理机构建立监管信息共享机制，从信息共享、及时沟通情况角度出发，为中国人民银行维护金融稳定提供信息基础。此外，考虑到维护金融稳定还涉及银行、证券及保险等专业监管部门以及国家财政部门，要求在更高层次对相关政策措施进行协调，建立防范和化解金融风险的长效机制，《中国人民银行法》第九条规定：“国务院建立金融监督管理协调机制，具体办法由国务院规定。”

二、我国中央银行法的基本内容

(一) 立法概况

我国的中央银行是中国人民银行，我国的中央银行法就是《中国人民银行法》。我国现行的《中国人民银行法》是在 1995 年 3 月 18 日八届全国人大第三次会议审议通过并公布，后于 2003 年 12 月 27 日经十届人大常委会第六次会议通过的《全国人大常委会关于修改〈中华人民共和国中国人民银行法〉的决定》修正，于 2004 年 2 月 1 日起正式施行的。现行《中国人民银行法》包括八章，共计五十三条。八章内容分别为总则、组织机构、人民币、业务、金融监督管理、财务会计、法律责任和附则。

(二) 中国人民银行的性质、地位和职责

1. 中国人民银行的性质和地位

根据我国《中国人民银行法》第二条和第八条的规定，中国人民银行是我国的中央银行，是国务院领导下的特殊国家机关；其全部资本由国家出资，可以依法展开业务。由此可见，中国人民银行是通过从事特定金融业务和服务，实施金融监管和调控，维护金融稳定、调节宏观经济的特殊国家机关。一方面，中央银行不是一般的金融企业，它虽然也经营特定的金融业务与服务，但在经营目标、经营对象以及人员管理等方面都不同于普通银行：首先，不以营利为目的，而以调控经济、监管金融、稳定社会为己任；其次，不经营普通商业银行业务，其业务对象不是普通的工商企业、单位和个人，而是国家、政府、银行和其他金融机构；再次，高级管理人员不由股东选任，而是由政府和全国人民代表大会任命，任免程序与政府机构行政首长的任免程序相同。另一方面，中央银行又不同于其他国家机关，其调控、监管职能是通过以银行身份从事特定的金融业务、提供金融公共服务来实现，例如接受(金融机构的)存款，发放再贷款、再贴现，在公开金融市场上公开买卖有价证券等；其调控工具主要是货币政策等间接杠杆，而不是政府机关依靠行政命令的直接管理；中央银行因其职能的重要性和业务的特殊性，一般都具有相对独立性，其货币政策的制定和执行、人事组织管理等方面，既要接受政府一定程度的管制，又因金融活动自身的运行规律而不能完全听命于政府。①

---

① 漆多俊. 经济法学[M]. 北京：高等教育出版社，2014：312.

2. 中国人民银行的职责

依据《中国人民银行法》第四条规定，中国人民银行的职责可细分为十三个方面的内容，即："（一）发布与履行其职责有关的命令和规章；（二）依法制定和执行货币政策；（三）发行人民币，管理人民币流通；（四）监督管理银行间同业拆借市场和银行间债券市场；（五）实施外汇管理，监督管理银行间外汇市场；（六）监督管理黄金市场；（七）持有、管理、经营国家外汇储备、黄金储备；（八）经理国库；（九）维护支付、清算系统的正常运行；（十）指导、部署金融业反洗钱工作，负责反洗钱的资金监测；（十一）负责金融业的统计、调查、分析和预测；（十二）作为国家的中央银行，从事有关的国际金融活动；（十三）国务院规定的其他职责。中国人民银行为执行货币政策，可以依照本法第四章的有关规定从事金融业务活动。"

（三）中国人民银行的组织机构

1. 决策机构

根据我国宪法规定，国务院各部、各委员会实行部长、主任负责制（第八十六条第二款），国务院领导下的特殊国家机关，同样实行首长负责制，中国人民银行由行长掌握决策权，履行决策职责。《中国人民银行法》第十一条规定："中国人民银行实行行长负责制。行长领导中国人民银行的工作，副行长协助行长工作。"中国人民银行行长作为中国人民银行的行政首长，对中国人民银行一切行政行为负责。中国人民银行行长的人选，应当依据《中国人民银行法》第十条第二款，"根据国务院总理的提名，由全国人民代表大会决定；全国人民代表大会闭会期间，由全国人民代表大会常务委员会决定，由中华人民共和国主席任免。中国人民银行副行长由国务院总理任免。"人民银行行长在银行中处于中心地位，发挥核心作用，拥有重大问题决策权、行政指挥权和人事任免权。现任中国人民银行行长为周小川，于2002年被任命为中国人民银行行长，至今已逾14年，为新中国任职时间最长的央行行长。

2. 分支机构

中国人民银行根据履行职责的需要设立分支机构，以保障中国人民银行独立执行货币政策，不受地方政府干扰。中国人民银行的分支机构是中国人民银行的派出机构，其主要职责是根据中国人民银行的授权，负责本辖区的金融监督管理，承办有关业务。现有的分支机构包括上海分行、天津分行、沈阳分行、南京分行、济南分行、重庆营业管理部、长沙中心支行、南昌中心支行等36个分行、营业管理部或支行。中国人民银行的分支机构在地位上独立于各级地方人民政府，不属于地方政府的地方经济行政职能部门，在业务上不受地方政府的干涉。

3. 货币政策委员会

为正确制定货币政策,《中国人民银行法》第十二条规定,“中国人民银行设立货币政策委员会。货币政策委员会的职责、组成和工作程序,由国务院规定,报全国人民代表大会常务委员会备案”。据此,国务院于 1997 年 4 月 15 日发布施行《中国人民银行货币政策委员会条例》,规定了货币政策委员会作为中国人民银行制定货币政策的咨询议事机构,明确了货币政策委员会的职责、组成和工作程序。

货币政策委员会的主要职责是在综合分析宏观经济形势的基础上,依据国家的宏观经济调控目标,讨论货币政策的制定和调整、一定时期内的货币政策控制目标、货币政策工具的运用、有关货币政策的重要措施、货币政策与其他宏观经济政策的协调等涉及货币政策的重大事项,提出制定和实施货币政策的建议。

货币政策委员会的组成人员主要包括:中国人民银行行长、中国人民银行副行长、国家计划委员会副主任、国家经济贸易委员会副主任、财政部副部长、国家外汇管理局局长、中国证券监督管理委员会主席、国有独资商业银行行长和金融专家。并且,国务院可以决定调整货币政策委员会的组成单位。自 1997 年至 2016 年底,国务院共计 14 次任免和调整中国人民银行货币政策委员会组成人员。

为发挥中国人民银行货币政策委员会咨询议事机构的职能,中国人民银行货币政策委员会第一次会议于 1997 年 7 月 31 日通过《中国人民银行货币政策委员会议事制度》,明确了货币政策委员会委员通过提出货币政策问题议案、参加货币政策委员会例会履行咨询议事职责的议事制度。

【案例】

金顶公司成立于2008 年 7 月 11 日,注册资本为1000 万元,经营范围包括黄金制品投资,黄金投资咨询,黄金制品、白银制品、工艺品销售,黄金收购。茆慧慧与金顶公司签订《金顶黄金买卖合同》一份,除写明“金顶公司(甲方)茆慧慧(乙方)根据中华人民共和国有关法律法规、政策及国际惯例,本着公平、公正、公开及互利共赢的原则,经友好协商,就黄金买卖的有关事项自愿签订本合同”外,还包括以下核心条款:

第一条 甲、乙双方按照《金顶黄金买卖规则》(以下简称“买卖规则”)的规定进行金顶金银制品的买卖。

第二条 乙方根据甲方提供的报价,可以根据自身情况选择以全款或预先支付部分货款(以下简称“预付款”)的方式对标的物进行买卖。

第三条 乙方以预付款方式对标的物进行买卖的,应首先在甲方申请开通买卖账户,通过甲方的开户审核并与甲方签署客户协议书后,即可得到一个买卖账户号码。

第五条　乙方可通过电话、网络等方式进行买卖。

第六条　乙方对买卖结果有异议的，须在其买卖指令下达起二个工作日内以书面形式向甲方提出。如果乙方未在上述期限内提出异议，视为乙方对甲方记录的乙方买卖结果的确认。

第七条　乙方在每次买卖时，应根据自己买卖账户内的资金量和风险承受能力，选择适当买卖数量。

第十条　由于受国际上各种政治、经济因素以及各种突发事件的影响，黄金价格可能出现较大波动，进行黄金买卖的风险与收益均由乙方自行承担。

第十一条　本合同附件作为本合同不可分割部分，与本合同具有同等法律效力。本合同任何条款如与附件有抵触时，以附件为准。乙方确认，签订本合同时已仔细阅读本合同及所有附件内容，并完整和准确地理解了其含义，甲方已将包括但不限于甲方的免责条款和乙方承担风险的说明在内的所有合同条款及合同附件，全部向乙方解释，乙方表示知悉，清楚并均接受。

2010年4月28日至2011年3月2日期间，茆慧慧使用bj18××××88的账号通过http：//www.169gold.com.cn〈http：//www.169gold.com.cn〉/网址在金顶公司链接页面订货系统上发布买卖指令，向金顶公司汇入款项合计33132953元，收到金顶公司汇出款项合计9607886.55元。

茆慧慧在合同履行过程中蒙受了巨额损失，因此向法院提起诉讼。茆慧慧主张，依据《中国人民银行　发展改革委　工业和信息化部　财政部　税务总局　证监会关于促进黄金市场发展的若干意见》(银发〔2010〕211号)，《中国人民银行　公安部　工商总局　银监会　证监会关于加强黄金交易所或从事黄金交易平台管理的通知》(银发〔2011〕301号)，以及《国务院关于清理整顿各类交易场所切实防范金融风险的决定》(国发〔2011〕38号)文件的规定，金顶公司未经国务院期货监督管理机构批准，采用集中交易方式进行标准化合约交易，为参与集中交易的所有买方和卖方提供履约担保，同时实行保证金制度，属于《期货交易管理条例》规定的变相期货交易，主张涉案《金顶黄金买卖合同》及附件均无效；工行天立支行未尽基本审查义务，为金顶公司提供网上收款服务，存在重大过错，要求金顶公司、工行天立支行连带返还茆慧慧款项33132953元并赔付利息损失。

金顶公司认为其与茆慧慧的交易是买卖合同关系，不涉及期货交易，按照国务院废止相关行政许可的规定，国家对黄金买卖没有强制性和禁止性的规定，从事黄金买卖是合法的，除期货交易外没有特殊的资质要求。

工行天立支行认为其依据金顶公司的申请，经中国人民银行审核同意按规定为金顶公司办理基本结算业务和网上银行业务，受茆慧慧和金顶公司的委托进行资金划转，并无过错。

【分析】

该案争议的主要焦点为金顶公司是否具备进行案涉交易的资质问题，二审法院认为，《中华人民共和国中国人民银行法》第四条规定：中国人民银行履行下列职责：……（六）监督管理黄金市场；……，《中国人民银行　公安部　工商总局　银监会　证监会关于加强黄金交易所或从事黄金交易平台管理的通知》【银发〔2011〕301 号】第二条规定：除上海黄金交易所和上海期货交易所外，对于有关地方（机构、个人）正在筹建黄金交易所（交易中心）或准备在其他交易场所（交易中心）内设立黄金交易平台应一律终止相关设立活动；对已经开业或开展业务的，要立即停止开办新的业务，并在当地人民政府统一领导下，由人民银行牵头，妥善做好其黄金业务的善后清理工作。当地工商部门根据人民银行或地方人民政府的决定，对被责令关闭或撤销的黄金交易所（交易中心），责令限期办理变更登记、注销登记，或者依法吊销营业执照；银行业金融机构停止为其黄金业务提供开户、托管、资金划汇、代理买卖、投资咨询等中介服务；对于涉嫌犯罪需要作出行政认定的，人民银行及其当地分支机构依照相关规定出具行政认定意见后，移送当地公安机关依法查处。根据本案查明的事实，本案在审理过程中，两审法院均分别向人民银行发函，通报本案案情和进行询证，人民银行并未认定金顶公司不具备涉案交易的资质。而且，根据《金顶黄金买卖规则》的规定，茆慧慧可以要求金顶公司交付现货的黄金制品。综上，法院认定金顶公司进行案涉交易并无不当。①

第三节　商业银行法律制度

一、商业银行概述

（一）商业银行的概念和职能

商业银行是指依照《商业银行法》和《公司法》设立的以吸收公众存款、发放贷款、办理结算等业务为主，以效益性、安全性和流动性为经营原则的企业法人，

① “茆慧慧与广州金顶黄金投资有限公司等买卖合同纠纷上诉案”，广东省广州市中级人民法院（2013）穗中法金民终字第 1 号民事判决书。来源：https://wenku.baidu.com/view/d350ee9e964bcf84b9d57ba6.html? re = view

包括在中华人民共和国境内设立的所有商业银行，例如国有商业银行、合作银行、外资银行、中外合资银行、外国银行分行和其他商业银行等。由此可知，商业银行主要有三大职能，一是吸收公众存款，二是发放贷款，三是办理结算等业务。

（二）商业银行的业务范围

依据《商业银行法》第三条规定，商业银行的业务范围主要有十四个方面的内容，主要有：(1)吸收公众存款；(2)发放短期、中期和长期贷款；(3)办理国内外结算；(4)办理票据承兑与贴现；(5)发行金融债券；(6)代理发行、代理兑付、承销政府债券；(7)买卖政府债券、金融债券；(8)从事同业拆借；(9)买卖、代理买卖外汇；(10)从事银行卡业务；(11)提供信用证服务及担保；(12)代理收付款项及代理保险业务；(13)提供保管箱服务；(14)经国务院银行业监督管理机构批准的其他业务。各商业银行可以经营上述部分或者全部业务。商业银行的具体经营范围由商业银行章程规定，报国务院银行业监督管理机构批准。此外，商业银行经中国人民银行批准，可以经营结汇、售汇业务。

（三）商业银行的经营原则

我国商业银行以安全性、流动性、效益性为经营原则，实行自主经营，自担风险，自负盈亏，自我约束。安全性是指要求银行管理经营风险，保证资金安全，例如，商业银行开展信贷业务时，应当严格审查借款人的资信，实行担保，保障按期收回贷款。流动性意味着银行能随时满足客户提款等方面的要求。而商业银行作为企业法人，盈利是其主要目的，因此效益性为其基本的经营原则。

此外，商业银行与客户的业务往来，应当遵循平等、自愿、公平和诚实信用的原则。平等、自愿、公平和诚实信用也是民法的基本原则，同样适用于作为平等民事主体的商业银行与客户之间的关系。

商业银行应当保障存款人的合法权益不受任何单位和个人的侵犯。吸收公众存款是商业银行的主要业务，因此存款人是商业银行的基本客户。在存款合同关系中，商业银行应当履行合同义务，严格履行自己的义务，切实承担保护存款人利益。

遵守法律和公序良俗原则是商业银行应当遵循的另一原则，即商业银行开展业务，应当遵守法律、行政法规的有关规定，不得损害国家利益、社会公共利益。此外，商业银行开展业务，应当遵守公平竞争的原则，维护良好的竞争秩序，不得从事不正当竞争。

二、商业银行的设立和变更

（一）商业银行的设立

通常情况下，商业银行的设立应当具备五个方面的基本条件，即：(1)有符合《商业银行法》和《中华人民共和国公司法》规定的章程；(2)有符合法定的注册资本最低限额；(3)有具备任职专业知识和业务工作经验的董事、高级管理人员；(4)有健全的组织机构和管理制度；(5)有符合要求的营业场所、安全防范措施和与业务有关的其他设施。

除此之外，在注册资本方面，不同类型的商业银行，注册资本最低限额要求不同。设立全国性商业银行的注册资本最低限额为十亿元人民币；设立城市商业银行的注册资本最低限额为一亿元人民币；设立农村商业银行的注册资本最低限额为五千万元人民币。并且，注册资本都是实缴资本。在此基础上，国务院银行业监督管理机构根据审慎监管的要求，可以调整注册资本最低限额，但不得少于前述限额。

设立商业银行，申请人应当向国务院银行业监督管理机构提交申请书、可行性研究报告和其他文件、资料等初步审查材料。经过初步审查的申请人，还应当进一步提交章程草案，拟任职的董事、高级管理人员的资格证明，法定验资机构出具的验资证明，股东名册及其出资额、股份，持有注册资本百分之五以上的股东的资信证明和有关资料，经营方针和计划，营业场所，安全防范措施以及与业务有关的其他设施的资料等材料。经批准设立的商业银行，由国务院银行业监督管理机构颁发经营许可证，并凭该许可证向工商行政管理部门办理登记，领取营业执照。

（二）商业银行的变更

商业银行存在变更名称、注册资本、总行或者分支行所在地、持有资本总额或者股份总额百分之五以上的股东，或者调整业务范围、修改章程等事项的，应当经国务院银行业监督管理机构批准；更换董事、高级管理人员时，应当报经国务院银行业监督管理机构审查其任职资格。

商业银行分立或者合并，适用《中华人民共和国公司法》的规定，而且应当经国务院银行业监督管理机构审查批准。

三、商业银行的业务规则

(一)存款业务规则

商业银行办理个人储蓄存款业务，应当遵循存款自愿、取款自由、存款有息、为存款人保密的原则。对个人储蓄存款，商业银行有权拒绝任何单位或者个人查询、冻结、扣划，但法律另有规定的除外。

1. 存款业务经营特许制

未经国务院银行业监督管理机构批准，任何单位和个人不得从事吸收公众存款等商业银行业务，任何单位不得在名称中使用“银行”字样。

2. 依法交存存款准备金、留足备付金

商业银行应当按照中国人民银行的规定，向中国人民银行交存存款准备金，留足备付金。

3. 依法确定存款利率

商业银行应当按照中国人民银行规定的存款利率的上下限，确定存款利率，并予以公告。

4. 合法吸收存款

商业银行不得违反规定提高或者降低利率以及采用其他不正当手段，吸收存款，发放贷款。

5. 依法还本付息

商业银行应当保证存款本金和利息的支付，不得拖延、拒绝支付存款本金和利息。

【案例】

何某在农行苍南支行开户，银行账号为62×××13，成为农行苍南支行的存款人，并取得银行卡。2015年9月14日，何某在仍持有该银行卡且在毫不知情的情况下，其上述银行卡账号被他人在河北省××区山海关信用社转账5万元、取现2万元，合计为7万元。何某的存款被盗后，何某已于当日向公安机关报案，但该案至今未能侦破，而农行苍南支行也未予赔付。

何某于2015年9月21日向浙江省苍南县人民法院起诉，请求判令：(1)农行苍南支行赔偿存款损失7万元；(2)本案诉讼费用由农行苍南支行承担。

【分析】

首先，银行作为专业金融机构和金融服务提供者，相比储户以及其他金融消费者而言，举证能力更强、距离证据更近，故根据公平原则和诉讼经济原则，对储户资金异常变动的情况，应从消费者权益保护的角度，由银行承担更多的举证责任。本案中，何某所属账户在发生争议交易后，何某及时向公安机关报案，且根据原审查明的事实，交易地点在河北省，因此可以认定何某的涉案银行卡存在被他人复制并盗刷的高度可能性。现农行苍南支行主张涉案争议交易系何某本人所为或何某存在向他人泄露密码之情形，应负相应举证责任，但其既未提供事发网点监控视频，也未举证证明所谓何某向他人泄露密码的说法，应承担举证不能的不利后果。其次，《中华人民共和国商业银行法》第六条规定："商业银行应当保障存款人的合法权益不受任何单位和个人的侵犯。"法院认为，在没有证据证明金融消费者存在恶意欺诈或明显过错的情形下，银行作为服务网点的建设者和自动化设备的提供者，应就金融安全风险承担主要责任。换言之，在金融消费者尽到合理注意义务的前提下，只有让享有交易优势地位的专业金融机构承担更多的安保义务和举证责任，才有助于提升安保技术水平、优化金融消费环境、实现弱势主体的权益保护。本案中，何某与农行苍南支行之间成立储蓄合同关系，农行苍南支行须履行充分的安全保障义务。现农行苍南支行未对储户账户的安全提供充分保障致使何某所持银行卡被复制并盗刷，造成的损失应由农行苍南支行承担。①

（二）贷款业务规则

商业银行根据国民经济和社会发展的需要，在国家产业政策指导下开展贷款业务。

1. 借款资格审查

商业银行贷款，应当对借款人的借款用途、偿还能力、还款方式等情况进行严格审查。在商业银行贷款审查过程中，应当实行审贷分离、分级审批的制度。

2. 借款担保与例外

商业银行贷款，借款人应当提供担保。商业银行应当对保证人的偿还能力，抵押物、质物的权属和价值以及实现抵押权、质权的可行性进行严格审查。但是，在例外的情形，借款人无须提供担保。此种例外为经商业银行审查、评估，确认借款人资信良好，确能偿还贷款的，可以不提供担保。

3. 书面借贷合同

商业银行与借款人签订的借贷合同应当具备书面合同这一形式要件。依照《商业银行法》第三十七条规定，商业银行贷款，应当与借款人订立书面合同。同时，合同应当约定贷款种类、借款用途、金额、利率、还款期限、还款方式、违约

---

① "中国农业银行股份有限公司苍南县支行与何某储蓄存款合同纠纷上诉案"，浙江省温州市中级人民法院〔2016〕浙03民终205号民事判决书。

责任和双方认为需要约定的其他事项。

4. 依法确定贷款利率

商业银行应当按照中国人民银行规定的贷款利率的上下限，确定贷款利率。

5. 资产负债比例管理

商业银行贷款，应当遵守下列资产负债比例管理的规定：(1)资本充足率不得低于百分之八；(2)流动性资产余额与流动性负债余额的比例不得低于百分之二十五；(3)对同一借款人的贷款余额与商业银行资本余额的比例不得超过百分之十；(4)国务院银行业监督管理机构对资产负债比例管理的其他规定。2015年修正的《商业银行法》施行前设立的商业银行，在该法施行后，其资产负债比例不符合前款规定的，应当在一定的期限内符合前款规定。具体办法由国务院规定。

6. 信用贷款发放对象限制

依照《商业银行法》第四十条规定，商业银行不得向下列人员发放信用贷款，即：(1)商业银行的董事、监事、管理人员、信贷业务人员及其近亲属；(2)前述人员投资或者担任高级管理职务的公司、企业和其他经济组织。而且，向上述人员发放担保贷款的条件不得优于其他借款人同类贷款的条件。

7. 商业银行发放贷款自由

任何单位和个人不得强令商业银行发放贷款或者提供担保。商业银行有权拒绝任何单位和个人强令要求其发放贷款或者提供担保。

8. 借款人违约责任

借款人应当按期归还贷款的本金和利息。借款人到期不归还担保贷款的，商业银行依法享有要求保证人归还贷款本金和利息或者就该担保物优先受偿的权利。商业银行因行使抵押权、质权而取得的不动产或者股权，应当自取得之日起二年内予以处分。借款人到期不归还信用贷款的，应当按照合同约定承担责任。

【案例】

2004年至2011年3月，被告人王新福在担任台州黄岩农村合作银行南城支行信贷员期间，工作严重不负责任，违反《中华人民共和国商业银行法》第三十五条之规定，在没有对借款人的借款用途、偿还能力、还款方式等情况进行严格审查的情况下，就向张某甲、张某乙、张某丙、张某丁、张某戊、张某己、张某庚、张某辛、张某壬、张某癸、张某子等22人发放贷款，累计发放贷款人民币1000余万元。至案发时，除张某辰、罗某、张某酉等6人的贷款已还清，仍有本金共计人民币300余万元未归还。

【分析】

被告人王新福身为银行工作人员，违反国家规定发放贷款，给银行造成特别重大损失，其行为已构成违法发放贷款罪，依法应予惩处。①

（三）其他业务规则

除存款业务和贷款业务外，《商业银行法》还规定了商业银行可以从事的其他业务和不得从事的其他业务。

1. 商业银行可以从事的其他业务

商业银行办理票据承兑、汇兑、委托收款等结算业务，应当按照规定的期限兑现，收付入账，不得压单、压票或者违反规定退票。有关兑现、收付入账期限的规定应当公布。

商业银行发行金融债券或者到境外借款，应当依照法律、行政法规的规定报经批准。

2. 商业银行从事其他业务的限制

商业银行在国内不得从事信托投资和证券经营业务，不得向非自用不动产投资或者向非银行金融机构和企业投资，但国家另有规定的除外。

同业拆借，应当遵守中国人民银行的规定。禁止利用拆入资金发放固定资产贷款或者用于投资。拆出资金限于交足存款准备金、留足备付金和归还中国人民银行到期贷款之后的闲置资金。拆入资金用于弥补票据结算、联行汇差头寸的不足和解决临时性周转资金的需要。

商业银行不得违反规定提高或者降低利率以及采用其他不正当手段，吸收存款，发放贷款。

商业银行的工作人员应当遵守法律、行政法规和其他各项业务管理的规定，不得有下列行为：(1)利用职务上的便利，索取、收受贿赂或者违反国家规定收受各种名义的回扣、手续费；(2)利用职务上的便利，贪污、挪用、侵占本行或者客户的资金；(3)违反规定徇私向亲属、朋友发放贷款或者提供担保；(4)在其他经济组织兼职；(5)违反法律、行政法规和业务管理规定的其他行为。商业银行的工作人员不得泄露其在任职期间知悉的国家秘密、商业秘密。

【案例】

2010年12月14日，中行新会支行为冯某开通了卡号为×××的信用卡。2011年2月14日，冯某使用该信用卡进行消费。2014年9月6日，冯某发现该

---

① “王新福违法发放贷款案”，台州市黄岩区人民法院〔2015〕台黄刑初字第467号刑事判决书。

信用卡以“快钱支付”方式支付了1800元及3000元两笔费用，冯某认为该信用卡被盗用，于是当日17时32分到江门市公安局中心派出所报案，并致电中行信用卡客服进行处理。此后，冯某多次致电中行信用卡客服要求处理上述两笔被盗用的款项。冯某认为其信用卡于2014年9月6日被人在浙江贝付科技有限公司以快钱支付方式进行盗用，而当时其人在广东省江门市，不在浙江省，且涉案信用卡一直由其本人持有，没有遗失，密码亦未告知他人，其本人亦未开通网上支付功能，中行新会支行作为发卡行对信用卡负有安全保障及谨慎审查义务，由于其安保系统不严密，导致信用卡被盗用。事发后，冯某多次与中行新会支行就相关款项损失的赔偿问题协商无果，冯某遂于2015年3月24日向法院提起诉讼。法院另查明，冯某的信用卡于2014年9月6日分别以“快钱支付”方式支付了1800元及3000元两笔费用。中国银行信用卡分行客服系统显示上述两笔费用交易地点均在浙江贝付科技有限公司。冯某持有的上述信用卡并未开通网上银行或电话银行、“快钱支付”等服务功能。

【分析】

本案是信用卡纠纷。冯某在中行新会支行处办理信用卡，中行新会支行向冯某发放了信用卡，双方之间形成合同关系，对双方均具有约束力。关于本案讼争的两笔费用1800元及3000元以“快钱支付”方式进行消费是冯某本人的行为还是被他人盗用的问题，《中华人民共和国商业银行法》第三十七条规定：“商业银行贷款，应当与借款人订立书面合同。合同应当约定贷款种类、借款用途、金额、利率、还款期限、还款方式、违约责任和双方认为需要约定的其他事项。”中行新会支行作为向冯某提供信用卡业务服务的商业银行，其对持卡人使用信用卡负有安全保障义务及严格的身份审核、客户业务扩展审查及保管客户信用卡使用资料的义务。特别随着社会科技的发展，银行等金融机构通过向客户发行信用卡开展金融业务，信用卡使用便捷带来商业利润的同时也增加了一定的交易风险，银行作为专业性机构和发卡人有着比普通客户更高的保障安全、防范风险的义务。对于客户的业务扩展，银行应严格审核和监管以备日后核查。结合本案情况，讼争的两笔费用1800元及3000元是以“快钱支付”方式进行消费的，中行新会支行应举证证明冯某使用的信用卡已开通“快钱支付”的业务功能和讼争的两笔款项具体的操作地点（如具体操作地点发生在冯某当时所在地江门市新会区，以排除合理怀疑）。但经审查，中行新会支行并未提供任何证据显示冯某已开通网上银行、电话银行或“快钱支付”等服务功能，也不能提供证据证明讼争的两笔“快钱支付”款项的交易终端或具体操作地点，因此中行新会支行应承担举证不能的不利后果。法院采信冯某的陈述，确认本案讼争的两笔费用1800元及3000元以“快钱支付”方式进行消费是被他人盗用产生的。法院最终判决：冯某无须向中行新会支行偿还其持有卡号为×××的信用卡于2014年9月6日交易的两笔款项1800元、3000元及产生的所有利息、费用。①

四、商业银行的财务会计制度

（一）商业银行财务会计制度的基本准则

在财务会计制度方面，商业银行应当依照法律和国家统一的会计制度以及国务院银行业监督管理机构的有关规定，建立、健全本行的财务、会计制度。商业银行应当按照国家有关规定，真实记录并全面反映其业务活动和财务状况，编制年度财务会计报告，及时向国务院银行业监督管理机构、中国人民银行和国务院财政部门报送。商业银行不得在法定的会计账册外另立会计账册。

商业银行应当于每一会计年度终了三个月内，按照国务院银行业监督管理机构的规定，公布其上一年度的经营业绩和审计报告。

（二）商业银行呆账准备金的提取

商业银行应当按照国家有关规定，提取呆账准备金，冲销呆账。

五、商业银行的接管与终止

（一）商业银行的接管

当商业银行已经或者可能发生信用危机，严重影响存款人的利益时，国务院银行业监督管理机构可以对该银行实行接管。其目的主要在于对被接管的商业银行采取必要措施，以保护存款人的利益，恢复商业银行的正常经营能力。被接管的商业银行的债权债务关系不因接管而变化。

接管由国务院银行业监督管理机构决定，并组织实施。自接管开始之日起，由接管组织行使商业银行的经营管理权力。接管期限届满，国务院银行业监督管理机构可以决定延期，但接管期限最长不得超过两年。在下列情形下，接管终止：(1)接管决定规定的期限届满或者国务院银行业监督管理机构决定的接管延期届满；(2)接管期限届满前，该商业银行已恢复正常经营能力；(3)接管期限届满前，该商业银行被合并或者被依法宣告破产。

---

① “中国银行股份有限公司江门新会支行与冯滨信用卡纠纷上诉案”，广东省江门市中级人民法院〔2015〕江中法民二终字第306号民事判决书。

(二)商业银行的终止

商业银行终止的原因主要有三种，即解散、被撤销和被宣告破产。

1. 解散

商业银行因分立、合并或者出现公司章程规定的解散事由需要解散的，应当向国务院银行业监督管理机构提出申请，并附解散的理由和支付存款的本金和利息等债务清偿计划。经国务院银行业监督管理机构批准后解散。而且，商业银行解散的，应当依法成立清算组，进行清算，按照清偿计划及时偿还存款本金和利息等债务。国务院银行业监督管理机构监督清算过程。

2. 撤销

商业银行因吊销经营许可证被撤销的，国务院银行业监督管理机构应当依法及时组织成立清算组，进行清算，按照清偿计划及时偿还存款本金和利息等债务。

3. 被宣告破产

商业银行不能支付到期债务，经国务院银行业监督管理机构同意，由人民法院依法宣告其破产。商业银行被宣告破产的，由人民法院组织国务院银行业监督管理机构等有关部门和有关人员成立清算组，进行清算。商业银行破产清算时，在支付清算费用、所欠职工工资和劳动保险费用后，应当优先支付个人储蓄存款的本金和利息。

第四节　政策性银行法律制度

一、政策性银行概述

(一)政策性银行的概念和特征

政策性银行是指由政府发起、出资成立，为贯彻和配合国家产业政策和社会政策而专门经营政策性融资业务的非营利性专业银行。

与商业银行相比，政策性银行具有如下几个特征：

(1)由政府创立。例如，1994 年我国政府设立了国家开发银行、中国进出口银行、中国农业发展银行三大政策性银行，均直属国务院领导。

(2)非以营利为目的。不同于商业银行，政策性银行在经营时主要考虑产业政策和社会政策的实施，维护国家的整体利益、社会利益，不以盈利为目标。

(3)融资途径的特定性。与商业银行不同，政策性银行主要的资金来源并非公众吸收存款，而是财政拨款或发行政策性金融债券。

(4)特定的服务领域。不同于商业银行，政策性银行有自己特定的服务领域，主要集中在国民经济比较薄弱的环节或亟待发展的部门，通常此类领域难以获得商业银行的资金支持，因此需要政府设立专门的金融机构予以特殊的资金支持。政策性银行的名称往往反映其特定的服务领域，例如，进出口银行主要服务于进出口领域。

(二)我国现有政策性银行简介

1994 年，我国设立了三家政策性银行，即国家开发银行、中国进出口银行和中国农业发展银行。《国务院关于组建国家开发银行的通知》(国发〔1994〕22 号)、《国务院关于组建中国农业发展银行的通知》(国发〔1994〕25 号)和《国务院关于组建中国进出口银行的通知》(国发〔1994〕20 号)等三个组建通知，对国家开发银行、中国农业发展银行和中国进出口银行的性质、任务、资金来源、资金运用、经营管理分别进行规范。

1. 国家开发银行

国家开发银行成立于 1994 年，是一家主要办理国家重点建设(包括基本建设和技术改造)项目的政策性贷款、投资及贴息业务的政策性投资开发银行，主要通过开展中长期信贷与投资等金融业务，为国民经济重大中长期发展战略服务。2008 年，经过改制成为国家开发银行股份有限公司。2015 年，国务院明确国家开发银行定位为开发性金融机构。

国家开发银行是直属国务院领导的政策性金融机构，其在金融业务上要接受中国人民银行和银监会的指导和监管。国家开发银行的主要任务是：建立长期稳定的资金来源，筹集和引导社会资金用于重点建设，办理政策性重点建设贷款和贴息业务，投资项目不留资金缺口，从资金来源上对固定资产投资总量及结构进行控制和调节，按照社会主义市场经济的原则，逐步建立投资约束和风险责任机制，提高投资效益，促进国民经济持续、快速、健康的发展。

国家开发银行的年度投资总规模和资金筹措办法由国务院确定。其资金来源和具体筹措办法主要是：(1)国家预算安排的经营性建设基金。(2)原“拨改贷”和经营性建设基金贷款回收的本息。(3)财政贴息资金。对于基本建设和技术改造政策性项目贷款所需贴息资金，由国家财政专项列入年度预算。(4)国家开发银行向金融机构发行金融债券。国家开发银行提出年度金融债券发行规模，由中国人民银行和国家计委根据国家确定的信贷计划和固定资产投资规模进行审定。金融债券利率和认购比例，由中国人民银行征求国家计委、国家经贸委和财政部的意见后确定，同时下达各金融机构。(5)经国务院批准，国家开发银行可向社会发行一定数量的财政担保建设债券。(6)向国外筹集资金。需要国家开发银行配置一定规模国内资金的外国政府贷款和国际金融组织长期优惠贷款项目，由财政部、中国人民银行、外经贸部等对外窗口单位，将相应的外国政府贷款和国际金融组织贷款按原贷款条件向国家开发银行统一转贷。根据国家利用外资计划，国家开发银行可以筹措国际商业贷款。经国家批准，国家开发银行可在国外发行债券。(7)按国务院规定，6个国家专业投资公司安排用于固定资产投资项目的专项建设基金和专项资金，转由国家开发银行统筹安排使用，原定使用范围、内容和划定的比例不变。(8)中国人民银行根据国家信贷计划，统一安排国家开发银行的重点建设资金来源，并予以保证。国家开发银行出现头寸短缺时，中国人民银行提供临时贷款。

目前，国家开发银行业已成为全球最大的开发性金融机构，中国最大的对外投融资合作银行、中长期信贷银行和债券银行。①

2. 中国农业发展银行

中国农业发展银行成立于1994年11月，是直属国务院领导的政策性金融机构，其主要任务是：按照国家的法律、法规和方针、政策，以国家信用为基础，筹集农业政策性信贷资金，承担国家规定的农业政策性金融业务，代理财政性支农资金的拨付，为农业和农村经济发展服务。

中国农业发展银行运营资金的来源是：(1)业务范围内开户企事业单位的存款；(2)发行金融债券；(3)财政支农资金；(4)向中国人民银行申请再贷款；(5)境外筹资。中国农业发展银行实行独立核算，自主、保本经营，企业化管理，在业务上接受中国人民银行的指导和监督。

中国农业发展银行的业务范围为：(1)办理由国务院确定、中国人民银行安排资金并由财政予以贴息的粮食、棉花、油料、猪肉、食糖等主要农副产品的国家专项储备贷款；(2)办理粮、棉、油、肉等农副产品的收购贷款及粮油调销、批发贷款；办理承担国家粮、油等产品政策性加工任务企业的贷款和棉麻系统棉花初加工企业的贷款；(3)办理国务院确定的扶贫贴息贷款、老少边穷地区发展经济贷款、贫困县县办工业贷款、农业综合开发贷款以及其他财政贴息的农业方面的贷款；(4)办理国家确定的小型农、林、牧、水利基本建设和技术改造贷款；(5)办理中央和省级政府的财政支农资金的代理拨付，为各级政府设立的粮食风险基金开立专户并代理拨付；(6)发行金融债券；(7)办理业务范围内开户企事业单位的存款；(8)办理开户企事业单位的结算；(9)境外筹资；(10)办理经国务院和中国人民银行批准的其他业务。

---

① 资料来源：国家开发银行官方网站，http：//www.cdb.com.cn/。

3. 中国进出口银行

中国进出口银行是经国务院批准设立、直属国务院领导、国家全资所有的政策性银行，在业务上接受财政部、商务部、人民银行和银监会的指导与监管。其主要职责是按照国家的法律、法规和方针、政策，为扩大我国机电产品、成套设备和高新技术产品进出口，推动有比较优势的企业开展对外承包工程和境外投资，促进对外关系发展和国际经贸合作，提供金融服务。①

中国进出口银行的主要业务包括：办理出口信贷和进口信贷；办理对外承包工程和境外投资贷款；办理中国政府对外优惠贷款；提供对外担保；转贷外国政府和金融机构提供的贷款；办理本行贷款项下的国际国内结算业务和企业存款业务；在境内外资本市场、货币市场的筹集资金；办理国际银行间贷款，组织或参加国际、国内银团贷款；从事人民币同业拆借和债券回购；从事自营外汇资金交易和经批准的代客外汇资金交易；办理与本行业务相关的资信调查、咨询、评估和见证业务；经批准或受委托的其他业务。

二、我国政策性银行法律制度

（一）我国政策性银行的立法沿革

对于中央银行和商业银行，我国均有专门立法，即《中国人民银行法》和《商业银行法》，但是对于政策性银行，目前尚无专门的法律统一规定。《中国人民银行法》第五十二条对银行业金融机构进行界定，明确其中包括在中华人民共和国境内设立的商业银行、城市信用合作社、农村信用合作社等吸收公众存款的金融机构以及政策性银行。此外，2003 年的《银行业监督管理法》第二条同样界定了银行业金融机构，其中包括政策性银行。政策性银行的监管与商业银行和其他银行业金融机构的监管基本相同，但是，对在中国境内设立的政策性银行、金融资产管理公司的监督管理，法律、行政法规另有规定的，依照其规定。

涉及政策性银行的行政法规和规章，除了作为政策性银行设立的重要规范，例如，《国务院关于组建国家开发银行的通知》（1994）、《国务院关于组建中国农业发展银行的通知》（1994）、《中国农业发展银行组建和运行方案》（1994）、《国务院关于组建中国进出口银行的通知》（1994），还有涉及政策性银行章程内容的具体规范，例如，《国家开发银行章程》《中国农业发展银行章程》和《中国进出口银行章程》等，另有涉及政策性银行的性质、任务、资金来源、业务范畴、组织机构、内部监督、财务会计等内容的规范，例如《国家政策性银行财务管理规定》

① 资料来源：中国进出口银行官网，http：//www. eximbank. gov. cn/。

《财政部、中国人民银行关于加强对政策性银行监管工作的通知》《国务院关于金融体制改革的决定》(1995)、《国家发展银行组建和运行方案》《中国农业发展银行组建方案》《中国进出口银行组建方案》《信贷资金暂行管理办法》(1994)、《中国人民银行加强金融机构内部控制的指导原则》(1997)等。

(二)我国政策性银行的立法内容

我国涉及政策性银行的规定，主要侧重于政策性银行的监管方面，现行有效的专门针对政策性银行的监管规定主要包括《国家政策性银行财务管理规定》《财政部、中国人民银行关于加强对政策性银行监管工作的通知》等。

财政部于1997年10月23日发布的《国家政策性银行财务管理规定》明确规定，总体原则上，政策性银行应认真执行国家的经济政策和产业政策，支持相关产业的发展，坚持自主、保本经营，实行企业化管理，讲究经济核算，提高经济效益，实行"计划管理、分级核算，统负盈亏、利差补贴、保本经营"的财务管理体制，应当遵循权责发生制的会计核算原则，政策性银行的财务管理实行行长负责制；资本金和资金筹集方面，政策性银行的注册资本金总额由国务院确定或调整，并由国家财政全额持有，政策性银行的资本金渠道包括中央财政分年核拨、在一定期限内将实际上缴的部分税收返还用于充实资本金、经财政部批准从历年提留的盈余公积或资本公积转增和其他经国务院或财政部批准增加的资本金；在资金运用方面，政策性银行必须在国务院规定的范围内运用资金，开展业务，经国家批准从事担保业务的政策性银行可自主决定开展担保业务；在财务计划的申报与审批方面，财政部对政策性银行的财务实行计划管理。政策性银行应按照财政部有关规定以及《财政部、中国人民银行关于加强对政策性银行监管工作的通知》认真编制年度财务计划，履行申报、审批手续。此外，该规定还就政策性银行重要事项的申报与审批、财务收支的核算及管理、利差补贴、利润及分配、考核、监督与处罚等内容予以规定。

《财政部 中国人民银行关于加强对政策性银行监管工作的通知》(1994年12月27日〔1994〕财商字第622号)指出，对于分支机构或办事机构的设立，政策性银行应事先将设立计划和可行性报告报中国人民银行、财政部审查同意后，由中国人民银行按规定程序审批，未经批准一律不得设立分支机构或办事机构；对于境内政策性金融债券的发行和在境外有价证券的发行以及从国内外金融机构筹资，政策性银行均应将融资的数量、期限、利率、对象以及偿还方式等报中国人民银行、财政部会同国务院有关部门审批，凡不按规定报批的，其责任由政策性银行自己承担；政策性银行国家资本金的管理和运营，必须严格执行国务院以及财政部、中国人民银行的有关规定，其中，政策性银行购建固定资产必须严格按照财政部颁发的《金融保险企业财务制度》的有关规定执行；为加强对政策性银行的监管，各政策性银行必须将有关业务报表、资料按期报送财政部和中国人民银行。

第五节 银行业监管法律制度

一、银行业监管法概述

（一）银行业监管的概念

银行业监管，是指国家金融监管机构对银行业金融机构的组织及业务活动进行监督和管理。其中，监督是指对银行业金融机构合法经营情况和风险状况的监测、评估和控制，而管理则是指金融监管机关制定相关的监管法规，核准银行业金融机构的市场准入和退出，并规制银行业金融机构及其行为。①

我国银行业监管机构为银监会。其主要的监督管理职责为：依照法律、行政法规制定并发布对银行业金融机构及其业务活动监督管理的规章、规则；依照法律、行政法规规定的条件和程序，审查批准银行业金融机构的设立、变更、终止以及业务范围；对银行业金融机构的董事和高级管理人员实行任职资格管理；依照法律、行政法规制定银行业金融机构的审慎经营规则；对银行业金融机构的业务活动及其风险状况进行非现场监管，建立银行业金融机构监督管理信息系统，分析、评价银行业金融机构的风险状况；对银行业金融机构的业务活动及其风险状况进行现场检查，制定现场检查程序，规范现场检查行为；对银行业金融机构实行并表监督管理；会同有关部门建立银行业突发事件处置制度，制定银行业突发事件处置预案，明确处置机构和人员及其职责、处置措施和处置程序，及时、有效地处置银行业突发事件；负责统一编制全国银行业金融机构的统计数据、报表，并按照国家有关规定予以公布；对银行业自律组织的活动进行指导和监督；开展与银行业监督管理有关的国际交流、合作活动；对已经或者可能发生信用危机，严重影响存款人和其他客户合法权益的银行业金融机构实行接管或者促成机构重组；对有违法经营、经营管理不善等情形银行业金融机构予以撤销；对涉嫌金融违法的银行业金融机构及其工作人员以及关联行为人的账户予以查询；对涉嫌转移或者隐匿违法资金的申请司法机关予以冻结；对擅自设立银行业金融机构

---

① 漆多俊. 经济法学[M]. 北京：高等教育出版社，2014：322.

或非法从事银行业金融机构业务活动予以取缔；负责国有重点银行业金融机构监事会的日常管理工作；承办国务院交办的其他事项。①

（二）银行业监督管理立法

银行业监督管理法是指调整我国银行业监督管理关系的所有法律规范的总称，既包括银行业监督管理的专门立法，例如《银行业监督管理法》《全国人民代表大会常务委员会关于中国银行业监督管理委员会履行原由中国人民银行履行的监督管理职责的决定》，也包括散见于相关立法中的部分规范内容，例如《反洗钱法》《中国人民银行法》《商业银行法》等法律、法规中涉及银行业监管的相关条款。

《银行业监督管理法》于2003年12月27日第十届全国人民代表大会常务委员会第六次会议通过，并且根据2006年10月31日第十届全国人民代表大会常务委员会第二十四次会议《关于修改〈中华人民共和国银行业监督管理法〉的决定》修正。

二、银行业监管的目标和原则

（一）银行业监管的目标

依据《银行业监督管理法》规定，银行业监督管理的目标是促进银行业的合法、稳健运行，维护公众对银行业的信心。与此同时，银行业监督管理应当保护银行业公平竞争，提高银行业竞争能力。

具体而言，银监会监管的工作目的主要是通过审慎有效的监管，保护广大存款人和消费者的利益；通过审慎有效的监管，增进市场信心；通过宣传教育工作和相关信息披露，增进公众对现代金融的了解；努力减少金融犯罪。

（二）银行业监管的原则

《银行业监督管理法》规定了银行业监督管理机构对银行业实施监督管理应当遵循的四大原则，即依法原则、公开原则、公正原则和效率原则。依法原则指银行业监督管理机构对银行业实施监督管理应当依法进行，不得违反法律规定。例如，银行业监督管理机构及其从事监督管理工作的人员依法履行监督管理职责；银行业监督管理机构工作人员应当依法保守国家秘密和银行业金融机构及当事人的秘密；国务院银行业监督管理机构可以依法对该银行业金融机构实行接管

---

① 详见中国银行业监督管理委员会官方网站：http://www.cbrc.gov.cn/index.html。

或者促成机构重组，接管和机构重组依照有关法律和国务院的规定执行；银行业监督管理机构依法对银行业金融机构进行检查；等等。公开原则指银行业监督管理机构对银行业实施监督管理应当公开透明，具体表现在国务院银行业监督管理机构应当公开监督管理程序，建立监督管理责任制度和内部监督制度。公正原则要求银行业监督管理机构工作人员忠于职守，依法办事，公正廉洁，不得利用职务便利牟取不正当的利益，不得在金融机构等企业中兼任职务。此外，效率原则要求国务院银行业监督管理机构应当在规定的期限对申请事项作出批准或者不批准的书面决定，对中国人民银行提出的检查银行业金融机构的建议应当自收到建议之日起三十日内予以回复，等等。

三、商业银行监管法律制度

（一）商业银行监管法律概述

为了加强对银行业的监督管理，规范监督管理行为，防范和化解银行业风险，保护存款人和其他客户的合法权益，促进银行业健康发展，2003 年通过了《银行业监督管理法》，并于 2006 年修正。据此，国务院银行业监督管理机构负责对全国银行业金融机构及其业务活动监督管理的工作，其中所称银行业金融机构是指在中华人民共和国境内设立的商业银行、城市信用合作社、农村信用合作社等吸收公众存款的金融机构以及政策性银行。由此，商业银行成为《银行业监督管理法》的主要规制对象。

《银行业监督管理法》共六章五十条，分为总则、监督管理机构、监督管理职责、监督管理措施、法律责任和附则。

【案例】

2012 年 10 月 14 日，原告曾桂玲在招商银行北京市方庄支行购买了理财产品 1 万澳元。该涉案理财产品的理财币种为澳元，类型为保本浮动收益类，理财期限为 92 天，成立日为 2012 年 10 月 18 日，到期日为 2013 年 1 月 18 日，预期最高年化收益率 4.35%，风险评级为 R1(谨慎型)，适合购买的客户为风险承受能力 A1(谨慎型)及以上的客户。在涉案理财产品的产品说明书、风险揭示书、客户权益须知中均载明了“理财非存款、产品有风险、投资须谨慎”的内容。在产品说明书、风险揭示书中明确要求投资者充分认识以下风险，具体包括：本金及理财收益风险、违约赎回风险、政策风险、流动性风险、信息传递风险、理财计划不成立风险、再投资风险、不可抗力风险、汇率风险。原告在招商银行的风险承受能力评级为 A4(进取型)。

原告购买理财产品当日人民币对澳元买入价为6.437元人民币兑换1澳元。2013年1月18日理财产品到期后，招商银行以4.35%的年化收益率进行了返本付息10111澳元。2013年1月19日，原告将澳元兑换成人民币时，当日外汇卖出价为6.2976元人民币兑换1澳元。原告在该项理财产品投资过程中不仅未获利，还造成了约695元人民币的损失。故对理财产品发行银行不满。

2013年2月18日，曾桂玲向中国银监会递交《投诉信》，认为招商银行在涉案理财产品销售、设计方面存在违法行为，请求中国银监会依据《商业银行理财产品销售管理办法》第七十四条、第七十五条对招商银行采取监管措施，并处罚款，同时终止招商银行发售这种外币理财产品乃至所有理财产品的资格，并视情况移送司法机关。

中国银监会收到上述《投诉信》后，依信访程序分别转去招商银行和深圳银监局处理。2013年4月25日，深圳银监局作出"信访事项通知书"（以下简称被诉通知书）。同年10月14日，曾桂玲认为中国银监会未履行法定职责，向法院提起行政诉讼。

2014年7月3日，法院作出303号行政判决，责令中国银监会对曾桂玲的投诉请求作出处理。中国银监会不服，上诉至北京市高级人民法院。2014年12月19日，北京市高级人民法院作出2722号行政判决，认为中国银监会作为负责对全国银行业金融机构及其业务活动监督管理的机构，依法负有调查和处理的职责。中国银监会在履行职责过程中，将曾桂玲的投诉事项转交其设立的派出机构即深圳银监局调查处理，由深圳银监局在调查基础上对曾桂玲的投诉请求作出处理，并形成相应答复意见送达曾桂玲。深圳银监局对曾桂玲投诉请求进行调查处理并作出答复，应视为受中国银监会委托所作出的行为。可见，中国银监会对曾桂玲的投诉请求，实质上已履行了相应调查处理和答复的职责，曾桂玲认为中国银监会未履行法定职责的理由不能成立，其如对深圳银监局作出的答复意见存有异议，可另行寻求救济。故判决撤销了法院作出的303号行政判决，驳回了曾桂玲的诉讼请求。

2015年1月9日，曾桂玲针对被诉通知书向北京市第一中级人民法院提起诉讼，请求撤销该通知书，并判令被告依法重新对其投诉信作出处理决定。

【分析】

针对此案，北京市第一中级人民法院首先认定，该案不属于重复诉讼。《最高人民法院关于适用〈中华人民共和国行政诉讼法〉若干问题的解释》第三条第一款第（六）项规定的重复起诉是指起诉人基于相同的事实和理由就同一行政行为向法院重复提起诉讼。曾桂玲于2014年提起的行政诉讼针对的是中国银监会对其投诉是否履行法定职责的问题，其提起的本案诉讼系针对的是中国银监会对其作出的答复是否合法的问题。两次诉讼针对的行政行为不同，诉讼请求不同，基于的事实和理由亦不相同，不属于《最高人民法院关于适用〈中华人民共和国行政诉讼法〉若干问题的解释》第三条第一款第（六）项规定的重复起诉的情形。被告中国银监会以及第三人招商银行、招行方庄支行关于原告提起本案诉讼属于重复起诉的诉讼主张，法院不予支持。

受理法院还认定，本案所涉纠纷属于行政诉讼受案范围。根据《中华人民共和国银行业监督管理法》第二条、第三十七条的规定，国务院银行业监督管理机构负责对全国银行业金融机构及其业务活动监督管理的工作。银行业金融机构的行为损害存款人和其他客户合法权益的，经国务院银行业监督管理机构或者其省一级派出机构负责人批准，国务院银行业监督管理机构或其省一级派出机构可以采取监管措施。参照《商业银行理财产品销售管理办法》第四条、第七十四条、第七十五条的规定，对商业银行违反该办法规定开展理财产品销售的行为，被告或其派出机构可以责令改正或区别情形，采取相应监管措施。因此，被告作为银行业监管机关，具有对商业银行理财产品进行监管的法定职责。本案被诉通知书是被告针对原告申请履行监督管理职责的事项作出的结论性意见。虽然被告是以信访答复的形式作出上述结论的，但该答复意见实质上是被告履行行政管理职责的行为，且对原告的权利、义务产生实际影响，属于行政诉讼的受案范围。

在此基础上，受理法院对于本案的实体争议问题给予了判决。

《商业银行理财产品销售管理办法》第九条规定，商业银行销售理财产品，应当遵循风险匹配原则，禁止误导客户购买与其风险承受能力不相符合的理财产品。风险匹配原则是指商业银行只能向客户销售风险评级等于或低于其风险承受能力评级的理财产品。该办法第二十五条亦规定，商业银行应当根据风险匹配原则在理财产品风险评级与客户风险承受能力评估之间建立对应关系；应当在理财产品销售文件中明确提示产品适合销售的客户范围，并在销售系统中设置销售限制措施。本案中，涉案理财产品的风险等级为 R1（谨慎型），而原告的风险承受能力为 A4（进取型），高于涉案理财产品的风险等级评级，招商银行方庄支行向原告销售该款产品符合上述规章的规定。原告提出的涉案理财产品不应当销售给不持有外币资产，且无外币兑换经验的客户等相关诉讼主张，缺乏法律依据，法院不予支持。

《商业银行理财产品销售管理办法》第二条规定，本办法所称商业银行理财产品销售是指商业银行将本行开发设计的理财产品向个人客户和机构客户宣传推介、销售、办理申购、赎回等行为。该办法第三章对于理财产品宣传销售文本作出具体规定。本案中，涉案理财产品销售文件包括了专页的风险揭示书以及客户权益须知，销售文件中的产品说明书以及客户权益须知中详细说明了客户风险评估以及认购理财产品的流程、产品本金、收益及其支付、产品销售费率等内容，同时，在产品说明书、风险揭示书中均对涉案理财产品的风险予以明示，销售文件符合上述规定要求。涉案理财产品规定的本金以及收益均针对的是理财币种，即澳元而言。该产品到期后，招商银行已经按照4.35%的最高到期年化收益率将本金和收益划入原告的账户，理财资金实现了保本。原告主张其购买涉案理财产品导致其本金损失，该损失实际上是由原告购汇、结汇时的汇率变动导致的，且原告的购汇、结汇，与其认购涉案理财产品属于两个各自独立的业务，购汇、结汇过程中存在的钞汇转换的差价等问题均不属于理财产品本身的风险范围。招商银行在涉案理财产品风险揭示中没有提及购汇、结汇过程中钞汇转换存在风险问题，未违反上述办法的规定。且原告主张在购汇、结汇过程中存在的问题亦不属于被告监管范围。原告针对该问题提出的相关诉讼意见，缺乏事实和法律依据，法院不予采信。综上所述，被告针对原告的举报事项进行调查后，作出的被诉通知书并无不当。原告要求撤销该通知，并要求被告重新作出处理决定的诉讼请求，法院应予驳回。①

（三）其他业务规则

1. 一般规定

《银行业监督管理法》首先在总则部分规定了立法目的、调整对象、原则等一般性内容。

2. 监督管理机构

《银行业监督管理法》在第二章规定了监督管理机构的派出机构、工作人员、监督管理程序等内容。国务院银行业监督管理机构根据履行职责的需要设立派出机构。国务院银行业监督管理机构对派出机构实行统一领导和管理。国务院银行业监督管理机构的派出机构在国务院银行业监督管理机构的授权范围内，履行监督管理职责。

3. 监督管理职责

《银行业监督管理法》规定了监督管理机构的监督管理职责，具体包括制定并发布对银行业金融机构及其业务活动监督管理的规章、规则；审查批准银行业金融机构的设立、变更、终止以及业务范围；对银行业金融机构股东的资金来源、财务状况、资本补充能力和诚信状况进行审查；审查批准银行业金融机构业务范围内的业务品种；建立银行业金融机构监督管理评级体系和风险预警机制，根据银行业金融机构的评级情况和风险状况，确定对其现场检查的频率、范围和需要采取的其他措施；会同中国人民银行、国务院财政部门等有关部门建立银行业突

① 北京市第一中级人民法院（2015）一中行初字第814号行政判决书。来源：http://www.pkulaw.cn/case_es/pfnl_1970324845243642.html? match = Exact

发事件处置制度；建立银行业突发事件的发现、报告岗位责任制度；对银行业自律组织的活动进行指导和监督；等等。

4. 监督管理措施

《银行业监督管理法》还规定了银行业监督管理机构根据审慎监管的要求采取措施进行现场检查；要求银行业金融机构董事、高级管理人员就银行业金融机构的业务活动和风险管理的重大事项作出说明；责令银行业金融机构按照规定，如实向社会公众披露财务会计报告、风险管理状况、董事和高级管理人员变更以及其他重大事项等信息；依法对该银行业金融机构实行责令限期改正、接管或者促成机构重组、予以撤销等措施。

5. 法律责任

对于银行业监督管理机构和工作人员违反法律规定的情形，《银行业监督管理法》还规定了相应的行政责任和刑事责任。

【导入案例分析】

依据《中国人民银行法》第四条规定，中国人民银行的职责包括作为国家的中央银行从事有关的国际金融活动。人民币加入 SDR 前后，我国央行采取了并将继续采取一系列有利于资本和金融账户开放的措施，这些措施主要表现在各种制度规程的完善。由这一重要的金融事件不难看出，金融的发展离不开金融法的同步推进，两者相辅相成，不可分割。人民币被列入五大储备货币后，其国际储备货币的职能将得以快速提升，包括扩大人民币在贸易和投资中的使用，推动人民币成为重要的投融资货币，推动人民币在国际金融架构中承担更加重要的职能。①

【思考题】

1. 简述金融法的基本原则。
2. 简述中国人民银行的职能。
3. 简述中国人民银行的组织机构。
4. 简述商业银行的业务规则。
5. 简述政策性银行的主要特征。
6. 简述商业银行监管制度的主要内容。

① 10月1日人民币正式“入篮”SDR，这意味着啥？［N］. 21世纪经济报道，2016－09－26.

【相关知识链接】

1. 中国人民银行官方网站：http：//www. pbc. gov. cn/。
2. 国家开发银行官方网站：http：//www. cdb. com. cn/。
3. 中国进出口银行官网：http：//www. eximbank. gov. cn/。
4. 中国银行业监督管理委员会官方网站：http：//www. cbrc. gov. cn/index. html。

【参考文献】

[1] 李国海，余卫明. 经济法法律教程[M]. 长沙：中南大学出版社，2014.
[2] 漆多俊. 经济法学[M]. 北京：高等教育出版社，2014.
[3] 秦义虎. 金融的历史[M]. 北京：人民邮电出版社，2011.
[4] 强力. 金融法[M]. 北京：法律出版社，2004.
[5] 徐新林. 金融法概论[M]. 上海：复旦大学出版社，2002.
[6] 陶广峰. 金融法(第二版)[M]. 北京：中国人民大学出版社，2012.
[7] 席月民. 新中国 60 年法治建设成就回顾专题[J]. 法学杂志，2009(12).
[8] 李梦雨. 综合经营有助于提升商业银行绩效吗——国际经验与我国实证[J]. 当代经济科学，2014，36(2)：43 - 51.
[9] 丁晓华. 国务院有关部门制定的规范性文件的适用[J]. 人民司法，2008(12)：105 - 108.
[10] 于立成. 简评《中华人民共和国中国人民银行法》的颁布与实施[J]. 当代法学，1995(3)：45.
[11] 刘慧宇. 中国近代中央银行体制演变刍议[J]. 民国档案，1997(1)：84 - 91.
[12] 广东省广州市中级人民法院〔2013〕穗中法金民终字第 1 号民事判决书。
[13] 浙江省温州市中级人民法院〔2016〕浙 03 民终 205 号民事判决书。
[14] 台州市黄岩区人民法院〔2015〕台黄刑初字第 467 号刑事判决书。
[15] 广东省江门市中级人民法院〔2015〕江中法民二终字第 306 号民事判决书。
[16] 北京市第一中级人民法院〔2015〕一中行初字第 814 号行政判决书。

第十章 证券法

【本章重点】

1. 证券法的调整对象。
2. 证券法的渊源。
3. 证券公司的主要业务范围。
4. 证券交易所的交易规则。
5. 证券发行法律制度。
6. 证券交易法律制度。
7. 证券市场监管法律制度。

【案例导入】

2013年8月16日11点05分，光大证券在进行ETF套利交易时，因程序错误，其所使用的策略交易系统以234亿元的巨量资金申购180ETF成分股，实际成交72.7亿元。随后光大证券管理层决策后做空股指期货、卖出ETF对冲风险。期间上证指数出现大幅拉升大盘，一分钟内涨超5%。最高涨幅5.62%，指数最高报2198.85点，盘中逼近2200点。11点44分，上交所称系统运行正常。下午2点，光大证券公告称策略投资部门自营业务在使用其独立的套利系统时出现问题。媒体将此次事件称为“光大证券乌龙指事件”。

根据《证券法》第二百零二条和《期货交易管理条例》第七十条的规定，证监

会以内幕交易为由认定光大证券在8月16日公开披露错单前，通过转化卖出ETF、卖空股指期货等的获利7414万元，及披露后继续卖空避险获利1307万元，合计8721万元为非法获利，对此没收光大证券违法所得8421万元，处以五倍罚款5.2亿元人民币，决定对杨剑波处以行政处罚及市场禁入。原告杨剑波因不服相关处罚，向北京市第一中院提起行政诉讼，将证监会告上法庭，请求法院撤销两被诉决定。①

【思考】

什么是内幕交易？内幕交易会导致哪些法律责任？

（具体分析见本章末尾）

第一节　证券法概述

一、证券法的调整对象

依据《证券法》第二条规定，在中国境内，股票、公司债券和国务院依法认定的其他证券的发行和交易，均适用《证券法》规定。因此，《证券法》的调整对象主要包括三类行为，即股票、公司债券和其他证券的发行和交易。

（一）股票的发行和交易

股票是股份公司发给股东的所有权凭证，是股东借以取得股息和红利，行使管理权，取得清盘资产，或在证券市场上转让的有价证券。股票具有收益性、流通性、非返还性和风险性等特点。依据不同的标准，股票可以分为不同的类别，例如，根据股东承担风险程度和享有权利的不同，股票可以分为普通股和优先股；依据投资对象及定价币种的不同，股票可以分为人民币普通股（A股或内资股）、境内上市外资股（B股）和境外上市外资股；按照投资主体及资金来源的不同，股票可分为国有股、法人股和社会公众股。

股票的发行和交易主要规定于《证券法》第二章“证券发行”和第三章“证券交易”中，主要包括证券发行的程序和证券交易行为的要求，例如证券上市、持续信息公开、禁止的交易行为等。

---

① 柯静．“光大乌龙指”诉讼案的行政法问题研究［J］．上海金融，2015（2）：86－93．

(二)公司债券的发行和交易

公司债券是指公司依法定程序发行的，约定在一定期限还本付息的有价证券，是公司债的表现形式，是公司向债券持有人出具的债务凭证。公司可以通过发行公司债券筹集资金，这是债权融资的一种形式。基于公司债券的发行，在债券的持有人和发行人之间形成了以还本付息为内容的债权债务法律关系。与股票相比，公司债券具有融资成本低、发行程序简单、不稀释公司股权(可转换公司债除外)等特点，但是这种融资形式在一定期限内需要还本付息，对公司现金流的要求较高，发行人存在一定的现金支付风险。依据不同的标准，债券可以分为不同的种类，例如，根据公司发行的债券种类不同，可分为一般的公司债券和可转换公司债券；依据是否在公司债券上记载债权人姓名或者名称，可以分为记名公司债券和无记名公司债券；等等。

2014 年通过的《公司债券发行与交易管理办法》具体规定了在中国境内公开发行公司债券并在证券交易所、全国中小企业股份转让系统交易或转让的管理办法以及非公开发行公司债券并按照本办法规定承销或自行销售，或在证券交易所、全国中小企业股份转让系统、机构间私募产品报价与服务系统、证券公司柜台转让行为的管理办法。

(三)其他证券的发行和交易

考虑到证券市场发展和产品创新的需要，我国《证券法》还专门规定其调整对象不仅限于股票、公司债券的发行和交易，还包括国务院依法认定的其他证券的发行和交易。

二、证券法的法律渊源

证券法是调整在证券发行、交易及监管过程中形成的社会关系的法律规范的总称，其中主要包括证券发行及交易法、证券监管法。证券发行及交易法是调整平等主体之间的社会关系，而证券监管法则是调整一种不平等的证券监管与被监管的社会关系，它以证券监管机构为监管主体，以证券发行及交易主体为被监管主体。[①]《证券法》以及其他法律中有关证券管理的规定、国务院和政府有关部门发布的有关证券方面的法规、规章以及规范性文件，构成了我国的证券法律体系。因此，我国证券法的法律渊源主要包括法律、行政法规、部门规章、自律规范和司法解释等。

---

① 漆多俊. 经济法学[M]. 北京：高等教育出版社，2014：326.

(一)法律

证券法的主要法律渊源包括2014年修正、2016年实施的《证券法》和2015年发布、2016年3月实施的《全国人大常委会关于授权国务院在实施股票发行注册制改革中调整适用〈中华人民共和国证券法〉有关规定的决定》。

(二)行政法规

证券法领域的相关行政法规主要包括:(1)《证券交易所风险基金管理暂行办法》,该暂行办法于2000年1月31日经国务院批准,于2000年4月4日经中国证券监督管理委员会、财政部公布,并根据2011年1月8日国务院令第588号《国务院关于废止和修改部分行政法规的决定》和2016年2月6日发布的国务院令第666号《国务院关于修改部分行政法规的决定》修改。(2)《证券公司风险处置条例》,该条例于2008年4月23日经国务院第六次常务会议通过,并于2008年4月23日公布,后根据2016年2月6日发布的国务院令第666号《国务院关于修改部分行政法规的决定》修改。(3)《证券公司监督管理条例》,该条例于2008年4月23日以国务院令第522号发布,后于2014年7月29日根据《国务院关于修改部分行政法规的决定》修改。(4)《证券、期货投资咨询管理暂行办法》,该暂行办法于1997年11月30日经国务院批准,并于1997年12月25日由国务院证券委员会以证委发〔1997〕96号发布。

(三)部门规章

涉及证券发行、交易及监管问题的部门规章数量较多,现行有效的部门规章有87个,内容以证券监管为主。相关的部门规章主要包括:《中国证券监督管理委员会关于修改〈上市公司重大资产重组管理办法〉的决定》(2016年,中国证券监督管理委员会令第127号)、《证券公司风险控制指标管理办法》(2016年修正,中国证券监督管理委员会令第125号)、《中国证券监督管理委员会关于修改〈证券公司风险控制指标管理办法〉的决定》(2016年,中国证券监督管理委员会令第125号)、《证券投资者保护基金管理办法》(2016年修订,中国证券监督管理委员会令第124号)、《中国证券监督管理委员会关于就修订〈证券公司风险控制指标管理办法〉及配套规则公开征求意见的通知》(2016年)、《证券发行与承销管理办法》(2015年修订,中国证券监督管理委员会令第121号)、《中国证券监督管理委员会关于修改〈首次公开发行股票并上市管理办法〉的决定》(2015年,中国证券监督管理委员会令第122号)、《证券公司融资融券业务管理办法》(2015年,中国证券监督管理委员会令第117号)、《证券市场禁入规定》(2015修订,中国证券监督管理委员会令第115号)、《证券期货市场诚信监督管理暂行办法》

(2014 年修订，中国证券监督管理委员会令第 106 号)、《公开募集证券投资基金运作管理办法》(中国证券监督管理委员会令第 104 号)、《创业板上市公司证券发行管理暂行办法》(中国证券监督管理委员会令第 100 号)、《公开募集证券投资基金风险准备金监督管理暂行办法》(中国证券监督管理委员会令第 94 号)、《证券公司董事、监事和高级管理人员任职资格监管办法》(2012 年修订，中国证券监督管理委员会令第 88 号)等。

(四)自律规范

证券市场自律规范是指证券市场参与者组成自律组织，在国家有关证券市场的法律、法规和政策的指导下，依据证券行业的自律规范和职业道德，自行制定的实行自我管理、自我改革行为的行为规范。以中国证券业协会为例，2016 年发布了一系列自律规范，主要包括：《中国青年创新创业金融综合服务平台信息展示业务指引(试行)》《中国青年创新创业金融综合服务平台管理办法(试行)》《证券经营机构参与打击非法证券活动工作指引》《证券市场资信评级机构评级业务实施细则(试行)》《机构间私募产品报价与服务系统私募股权融资业务指引(试行)》《机构间私募产品报价与服务系统发行与转让规则》《中国证券业协会证券纠纷调解规则》《中国证券业协会证券纠纷调解工作管理办法》《融资担保公司证券市场担保业务规范》《首次公开发行股票承销业务规范》《首次公开发行股票配售细则 》《首次公开发行股票网下投资者管理细则》等。

(五)司法解释

司法解释是指最高人民法院对审判工作中具体法律适用问题的解释和最高人民检察院对检察工作中具体适用法律规范问题的解释。证券交易和监管领域现行有效的司法解释仅有两个，即《最高人民法院关于对与证券交易所监管职能相关的诉讼案件管辖与受理问题的规定》(法释〔2005〕1 号)和《最高人民法院关于审理证券市场因虚假陈述引发的民事赔偿案件的若干规定》(法释〔2003〕2 号)。

三、我国证券法的沿革

我国第一部关于证券市场的行政法规是国务院于 1993 年 4 月 22 日颁布施行的《股票发行与交易暂行条例》，由此开启了我国资本市场的法治化进程。《证券法》是证券市场的基本法。1998 年 12 月 29 日，第九届全国人民代表大会常务委员会第六次会议通过了《中华人民共和国证券法》，自 1999 年 7 月 1 日起施行。2004 年 8 月 28 日，第十届全国人民代表大会常务委员会第十一次会议通过《全国人民代表大会常务委员会关于修改〈中华人民共和国证券法〉的决定》，对《证券法》个别条款进行修正。2005 年 10 月 27 日，第十届全国人民代表大会常务委员会第十八次会议再次修订《证券法》，修订后的《证券法》自 2006 年 1 月 1 日起施行。2013 年 6 月 29 日，全国人大常委会通过《全国人民代表大会常务委员会关于修改〈中华人民共和国文物保护法〉等十二部法律的决定》，进一步修正《证券法》。2014 年 8 月 31 日，依据《全国人民代表大会常务委员会关于修改〈中华人民共和国保险法〉等五部法律的决定》，《证券法》再次修正并颁行。

（一）1999 年《证券法》的制定

早在 1993 年 8 月，全国人大财政经济委员会即提请第八届全国人大常委会第三次会议审议证券法（草案），在其后长达 5 年的时间内，法律委员会、法制工作委员会将草案印发国务院各有关部门，各省、市、自治区、经济特区、计划单列市，一部分中等城市，一部分大专院校、研究单位、上市公司、证券交易机构广泛征求意见，反复研究修改，使这部法律更具有针对性，更加切实可行，最终于 1998 年 12 月 29 日通过并公布，自 1999 年 7 月 1 日起施行。《证券法》分为 12 章 214 条，对证券发行、交易、上市公司收购、证券交易所、证券公司、登记结算机构、交易服务机构、证券业协会、国务院证券监督管理机构和法律责任作了较为详尽的规定。1999 年《证券法》的正式实施标志着我国证券市场建立起集中统一的监管体制，也标志着证券市场法治化建设步入新阶段。

（二）2005 年《证券法》的修订

《证券法》于 1999 年 7 月 1 日实施后，一方面对规范证券发行和交易行为，保护投资者合法权益，维护社会经济秩序，促进社会主义市场经济发展，发挥了重要作用，但是，另一方面，随着经济和金融体制改革的不断深化和社会主义市场经济的不断发展，证券市场发生了很大变化，在证券发行、交易和证券监管中出现许多新情况，证券法已经不能完全适应新形势发展的客观需要：一是部分上市公司的治理结构不健全，质量不高，信息披露制度不完善，对董事、监事和高级管理人员缺乏诚信义务和法律责任的规定；二是一些证券公司内部控制机制不严、经营活动不规范、外部监管手段不足；三是对投资者，特别是中小投资者的合法权益的保护机制不完善，对损害投资者权益的行为缺乏民事责任的规定；四是证券发行、交易、登记结算制度等不够完备，没有为建立多层次资本市场体系留下法律空间；五是对资本市场监管中出现的新情况、新问题缺乏有效的应对手段，有关法律责任的规定过于原则，难以操作，不利于打击违法、违规行为以及维护资本市场的秩序；六是证券法调整范围和某些限制性规定已经不适应证券市场的发展，需要补充和完善，因此有必要对《证券法》进行修正。

2003 年 7 月，全国人大财经委负责成立证券法修改起草组，经过多方征求意见，反复论证，形成《证券法(修订草案)》。这次证券法修订的指导思想是，以党的十六届三中全会决定关于“大力发展资本和其他要素市场。积极推进资本市场的改革开放和稳定发展，扩大直接融资。建立多层次资本市场体系，完善资本市场结构，丰富资本市场产品”的精神为指导，遵循“公开、公平、公正”的原则和“法制、监管、自律、规范”的方针，坚持依法治市，保护投资者，特别是中小投资者的合法权益，正确处理好改革、发展、稳定的关系，处理好加快资本市场发展与防范市场风险的关系，加强证券市场基础建设。

2004 年 8 月 28 日，第十届全国人民代表大会常务委员会第十一次会议通过《全国人民代表大会常务委员会关于修改〈中华人民共和国证券法〉的决定》，仅对《证券法》进行两处修改，即：(1)第二十八条修改为：“股票发行采取溢价发行的，其发行价格由发行人与承销的证券公司协商确定。”(2)第五十条修改为：“公司申请其发行的公司债券上市交易，由证券交易所依照法定条件和法定程序核准。”由于此次修改不彻底，未能全面解决《证券法》存在的问题，因此次年《证券法》再次修正。

(三)2005 年《证券法》的修订

2005 年 10 月 27 日，第十届全国人民代表大会常务委员会第十八次会议通过《关于修改〈中华人民共和国证券法〉的决定》，对《证券法》进行了大面积的修订。此次修订的主旨是推进资本市场改革开放和稳定发展，切实保护证券投资者的合法权益。修订后的《证券法》分为 12 章共 240 条，在原《证券法》214 条的基础上，新增 53 条，删除 27 条，另对部分条款进行文字修改，修改面涉及《证券法》约 40% 的条款。其修订内容主要包括七个方面：(1)完善上市公司监管制度、提高其质量方面的修订。(2)加强对证券公司监管、防范和化解证券市场风险方面的修订。(3)加强对投资者(特别是中小投资者)权益的保护力度方面的修订。(4)完善证券发行、证券交易和证券登记结算制度，规范市场秩序方面的修订。(5)完善证券监督管理制度、增强对证券市场的监管力度的修订。(6)强化证券违法行为的法律责任、打击违法犯罪行为方面的修订。(7)社会普遍关注的重大问题的修订，例如，拓展《证券法》的适用范围为证券现货及其他交易品种；为国企买卖股票预留法律空间；不再限制券商融资融券；取消禁止银行资金入市的规定，依法拓宽资金入市渠道，鼓励合规资金入市；等等。

(四)2013 年《证券法》的修订

2013 年 6 月 29 日，第十二届全国人民代表大会常务委员会第三次会议通过《全国人民代表大会常务委员会关于修改〈中华人民共和国文物保护法〉等十二部法律的决定》，对《证券法》作出修改，将第一百二十九条第一款修改为：“证券公司设立、收购或者撤销分支机构，变更业务范围，增加注册资本且股权结构发生重大调整，减少注册资本，变更持有百分之五以上股权的股东、实际控制人，变更公司章程中的重要条款，合并、分立、停业、解散、破产，必须经国务院证券监督管理机构批准。”

（五）2014 年《证券法》的修订

2014 年 8 月 31 日，第十二届全国人民代表大会常务委员会第十次会议通过《全国人民代表大会常务委员会关于修改〈中华人民共和国保险法〉等五部法律的决定》，对《中华人民共和国证券法》作出五处修改。主要包括：(1)将第八十九条第一款中的“事先向国务院证券监督管理机构报送”修改为“公告”，第一款第八项中的“报送”修改为“公告”。删去第二款。(2)删去第九十条第一款。(3)将第九十一条修改为：“在收购要约确定的承诺期限内，收购人不得撤销其收购要约。收购人需要变更收购要约的，必须及时公告，载明具体变更事项。”(4)将第一百零八条、第一百三十一条第二款中的“有《中华人民共和国公司法》第一百四十七条规定的情形”修改为“有《中华人民共和国公司法》第一百四十六条规定的情形”。(5)删去第二百一十三条中的“报送上市公司收购报告书”和“或者擅自变更收购要约”。

第二节　证券机构法律制度

一、证券公司

证券公司是指依照《证券法》和《公司法》相关规定设立，经国务院证券监督管理机构审查批准而成立的专门经营证券业务的有限责任公司或者股份有限公司。[①] 根据功能不同划分，证券经营公司可分为证券经纪商、证券自营商和证券承销商。

（一）证券公司的设立

依据《证券法》和《公司法》相关规定，我国证券公司的设立，必须经国务院证券监督管理机构审查批准，未经国务院证券监督管理机构批准，任何单位和个人

① 李国海，余卫明. 经济法律教程[M]. 长沙：中南大学出版社，2014：229.

不得经营证券业务。设立证券公司，应当具备下列条件：(1)有符合法律、行政法规规定的公司章程；(2)主要股东具有持续盈利能力，信誉良好，最近三年无重大违法违规记录，净资产不低于人民币二亿元；(3)有符合法定的注册资本；(4)董事、监事、高级管理人员具备任职资格，从业人员具有证券从业资格；(5)有完善的风险管理与内部控制制度；(6)有合格的经营场所和业务设施；(7)法律、行政法规规定的和经国务院批准的国务院证券监督管理机构规定的其他条件。

在监管机构对证券公司设立申请的审批上，《证券法》明确规定国务院证券监督管理机构应当自受理证券公司设立申请之日起六个月内，依照法定条件和法定程序并根据审慎监管原则进行审查，作出批准或者不予批准的决定，并通知申请人；不予批准的，应当说明理由。证券公司设立申请获得批准的，申请人应当在规定的期限内向公司登记机关申请设立登记，领取营业执照。证券公司应当自领取营业执照之日起十五日内，向国务院证券监督管理机构申请经营证券业务许可证。未取得经营证券业务许可证，证券公司不得经营证券业务。

另外，证券公司设立、收购或者撤销分支机构，必须经国务院证券监督管理机构批准。同样，证券公司在境外设立、收购或者参股证券经营机构，必须经国务院证券监督管理机构批准。

(二)证券公司的主要业务范围

证券公司的业务范围须经国务院证券监督管理机构批准，主要可以经营下列部分或者全部业务：(1)证券经纪；(2)证券投资咨询；(3)与证券交易、证券投资活动有关的财务顾问；(4)证券承销与保荐；(5)证券自营；(6)证券资产管理；(7)其他证券业务。

对于从事某些业务的证券公司，《证券法》对注册资本最低限额另有规定，即证券公司经营证券经纪、证券投资咨询和与证券交易、证券投资活动有关的财务顾问业务的，注册资本最低限额为人民币五千万元；经营证券承销与保荐、证券自营、证券资产管理和其他证券业务之一的，注册资本最低限额为人民币一亿元；经营证券承销与保荐、证券自营、证券资产管理和其他证券业务中两项以上的，注册资本最低限额为人民币五亿元，其中证券公司的注册资本应当是实缴资本。国务院证券监督管理机构根据审慎监管原则和各项业务的风险程度，可以调整注册资本最低限额，但不得少于前款规定的限额。

(三)证券公司人员的任职资格

《证券法》对证券公司的董事、监事、高级管理人员及其从业人员规定了不同的任职要求。

1. 证券公司的董事、监事、高级管理人员

证券公司的董事、监事、高级管理人员，应当正直诚实，品行良好，熟悉证券法律、行政法规，具有履行职责所需的经营管理能力，并在任职前取得国务院证券监督管理机构核准的任职资格。

此外，《证券法》也从反面规定了哪些人员不得成为证券公司的董事、监事、高级管理人员，即有《公司法》第一百四十六条规定的情形或者下列情形之一的，不得担任证券公司的董事、监事、高级管理人员：(1)因违法行为或者违纪行为被解除职务的证券交易所、证券登记结算机构的负责人或者证券公司的董事、监事、高级管理人员，自被解除职务之日起未逾五年；(2)因违法行为或者违纪行为被撤销资格的律师、注册会计师或者投资咨询机构、财务顾问机构、资信评级机构、资产评估机构、验证机构的专业人员，自被撤销资格之日起未逾五年。

2. 证券公司的从业人员

证券公司从业人员的基本条件为应具有证券从业资格。《证券法》关于证券公司从业人员的限制性规定主要有两处，一是因违法行为或者违纪行为被开除的证券交易所、证券登记结算机构、证券服务机构、证券公司的从业人员和被开除的国家机关工作人员，不得招聘为证券公司的从业人员；二是国家机关工作人员和法律、行政法规规定的禁止在公司中兼职的其他人员，不得在证券公司中兼任职务。

【案例】

原告是被告海通证券大庆昆仑大街营业部的开户股民，2015 年 1 月 16 日，原告买入海通证券(代码：600837)股票 1 万股，每股价格 23.25 元，合计金额 232500 元；同日，中国证监会公布了 2014 年第四季度证券公司融资类业务现场检查情况，中信证券、海通证券、国泰君安证券 3 家证券公司存在违规为到期融资融券合约展期问题，受过处理仍未改正，且涉及客户数量较多，对该 3 家公司采取暂停新开融资融券客户信用账户 3 个月的行政监管措施。2015 年 1 月17 日、18 日为休市日，2015 年 1 月 19 日开市，截至收盘，沪指报 3116.35 点，下跌 260.15点，跌幅 7.70%；2015 年 1 月 20 日，原告再次买入海通证券同一只股票(代码：600837)2800 股，每股价格 18.78 元，合计金额 52584 元；原告将 1 月 16 日买入股票的价格 23.25 元/股与 1 月 20 日买入股票的价格 18.78 元/股相比，账面上每股下跌 4.47 元，1 万股在账面上下跌 44700 元，但当时原告并未实际卖出该 1 万股，而是于 2015 年 6 月 15 日将买入的海通证券(代码：600837)股票全部卖出(包括 1 月 16 日买入的 1 万股)，并盈利 73672 元。现原告诉至法院，认为被告海通证券因存在违规问题被中国证监会处以暂停新开融资证券客户信用账户 3 个月的行政监管措施是导致 2015 年 1 月 19 日股市下跌的原因，其给原告买入

的1 万股造成了44700 元的经济损失，故原告诉请：(1)要求被告赔偿原告经济损失 44700 元；(2)诉讼费用由被告承担。

【分析】

原告与被告签订了证券交易代理协议书，原告作为投资者对于股市存在风险应该是明知的，由此而产生的投资风险，由投资者自行负责；本案原告主张2015 年1 月19 日股价下跌系包括被告海通证券在内的3 家证券公司被中国证监会处以暂停新开融资融券客户信用账户 3 个月的行政监管措施造成的，对此未能提交充分证据予以证实，而股票价格的涨跌受市场规律、政策因素、经营风险等多方面原因的影响，故法院对原告提出因被告海通证券被证监会处罚才导致股价下跌的主张不予采信；关于原告提出其于2015 年 1 月 16 日买入的海通证券(代码：600837)股票1 万股遭受了经济损失44700 元，根据庭审查明的事实可以认定该44700 元是原告买入股票后在预定时间内不能以高于买入价将股票卖出而发生的账面损失，其并不是实际损失；2015 年6 月15 日，原告是以高于买入价将该1 万股卖出的，即该1 万股对于原告而言最终是盈利的，因此现原告提出要求被告赔偿经济损失44700 元的诉请，无事实和法律依据，法院不予支持。依照《中华人民共和国证券法》第二十七条，《最高人民法院关于民事诉讼证据的若干规定》第二条之规定，判决：驳回原告张海石的诉讼请求。①

(四)证券公司的经营规则

1. 内部控制制度

根据《证券法》的规定，证券公司应当建立健全内部控制制度，采取有效隔离措施，防范公司与客户之间、不同客户之间的利益冲突。证券公司必须将其证券经纪业务、证券承销业务、证券自营业务和证券资产管理业务分开办理，不得混合操作。

2. 依法自主经营

证券公司依法享有自主经营的权利，其合法经营不受干涉。证券公司的自营业务必须以自己的名义进行，不得假借他人名义或者以个人名义进行。证券公司的自营业务必须使用自有资金和依法筹集的资金。证券公司不得将其自营账户借给他人使用。

3. 客户资金与自由资金分离

证券公司客户的交易结算资金应当存放在商业银行，以每个客户的名义单独

---

① “张海石与海通证券股份有限公司股票交易纠纷上诉案”，黑龙江省大庆市中级人民法院〔2015〕庆商终字第478 号民事判决书。

立户管理。证券公司不得将客户的交易结算资金和证券归入其自有财产。禁止任何单位或者个人以任何形式挪用客户的交易结算资金和证券。证券公司破产或者清算时，客户的交易结算资金和证券不属于其破产财产或者清算财产。非因客户本身的债务或者法律规定的其他情形，不得查封、冻结、扣划或者强制执行客户的交易结算资金和证券。

二、证券交易所

（一）证券交易所的概念

证券交易所是为证券集中交易提供场所和设施，组织和监督证券交易，实行自律管理，且由国务院决定其设立和解散的法人。目前我国有四个证券交易所，即上海证券交易所、深圳证券交易所、香港证券交易所和台湾证券交易所。

（二）证券交易所的职能

我国证券交易所的主要职能包括：提供证券交易的场所和设施；制定证券交易所的业务规则；接受上市申请、安排证券上市；组织、监督证券交易；对会员进行监管；对上市公司进行监管；设立证券登记结算机构；管理和公布市场信息；证监会许可的其他职能。

（三）证券交易所的机构设置

我国证券交易所设会员大会、理事会和专门委员会。

1. 会员大会

会员大会为证券交易所的最高权力机构。会员大会有以下职权：制定和修改证券交易所章程；选举和罢免会员理事；审议和通过理事会、总经理的工作报告；审议和通过证券交易所的财务预算、决算报告；决定证券交易所的其他重大事项。

会员大会由理事会召集，每年召开1次。有下列情形之一的，应当召开临时会员大会：理事人数不足本办法规定的最低人数；占会员总数1/3以上的会员请求；理事会认为必要。

2. 理事会

理事会是证券交易所的决策机构，每届任期3年。理事会的职责是：执行会员大会的决议；制定、修改证券交易所的业务规则；审定总经理提出的工作计划；审定总经理提出的财务预算、决算方案；审定对会员的接纳；审定对会员的处分；根据需要决定专门委员会的设置；会员大会授予的其他职责。

3. 专门委员会

根据需要，理事会可以下设其他专门委员会。各专门委员会的职责、任期和人员组成等事项，应当在证券交易所章程中作出具体规定。各专门委员会的经费应当纳入证券交易所的预算。

4. 管理人员

证券交易所设总经理 1 人，副总经理 1 至 3 人。总经理、副总经理由证监会任免。总经理、副总经理不得由国家公务员兼任。总经理、副总经理任期 3 年。总经理连续任职不得超过两届。总经理在理事会领导下负责证券交易所的日常管理工作，为证券交易所的法定代表人。总经理因故临时不能履行职责时，由总经理指定的副总经理代其履行职责。

(四) 证券交易所的交易规则

证券交易所的交易规则内容主要包括：(1) 交易证券的种类和期限；(2) 证券交易方式和操作程序；(3) 证券交易中的禁止行为；(4) 清算交割事项；(5) 交易纠纷的解决；(6) 上市证券的暂停、恢复与取消交易；(7) 证券交易所的开市、收市、休市及异常情况的处理；(8) 交易手续费及其他有关费用的收取方式和标准；(9) 对违反交易规则行为的处理规定；(10) 证券交易所证券交易信息的提供和管理；(11) 股价指数的编制方法和公布方式；(12) 其他需要在交易规则中规定的事项。

证券交易所应当公布即时行情，并按日制作证券行情表，记载下列事项，以适当方式公布：(1) 上市证券的名称；(2) 开市、最高、最低及收市价格；(3) 与前一交易日收市价比较后的涨跌情况；(4) 成交量、值的分计及合计；(5) 股价指数及其涨跌情况；(6) 证监会要求公开的其他事项。

此外，证券交易所应当在业务规则中对证券交易合同的生效和废止条件作出详细规定，并维护在本证券交易所达成的证券交易合同的有效性。同时，证券交易所应当保证投资者有平等机会获取证券市场的交易行情和其他公开披露的信息，并有平等的交易机会。

三、证券登记结算机构

(一) 证券登记结算机构的设立

证券登记结算机构是为证券交易提供集中登记、存管与结算服务，不以营利为目的的法人。设立证券登记结算机构必须经国务院证券监督管理机构批准。

设立证券登记结算机构，应当具备下列条件：(1) 自有资金不少于人民币二亿元；(2)具有证券登记、存管和结算服务所必需的场所和设施；(3)主要管理人员和从业人员必须具有证券从业资格；(4)国务院证券监督管理机构规定的其他条件。证券登记结算机构的名称中应当标明证券登记结算字样。

(二)证券登记结算机构的职责

证券登记结算机构履行下列职能：(1)证券账户、结算账户的设立；(2)证券的存管和过户；(3)证券持有人名册登记；(4)证券交易所上市证券交易的清算和交收；(5)受发行人的委托派发证券权益；(6)办理与上述业务有关的查询；(7)国务院证券监督管理机构批准的其他业务。

四、证券服务机构

(一)证券服务机构的概念

证券服务机构是指专门从事证券投资咨询、财务顾问、资信评级、资产评估等证券服务业务的机构，主要包括投资咨询机构、财务顾问机构、资信评级机构、资产评估机构、会计师事务所，此类证券服务机构必须经国务院证券监督管理机构和有关主管部门批准。

(二)证券服务机构人员的从业规则

依据《证券法》规定，投资咨询机构、财务顾问机构、资信评级机构从事证券服务业务的人员，必须具备证券专业知识和从事证券业务或者证券服务业务二年以上经验。认定其证券从业资格的标准和管理办法，由国务院证券监督管理机构制定。

此外，投资咨询机构及其从业人员从事证券服务业务不得有下列行为：(1)代理委托人从事证券投资；(2)与委托人约定分享证券投资收益或者分担证券投资损失；(3)买卖本咨询机构提供服务的上市公司股票；(4)利用传播媒介或者通过其他方式提供、传播虚假或者误导投资者的信息；(5)法律、行政法规禁止的其他行为。有前述所列行为之一，给投资者造成损失的，依法承担赔偿责任。

第三节 证券发行法律制度

一、证券发行的概念和种类

（一）证券发行的概念

证券发行是指以向社会投资者募集资金为目的、依照法律所设定的条件和程序向投资者出售代表一定权利的有价证券的活动。

（二）证券发行的种类

按照不同的标准，证券发行可以分为不同的类别。根据证券发行对象的不同，证券发行可以分为公募发行和私募发行；依据发行方式的不同，证券发行可以分为公开发行和非公开发行；根据所发行证券的种类分类，证券发行可以分为股票发行、债券发行和基金发行。

二、证券发行的条件

（一）股票发行的条件

首先，对设立股份有限公司公开发行股票的情形，《证券法》规定了其应具备的条件及申请发行核准应当报送的文件，主要包括：应当符合我国《公司法》规定的条件和经国务院批准的国务院证券监督管理机构规定的其他条件，向国务院证券监督管理机构报送募股申请和下列文件：(1)公司章程；(2)发起人协议；(3)发起人姓名或者名称，发起人认购的股份数、出资种类及验资证明；(4)招股说明书；(5)代收股款银行的名称及地址；(6)承销机构名称及有关的协议。依照《证券法》规定聘请保荐人的，还应当报送保荐人出具的发行保荐书。法律、行政法规规定设立公司必须报经批准的，还应当提交相应的批准文件。

其次，对于公司公开发行新股的情形，应当符合下列条件：(1)具备健全且运行良好的组织机构；(2)具有持续盈利能力，财务状况良好；(3)最近三年财务会计文件无虚假记载，无其他重大违法行为；(4)经国务院批准的国务院证券监督管理机构规定的其他条件。同时，应当向国务院证券监督管理机构报送募股申请和下列文件：(1)公司营业执照；(2)公司章程；(3)股东大会决议；(4)招股说明书；(5)财务会计报告；(6)代收股款银行的名称及地址；(7)承销机构名称及有关的协议。依照《证券法》规定聘请保荐人的，还应当报送保荐人出具的发行保荐书。

再次，上市公司非公开发行新股时，应当符合经国务院批准的国务院证券监督管理机构规定的条件，并报国务院证券监督管理机构核准。

(二)公司债券发行的条件

关于公开发行公司债券的条件，应当符合六个条件：(1)股份有限公司的净资产不低于人民币三千万元，有限责任公司的净资产不低于人民币六千万元；(2)累计债券余额不超过公司净资产的百分之四十；(3)最近三年平均可分配利润足以支付公司债券一年的利息；(4)筹集的资金投向符合国家产业政策；(5)债券的利率不超过国务院限定的利率水平；(6)国务院规定的其他条件。

同时，申请公开发行公司债券，应当向国务院授权的部门或者国务院证券监督管理机构报送下列文件：(1)公司营业执照；(2)公司章程；(3)公司债券募集办法；(4)资产评估报告和验资报告；(5)国务院授权的部门或者国务院证券监督管理机构规定的其他文件。依照《证券法》规定聘请保荐人的，还应当报送保荐人出具的发行保荐书。

对于公开发行公司债券的限制条件，《证券法》设有专门规定，对于三种情形，不得再次公开发行公司债券：(1)前一次公开发行的公司债券尚未募足；(2)对已公开发行的公司债券或者其他债务有违约或者延迟支付本息的事实，仍处于继续状态；(3)违反《证券法》规定，改变公开发行公司债券所募资金的用途。

三、证券发行的程序

(一)股票发行的程序

1. 新股发行的决议

根据《证券法》和《公司法》等法律相关规定，股份有限公司发行新股是公司的增资行为，应当由股东大会做出决议，经出席股东大会的股东所持表决权的三分之二以上通过。公司发行新股，股东大会应当对下列事项作出决议：(1)新股种类及数额；(2)新股发行价格；(3)新股发行的起止日期；(4)向原有股东发行新股的种类及数额。

2. 新股发行的申请

股东大会作出发行新股的决议后，公司应聘请会计师事务所、资产评估机构、律师事务所等专业机构，对公司的资信、财务状况进行评估，并就有关事项出具法律意见书，向证券监督管理部门提出发行申请。

3. 公开有关新股发行的文件

公司经国务院证券监督管理机构核准公开发行新股时，必须公告新股招股说明书和财务会计报告，并制作认股书。招股说明书应当附有发起人制订的公司章程，并载明下列事项：(1)发起人认购的股份数；(2)每股的票面金额和发行价格；(3)无记名股票的发行总数；(4)募集资金的用途；(5)认股人的权利、义务；(6)本次募股的起止期限及逾期未募足时认股人可以撤回所认股份的说明。认股书应当载明前述事项，由认股人填写认购股数、金额、住所，并签名、盖章，认股人按照所认购股数缴纳股款。

4. 办理认购事宜

发起人向社会公开募集股份，应当由依法设立的证券公司承销，签订承销协议；并应同银行签订代收股款协议，代收股款的银行应当按照协议代收和保存股款，向缴纳股款的认股人出具收款单据，并负有向有关部门出具收款证明的义务。

5. 登记和公告

公司发行的新股募足后，应当向公司的登记机构办理登记事项，并在指定的报刊上进行公告。

(二)公司债券发行的程序

根据《证券法》和《公司法》有关规定，公司债券发行的程序是：

1. 发行债券的决议

我国《公司法》规定，公司债券的发行，由股东会对发行公司债券作出决议，由董事会制订发行公司债券的方案。国有独资公司发行公司债券，必须由国有资产监督管理机构决定。

2. 发行债券的申请

申请公开发行公司债券，应当向国务院授权的部门或者国务院证券监督管理机构报送下列文件：(1)公司营业执照；(2)公司章程；(3)公司债券募集办法；(4)资产评估报告和验资报告；(5)国务院授权的部门或者国务院证券监督管理机构规定的其他文件。依照《证券法》规定聘请保荐人的，还应当报送保荐人出具的发行保荐书。发行人依法申请核准发行证券所报送的申请文件的格式、报送方式，由依法负责核准的机构或者部门规定。发行人申请首次公开发行股票的，在提交申请文件后，应当按照国务院证券监督管理机构的规定预先披露有关申请文件。

3. 债券发行的审批

国务院证券监督管理机构设发行审核委员会，依法审核债券发行申请。发行审核委员会由国务院证券监督管理机构的专业人员和所聘请的该机构外的有关专家组成，以投票方式对债券发行申请进行表决，提出审核意见。国务院证券监督管理机构依照法定条件负责核准债券发行申请。核准程序应当公开，依法接受监督。国务院证券监督管理机构或者国务院授权的部门应当自受理证券发行申请文件之日起三个月内，依照法定条件和法定程序作出予以核准或者不予核准的决定，发行人根据要求补充、修改发行申请文件的时间不计算在内；不予核准的，应当说明理由。

4. 债券发行信息的公开

债券发行申请经核准后，发行人应当依照法律、行政法规的规定，在债券公开发行前，公告公开发行募集文件，并将该文件置备于指定场所供公众查阅。发行债券的信息依法公开前，任何知情人不得公开或者泄露该信息。发行人不得在公告公开发行募集文件前发行债券。

5. 公告公司债券的募集办法

发行公司债券的申请经批准后，公司应当在一定期限内依法公告公司债券的募集办法。发行公司债券的申请经国务院授权的部门核准后，应当公告公司债券募集办法。公司债券募集办法中应当载明下列主要事项：(1)公司名称；(2)债券募集资金的用途；(3)债券总额和债券的票面金额；(4)债券利率的确定方式；(5)还本付息的期限和方式；(6)债券担保情况；(7)债券的发行价格、发行的起止日期；(8)公司净资产额；(9)已发行的尚未到期的公司债券总额；(10)公司债券的承销机构。

6. 公司债券的认购

公司债券募集办法公告后，即可募集公司债券。

第四节　证券交易法律制度

一、证券交易的概念和一般规定

(一)证券交易的概念

证券交易是指证券持有人依照证券交易规则，将证券转让给其他投资者的行为。证券交易当事人依法买卖的证券，必须是依法发行并交付的证券。非依法发行的证券，不得买卖。

(二)证券交易的一般规定

1. 在法定期限交易

依法发行的股票、公司债券及其他证券，法律对其转让期限有限制性规定的，在限定的期限内不得买卖。

2. 在法定场所交易

依法公开发行的股票、公司债券及其他证券，应当在依法设立的证券交易所上市交易或者在国务院批准的其他证券交易场所转让。

3. 以法定方式交易

证券在证券交易所上市交易，应当采用公开的集中交易方式或者国务院证券监督管理机构批准的其他方式。

4. 以法定形式交易

证券交易当事人买卖的证券可以采用纸面形式或者国务院证券监督管理机构规定的其他形式。

二、证券上市制度

(一)股票上市

1. 上市申请

申请证券上市交易，应当向证券交易所提出申请，由证券交易所依法审核同意，并由双方签订上市协议。申请股票上市交易，应当聘请具有保荐资格的机构担任保荐人。

2. 上市条件

股份有限公司申请股票上市，应当符合下列条件：(1)股票经国务院证券监督管理机构核准已公开发行；(2)公司股本总额不少于人民币三千万元；(3)公开发行的股份达到公司股份总数的百分之二十五以上；公司股本总额超过人民币四亿元的，公开发行股份的比例为百分之十以上；(4)公司最近三年无重大违法行为，财务会计报告无虚假记载。

3. 申请文件

申请股票上市交易，应当向证券交易所报送下列文件：(1)上市报告书；(2)申请股票上市的股东大会决议；(3)公司章程；(4)公司营业执照；(5)依法经会计师事务所审计的公司最近三年的财务会计报告；(6)法律意见书和上市保荐书；(7)最近一次的招股说明书；(8)证券交易所上市规则规定的其他文件。

4. 申请文件公开

股票上市交易申请经证券交易所审核同意后，签订上市协议的公司应当在规定的期限内公告股票上市的有关文件，并将该文件置备于指定场所供公众查阅。签订上市协议的公司除公告前条规定的文件外，还应当公告下列事项：(1)股票获准在证券交易所交易的日期；(2)持有公司股份前十名股东的名单和持股数额；(3)公司的实际控制人；(4)董事、监事、高级管理人员的姓名及其持有本公司股票和债券的情况。

5. 暂停上市

上市公司有下列情形之一的，由证券交易所决定暂停其股票上市交易：(1)公司股本总额、股权分布等发生变化不再具备上市条件；(2)公司不按照规定公开其财务状况，或者对财务会计报告作虚假记载，可能误导投资者；(3)公司有重大违法行为；(4)公司最近三年连续亏损；(5)证券交易所上市规则规定的其他情形。

6. 终止上市

上市公司有下列情形之一的，由证券交易所决定终止其股票上市交易：(1)公司股本总额、股权分布等发生变化不再具备上市条件，在证券交易所规定的期限内仍不能达到上市条件；(2)公司不按照规定公开其财务状况，或者对财务会计报告作虚假记载，且拒绝纠正；(3)公司最近三年连续亏损，在其后一个年度内未能恢复盈利；(4)公司解散或者被宣告破产；(5)证券交易所上市规则规定的其他情形。

(二)债券上市

1. 上市申请

申请债券上市交易，应当向证券交易所提出申请，由证券交易所依法审核同意，并由双方签订上市协议。申请可转换为股票的公司债券或者法律、行政法规规定实行保荐制度的其他证券上市交易，应当聘请具有保荐资格的机构担任保荐人。

2. 上市条件

公司申请公司债券上市交易，应当符合下列条件：(1)公司债券的期限为一年以上；(2)公司债券实际发行额不少于人民币五千万元；(3)公司申请债券上市时仍符合法定的公司债券发行条件。

3. 申请文件

申请公司债券上市交易，应当向证券交易所报送下列文件：(1)上市报告书；(2)申请公司债券上市的董事会决议；(3)公司章程；(4)公司营业执照；(5)公司债券募集办法；(6)公司债券的实际发行数额；(7)证券交易所上市规则规定的其他文件。申请可转换为股票的公司债券上市交易，还应当报送保荐人出具的上市保荐书。

4. 申请文件公开

公司债券上市交易申请经证券交易所审核同意后，签订上市协议的公司应当在规定的期限内公告公司债券上市文件及有关文件，并将其申请文件置备于指定场所供公众查阅。

5. 暂停上市

公司债券上市交易后，公司有下列情形之一的，由证券交易所决定暂停其公司债券上市交易：(1)公司有重大违法行为；(2)公司情况发生重大变化不符合公司债券上市条件；(3)发行公司债券所募集的资金不按照核准的用途使用；(4)未按照公司债券募集办法履行义务；(5)公司最近二年连续亏损。

6. 终止上市

公司有公司有重大违法行为和未按照公司债券募集办法履行义务两种情形之一经查实后果严重的，或者有公司情况发生重大变化不符合公司债券上市条件、发行公司债券所募集的资金不按照核准的用途使用、公司最近二年连续亏损三种情形之一，在限期内未能消除的，由证券交易所决定终止其公司债券上市交易。公司解散或者被宣告破产的，由证券交易所终止其公司债券上市交易。对证券交易所作出的不予上市、暂停上市、终止上市决定不服的，可以向证券交易所设立的复核机构申请复核。

三、持续信息公开

我国《证券法》第三条规定："证券的发行、交易活动，必须实行公开、公平、公正的原则。"其中公开原则指信息公开，即凡是可能影响投资者决策的信息都应当向社会公告，公开的信息必须及时、完整、真实、准确。

（一）持续信息公开的内容

发行人、上市公司依法披露的信息，必须真实、准确、完整，不得有虚假记载、误导性陈述或者重大遗漏。

1. 证券发行中的信息公开

经国务院证券监督管理机构核准依法公开发行股票，或者经国务院授权的部门核准依法公开发行公司债券，应当公告招股说明书、公司债券募集办法。依法公开发行新股或者公司债券的，还应当公告财务会计报告。

2. 证券上市交易中的信息公开

上市公司和公司债券上市交易的公司，应当在每一会计年度的上半年结束之日起二个月内，向国务院证券监督管理机构和证券交易所报送记载以下内容的中期报告，并予公告：(1)公司财务会计报告和经营情况；(2)涉及公司的重大诉讼事项；(3)已发行的股票、公司债券变动情况；(4)提交股东大会审议的重要事项；(5)国务院证券监督管理机构规定的其他事项。

上市公司和公司债券上市交易的公司，应当在每一会计年度结束之日起四个月内，向国务院证券监督管理机构和证券交易所报送记载以下内容的年度报告，并予公告：(1)公司概况；(2)公司财务会计报告和经营情况；(3)董事、监事、高级管理人员简介及其持股情况；(4)已发行的股票、公司债券情况，包括持有公司股份最多的前十名股东的名单和持股数额；(5)公司的实际控制人；(6)国务院证券监督管理机构规定的其他事项。

3. 重大事件的信息公开

发生可能对上市公司股票交易价格产生较大影响的重大事件，投资者尚未得知时，上市公司应当立即将有关该重大事件的情况向国务院证券监督管理机构和证券交易所报送临时报告，并予公告，说明事件的起因、目前的状态和可能产生的法律后果。所谓重大事件主要包括：(1)公司的经营方针和经营范围的重大变化；(2)公司的重大投资行为和重大购置财产的决定；(3)公司订立重要合同，可能对公司的资产、负债、权益和经营成果产生重要影响；(4)公司发生重大债务和未能清偿到期重大债务的违约情况；(5)公司发生重大亏损或者重大损失；(6)公司生产经营的外部条件发生的重大变化；(7)公司的董事、三分之一以上监事或者经理发生变动；(8)持有公司百分之五以上股份的股东或者实际控制人，其持有股份或者控制公司的情况发生较大变化；(9)公司减资、合并、分立、解散及申请破产的决定；(10)涉及公司的重大诉讼，股东大会、董事会决议被依法撤销或者宣告无效；(11)公司涉嫌犯罪被司法机关立案调查，公司董事、监事、高级管理人员涉嫌犯罪被司法机关采取强制措施；(12)国务院证券监督管理机构规定的其他事项。

(二)持续信息公开的要求和管理规定

1. 披露的信息真实、准确、完整

上市公司的董事、高级管理人员应当对公司定期报告签署书面确认意见，上市公司监事会应当进行审核并提出书面审核意见。上市公司董事、监事、高级管理人员应当保证上市公司所披露的信息真实、准确、完整。发行人、上市公司公告的招股说明书、公司债券募集办法、财务会计报告、上市报告文件、年度报告、中期报告、临时报告以及其他信息披露资料，有虚假记载、误导性陈述或者重大遗漏，致使投资者在证券交易中遭受损失的，发行人、上市公司应当承担赔偿责任；发行人、上市公司的董事、监事、高级管理人员和其他直接责任人员以及保荐人、承销的证券公司，应当与发行人、上市公司承担连带赔偿责任，但是能够证明自己没有过错的除外；发行人、上市公司的控股股东、实际控制人有过错的，应当与发行人、上市公司承担连带赔偿责任。

2. 信息披露监督

依法必须披露的信息，应当在国务院证券监督管理机构指定的媒体发布，同时将其置备于公司住所、证券交易所，供社会公众查阅。证券交易所决定暂停或者终止证券上市交易的，应当及时公告，并报国务院证券监督管理机构备案。国务院证券监督管理机构对上市公司年度报告、中期报告、临时报告以及公告的情况进行监督，对上市公司分派或者配售新股的情况进行监督，对上市公司控股股东和信息披露义务人的行为进行监督。

证券监督管理机构、证券交易所、保荐人、承销的证券公司及有关人员，对公司依照法律、行政法规规定必须作出的公告，在公告前不得泄露其内容。

四、证券交易的禁止行为

（一）内幕交易行为

内幕交易行为是指证券交易内幕信息的知情人和非法获取内幕信息的人利用内幕信息从事证券交易活动的行为，此种行为属于《证券法》明令禁止的行为。

1. 内幕交易行为的主体

内幕交易行为的主体为证券交易内幕信息的知情人，主要包括：(1)发行人的董事、监事、高级管理人员；(2)持有公司百分之五以上股份的股东及其董事、监事、高级管理人员，公司的实际控制人及其董事、监事、高级管理人员；(3)发行人控股的公司及其董事、监事、高级管理人员；(4)由于所任公司职务可以获取公司有关内幕信息的人员；(5)证券监督管理机构工作人员以及由于法定职责对证券的发行、交易进行管理的其他人员；(6)保荐人、承销的证券公司、证券交易所、证券登记结算机构、证券服务机构的有关人员；(7)国务院证券监督管理机构规定的其他人。

2. 内幕信息

内幕信息是指证券交易活动中，涉及公司的经营、财务或者对该公司证券的市场价格有重大影响的尚未公开的信息，主要包括：(1)《证券法》第六十七条第二款所列重大事件；(2)公司分配股利或者增资的计划；(3)公司股权结构的重大变化；(4)公司债务担保的重大变更；(5)公司营业用主要资产的抵押、出售或者报废一次超过该资产的百分之三十；(6)公司的董事、监事、高级管理人员的行为可能依法承担重大损害赔偿责任；(7)上市公司收购的有关方案；(8)国务院证券监督管理机构认定的对证券交易价格有显著影响的其他重要信息。

3. 行为后果

证券交易内幕信息的知情人和非法获取内幕信息的人，在内幕信息公开前，不得买卖该公司的证券，或者泄露该信息，或者建议他人买卖该证券。内幕交易行为给投资者造成损失的，行为人应当依法承担赔偿责任。

【案例】

2011年10月，深圳广播电影电视集团启动并实施深圳有线广播电视网络的改革重组工作，拟将深圳市天宝广播电视网络股份有限公司、深圳市天隆广播电视网络股份有限公司分离后的网络资产和业务，以定向增发的方式注入深圳市天威视讯股份有限公司(深交所上市公司，股票名称天威视讯，证券代码002238)，相关信息经中国证券监督管理委员会认定为内幕信息，内幕信息的敏感期为2011年10月18日至2012年6月11日。被告人徐某某作为原深圳市天宝广播电视网络股份有限公司副总经理，是深圳有线广播电视网络改革重组内幕信息的知情人员。在内幕信息敏感期间，被告人徐某某于2012年2月7日买入天威视讯股票19500股、成交金额人民币290950元，于2月17日买入天威视讯股票36800股、成交金额人民币592820元，于2月22日卖出天威视讯股票56300股、成交金额人民币985250元，买入天威视讯股票57200股、成交金额人民币1005576元，于6月11日卖出天威视讯股票57200股、成交金额人民币949520元。期间合计买入113500股，成交金额人民币1889346元，卖出113500股，成交金额人民币1934770元，盈利人民币32016.88元。在内幕信息敏感期间，被告人徐某某与深圳市盟创奇迹科技有限公司股东喻某(另案处理)关系密切，将深圳有线广播电视网络改革重组的内幕信息泄露给喻某后，喻某使用其妻子程某乙的证券账户，于2012年2月27日买入天威视讯股票55000股，成交金额人民币984500元；于2012年2月28日买入天威视讯股票117088股，成交金额人民币2008907元。2012年2月28日，喻某开立证券账户，买入天威视讯股票306949股，成交金额人民币5271907.09元。

【分析】

被告人徐某某作为深圳市天威视讯股份有限公司重大资产重组内幕信息的知情人，在天威视讯重大资产重组内幕信息尚未公开前，本人买卖天威视讯股票，泄露天威视讯重大资产重组内幕信息给他人买卖天威视讯股票，情节特别严重，其行为已构成内幕交易、泄露内幕信息罪，依法应予刑事处罚。①

（二）操纵市场行为

操纵市场行为是指个人或机构为牟取私利，人为地操纵证券价格，引诱他人参与证券交易的行为。

操纵证券市场的行为主要表现为：(1)单独或者通过合谋，集中资金优势、持股优势或者利用信息优势联合或者连续买卖，操纵证券交易价格或者证券交易量；(2)与他人串通，以事先约定的时间、价格和方式相互进行证券交易，影响证券交易价格或者证券交易量；(3)在自己实际控制的账户之间进行证券交易，影响证券交易价格或者证券交易量；(4)以其他手段操纵证券市场。

对于操纵证券市场行为，如果给投资者造成损失的，则行为人应当依法承担赔偿责任。

【案例】

彩虹精化股票于2008年6月25日在深交所上市，证券代码为002256，证券简称“彩虹精化”。2012年5月24日，证监会作出了20号《处罚决定书》，认定彩虹公司、陈永弟存在以下违法事实，主要内容有：(1)未及时披露可能给其带来巨额利润的合同事项。2010年11月23日，深圳绿世界生物降解材料有限公司(以下简称深圳绿世界公司)与彩虹公司签订《关于深圳市彩虹绿世界生物降解材料有限公司之合作经营协议书》(以下简称《合作经营协议书》)及相关备忘录，约定共同出资成立彩虹绿世界公司。深圳绿世界公司与彩虹绿世界公司还口头约定：深圳绿世界公司保证彩虹绿世界公司销售净利润不低于10%。深圳绿世界公司于2010年12月12日与嘉星国际有限责任公司(以下简称嘉星国际公司)签订了两份《产品销售协议》，销售金额共计192000万元。彩虹公司于2010年12月16日派刘科(时任彩虹公司副总经理)和王明章(时任彩虹公司监事)参加了深圳绿世界公司召开的市场与生产计划会，会上着重介绍了2010年12月12日所签订的合同。2010年12月17日，刘科将会议上提供的《绿世界目标市场与客户》幻灯片通过秘书金某某传递给陈永弟(时任彩虹公司董事长)，并将会议内容介绍给郭健(时任彩虹公司监事会主席)。2010年12月20日或21日，刘科将幻灯片也发给郭健并向陈永弟汇报会议内容。据此，彩虹公司知悉深圳绿世界公司与嘉星国际公司于2010年12月12日签订合同一事。根据深圳绿世界公司与彩虹公司事先签订的《合作经营协议书》以及双方口头约定的“深圳绿世界公司保证彩虹绿

① “徐某某内幕交易、泄露内幕信息案”，广东省高级人民法院〔2015〕粤高法刑二终字第134号刑事裁定书。

世界公司销售净利润率不低于10%”，前述《产品销售协议》可能给彩虹绿世界公司创造净利润13010万元，给彩虹公司间接创造净利润7155.50万元，这一金额是彩虹公司2009年度经审计净利润3891.28万元的1.84倍。上述事项可能带来彩虹公司净利润的成倍增长。彩虹公司未及时披露2010年12月12日深圳绿世界公司与嘉星国际公司签订两份《产品销售协议》可能给彩虹绿世界公司创造巨额利润，进而给彩虹公司间接创造巨额利润这一重大事件。(2)未及时披露其子公司彩虹绿世界公司与深圳绿世界公司商谈变更合同主体事项。2011年2月18日至23日，彩虹绿世界公司与深圳绿世界公司就合同销售主体变更事宜进行商谈。2011年2月18日，深圳绿世界公司与彩虹绿世界公司召开会议，会上提出变更合同主体一事，陈永弟、刘科等人参会。2011年2月21日，陈永弟告诉李化春18日会议的内容，并要求李化春上报深交所并询问是否需要停牌。2011年2月18日至22日，彩虹精化股票价格发生异常波动，2011年2月23日，彩虹公司发布《股票交易异常波动公告》，称公司不存在应披露而未披露信息，故未披露彩虹绿世界公司正在筹划上述重大事项。2011年2月24日，彩虹公司因拟披露重大事项，向深交所提交了停牌申请，由深交所在其网站发布《关于彩虹精化股票临时停牌的公告》，公司股票于该日开市起临时停牌。

【分析】

彩虹公司未及时披露深圳绿世界公司与嘉星国际公司签订总金额共计192000万元的《产品销售协议》可能给公司生产经营带来重大影响的事件，违反了《中华人民共和国证券法》第六十七条的规定，构成《中华人民共和国证券法》第一百九十三条所述上市公司“未按照规定披露信息”的行为；彩虹公司2011年2月23日披露的《股票交易异常波动公告》内容与事实不符，违反了《中华人民共和国证券法》第六十三条、第六十七条的规定，构成《中华人民共和国证券法》第一百九十三条所述上市公司“所披露的信息有虚假记载”的行为；彩虹公司董事长陈永弟是彩虹公司上述两项违法行为直接负责的主管人员。陈永弟通过刘科知晓深圳绿世界公司与嘉星国际公司签订《产品销售协议》并安排生产，但未督促彩虹公司公告该信息；陈永弟主导彩虹绿世界公司与深圳绿世界公司商谈合同销售主体变更事项，并审批了彩虹公司2011年2月23日披露的《股票交易异常波动公告》，但未指出该公告所称公司不存在应披露而未披露信息的内容与其子公司彩虹绿世界公司正在筹划对外直接签订销售合同的事实不符。综上，证监会对彩虹公司和陈永弟等相关责任人员作出了相应的处罚。①

---

① “余升与深圳市彩虹精细化工股份有限公司等证券虚假陈述责任纠纷上诉案”，广东省高级人民法院〔2015〕粤高法民二终字第982号民事判决书。

（三）虚假陈述行为

虚假陈述行为是指编造、传播虚假信息，或在证券交易活动中作出虚假陈述或者信息误导的行为。此类行为往往使投资者作出错误的判断，利益受到损失。因此，我国《证券法》要求各种传播媒介传播证券市场信息必须真实、客观，禁止误导，明确禁止国家工作人员、传播媒介从业人员和有关人员编造、传播虚假信息，扰乱证券市场，禁止证券交易所、证券公司、证券登记结算机构、证券服务机构及其从业人员，证券业协会、证券监督管理机构及其工作人员，在证券交易活动中作出虚假陈述或者信息误导。

（四）欺诈客户行为

欺诈客户行为指证券公司及其从业人员为谋取不法利益违背客户的真实意思进行代理或者诱导客户进行不必要的证券交易的行为。具体表现为：(1)违背客户的委托为其买卖证券；(2)不在规定时间内向客户提供交易的书面确认文件；(3)挪用客户所委托买卖的证券或者客户账户上的资金；(4)未经客户的委托，擅自为客户买卖证券，或者假借客户的名义买卖证券；(5)为牟取佣金收入，诱使客户进行不必要的证券买卖；(6)利用传播媒介或者通过其他方式提供、传播虚假或者误导投资者的信息；(7)其他违背客户真实意思表示，损害客户利益的行为。

对于给客户造成损失的欺诈客户行为，行为人应当依法承担赔偿责任。

第五节　证券市场监管法律制度

一、证券市场监管概述

（一）我国证券市场监管机构

证券监管机构是指国家或政府组建的、对证券市场实施监督管理的主管机构。

我国证券市场监督管理的专管机构为中国证券监督管理委员会（以下简称“中国证监会”）。中国证监会为国务院直属正部级事业单位，依照法律、法规和国务院授权，统一监督管理全国证券期货市场，维护证券期货市场秩序，保障其合法运行。根据《证券法》规定，国务院证券监督管理机构根据需要可以设立派出机构，按照授权履行监督管理职责。

（二）证券市场监管职责

中国证监会在对证券市场实施监督管理中的职责主要包括13个方面的内容。

（1）研究和拟订证券期货市场的方针政策、发展规划；起草证券期货市场的有关法律、法规，提出制定和修改的建议；制定有关证券期货市场监管的规章、规则和办法。

（2）垂直领导全国证券期货监管机构，对证券期货市场实行集中统一监管；管理有关证券公司的领导班子和领导成员。

（3）监管股票、可转换债券、证券公司债券和国务院确定由证监会负责的债券及其他证券的发行、上市、交易、托管和结算；监管证券投资基金活动；批准企业债券的上市；监管上市国债和企业债券的交易活动。

（4）监管上市公司及其按法律、法规必须履行有关义务的股东的证券市场行为。

（5）监管境内期货合约的上市、交易和结算；按规定监管境内机构从事境外期货业务。

（6）管理证券期货交易所；按规定管理证券期货交易所的高级管理人员；归口管理证券业、期货业协会。

（7）监管证券期货经营机构、证券投资基金管理公司、证券登记结算公司、期货结算机构、证券期货投资咨询机构、证券资信评级机构；审批基金托管机构的资格并监管其基金托管业务；制定有关机构高级管理人员任职资格的管理办法并组织实施；指导中国证券业、期货业协会开展证券期货从业人员资格管理工作。

（8）监管境内企业直接或间接到境外发行股票、上市以及在境外上市的公司到境外发行可转换债券；监管境内证券、期货经营机构到境外设立证券、期货机构；监管境外机构到境内设立证券、期货机构，从事证券、期货业务。

（9）监管证券期货信息传播活动，负责证券期货市场的统计与信息资源管理。

（10）会同有关部门审批会计师事务所、资产评估机构及其成员从事证券期货中介业务的资格，并监管律师事务所、律师及有资格的会计师事务所、资产评估机构及其成员从事证券期货相关业务的活动。

（11）依法对证券期货违法违规行为进行调查、处罚。

（12）归口管理证券期货行业的对外交往和国际合作事务。

（13）承办国务院交办的其他事项。

二、证券市场监管体制

（一）证券市场监管的不同模式

目前，世界证券市场上主要有他律型监管和自律型监管两类不同的监管模式，其中他律型监管最为常见。他律型监管方式是指政府通过制定专门的证券市场管理法规，设立证券管理监督机构，并由其实现对全国证券市场的管理和监督。他律型监管模式又可分为独立机构执行证券监管的独立型模式和依赖于中央银行或财政部等非专业证券监管机关监管的附属型模式。独立型模式的典型代表是美国，其专门管理机构为证券交易委员会（SSE）。附属型模式的代表如巴西证券委员会，根据巴西国家货币委员会（巴西中央银行的最高决策机构）的决定，行使对证券市场的监管权力。① 自律型监管是指主要由证券交易所，即证券商协会等组织自律管理和监督，自律组织主要通过其章程和规则对其成员进行引导和约束，英国是此种模式的典型代表。② 我国采用的是他律型监管模式。

（二）国务院证券监督管理机构

我国《证券法》第七条明确规定，由国务院证券监督管理机构依法对全国证券市场实行集中统一监督管理。其职责主要包括：（1）依法制定有关证券市场监督管理的规章、规则，并依法行使审批或者核准权；（2）依法对证券的发行、上市、交易、登记、存管、结算，进行监督管理；（3）依法对证券发行人、上市公司、证券公司、证券投资基金管理公司、证券服务机构、证券交易所、证券登记结算机构的证券业务活动，进行监督管理；（4）依法制定从事证券业务人员的资格标准和行为准则，并监督实施；（5）依法监督检查证券发行、上市和交易的信息公开情况；（6）依法对证券业协会的活动进行指导和监督；（7）依法对违反证券市场监督管理法律、行政法规的行为进行查处；（8）法律、行政法规规定的其他职责。

（三）证券自律监管机构

《证券法》第八条对我国证券自律监管机构作出规定，即"在国家对证券发行、交易活动实行集中统一监督管理的前提下，依法设立证券业协会，实行自律性管理"。我国证券业协会权力机构为全体会员组成的会员大会，其章程由会员大会制定，并报国务院证券监督管理机构备案。我国证券业协会的主要职责有：

---

① 朱宏伟. 证券市场监管主体和监管方式的国际比较[J]. 上海大学学报（社会科学版），1998(4)：31－34.

② 陶广峰. 金融法（第二版）[M]. 北京：中国人民大学出版社，2012：348.

(1)教育和组织会员遵守证券法律、行政法规；(2)依法维护会员的合法权益，向证券监督管理机构反映会员的建议和要求；(3)收集整理证券信息，为会员提供服务；(4)制定会员应遵守的规则，组织会员单位的从业人员的业务培训，开展会员间的业务交流；(5)对会员之间、会员与客户之间发生的证券业务纠纷进行调解；(6)组织会员就证券业的发展、运作及有关内容进行研究；(7)监督、检查会员行为，对违反法律、行政法规或者协会章程的，按照规定给予纪律处分；(8)证券业协会章程规定的其他职责。

【案例】

深圳九州源矿业投资股份有限公司(以下简称九州源公司)未经证监部门批准，以公司计划在加拿大多伦多证券交易所创业板上市，购买公司原始股上市后可以获得高额回报为名，由公司工作人员或公司股东通过电话联系投资者，以“口口相传”等公开、变相公开方式向社会不特定对象出售公司股票，股价为3.8元每股(后变更为1元每股)。九州源公司收取投资者的股份认购款后主要用于支付公司员工工资、介绍他人购买股票提成、租用办公场地、员工出差、公司日常运作等。经统计，截止到2014年6月12日，九州源公司向50余名投资者收取股本金人民币462.3万元。

【分析】

深圳九州源矿业投资股份有限公司未经国家有关主管部门批准，擅自发行股票，数额巨大。被告人张某一作为该公司直接负责的主管人员，被告人池某某、关某某、黄某一作为直接责任人员，其行为已构成擅自发行股票罪。①

三、违反证券业监管制度的法律责任

(一)违反证券发行规定的法律责任

违反证券法发行规定发行证券的，可能表现为不同的情形，其法律责任也有所不同。

其一，未经法定机关核准，擅自公开或者变相公开发行证券的，责令停止发行，退还所募资金并加算银行同期存款利息，处以非法所募资金金额百分之一以上百分之五以下的罚款；对擅自公开或者变相公开发行证券设立的公司，由依法履行监督管理职责的机构或者部门会同县级以上地方人民政府予以取缔。对直接

① “张某一等擅自发行股票案”，广东省高级人民法院〔2015〕粤高法刑二终字第238号刑事裁定书。

负责的主管人员和其他直接责任人员给予警告，并处以三万元以上三十万元以下的罚款。

其二，发行人不符合发行条件，以欺骗手段骗取发行核准，尚未发行证券的，处以三十万元以上六十万元以下的罚款；已经发行证券的，处以非法所募资金金额百分之一以上百分之五以下的罚款。对直接负责的主管人员和其他直接责任人员处以三万元以上三十万元以下的罚款。

其三，证券公司承销或者代理买卖未经核准擅自公开发行的证券的，责令停止承销或者代理买卖，没收违法所得，并处以违法所得一倍以上五倍以下的罚款；没有违法所得或者违法所得不足三十万元的，处以三十万元以上六十万元以下的罚款。给投资者造成损失的，应当与发行人承担连带赔偿责任。对直接负责的主管人员和其他直接责任人员给予警告，撤销任职资格或者证券从业资格，并处以三万元以上三十万元以下的罚款。

【案例】

2010 年 8 月 1 日，冯泽良入职华西证券有限责任公司深圳民田路证券营业部，从事市场营销工作。2011 年 5 月 18 日，冯泽良离职。2012 年 12 月 20 日，蔡丽丽到中国证券监督管理委员会深圳监管局信访投诉，反映冯泽良在华西证券有限责任公司深圳民田路证券营业部从业期间经蔡丽丽委托操作其证券账户，但一直亏损，请求追回投资本金。中国证券监督管理委员会深圳监管局经向蔡丽丽、冯泽良及华西证券有限责任公司深圳民田路证券营业部调查，认定冯泽良从业期间存在私下接受客户委托买卖证券的违法行为。2013 年 9 月 3 日，中国证券监督管理委员会深圳监管局作出〔2013〕2 号《行政处罚事先告知书》，告知冯泽良拟对其作出行政处罚决定的事实、理由及依据，并告知其享有陈述权、申辩权及要求听证的权利。冯泽良已向中国证券监督管理委员会深圳监管局递交陈述申辩材料。2013 年 12 月 27 日，中国证券监督管理委员会深圳监管局举行听证。2014 年2 月 19 日，中国证券监督管理委员会深圳监管局作出〔2014〕1 号《行政处罚决定书》，认定冯泽良从业期间存在私下接受客户委托买卖证券的违法行为，遂依据《中华人民共和国证券法》第二百一十五条规定，决定对冯泽良给予警告，并处以罚款人民币 100000 元。冯泽良对此不服，故诉至原审法院，请求依法撤销中国证券监督管理委员会深圳监管局于 2014 年 2 月 19 日作出的〔2014〕1 号行政处罚决定，并由该局负担本案诉讼费用。

【分析】

《中华人民共和国证券法》第一百四十五条规定：“证券公司及其从业人员不得未经过其依法设立的营业场所允许私下接受客户委托买卖证券。”因上诉人冯泽良从业期间存在私下接受客户委托买卖证券的违法行为，故被上诉人根据《中华人民共和国证券法》第二百一十五条关于“证券公司及其从业人员违反本法规定，私下接受客户委托买卖证券的，责令改正，给予警告，没收违法所得，并处以违法所得一倍以上五倍以下的罚款；没有违法所得或者违法所得不足十万元的，处以十万元以上三十万元以下的罚款”的规定，对冯泽良作出给予警告，并处以罚款人民币100000元的行政处罚并无不当。此外，中国证券监督管理委员会深圳监管局在作出本案被诉行政处罚决定前已依法调查取证，并已向冯泽良发出告知书，告知冯泽良拟对其作出行政处罚决定的事实、理由及依据，还依法举行听证，听取冯泽良的陈述及申辩意见等，故被上诉人作出本案被诉行政处罚决定符合法定程序。①

(二)违反证券交易规定的法律责任

1. 内幕交易的法律责任

证券交易内幕信息的知情人或者非法获取内幕信息的人，在涉及证券的发行、交易或者其他对证券的价格有重大影响的信息公开前，买卖该证券，或者泄露该信息，或者建议他人买卖该证券的，责令依法处理非法持有的证券，没收违法所得，并处以违法所得一倍以上五倍以下的罚款；没有违法所得或者违法所得不足三万元的，处以三万元以上六十万元以下的罚款。单位从事内幕交易的，还应当对直接负责的主管人员和其他直接责任人员给予警告，并处以三万元以上三十万元以下的罚款。证券监督管理机构工作人员进行内幕交易的，从重处罚。

2. 操纵市场的法律责任

违反证券法规定，操纵证券市场的，责令依法处理非法持有的证券，没收违法所得，并处以违法所得一倍以上五倍以下的罚款；没有违法所得或者违法所得不足三十万元的，处以三十万元以上三百万元以下的罚款。单位操纵证券市场的，还应当对直接负责的主管人员和其他直接责任人员给予警告，并处以十万元以上六十万元以下的罚款。

3. 虚假陈述的法律责任

违反证券法规定在证券交易活动中作出虚假陈述或者信息误导的，责令改正，处以三万元以上二十万元以下的罚款；属于国家工作人员的，还应当依法给予行政处分。

---

① “冯泽良与中国证券监督管理委员会深圳监管局行政处罚纠纷上诉案”，广东省高级人民法院〔2015〕粤高法行终字第282号行政判决书。

(三)证券机构的法律责任

1. 证券公司的法律责任

证券公司违反证券法规定，擅自设立、收购、撤销分支机构，或者合并、分立、停业、解散、破产，或者在境外设立、收购、参股证券经营机构的，责令改正，没收违法所得，并处以违法所得一倍以上五倍以下的罚款；没有违法所得或者违法所得不足十万元的，处以十万元以上六十万元以下的罚款。对直接负责的主管人员给予警告，并处以三万元以上十万元以下的罚款。

证券公司违反证券法的规定，擅自变更有关事项的，责令改正，并处以十万元以上三十万元以下的罚款。对直接负责的主管人员给予警告，并处以五万元以下的罚款。

证券公司违反证券法规定，超出业务许可范围经营证券业务的，责令改正，没收违法所得，并处以违法所得一倍以上五倍以下的罚款；没有违法所得或者违法所得不足三十万元的，处以三十万元以上六十万元以下罚款；情节严重的，责令关闭。对直接负责的主管人员和其他直接责任人员给予警告，撤销任职资格或者证券从业资格，并处以三万元以上十万元以下的罚款。

证券公司对其证券经纪业务、证券承销业务、证券自营业务、证券资产管理业务，不依法分开办理，混合操作的，责令改正，没收违法所得，并处以三十万元以上六十万元以下的罚款；情节严重的，撤销相关业务许可。对直接负责的主管人员和其他直接责任人员给予警告，并处以三万元以上十万元以下的罚款；情节严重的，撤销任职资格或者证券从业资格。

证券公司违反法律规定，为客户买卖证券提供融资融券的，没收违法所得，暂停或者撤销相关业务许可，并处以非法融资融券等值以下的罚款。对直接负责的主管人员和其他直接责任人员给予警告，撤销任职资格或者证券从业资格，并处以三万元以上三十万元以下的罚款。

证券公司或者其股东、实际控制人违反规定，拒不向证券监督管理机构报送或者提供经营管理信息和资料，或者报送、提供的经营管理信息和资料有虚假记载、误导性陈述或者重大遗漏的，责令改正，给予警告，并处以三万元以上三十万元以下的罚款，可以暂停或者撤销证券公司相关业务许可。对直接负责的主管人员和其他直接责任人员，给予警告，并处以三万元以下的罚款，可以撤销任职资格或者证券从业资格。

证券公司为其股东或者股东的关联人提供融资或者担保的，责令改正，给予警告，并处以十万元以上三十万元以下的罚款。对直接负责的主管人员和其他直接责任人员，处以三万元以上十万元以下的罚款。股东有过错的，在按照要求改正前，国务院证券监督管理机构可以限制其股东权利；拒不改正的，可以责令其转让所持证券公司股权。证券公司未按照有关规定保存有关文件和资料的，责令改正，给予警告，并处以三万元以上三十万元以下的罚款；隐匿、伪造、篡改或者毁损有关文件和资料的，给予警告，并处以三十万元以上六十万元以下的罚款。

2. 证券服务机构的法律责任

证券服务机构未勤勉尽责，所制作、出具的文件有虚假记载、误导性陈述或者重大遗漏的，责令改正，没收业务收入，暂停或者撤销证券服务业务许可，并处以业务收入一倍以上五倍以下的罚款。对直接负责的主管人员和其他直接责任人员给予警告，撤销证券从业资格，并处以三万元以上十万元以下的罚款。

【导入案例分析】

根据《证券法》第一百七十九条第一款第（七）项之规定，国务院证券监督管理机构依法对违反证券市场监督管理法律、行政法规的行为进行查处；《期货交易管理条例》第四十七条第（七）项规定，国务院期货监督管理机构对违反期货市场监督管理法律、行政法规的行为进行查处。又根据《证券法》第二百三十三条之规定，违反法律、行政法规或者国务院证券监督管理机构的有关规定，情节严重的，国务院证券监督管理机构可以对有关责任人员采取证券市场禁入的措施。前款所称证券市场禁入，是指在一定期限内直至终身不得从事证券业务或者不得担任上市公司董事、监事、高级管理人员的制度。《证券市场禁入规定》第五条进一步对终身证券市场禁入措施的适用情形予以了规定。《期货交易管理条例》第七十八条规定，任何单位或者个人违反本条例规定，情节严重的，由国务院期货监督管理机构宣布该个人、该单位或者该单位的直接责任人员为期货市场禁止进入者。因此，要认定是否应对被告作出被诉禁入决定，需要思考以下三个难点问题。

（1）本案错单交易信息能否构成《证券法》及《期货交易管理条例》所规定的内幕信息。

本案的错单交易信息产生于证券市场，虽然《证券法》第七十五条第二款明确列举的内幕信息主要是与发行人自身相关的信息，但该法第七十五条第二款第（八）项规定，内幕信息包括国务院证券监督管理机构认定的对证券交易价格有显著影响的其他重要信息。而根据该条第一款之规定，证券交易活动中，涉及公司的经营、财务或者对该公司证券的市场价格有重大影响的尚未公开的信息，为内幕信息。因此，内幕信息并不限于与发行人自身相关的信息，也应包括对公司证券的市场价格有重大影响的交易信息。进一步考虑到大盘指数与公司证券价格之间的紧密关联性，对大盘指数产生重大影响的交易信息亦应属于《证券法》所指对公司证券的市场价格有重大影响的内幕信息范畴。就期货市场而言，虽然《期货交易管理条例》第八十二条第（十一）项中列举的内幕信息并未明确包含期货市场以外的交易信息，但该条规定，期货市场的内幕信息也包括国务院期货监督管理机构认定的对期货交易价格有显著影响的其他重要信息。而该条对内幕信息给予了明确的定义，即内幕信息是指可能对期货交易价格产生重大影响的尚未公开的信息。考虑到证券市场与期货市场的关联性，证券市场上形成的内幕信息如对期货市场的波动可能产生重大影响亦应属于期货市场内幕信息的范畴。本案中，光大证券当日上午的错单交易对沪深300指数，180etf、50etf和股指期货合约价格均产生重大影响，被告据此将错单交易信息认定为内幕信息，并未超出《证券法》《期货交易管理条例》对内幕信息定义的范畴。原告认为被告将错单交易信息认定为内幕信息违反《立法法》，超越其法定解释权限，以及违反《行政处罚法》关于行政处罚法定及公开原则的主张均不能成立，法院不予支持。

原告主张本案错单交易信息在案发当日下午对冲交易开始之前已经被媒体揭露从而处于公开状态。法院认为，内幕信息以媒体揭露的方式公开应至少满足三个要件：第一，相关媒体报道能够为市场主体所广泛周知；第二，媒体所揭露的信息具有完整性，即已经包含内幕信息的主要内容，从而使理性的市场主体能够就其可能产生的市场影响进行综合判断；第三，理性的市场主体能够相信相关媒体揭露的信息具有可靠性。本案中，原告所主张的相关网络媒体关于错单交易信息的报道对市场主体来说不能满足可靠性的要求。首先，原告所举21世纪网的报道中并未准确指明其报道的信息来源，市场主体无法确信该报道来自于可靠的信息源；其次，原告提交的其他网站对于错单交易信息的报道均是对21世纪网报道的转载，并非基于各自独立调查而进行的报道，不能形成相互佐证的关系从而使市场主体相信其内容真实可靠；最后，在光大证券于当日下午发布公告之前，相关媒体对当日上午大盘指数大幅上涨的原因还有诸多其他推测和报道，市场主体无法仅仅基于21世纪网的报道而相信其内容真实可靠。因此，原告主张错单交易信息在光大证券当日下午对冲交易开始之前已经公开的主张不能成立，法院不予支持。

(2)杨剑波是否构成其他直接责任人员。

《证券法》第二百零二条及《期货交易管理条例》第七十条第一款均规定，单位从事内幕交易的，还应当对直接负责的主管人员和其他直接责任人员给予警告，并处以三万元以上三十万元以下的罚款。法院认为，本案错单交易发生于光大证券策略投资部，而原告作为光大证券时任策略投资部总经理，参与了光大证券决定实施对冲交易的相关会议，且是负责执行当日下午对冲交易的人员，故被告认定其为其他直接责任人员并无不当。原告认为自己并非其他直接责任人员之主张不能成立，法院不予支持。

原告认为被诉禁入决定对光大证券做空股指期货部分违法所得的计算标准有违《会计准则》，以此作为请求撤销对其作出的市场禁入决定之理由，法院对此不予支持。

法院认为，正如被诉禁入决定所注意到的，本案是我国资本市场上首次发生的新型案件。《证券法》第一条规定其宗旨是为了规范证券发行和交易行为，保护投资者的合法权益，维护社会经济秩序和社会公共利益，促进社会主义市场经济的发展。《期货交易管理条例》第一条亦规定其宗旨是为了规范期货交易行为，加强对期货交易的监督管理，维护期货市场秩序，防范风险，保护期货交易各方的合法权益和社会公共利益，促进期货市场积极稳妥发展。同时，《证券法》第三条和《期货交易管理条例》第三条均规定了从事证券和期货交易，应当遵循公开、公平、公正的原则。因此，维护证券期货市场秩序，保护投资者利益，保障证券期货交易的公开、公平、公正是《证券法》和《期货交易管理条例》的重要立法精神。本案中，光大证券在2013年8月16日上午进行ETF套利交易时，因程序错误导致的错单交易对整个证券市场及期货市场产生极为重大的影响。错单交易发生之后，上证综指迅速上涨5.96%，属重大错单交易，严重影响了资本市场秩序。光大证券在知悉内幕信息且未予公开的情况下，与其他处于信息不对称地位的投资者进行交易，不符合资本市场“公开、公平、公正”的基本原则。被告为维护资本市场秩序，保护投资者合法权益，结合本案具体案情，将光大证券于当日下午实施的对冲交易认定为内幕交易并对原告作出市场禁入决定，不违反《证券法》及《期货交易管理条例》关于维护资本市场秩序以及保护投资者合法权益的基本精神。

(3)光大证券案发当日下午的对冲交易是否构成基于既定投资计划、指令所作出的交易行为，从而不构成对内幕信息的利用。

该争议焦点的实质在于光大证券当日下午的对冲交易是否利用了错单交易信息。在内幕交易案件中，交易者知悉内幕信息后实施了相关的证券期货交易行为，原则上即应推定其利用了内幕信息，从而具有内幕交易的主观故意。如果该交易行为系基于内幕信息形成以前即已经制订的投资计划和指令所作出，足以证明其实施的交易行为确与内幕信息无关，可以作为内幕交易的抗辩事由。但是，能够作为抗辩事由的既定投资计划和指令，应当是在内幕信息形成以前已经制订，并包含了交易时间、交易数量等具体交易内容的，且在实施的过程中没有发生变更，这样方能体现其交易行为没有对内幕信息加以利用。虽然在本案错单交易发生之前，光大证券《策略投资部业务管理制度》已有规定，当出现因系统故障等原因而导致交易异常，应考虑采用合适的对冲工具(包括但不限于股指期货、ETF等)，及时控制风险，进行对冲交易，以保证部门整体风险敞口处于可控范围，保持市场中性。但上述规定并无具体的交易内容，不足以构成既定投资计划和指令。本案中，光大证券当日下午实施的对冲交易，是在错单交易信息形成之后直接针对错单交易而采取的对冲风险行为，而非基于内幕信息形成之前已经制订的投资计划、指令所作出的交易行为。至于原告认为对冲交易是基于既定的市场中性投资策略所作出的，法院认为，虽然市场中性投资策略的目标是保证投资组合中多空双边头寸的平衡，不留风险敞口，从而实现投资收益与市场整体波动无关。但是，交易者在实施市场中性投资策略并根据市场变化进行动态调整的过程中，仍然可能利用内幕信息对市场波动产生单边影响，从而构成内幕交易。本案中，光大证券当日下午的对冲交易是在其因错单而建立了巨额多头头寸的情况下，同时在证券市场卖出和在期货市场做空的单边对冲交易，其利用了内幕信息对市场可能产生的单边影响，不能构成内幕交易的抗辩事由。因此，对原告所持光大证券当日下午的对冲交易系基于市场中性投资策略这一既定投资计划和指令所作出，并未利用内幕信息之主张，法院不予支持。①

【思考与案例分析题】

1. 简述证券公司的经营规则。
2. 简述证券交易所的机构设置。
3. 简述股票的发行条件。
4. 简述股票上市程序。
5. 简述证券交易的禁止行为。
6. 简述中国证监会的监督管理职责。
7. 案例分析题

案情简介

2016 年 4 月 1 日，甲公司总裁 A 先生致电公司董事 B 先生，通知他两天之内将召开一次特别董事会，B 先生从会议筹备过程中获悉有关公司合并的消息。其后，B 先生致电其父 C 先生、其子 D 先生及其秘书 E 小姐，建议他们指示各自经纪人购入甲公司的股票。D 先生和 E 小姐于 4 月 2 日分别大量购入甲公司股票。4 月 10 日，甲公司公布其与乙公司合并的消息。

问题：

B 先生的行为是否构成内幕交易，为什么？

---

① “杨剑波与中国证券监督管理委员会其他一审行政判决书”，北京市第一中级人民法院（2014）一中行初字第 2441 号。来源：http://wenshu.court.gov.cn/content/content? DocID = 2eb60dae - d936 - 4e5e - 9e48 - 5716f5963a61&KeyWord = 内幕交易。

【相关知识链接】

1. 中国证券监督管理委员会官网：http：//www. csrc. gov. cn/pub/newsite/。
2. 上海证券交易所官网：http：//www. sse. com. cn/。
3. 深圳证券交易所官网：http：//www. szse. cn/。

【参考文献】

[1] 李国海，余卫明. 经济法法律教程[M]. 长沙：中南大学出版社，2014.
[2] 漆多俊. 经济法学[M]. 北京：高等教育出版社，2014.
[3] 王卫国. 银行法学[M]. 北京：法律出版社出版社，2011.
[4] 刘志云. 银行法学[M]. 厦门：厦门大学出版社，2013.
[5] 刘隆亨. 银行金融法学：第六版[M]. 北京：北京大学出版社，2010.
[6] 陶广峰. 金融法(第二版)[M]. 北京：中国人民大学出版社，2012.
[7] 刘旭东，赵红梅. 金融法规[M]. 北京：清华大学出版社，2008.
[8] 强力. 金融法[M]. 北京：法律出版社，2004.
[9] 徐新林. 金融法概论[M]. 上海：复旦大学出版社，2002.
[10] 柯静. "光大乌龙指"诉讼案的行政法问题研究[J]. 上海金融，2015(2)：86－93.
[11] 朱宏伟. 证券市场监管主体和监管方式的国际比较[J]. 上海大学学报：社会科学版，1998(4)：31－34.
[12] 黑龙江省大庆市中级人民法院〔2015〕庆商终字第478号民事判决书。
[13] 广东省高级人民法院〔2015〕粤高法刑二终字第134号刑事裁定书。
[14] 广东省高级人民法院〔2015〕粤高法州二终字第238号刑事裁定书。
[15] 广东省高级人民法院〔2015〕粤高法民二终字第982号民事判决书。
[16] 广东省高级人民法院〔2015〕粤高法行终字第282号行政判决书。

第十一章　价格法

【本章重点】

1. 经营者在价格方面的权利和义务。
2. 政府定价的范围、依据和程序。
3. 不正当价格行为的表现形式。
4. 政府实施价格总水平调控的价格手段。
5. 价格违法行为的法律责任。

【案例导入】

2015 年 10 月 4 日，有网友爆料称，在青岛市乐凌路某饭店吃饭时遇到宰客事件，该网友称点菜时已向老板确认过“海捕大虾”是 38 元一份，结果结账时变成 38 元一只，一盘虾要价 1500 余元。经游客报警之后，经过警察协调，买单 1300 多。明明写着 38 元何以买单时变为 1500 元之多？饭店方面主张在菜单上标注的价格是一只而不是一份，而一句“以上海鲜单个计价”被店家特意写在菜单最下方很不明显的地方。

【思考】

青岛的这家饭店是否违法？该事件应如何处理？
（具体分析见本章末尾）

第一节　价格法概述

一、价格与价格机制

（一）价格

价格是商品与货币交换比例的指数。商品价格是商品价值的货币表现。

作为商品价值的货币表现，价格能把各种不同的社会必要劳动消耗转化为货币量，使等量劳动交换表现为等价交换，从而把生产者、经营者、消费者等经济关系各环节的利益主体联结在一起。同时，由于价格随着市场供求等因素不断波动，能够灵敏地反映市场信息，从而可以有效地调节各有关主体的市场行为，因而价格对于引导生产、搞活流通、指导消费具有基础性的作用。

（二）价格机制

价格机制是市场机制中的基本机制。所谓价格机制，是指在竞争过程中，与供求相互联系、相互制约的市场价格的形成和运行机制。

价格机制是市场机制中最敏感、最有效的调节机制，价格的变动对整个社会经济活动有着十分重要的影响。商品价格的变动，会引起商品供求关系变化；而供求关系的变化，又反过来引起价格的变动。

价格机制包括价格形成机制和价格调节机制。其中，价格形成机制是价格机制的核心，它包括价格形成方式、价格形式、价格体系以及与此相适应的政府、企业、居民等对价格形成参与权的配置结构等，它决定着价格在现实经济生活中的变化规则，影响着价格变动的作用范围、方式和程度；价格运行机制是指由于价格运动的各种决定力量以及价格在变动过程中与税收、利息、工资、货币等经济诸要素的内在联系而产生的牵动市场经济运行，使经济体系达到均衡状态的机理和调节功能，它反映着价格要素和其他经济要素的相互关系。①

---

① 漆多俊. 经济法学（第三版）［M］. 北京：高等教育出版社，2014：333.

二、价格法的概念和功能

（一）价格法的概念

价格法是调整在价格形成及国家必要时对价格进行调控、管制过程中发生的社会关系的法律规范的总和。

价格法包含两个方面的内容：一是调整市场主体定价行为的法律规范，即调整在平等主体之间发生的以价格博弈为核心内容的社会关系的法律规范；二是调整国家在必要时对市场主体的定价行为进行间接调控或直接管制过程中发生的社会关系的法律规范。在市场经济国家中，大多数商品或服务的价格由买卖双方在自愿平等基础上商谈确定，国家一般不予干预，调整此类价格行为的法律具有较为明显的民商法属性。为了保证市场经济的稳定运行，保护消费者利益，国家在必要时也会对市场价格进行调控或管制，这部分价格行为具有经济法属性。

（二）价格法的功能

国情不同，价格法的功能亦有所不同。在我国，价格法是社会主义市场经济法律体系中的重要法律，它在保证国民经济持续、快速、健康发展方面具有积极意义。具体而言，在我国，价格法的功能主要体现在以下几个方面：

（1）价格法通过规范经营者的市场价格行为，创造良好的市场价格竞争环境。价格是市场的核心，经营者是市场的主体，价格竞争是经营者参与市场竞争的重要手段，但由于市场的复杂性和多变性，一些经营者可能采取不正当的手段进行竞争，比如依靠自己的垄断地位高额定价或相互协商制定高价、利用虚假的方式标示价格引诱消费者进行交易、以大大低于成本的价格出售商品以打击或挤垮竞争对手、利用自然灾害或重大节日散布虚假信息哄抬物价等，从而严重扰乱公平竞争的市场价格秩序，损害其他经营者、消费者和国家的利益。而价格法明确规定禁止这些不正当价格行为，并规定了严厉的处罚措施，从而实现其维护公平市场竞争秩序，调节经济运行的目的。

（2）价格法通过明确价格管理的范围、权限和程序，为政府定调价管理提供了基本的法律依据。在计划经济时期，我国的价格管理范围从火柴到火车等，可谓无所不包。但随着社会主义市场经济的逐步健全和完善，政府价格管理的项目不断放开，目前由政府直接定价的商品和服务只是整个流通商品和服务的极少部分。但这极少部分怎么界定，究竟哪些应该管、哪些不应该管，该管的由哪一级政府管、通过什么样的程序来管，这些直接影响着政府定价管理的有效性和权威性。价格法通过规定政府价格管理的范围、权限、具体价格的制定原则和程序等，保障了价格管理的有序、高效。同时，以价格法作依据，也规范了政府行为，提高了价格管理的权威。

（3）价格法通过确定价格总水平调控的目标和措施，为政府根据宏观经济发展情况实施有效的价格调控提供了有力的法律保证。价格法规定，稳定市场价格总水平是国家重要的宏观经济政策目标。国家根据国民经济发展的需要和社会承受能力，确定市场价格总水平调控目标，列入国民经济和社会发展计划，并综合运用货币、财政、投资、进出口等方面的政策和措施予以实现。为保证政府在各种宏观经济形势下价格调控措施的及时和效用，价格法还规定政府可以建立重要商品储备制度、设立价格调节基金、建立健全价格监测网络体系、实行农产品收购保护价制度、采取价格干预措施和紧急措施制度等，从而为利用价格实施宏观经济调控提供了有力的法律保证。

（4）价格法通过规定政府价格主管部门价格监督检查的权限和违反价格法的法律责任，确保价格法的具体规定在实际经济运行中的贯彻实行。价格法的具体规定只有得到全面贯彻实施，才能发挥其调节市场主体行为，平衡供求矛盾，维护市场秩序的积极作用。而保证价格法内容得以贯彻实施的基本手段就是设立专门的监督机构，随时起到相应的检查督促作用。为此，价格法专门对价格监督检查的内容作了规定，并对违反价格法的有关行为规定了相应的法律责任。这无疑为价格法的贯彻实施提供了强有力的法律保证。

三、我国的价格立法概况

（一）《价格法》出台前的立法情况

我国在改革开放前，与高度集中的计划经济体制相适应，实行的是单一的计划价格机制。当时，97% 以上的社会零售商品价格，94% 以上的农产品收购价格，几乎 100% 的工业品出厂价格，都实行政府定价。1979 年开始进行价格改革，重点放在农产品价格上，在短短的几年时间里，先后进行了六次大规模的价格调整，逐渐放开了一些农副产品和小商品价格，扩大企业的定价自主权，由此形成了一些新型的价格关系。1982 年 8 月，国务院颁布《物价管理暂行条例》，这意味着开始把法律手段引入价格管理领域。

1984 年开始，价格改革的重点逐渐从农村转移到城市，1985 年开始放开除粮、棉、油等少数实行合同定购的农副产品以外的大部分农副产品的价格，取消对生产企业计划外自销部分价格限制的规定；1986 年开始放开自行车、彩电、冰箱等主要工业消费品价格。但由于在放开价格的同时，缺乏法律约束，对哪些价格该管，哪些不该管等关键问题没有明确规定，于是当时的国家物价局修订了

《价格分工管理目录》，明确了管与放的范围，初步形成了国家定价、国家指导价和市场调节价等三种价格形式并存的格局。在这种情况下，原有的《物价管理暂行条例》已不能适应新情况，为此，国务院在总结价格改革成功经验的基础上，于1987年重新制定了《价格管理条例》，该条例把市场机制引入价格形成过程，强调企业的价格权利和义务，确立了间接管理和直接管理相结合的管理模式，并进一步规范了价格监督检查的职能、程序、执法手段等。

在新条例颁布后的一两年内，由于价格改革的不断纵深发展，其有关规定的缺陷和不全面开始显现出来，如对国家指导价的范围定得过宽，对市场调节价的具体行为缺乏必要的规范，对政府定价行为缺乏约束等。随着改革形势的进一步深化，这种缺陷越来越明显，于是国家有关主管部门开始着手起草新的《价格法》。

（二）《价格法》出台后的立法情况

经过十年的努力，在广泛吸收改革开放二十年价格改革成果，并借鉴国外先进的价格立法经验的基础上，1997年12月全国人大常委会通过了《中华人民共和国价格法》，该法对价格运行的各个环节和国家价格管理的有关内容等作出了比较全面的规定，标志着我国价格法制建设进入了一个新的阶段。

《价格法》颁布后，为贯彻实施其有关具体规定，国家价格主管部门先后颁布了多项部门规章。主要包括：

（1）《价格违法行为行政处罚规定》，该规定于1999年7月10日经国务院批准，1999年8月1日由国家发展计划委员会发布，2006年、2008年、2010年由国务院先后进行了三次修订；

（2）《关于制止低价倾销行为的规定》，国家发展计划委员会于1999年制定；

（3）《禁止价格欺诈行为的规定》，国家发展计划委员会于2001年制定；

（4）《制止价格垄断行为暂行规定》，国家发展和改革委员会于2003年制定；

（5）《价格违法行为行政处罚实施办法》，国家发展和改革委员会于2004年制定。

2007年我国《反垄断法》出台，其中也包含一些反对价格垄断的条款。为更好地实施这些条款，国家发展和改革委员会于2010年制定了《反价格垄断规定》。

此外，各省、自治区、直辖市也先后制定了一批地方性价格法规和规章，并先后公布了省级地方定价目录，从而建立了较为完备的社会主义市场经济价格法律体系。

值得重视的是，中共中央、国务院于2015年10月发布了《关于推进价格机制改革的若干意见》，提出“紧紧围绕使市场在资源配置中起决定性作用和更好发挥政府作用，全面深化价格改革，完善重点领域价格形成机制，健全政府定价制度，加强市场价格监管和反垄断执法，为经济社会发展营造良好价格环境”。在依法治国的大背景下，要推进价格机制改革，必将推动我国价格立法进一步发展完善。

第二节　经营者在价格方面的权利和义务

一、经营者

经营者是指从事商品生产、经营或者提供有偿服务的法人、其他组织和个人。价格法所称的经营者，不仅仅指流通过程中从事经营销售行为的主体，也包括通常意义上的生产者。经营者可以分为三类，即：

(1)法人，就是依法取得法人资格的企业组织、社会团体组织、事业组织、机关单位等；

(2)其他组织，就是指没有取得法人资格而从事经营活动的一些组织，如合伙企业等；

(3)个人，就是以个人身份从事生产经营活动的经营者，如个体工商户等。

经营者是市场价格活动的主体，在价格法律关系中具有基础性地位和作用，因此，价格法对经营者的法律地位作了明确规定。

二、经营者的价格权利

(一)经营者有权自主制定属于市场调节的价格

在我国的价格形成体制中，有三种基本的价格形式，即市场调节价、政府指导价、定价。大多数商品或服务适用市场调节价，它们所在市场基本上属于竞争比较充分的市场，适宜在市场竞争中形成价格，完全可以由经营者根据市场供求的变化，制定合理的价格，获取合适的利润，从而充分发挥市场机制的作用。因此，价格法不但规定了这种价格形式，还赋予了经营者对这些商品和服务充分行使自主定价的权利。

(二)经营者有权在政府指导价规定的幅度内制定合理的价格

政府指导价是指对于某些商品和服务，由政府制定基准价格和浮动幅度，经营者可以根据市场需要，在政府规定的浮动幅度内自主制定销售价格。政府指导价是发挥政府和市场两个作用的一种定价形式。一方面，政府对价格有所限制，不能过高或过低，以顾及国家、社会和广大人民群众的利益；另一方面，经营者可以根据市场需要和经营情况，在政府制定价格的幅度内制定具体价格水平，以尽可能地获取市场利润。

（三）经营者有权制定属于政府定价、政府指导价产品系列中的新产品的试销价格

新产品一般是指全国范围内没有生产过的产品，或在原理、用途、性能、材质等方面具有新改进的产品。试销价格是工业品试制阶段的销售价格。由于新产品一般尚未定型，质量和效用也不稳定，试制成本可变性大，且没有同类产品可供比较，新产品试销价格的作价原则，既要考虑生产者的试制成本的实际情况，以利于发展生产，又要考虑消费者和使用单位的承受能力，以便推广应用。因此，把新产品的试销价格定价权限交由经营者根据成本情况和市场优先原则自主制定，有其逻辑上的合理性和实践上的可行性。价格法正是基于这种考虑，赋予了经营者这样的权利。

（四）经营者有权检举、控告侵犯其经营自主权的行为

当经营者的自主定价权利在生产经营活动中被其他经营者或政府有关部门侵犯时，例如其他经营者强迫其执行某种价格；政府价格主管部门对于本属市场调节价的商品或服务，强行定价或制定指导性价格，经营者都有权向有关部门或人民法院检举、控告，以保护自己的合法价格权益。

三、经营者的价格义务

（一）积极义务：明码标价

明码标价在我国的消费者权益保护法、产品质量法等相关立法中都有涉及，但对明码标价作出最为明确规范的当属价格法。价格法所说的明码标价是指经营者在销售、收购商品和提供服务的过程中，按照政府价格主管部门的要求，在所销售、收购的商品和提供的服务上明确标明商品的品名、产地、等级、规格、计价单位、价格或者服务的项目、收费标准等有关情况，并不得在标明的价格之外加价出售商品或收取任何未予标明的费用。

明码标价是任何国家在价格管理方面都普遍适用的一种管理制度，其目的是为了规范经营者的价格行为，维护市场价格秩序，促进正当竞争，保护广大消费

者的合法权益。实行这一制度，可以保证消费者在购买商品或接受服务之前，对于相应商品或服务的价格和性能等有一定的了解，并可以有充分的对比、鉴别和选择。因此，明码标价是保护消费者合法权益的有效措施，是促使经营者加强价格管理，认真执行价格法律、法规的重要手段，也是打击价格违法行为，保护公平竞争，维护市场价格秩序的一项基本法律制度。

但明码标价不同于明码实价，现实的市场经营活动中经营者虽然按照价格法的规定对商品和服务有明确标定的价格，实际售出价格却可能低于标明的价格，一般认为，这种经营行为属于正常的市场行为。不过，如果经营者以高于明确标定的价格出售商品或者提供服务，则属于明显的价格违法行为，经营者可以举报或者拒绝接受高于标明价格的价格。

（二）消极义务：不得从事不正当价格行为

1. 不正当价格行为的概念和范围

不正当价格行为是价格法确立的一个重要法律概念。对不正当价格行为的禁止规范是价格法规定的一项重要内容，但该法并未对不正当价格行为下一个完整的定义，只是在第十四条以列举的方式对几种主要的不正当价格行为进行了规定。从该条的列举来看，立法者对不正当价格行为内涵的理解应该为“经营者以不正当手段并通过价格形式实施的损害国家利益或消费者及其他经营者合法权益且为法律、行政法规所禁止的行为”。这一定义可以从以下几个方面得到进一步说明：(1)不正当价格行为是一种不正当竞争行为；(2)不正当价格行为是以价格形式表现的不正当竞争行为；(3)不正当价格行为是损害国家利益或损害消费者、其他经营者合法权益的行为；(4)不正当价格行为的实施主体是经营者；(5)不正当价格行为是为法律、行政法规禁止的行为。

从不正当价格行为的含义可以看出，这种行为是损害国家利益或消费者及其他经营者合法权益的行为，也是法律、行政法规所禁止的行为，不从事这些行为理所当然地成了经营者在价格方面的消极义务。

不正当价格行为在市场上有多种表现形式，价格法禁止的不正当价格行为有操纵市场价格行为、低价倾销行为、哄抬价格行为、价格欺诈行为、价格歧视行为、变相提价和变相压价行为、价格暴利行为等。其中有关操纵市场价格行为、低价倾销行为和价格歧视行为与反不正当竞争法或反垄断法相关内容类似，因此本部分主要介绍其他几种不正当价格行为。

2. 哄抬价格行为

哄抬价格行为是一种故意扰乱市场秩序的行为，尤其是在商品供不应求时，经营者捏造、散布涨价信息，可能会引起商品价格过高上涨，影响一定区域甚至全国的宏观价格形势，造成市场价格秩序混乱，引起消费者恐慌，进而危及经济和社会的稳定。因此，价格法规定，经营者不得捏造、散布涨价信息，哄抬价格，推动商品价格过高上涨。

禁止哄抬价格行为对于在特别时期稳定市场价格、防止市场混乱、稳定社会公众的信心具有积极意义。价格法实施以后，在 1998 年的长江特大洪水和 2003 年的 SARS 疫情时期，各地方价格主管部门及时运用价格法关于禁止哄抬价格的规定，查处了相应违法行为，对于及时稳定市场和稳定民心，起到了重要作用。

3. 价格欺诈行为

价格欺诈行为是指经营者通过提供虚假价格信息诱骗消费者或者其他经营者与其进行交易的行为。价格欺诈的形式多种多样，一般包括通过捏造不真实的商品内容、提供虚假的价格事实，采取不正当的价格表示，以及通过其他虚假手段使购买者对商品价格作出错误理解和判断，以致发生误认、误购等行为。常见的价格欺诈行为主要包括：(1) 虚假降价，指谎称降价实际上并没有降价的行为；(2) 模糊标价，指故意用模糊的语言、不清晰的文字或计量单位等标示价格，合约达成后，以对经营者有利的方式来解释价格的一种行为；(3) 两套价格，指经营者对同种商品或服务恶意使用两种价目表，以低价招徕顾客，以高价进行结算的行为；(4) 价外加价，指在明示价格之外，另收取不合理费用的行为等。

4. 变相提价和变相压价行为

变相提价和变相压价行为是指经营者采取抬高等级或压低等级的手段收购、销售商品或者提供服务，从而变相提高或压低商品或服务价格的行为。变相提价一般发生在商品或服务供不应求的市场状态下，而变相压价一般发生在市场商品或服务供过于求的情况下。变相提价和变相压价可能损害消费者利益，也可能危害国家利益和社会利益。因此，价格法也对这种行为作出禁止规定。

价格法禁止变相提价和变相压价行为与经营者享有自由定价权并不冲突。自由不是绝对的，任何自由都有限度，经营者的定价自由也是如此。经营者的定价自由不能违反公平原则，不能损害消费者或其他交易相对人的权益。同时，经营者的定价自由也要遵循诚信原则，不能使用欺骗手段。变相提价或变相压价中经营者则通过买时压级压价、卖时抬级抬价等欺骗手段，将本属于交易相对方的利益据为己有，因此被价格法所明确禁止。

5. 价格暴利行为

价格暴利行为是指经营者通过制定显著高于或低于通常价格的定价获取不正当的高额利润。价格暴利行为直接损害了交易相对人的利益，具有明显的非正当性，属于不正当价格行为。我国经济领域内存在的暴利行为，大致可分为以下几类：

(1) 价格强力行为，即强买强卖行为。这里所说的“强力”既包括被滥用的国家权力，又包括不涉及公权力的暴力，胁迫、乘人之危等。强力的存在，使消费者实际上丧失了意思自治，往往导致赤裸裸的暴力掠夺。

(2)价格寻租行为。当政府运用行政权力对企业和个人的经济活动进行干预和管制时，很可能会创造少数有特权者取得超额收入的机会。企图通过这种权力的运用获取超额收入的活动，就是“寻租”。国家对某些特殊商品和服务实行价格管制，由此带来的价格与市场供求的脱节，有可能创造寻租机会，导致价格寻租行为。价格寻租行为实质上侵犯了国家赋予消费者的以一定价格获得优质商品与服务的权利，因而是不正当的。

(3)价格投机行为。在某些特定时期，由于社会上存在的物价上涨及通货膨胀压力，消费者产生了价格上涨的心理预期。当这种预期被经营者利用，就可能带来价格投机行为。经营者利用消费者的这种心理，大幅提价，在短时期内牟取超额利润。

(4)一般暴利行为。经营者利用其较之消费者所拥有的明显信息不对称优势，在消费者不知情的情况下，以显著超过一般利润水平的价格出售商品或提供服务获取超额利润，也属于暴利行为。

第三节　政府定价行为

一、政府定价的必要性

在市场经济条件下，商品或服务的价格主要由市场通过竞争机制形成，这是普遍情形。但也有例外情况，有极少数商品和服务，仍需要政府定价。这主要是因为有些商品或服务处于垄断性市场，甚至是独家垄断市场，无法由市场通过竞争机制形成公平合理的价格，而这些商品或服务对于社会大众而言至为重要，不可或缺。这些商品或服务就需要实行政府定价。此外，在某些特殊时期，为了维护社会稳定，即使是一般条件下实行市场定价的某些商品或服务，也可实行政府定价。

政府定价有两种形式，一是政府直接决定商品或服务的价格；二是政府出台指导价，给予经营者有限的自主定价权，具体做法既可由政府确定商品或服务的价格区间，由经营者决定具体的价格，也可由政府规定基准价格和浮动空间，再由经营者决定具体价格。

政府定价并非个别国家的独特做法，在世界各国都存在，即使像美国这样典型的市场经济国家，个别商品或服务也实行政府定价。例如，美国邮政服务公司的邮政资费就是由政府定价的，由独立的邮政资费委员会决定邮政收费标准，而不是由经营者自主决定。

不过，各国实行政府定价的商品或服务的范围有所不同。一个国家实行政府定价管理的范围，在一定程度上表明了它的市场化程度，也影响着政府通过价格手段调控经济运行的能力。因此，根据市场发育程度和宏观调控政策需要，明确政府定价的范围，该由政府管的商品和服务价格让政府管理，该由市场调节的完全由经营者自主定价，是非常必要的。

二、政府定价的范围

根据价格法的规定，我国目前实行政府定价和政府指导价的商品和服务主要有如下五个方面：

1. 与国民经济发展和人民生活关系重大的极少数商品价格

关系国民经济发展和人民生活的商品，涉及的范围非常广泛，几乎包括所有的工业品、农产品、生产资料和消费资料。但这些商品大部分都实行市场调节价，只有极少数与国民经济发展和人民生活关系密切的商品才实行政府定价和政府指导价。这些极少数商品，一般要从两个方面确定：一看供求关系。严重供不应求的商品，如不进行控制，价格就会大幅度上涨，有损广大群众的根本利益，因此政府要对其进行适当的价格控制；二看生产、经营、流通体制。对垄断性经营的商品，政府要适当控制价格，否则经营者往往实行垄断性高价，从中获取超额利润。当然，供求和生产、经营、流通体制是在不断变化的，因此政府定价的范围也应当随着这些变化进行一定的调整。目前政府管理的此类商品主要有原油、天然气、重要药品等，有些以前管理的商品如化肥、农药等现在已经逐步放开由市场调节。

2. 资源稀缺的少数商品价格

一些资源稀缺、用途特殊的商品，政府对其生产、经营、流通进行严格控制。如金银产品的收购价和金银中间产品(包括金精矿、银块矿等)的出厂价。受资源约束，这类产品的价格放开，并不能促进产量增加，相反，会引起价格上涨，资源遭到破坏。因此，对此类商品，实行政府定价，对金银饰品，实行政府指导价。

3. 自然垄断经营的商品价格

自然垄断经营的商品主要是指由于自然资源条件、技术条件以及规模经济的要求无法竞争或不适宜通过竞争形成价格的商品。如电力、自来水、集中供热、燃气等，其生产经营都带有高度统一、高度垄断的特点，必须统筹规划、集中管理，规模经营，否则会造成生产混乱或重复建设，不利于社会资源的节约和有效利用，甚至可能给人民群众的生命财产安全造成极大破坏。由于其经营上的集中统一必然导致垄断，因此，对这部分商品价格，必须实行政府定价或政府指导价。

4. 重要的公用事业价格

公用事业通常是指适应社会公众的物质生活共同需要而经营的事业，如公共汽车、地铁、邮政、电信等。公用事业为人们生产和生活所必须，其价格的高低直接关系到社会公众的福利，其价格变动往往直接影响到人们的基本生活水平，甚至直接影响社会稳定。因此，公用事业价格，不能全部由市场调节，对于重要的公用事业价格，应当实行政府定价或政府指导价。

5. 重要的公益性服务价格

公益性服务是为社会公众或者公众中的某些特定对象提供的带有社会福利性质的服务，如学校、医院、公园、博物馆等。这些行业关系到全体或大部分社会成员的福利，一般由国家投资兴办，其日常的运营成本，通过向消费者收取费用甚至靠政府补贴补偿，不以营利最大化为经营目的。因此，对这些行业实行政府定价和政府指导价。当然，随着我国教育体制和医疗体制改革的推进，一些私立学校和医疗机构开始出现，对于这些私立学校和医院，政府允许其在价格上面向市场靠拢。

价格法确定了以上五个大的项目，但实行政府定价和政府指导价的具体品种及其管理权限，则根据中央定价目录和地方定价目录确定。

2015 年 10 月，中共中央国务院发布了《关于推进价格机制改革的若干意见》，明确提出，中央和地方要在加快推进价格改革的基础上，于 2016 年以前制定发布新的政府定价目录，将政府定价范围主要限定在重要公用事业、公益性服务、网络型自然垄断环节。凡是政府定价项目，一律纳入政府定价目录管理。目录内的定价项目要逐项明确定价内容和定价部门，确保目录之外无定价权，政府定价纳入权力和责任清单。定期评估价格改革成效和市场竞争程度，适时调整具体定价项目。由此可以看出，我国政府定价的范围还有可能进一步压缩。

【案例】

法制网讯(2016 年 2 月 21 日)　国家发改委近日宣布，从 2016 年 1 月 1 日起，放开高铁动车票价，改由中国铁路总公司自行定价，并给予铁路总公司根据市场竞争状况实行折扣票价的权力。专家预计，发改委放开高铁票价管制后，东南沿海及部分热门线路的高铁票价可能上浮。

《通知》要求，对在中央管理企业全资及控股铁路上开行的设计时速 200 公里以上的高铁动车组列车一、二等座旅客票价，由铁路运输企业依据价格法律、法规自主制定；商务座、特等座、动卧等票价，以及社会资本投资控股新建铁路客运专线旅客票价继续实行市场调节，由铁路运输企业根据市场供求和竞争状况等因素自主制定。

【分析】

高铁动车组运行速度快、开行密度大、设施条件好，在各种不同运输距离上都能分别与公路运输、民航客运等形成较为充分的竞争，基本具备了由市场决定价格的条件，放开高铁动车票价时机业已成熟。然而，长期以来我国铁路客运定价机制不灵活，市场化程度不高，国家发改委放开高铁票价管制，意义重大：其一，放开高铁动车票价，改由中国铁路总公司自行定价，体现了我国铁路运价形成机制改革逐步向减少政府干预，充分发挥市场机制在价格形成过程中的基础作用迈进。其二，由铁路运输企业根据市场供求和竞争状况等因素自主定价，事实上坚持了市场化取向，通过市场运作理顺价格关系，铁路运价形成机制实现向市场化定价机制转变，有利于构建政府调控下反映市场供求关系的旅客票价体系。其三，打破了高铁票价“一成不变”的局面，实现了市场需求和运输资源的更优匹配。拥有定价权后，铁路总公司可以根据市场需求的变化，制定更为科学的票价，优化市场资源配置，减少资源浪费。其四，铁路运输企业自主确定票价水平，有利于引导铁路运输企业积极竞争、有序竞争，在竞争中提升服务。同时，促进各种运输方式合理分工，最终增进社会整体福利。总体而言，发改委放开高铁票价管制，顺应了市场形势变化，迈出了铁路运输运价改革的重要一步，对充分发挥市场调节的基础作用、促进市场竞争影响深远。

当然，我国的铁路市场，包括高铁市场具有垄断性质。主管部门不能将定价权完全交给经营者，尤其是一些大众需求度较高的铁路客运服务，仍然需要主管部门实行价格监管，以防经营者滥用市场支配地位，损害消费者利益。

三、政府定价的依据

价格的制定一般根据成本和供求两个因素确定，这是市场经济的一般规律，也是经典经济学家们的共识。政府制定价格也应当遵循这一基本规律。但政府定价与经营者自主定价或者纯粹的市场定价不同，其本质是为了保护广大人民群众，即消费者的利益，同时为了控制和稳定市场价格总水平。因此，政府在一般性地考虑成本和供求以外，还要考虑其他因素。

价格法规定政府在制定价格时应当考虑以下要素：

（一）社会平均成本

这是政府制定价格的基本依据。成本是构成价格的主要部分，是制定价格的最低界限。商品价格不能低于成本，否则就会亏损，再生产和扩大再生产就难以为继，所以维持成本价格是保证经营者进行正常生产经营活动的最基本条件。而成本有个别成本和社会平均成本之分，按社会平均成本定价，是价格规律的要求。因为，生产或提供同种商品或服务的经营者个别成本虽然不同，但社会对该商品或服务的期望和评价却是基本一致的，对消费者来说，它们具有同等的消费价值。因此，政府在制定价格时，也必须考虑这一市场经济的基本规律。

(二)市场供求状况

商品的价格是在竞争中实现的，商品定价是否合理，只有市场才可以检验。所以，市场供求不但是经营者制定市场调节价的重要依据，也是政府制定价格的主要依据。政府只有充分考虑市场供求状况，在此基础上制定合理价格，市场才可能接受，消费者才可能认同。当然，由于实行政府定价和政府指导价的商品和服务往往具有稀缺性或市场垄断性，因此在供求关系上要么供不应求，要么一家供给，垄断经营。这就对供求决定价格理论在政府定价和政府指导价的范围内提出了其他要求，即政府在制定价格时除了成本和供求以外，还应当考虑国民经济与社会发展的需要和居民的承受能力。

(三)国民经济和社会发展要求

政府制定价格离不开国民经济的大环境，国民经济和社会发展体现着国家和社会利益，政府定价必须对此予以充分考虑。在通货膨胀或通货紧缩时，要合理控制国家管理价格水平的调整；在物价稳定时，要尽量疏导价格矛盾，保证价格水平符合国家产业政策的要求。对于需要鼓励的，可以适当降低价格；对于需要抑制的，可以适当提高价格，以使政府指导价和政府定价的价格水平与国民经济和社会发展的要求相一致。

(四)社会承受能力

价格调整实质是各方面关系与利益的调整，由于政府定价项目在国民经济和社会发展中的地位及其与人民群众日常生活的密切关系，其价格的调整直接影响价格总水平的变动。因此，价格调整要充分考虑社会各方面的承受能力，其中既包括经营者、消费者的经济承受能力，也包括他们的心理承受能力。由于历史和体制原因，有些属于政府管理价格的商品和服务价格一直偏低，在适应社会经济发展和住房、教育、医疗、公交等各方面改革的需要而提高相应商品或服务的价格时，既要考虑经营者的提价需要，也要考虑消费者承受能力的需要；既要考虑个别经营者和个别行业的需要，也要考虑相关经营者和相关行业的需要；既要考虑改革方向和改革速度的需要，也要考虑配套改革措施的跟进和社会稳定的需要。因此，有些政府定价和政府指导价的价格水平必须逐步理顺，不能一蹴而就，该进行价格补贴的还要进行适当补贴。

(五) 实行合理差价

差价是指同一种商品在购进与销售、批发与零售、不同购销地区、不同购销季节之间形成的价格差额。差价中应当包含合理利润，有的还包括法定税金，它是商品在流通环节必然产生的一种经济现象。差价中包含的利润是流通商带动商品流通的基本动力。实行市场调节价的商品无一例外地在流通中包含了各种差价，政府在制定政府指导价和政府定价的过程中对此也必须充分考虑。

除了以上几种差价外，政府在价格的制定中实际也考虑了因同一产品的质量差异而带来的价格差异，即商品的优质优价要求的质量差价问题。对优质产品实行较高的价格，也同样是市场定价和政府定价所必须共同遵循的经济规律。

四、政府定价的程序

政府制定价格不仅要遵循法定的管理权限，而且必须执行法律规定的定价程序。政府指导价和政府定价的制定和调整一般遵循以下程序。

(一) 提出调定价申请

一般情况下，由经营者向价格主管部门提出调定价申请，价格主管部门也可以根据国家经济政策和市场变化，直接调整定价水平。另外，根据价格法和一些省的地方法规的规定，消费者也可以对正在执行的政府指导价提出调整建议。

经营者提出调定价申请，一般应当附有生产经营管理和成本情况、有关会计中介机构对成本资料的审核意见、邻近地区相应商品的价格水平、当前执行的定价水平对经营活动带来的不利影响、拟调整的价格水平及其对居民生产生活的影响评估等。

(二) 价格、成本调查

价格主管部门接受申请或根据有关政策和经济形势发展的需要，初步决定调整价格后，应当进行价格、成本调查，对商品和服务生产经营过程中的价格和成本构成因素情况进行了解、审核，以便提高政府制定价格的科学性。调查要求充分了解经营者的生产经营成本、利润、税金等有关资料，研究价格调整的必要性和定价、调价的依据；要多听取消费者和有关方面的意见和建议，尽可能让拟调整价格使经营者和消费者双方满意。政府价格主管部门开展价格、成本调查时，有关单位和个人应当如实反映情况，提供必要的账簿、文件及其他资料，包括产品的产量、销量、供求状况、成本、利润、税收、相关商品和服务的比价资料、国际市场价格行情以及经营者经营管理水平等。价格主管部门根据经营者提供的申请资料和价格、成本调查情况进行成本预审，形成相应审核报告，作为调定价的重要参考依据。

（三）价格听证会

价格听证会是指政府在制定和调整关系群众切身利益的政府定价或政府指导价项目前，召集各利益相关方充分听取意见，就拟调、定价格的必要性、可行性进行论证的制度。召开价格听证会有利于广泛听取社会各方面的意见，增加政府指导价和政府定价制定过程的透明度，使最终制定的价格具有较高的科学性、合理性和可行性。价格听证会是价格法明确规定的一项制度，也是我国在行政决策领域第一次通过法律正式引入的决策透明化改革措施，它不但在价格决策方面有积极意义，而且对推动国家整体行政决策透明化、科学化也具有一定的示范作用。

（四）制定并公布价格

政府价格主管部门在进行价格、成本调查审核甚至举行了公开的价格听证会以后，应当根据审核结果、听证会意见，决定是否制定或调整价格以及制定或调整的价格水平，并通过正式文件的形式公布调整的价格。调整价格的文件应当通过有效途径向社会公开发布。

第四节　价格总水平调控

一、价格总水平与价格总水平调控

（一）价格总水平

价格总水平也叫一般价格水平，是指一个国家或地区一定时期内全社会各种商品和服务价格的加权平均水平。价格总水平一般用价格总指数表示。世界各国采用的反映价格总水平的综合价格指数是不同的，绝大部分国家采用消费价格指数。我国采用商品零售价格总指数和居民消费价格总指数，并自 2001 年元月起按定基比方法编制居民消费价格指数，即 CPI 指数。①

与以前的编制方法相比，定基比编制方法有其先进性：一是采用了先进的固定基期计算方法，基期固定在 2000 年，以后每 5 年或 10 年更换一次；二是计算权数可调整性增强，能更科学地反映居民消费结构变化，新方法的计算权数将每年作出调整；三是规格品种增加，指数覆盖面增大，将调查商品和服务项目由 325 种增加到 550 种左右，能够真实全面地反映目前的消费结构和价格水平变化。

（二）价格总水平调控

价格总水平调控是指国家利用经济、法律和行政手段，对价格总水平的变动进行干预和约束，以保证价格总水平调控目标的实现。价格总水平调控目标就是保持价格总水平的基本稳定，而稳定市场价格总水平对于保证国民经济持续、稳定、健康发展具有重要意义。因此，《价格法》第二十六条规定，“稳定市场价格总水平是国家重要的宏观经济政策目标。国家根据国民经济发展的需要和社会承受能力，确定市场价格总水平调控目标，列入国民经济和社会发展计划，并综合运用货币、财政、投资、进出口等方面的政策和措施，予以实现”。这样就以法律的形式赋予了价格总水平调控在国民经济发展中的基础性地位和重要作用。

根据价格法的规定，我国价格总水平调控主要通过相关经济措施、具体的价格手段等进行。

二、价格总水平调控的经济措施

（一）货币政策与价格总水平调控

货币与价格和价格总水平有着密切的联系，货币流通过多，会导致单位货币的购买力下降，商品或服务的价格就会上升，从而引起价格总水平上升。反之，当市场上货币流通量不足时，必然导致单位货币购买力上升，商品和服务的价格就会下降，从而引起价格总水平下降。在我国，由于市场经济仍不发达，市场信号不够灵敏，对贷款的控制长期是通过行政手段实行计划管理的。从 1998 年起，中国人民银行决定取消对国有商业银行贷款限额的控制，在推行资产负债比例管

---

① CPI 是居民消费价格指数（consumer price index）的简称。居民消费价格指数，是一个反映居民家庭一般所购买的消费价格水平变动情况的宏观经济指标。它是度量一组代表性消费商品及服务项目的价格水平随时间而变动的相对数，用来反映居民家庭购买消费商品及服务的价格水平的变动情况。居民消费价格统计调查的是社会产品和服务项目的最终价格，一方面同人民群众的生活密切相关，另一方面在整个国民经济价格体系中也具有重要的地位。它是进行经济分析和决策、价格总水平监测和调控及国民经济核算的重要指标。其变动率在一定程度上反映了通货膨胀或紧缩的程度。

理和风险管理的基础上，实行计划指导、自求平衡、比例管理、间接控制。中国人民银行从过去依靠贷款规模指令性计划控制，转变为根据国家确定的经济增长、物价控制目标和影响货币流通的各种因素，综合运用利率、公开市场业务、存款准备金、再贷款和再贴现等货币政策工具，间接调控货币供应量，保持币值稳定，促进经济发展。

（二）财政政策和价格总水平调控

财政是凭借国家权力，集中和分配一部分国民收入，从而维持国家经常开支和推进经济建设的一个重要工具。国家财政收支平衡与否，是影响总供给和总需求的重要因素，如果财政收支出现较大赤字，有可能被迫增加货币发行量，进而推动价格上涨。所以，财政政策对价格总水平也有明显的调节作用。为了稳定市场价格总水平，一是要搞好财政收支平衡，把财政赤字压缩到最低程度，避免出现巨额财政赤字；二是要通过财政支出调节社会需求。在市场有效需求不足的情况下，通过扩大财政支出，提高商品购买力，扩大总需求，克服市场疲软引起的就业不足和经济衰退。在市场需求过旺引起价格总水平上涨时，通过减少财政支出，缩减有效需求，从而平抑供求，促使市场价格总水平合理下降。

（三）投资政策与价格总水平调控

投资需求是社会总需求的重要组成部分。投资规模、投资结构、投资增长速度对一个国家宏观经济有重要影响。投资规模过大、投资结构不合理、投资增长过快，往往引起投资失效和重复建设。因此，投资必须和国家的宏观经济需求一致，投资规模、结构和增长速度应和国家经济增长速度相一致。现阶段，我国经济增长在很大程度上靠投资拉动，所以固定资产投资规模每年都有一定增长，以保证经济发展，但又不能增长过快，这样可以保证价格总水平的稳定。我国过去发生的严重通货膨胀，都同过度追求高速经济增长，盲目扩大投资规模有关。因此，为防止通货膨胀，政府必须根据具体情况，适时运用投资政策，恰当调节投资规模，促进社会总需求和总供给的基本平衡，从而实现价格总水平的基本稳定。

（四）进出口政策与价格总水平调控

改革开放以来，进出口贸易在我国的经济发展中一直具有重要作用，国家海关总署 2014 年 1 月公布的外贸数据显示，2013 年我国进出口总额为 4.16 万亿美元，一举超过美国，成为全球第一的货物贸易大国。考虑到我国进出口贸易的庞大体量及其在整个国民经济发展中的影响，恰当地运用进出口政策，能够起到调节国内市场供求，稳定市场价格总水平的重要作用。进出口政策对国内总需求的调控主要是通过关税政策、政府管理进出口商品和服务政策及国内市场管理来实现的。政府可以通过降低或提高进口产品的关税，扩大或缩减国内商品或服务的供给；可以通过给国内出口企业提供合理补贴、实行合理的退税措施等，鼓励国内出口产品的生产，减少产品内销给市场供给带来的压力。随着我国外向型经济的不断发展，利用合适的进出口政策调控市场价格总水平将会越来越重要。

三、价格总水平调控的价格手段

（一）重要商品储备制度

重要商品，一般是指人民群众的主要食品、日常工业用品和防灾救灾物资等，如粮食、棉花、食盐、防洪物资以及原油、重要稀有金属等战略性物资。重要商品储备制度，是政府为平抑或稳定某些重要商品市场价格，建立起这些商品的调节性库存，并通过吞吐库存来平衡市场供求，调控市场价格的管理制度。

重要商品储备是为政府调控市场价格服务的，当储备商品的市场供给出现较大缺口，价格暴涨或有明显迹象可能出现价格暴涨时，要适时抛售储备商品，增加市场供给，平衡市场价格；反之，当供大于求、价格下滑时，要适时入市收购，转入储备，从而增加市场需求，维护市场价格的稳定。目前，我国已经相继建立了粮食、棉花、食油、食糖等重要商品的储备制度，而且在保障市场供给、平抑市场价格、应付突发事件和重大自然灾害等方面已经发挥了重要作用。

（二）价格调节基金制度

价格调节基金是政府为了调节商品供求，平抑市场价格而建立的专项基金。《价格法》第二十七条规定，政府可以设立价格调节基金，调控价格，稳定市场。这是我国价格调节基金制度明确的法律依据。

价格调节基金主要用于平抑临时和突发性市场价格波动以及对重大节假日的副食品市场价格进行补贴。价格调节基金的建立，使地方政府利用作为经济手段的价格杠杆调控市场供求，稳定市场价格，维护市场价格总水平基本稳定的能力大大增强，对于保护经营者和消费者的合法权益，维护社会稳定等起到了积极作用。

（三）保护价政策

当粮食等重要农产品的市场购买价格过低时，政府可以在收购时制定一个旨在保护农民利益的合理价格，按照该价格收购重要农产品，从而保护农民的正当经济利益，保护他们的生产积极性。这就是价格法规定的保护价格制度。

保护价格是政府为了保护生产者利益和消费者利益而规定的最低收购价格。制定保护价的原则，一是要补偿生产成本并有适当利润，二要是考虑国家财政承受能力。为使这一制度得以实现，政府需要采取相关的经济措施作为支撑，比如建立价格风险基金，保证收购资金的供应和具有相应的仓储运输条件等。同时，农民也应增强市场意识，通过改善种植结构，不断拓展农产品深加工途径等，自觉地维护自身的经济利益。

（四）价格监测制度

价格监测制度是指政府价格主管部门为适应价格调控和管理需要，对重要商品、服务的价格、成本的变动进行监测、整理、分析的一种制度。价格调控必须以价格监测、价格信息为基础。为有效地控制市场价格总水平，科学地制定政府管理的价格，并为经营者的经营活动和消费者的消费行为提供充分的价格信息，政府应当建立和完善价格监测信息系统，改善信息传递手段，提高信息的准确性和有效性，及时收集、整理、发布价格信息。

（五）价格干预措施和紧急措施

《价格法》第三十条和第三十一条分别规定，当重要商品和服务价格显著上涨或有可能显著上涨时，国务院和省、自治区、直辖市人民政府可以对部分价格采取限定差价率或利润率、规定限价、实行提价申报制和调价备案制等干预措施；当市场价格出现剧烈波动等异常状态时，国务院可以在全国范围内或者部分区域内采取临时集中定价权限、部分或全面冻结价格的紧急措施。这两种措施是政府在特定时期对市场价格实施的一种特别管制，它的实施必须有一定的时间期限，而不能无限期地实行下去。所以，价格法在规定政府在特定情况下经过特定程序可以实施这两种措施的同时，也规定，当决定采取价格干预措施和紧急措施的情形消除后，应当及时解除干预措施和紧急措施。具体决定解除的权限和程序应当与相应措施决定实施的权限和程序相一致。

第五节　价格监督检查与价格法律责任

一、价格监督检查

（一）价格监督检查的概念

价格监督检查是指价格主管部门依法对价格管理相对人遵守价格法律、法规和规章的情况进行检查督导，对违法行为人依法予以相应处罚，以保证价格法的具体规定得以实现的活动。价格监督检查的概念包括以下几方面的内容：

（1）价格监督检查的主体是价格主管部门。目前，作为国务院价格主管部门的是国家发展和改革委员会，各地的价格主管部门则名称不一，有的省市县是物价局，有的是发展计划委员会，有的是工商局，还有个别地方的价格主管部门是统计局、土地管理局等。这主要根据当地政府机构改革方案确定。

（2）价格监督检查的对象是价格管理相对人，即作为价格管理对象的公民、法人、其他组织和国家机关。

（3）价格监督检查的内容是检查价格管理相对人遵守和执行价格管理法律、法规和规章的情况。另外，由于价格管理政策性强，很多具体的价格法律、法规和规章的贯彻落实都依赖相应的价格政策，因此，凡是违反依法制定的价格政策的，视为违反有关价格法律、法规和规章。

（4）价格监督检查的目的是为了防止和纠正价格违法行为，对严重的价格违法行为依法予以相应处罚，从而保障价格法律、法规和规章的贯彻落实。

价格监督检查是国家价格管理不可分割的一部分。通过价格监督检查，可以及时发现和制止价格违法行为，并对违法行为人实施相应处罚，这对于维护正常的市场价格秩序，保护消费者、经营者的合法权益，对于维护社会稳定，促进经济发展，都具有十分重要的意义和作用。

（二）价格主管部门的监督检查职权

根据价格法的规定，政府价格主管部门进行价格监督检查时，可以行使下列职权：

1. 询问并要求提供证明材料

价格检查人员可通过谈话、提问等方式，向当事人询问与价格违法行为有关的情况，还可以要求当事人提供有关的证明材料和与价格违法行为有关的银行资料等。

2. 查询、复制资料

查询、复制资料主要是指查账，检查人员查账时，既要看财务账，也要看销售账；既要看有关凭证、单据、财务报表，还要查阅有关银行资料、文件资料等。

3. 责令暂停相关营业

相关营业是指与违法行为有关系的营业活动。该措施的采取一般是为了排除对案件审理的不正常干扰，保证查处工作的顺利进行。

4. 先行登记保全

先行登记保全即价格主管部门在收集证据时，在证据有可能灭失或者以后难以取得的情况下，经价格主管部门负责人批准，可以将证据先行登记，由当事人就地保存的一种活动。证据先行登记保存后，价格主管部门应在七日内作出处理，在此期间，当事人和有关人员不得私自将保全的证据销毁或转移等。

二、价格的社会监督

（一）消费者组织的监督

消费者组织的监督是指消费者协会等社会团体，依据有关法律、法规的规定，监督经营者的价格行为，维护消费者合法权益的活动。消费者组织在监督价格行为时，同样可以行使《消费者权益保护法》规定的有关权利。

（二）职工价格监督组织的监督

价格社会监督中作用最大的就是职工价格监督组织的监督。职工价格监督组织的监督是有中国特色的一种监督形式。职工价格监督组织是专门为进行价格社会监督成立的民间组织，它最初产生于20世纪80年代，人员由部分企事业单位职工和离退休人员组成，管理上实行总工会和价格主管部门双重领导。职工价格监督组织监督的重点是与群众生活关系密切的“菜篮子”“米袋子”等商品和服务的价格。与一般的价格社会监督不同，根据有关法规的规定，职工价格监督组织享有一定范围和形式内的价格违法行为行政处罚权，这也是这种监督能够发挥积极作用的重要保证。

（三）新闻单位的监督

舆论监督是任何种类的社会监督的重要内容，价格社会监督也不例外。新闻单位在宣传价格法律、法规，正确引导生产、经营和消费，揭露价格违法行为等方面一直起着不可替代的作用。

除以上监督形式外，消费者个人、村民委员会和居民委员会等由于与经营者的价格行为联系形式多、范围广，在价格社会监督方面也有其重要作用。

三、价格违法行为的法律责任

（一）经营者的法律责任

经营者不执行政府指导价、政府定价以及法定的价格干预措施和紧急措施的，责令改正，没收违法所得，并可处以罚款；情节严重的，责令停业整顿。经营者有价格法规定的不正当价格行为的，除可以视其情节给予以上处罚外，还可提请工商部门吊销其营业执照。经营者的价格违法行为给其他经营者或者消费者造成损失的，应当承担赔偿责任。经营者不配合价格主管部门的监督检查或者有转移、隐藏、销毁登记保全的证据行为的，可以处以罚款。经营者的违法行为构成犯罪的，依法追究其刑事责任。

（二）政府及其有关主管部门的法律责任

政府及其有关主管部门超越定价权限和范围擅自制定、调整价格或不执行法定的价格干预措施、紧急措施的，责令改正，并可通报批评；对直接负责的主管人员和其他责任人员，依法给予行政处分。

（三）价格工作人员的法律责任

价格工作人员在工作中泄露国家秘密、商业秘密以及有滥用职权、玩忽职守、索贿受贿等行为，构成犯罪的，依法追究刑事责任；不构成犯罪的，依法给予行政处分。

【导入案例分析】

青岛天价虾案的核心问题是价格欺诈。国庆期间系旅游旺季，成本增加、供需关系改变，价格上涨本来无可厚非，经营者明码标价，消费者自主选择是否消费。而本案中，店家并未尽到明码标价的义务，游客在消费中未被明确告知价格信息，反而被强制消费。一句“以上海鲜单个计价”标识在菜单最下方很不明显的地方，相当隐蔽，甚至当游客问及大虾价格时，饭店老板答复“海捕大虾”是38元一份，系“按份计价”。由此可见，店家采取了不正当的价格表示，使用了欺骗性、误导性的语言误导游客消费，使游客对商品价格作出错误理解和判断，以致发生误认、误购行为。综上，本案中经营者的行为是不正当的价格行为，违反了我国《价格法》第十四条第四项关于经营者不得利用虚假的或者使人误解的价格手段，诱骗消费者或者其他经营者与其进行交易之规定，系属价格欺诈行为，为我国价格法所明确禁止。

【思考题】

1. 简述经营者的价格权利。
2. 什么是价格欺诈行为？
3. 我国对哪些商品和服务实行政府定价和政府指导价？
4. 什么是价格总水平，什么是价格总水平调控？
5. 什么是价格干预措施和紧急措施？

【相关知识链接】

1. 中华人民共和国发展和改革委员会官网之“价格监督与反垄断”网页：http://www.sdpc.gov.cn/fzgggz/jgjdyfld/jjszhdt/。

2. 中华人民共和国国家工商行政管理总局官网之“反垄断与反不正当竞争”网页：http://www.saic.gov.cn/jgzf/fldyfbzljz/。

【参考文献】

[1] 史际春，肖竹. 论价格法[J]. 北京大学学报(哲社版)，2008(6).

[2] 陈志. 新改革背景下完善价格法之思考——基于韩国价格调控的经验[J]. 法学，2014(4)：74－81.

[3] 黄勇，刘燕南.《价格法》与《反垄断法》关系的再认识以及执法协调[J]. 价格理论与实践，2013(4)：19－22.

[4] 李国本. 论经济立法的科学路径——以价格法为视角[J]. 法学家，2007(2).

[5] 郭宗杰. 价格法关于政府定价程序规定的缺陷及纠正路径[J]. 中国物价，2005(5)：45－46.

后 记

本教材依据漆多俊教授构建的“国家调节说”确定内容体系。“国家调节说”认为，现代各国经济法体系由三大部分构成，即：市场规制法、国家投资经营法和宏观引导调控法。考虑到本教材的使用对象主要是通过网络教学方式学习法律的学生，同时也考虑到出版社的总字数要求，我们在确定本教材内容体系时给予了一定程度的个性化处理，对“国家投资经营法”作了简略安排，只纳入“国有资产法”，略去了“国家投资法”及“国有企业法”等内容，同时也略去了“宏观引导调控法”中的“计划法”和“产业政策法”等内容。读者如需了解这些内容，可参考漆多俊教授主编的高教版《经济法学》等教材。

本书在内容上讲求精炼实用，以必要法学理论和相关法律制度介绍为重心，较少涉及理论争鸣。同时，安排了必要的案例分析，以方便读者理解和学习经济法。

本书编写团队由以下成员组成：李国海，中南大学法学院教授；李敏，中南林业科技大学政法学院副教授；佘艺颖，长沙学院政法系讲师。中南大学法学院经济法专业研究生彭诗程、刘芷辰、杨祎敏、林芹及操查勇等也承担了一些辅助工作。

全书由主编李国海拟定大纲并统稿，副主编李敏和佘艺颖协助主编承担了部分统稿工作。尽管编写团队以严谨的态度对待本教材的编写，疏漏、不当之处仍难以完全避免。使用本书的师生如发现错误，请予指出，以便我们知悉，避免再犯。

在本书的编写过程中，我们参考了大量的相关著作及教材，有些在书中已经予以注明，而有些则因篇幅所限，或因疏忽，没有一一注明，在此一并向原作者表示感谢。

编 者

2016 年 12 月